Verwaltungsrecht AT 1

2011

Horst Wüstenbecker
Rechtsanwalt in Münster

ALPMANN UND SCHMIDT Juristische Lehrgänge Verlagsges. mbH & Co. KG
48149 Münster, Annette-Allee 35, 48001 Postfach 1169, Telefon (0251) 98109-33
AS-Online: www.alpmann-schmidt.de

Liebe Leserin, lieber Leser,

wir sind stets bemüht, unsere Produkte zu verbessern. Fehler lassen sich aber nie ganz ausschließen. Sie helfen uns, wenn Sie uns über Druckfehler in diesem Skript oder anderen Printprodukten unseres Hauses informieren.

E-Mail genügt an „druckfehlerteufel@alpmann-schmidt.de"

Danke
Ihr AS-Autorenteam

Wüstenbecker, Horst
Verwaltungsrecht AT 1
13., neu bearbeitete Auflage 2011
ISBN: 978-3-86752-203-8

Verlag Alpmann und Schmidt Juristische Lehrgänge
Verlagsgesellschaft mbH & Co. KG, Münster

INHALTSVERZEICHNIS

Literaturverzeichnis

Bader/Ronellenfitsch — Verwaltungsverfahrensgesetz
München 2010

Brandt/Sachs (Hrsg.) — Handbuch Verwaltungsverfahren und
Verwaltungsprozess
3.Aufl., Heidelberg 2009

Bull/Mehde — Allgemeines Verwaltungsrecht mit
Verwaltungslehre
8. Aufl., Heidelberg 2009

Detterbeck — Allgemeines Verwaltungsrecht mit
Verwaltungsprozessrecht
9. Aufl., München 2011

Erbguth — Allgemeines Verwaltungsrecht
4. Aufl., Baden-Baden 2011

Erichsen/Ehlers (Hrsg.) — Allgemeines Verwaltungsrecht
14. Aufl., Berlin, New York 2010

Eyermann — Verwaltungsgerichtsordnung
13. Aufl., München 2010

Fehling/Kastner/Wahrendorf — Verwaltungsrecht VwVfG – VwGO
2. Aufl., Baden-Baden 2010

Hufen — Verwaltungsprozessrecht
8. Aufl., München 2011

Ipsen — Allgemeines Verwaltungsrecht
6. Aufl., Köln 2009

Knack/Henneke — Verwaltungsverfahrensgesetz (VwVfG)
9. Aufl., Köln 2010

Kopp/Ramsauer — Verwaltungsverfahrensgesetz
11. Aufl., München 2010

Kopp/Schenke — Verwaltungsgerichtsordnung
16. Aufl., München 2009

Maurer — Allgemeines Verwaltungsrecht
17. Aufl., München 2009

Peine	Allgemeines Verwaltungsrecht 9. Aufl., Heidelberg 2008
Posser/Wolff	Verwaltungsgerichtsordnung München 2008
Redeker/v.Oertzen	Verwaltungsgerichtsordnung 15. Aufl., Stuttgart 2010
Schenke	Verwaltungsprozessrecht 12. Aufl., Heidelberg 2009
Schoch/Schmidt-Aßmann/ Pietzner	Verwaltungsgerichtsordnung München, Loseblatt Stand: Mai 2010
Schwerdtfeger	Öffentliches Recht in der Fallbearbeitung 13. Aufl., München 2007
Sodan/Ziekow	Verwaltungsgerichtsordnung 3. Aufl., Baden-Baden 2010
Stelkens/Bonk/Sachs	Verwaltungsverfahrensgesetz 7. Aufl., München 2008
Stern/Blanke	Verwaltungsprozessuale Probleme in der Klausur 9. Aufl., München 2008
Wolff/Bachof/Stober	Verwaltungsrecht I 12. Aufl., München 2007
Wolff/Decker	Verwaltungsgerichtsordnung (VwGO) Verwaltungsverfahrensgesetz (VwVfG) 2. Aufl., München 2007
Ziekow	Verwaltungsverfahrensgesetz 2. Aufl., Stuttgart 2010

1. Abschnitt: Die öffentliche Verwaltung

A. Verwaltung und Verwaltungsrecht

I. Verwaltungsrecht

Das **Verwaltungsrecht** ist neben dem Staatsrecht das wichtiges Teilgebiet des öffentlichen Rechts. Es regelt die Rechtsgrundlagen für das öffentlich-rechtliche Handeln der Verwaltung und damit die Voraussetzungen für die **Rechtmäßigkeit von hoheitlichen Maßnahmen**. **1**

■ Hierbei umfasst das **Allgemeine Verwaltungsrecht** die Vorschriften, die unabhängig von der betroffenen Sachmaterie grundsätzlich für die gesamte Verwaltung maßgebend sind.

■ Es wird ergänzt durch das **Besondere Verwaltungsrecht** mit einer Vielzahl sachgebietsbezogener Normenkomplexe, die spezielle Voraussetzungen für die Tätigkeit der Verwaltung in bestimmten Bereichen aufstellen (z.B. Baurecht, Kommunalrecht, Gewerberecht, Umweltrecht).

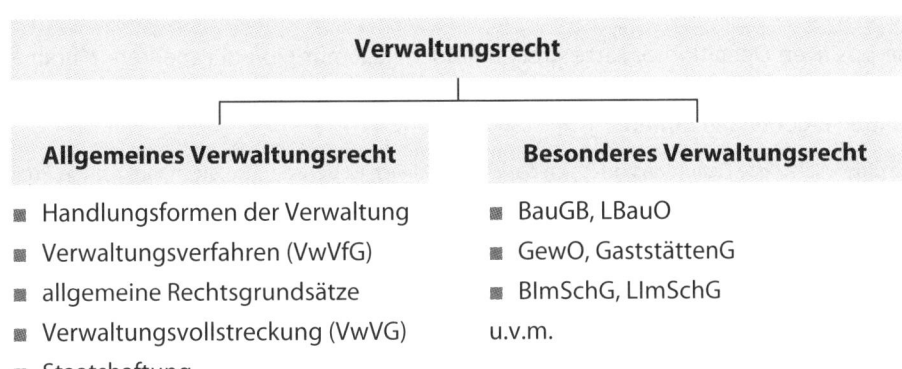

Zum Allgemeinen Verwaltungsrecht gehören vor allem die Vorschriften über die **Handlungsformen der Verwaltung** und das **Verwaltungsverfahren**, im weiteren Sinne auch die Vorschriften über die Verwaltungsorganisation. Überwiegend werden auch das Verwaltungsvollstreckungsrecht und das sog. Staatshaftungsrecht zum Allgemeinen Verwaltungsrecht gezählt. **2**

Die wesentlichen Regelungen des Allgemeinen Verwaltungsrechts finden sich im **Verwaltungsverfahrensgesetz** (VwVfG) des Bundes bzw. des Landes, ergänzt durch allgemeine, aus Art. 20 Abs. 3 GG (Gesetzmäßigkeit der Verwaltung) abgeleitete Rechtsgrundsätze (z.B. den Grundsatz der Verhältnismäßigkeit). **3**

II. Verwaltung

Der Begriff „**Verwaltung**" taucht in einer Reihe von Gesetzen auf (z.B. in den Art. 83 ff. GG und in § 1 VwVfG). Definiert wird der Begriff aber weder im Grundgesetz noch in den einfachen Gesetzen. **4**

5   Nach dem **Gewaltenteilungsprinzip** (Funktionentrennung) übt das Volk die Staatsgewalt durch besondere Organe der Gesetzgebung, der vollziehenden Gewalt und der Rechtsprechung aus (Art. 20 Abs. 2 S. 2 GG).[1] Die Verwaltung bezeichnet hierbei die sog. **zweite (vollziehende) Gewalt**.

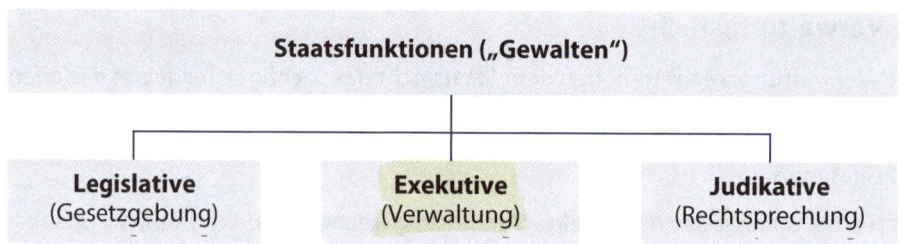

1. Definition des Begriffs Verwaltung

6   Zunächst ist versucht worden, den Begriff der Verwaltung **positiv** zu bestimmen.

Verwaltung ist danach z.B. der Vollzug der Gesetze, die Verwirklichung des gesetzgeberischen Willens, der Einsatz hoheitlicher Mittel sowie die Gestaltung und Gewährleistung des sozialen Zusammenlebens.[2]

Die positiven Definitionsansätze greifen jedoch i.d.R. nur ein oder mehrere Merkmale der Verwaltungstätigkeit auf oder sind so abstrakt, dass sie praktisch kaum zu befriedigenden Ergebnissen führen.

Die differenzierteste Definition findet sich bei Wolff[3]: Danach ist Verwaltung „die mannigfaltige, konditional oder nur zweckbestimmte, also insoweit fremdbestimmte, nur teilplanende, selbstbeteiligt entscheidend ausführende und gestaltende Wahrnehmung der Angelegenheiten von Gemeinwesen und ihrer Mitglieder als solcher durch die dafür bestellten Sachwalter des Gemeinwesens".

7   Deshalb wird der Begriff der Verwaltung heute überwiegend **negativ** bestimmt. Verwaltung ist die Staatstätigkeit, die weder Gesetzgebung noch Rechtsprechung ist (sog. **Subtraktionsmethode**).[4]

Danach ist Verwaltung **nicht:** *—> Legislative, Judikative*

- der Erlass allgemein verbindlicher Regeln (Gesetze),

- die Entscheidung von Rechtsstreitigkeiten und die Verhängung von Strafen.

Mit dieser Methode lässt sich Verwaltungstätigkeit zwar im Groben bestimmen, jedoch gibt es eine Vielzahl von **Überschneidungen**: Rechtsverordnungen (Gesetze im materiellen Sinne) werden nicht durch die Legislative, sondern aufgrund gesetzlicher Ermächtigung (Art. 80 GG) von der Exekutive erlassen. Ebenso werden Bußgelder nicht durch Gerichte, sondern durch Verwaltungsbehörden verhängt (§§ 56 ff. OWiG).

---

1   Vgl. dazu im Einzelnen AS-Skript Staatsorganisationsrecht (2010), Rdnr. 52 ff.

2   Vgl. die unterschiedlichen Ansätze bei Erichsen/Ehlers, § 1 Rdnr. 6 m.w.N.

3   Wolff/Bachof/Stober I § 2 Rdnr. 19.

4   Grundlegend Otto Mayer, Verwaltungsrecht I, S. 7; Jellinek, Verwaltungsrecht, S. 5 f.; kritisch Erichsen/Ehlers, § 1 Rdnr. 7 ff.

2. Formale Unterscheidung

Allen Ansätzen ist gemein, dass sie Verwaltung letztlich **nicht definieren**, sondern lediglich beschreiben. Im Ergebnis kann öffentliche Verwaltung deshalb unter verschiedenen Aspekten betrachtet werden:

8

- **Verwaltung im materiellen Sinne** erfasst die typischen Verwaltungstätigkeiten, wie z.B. Erteilung von Genehmigungen, Erlass von Polizeiverfügungen, Gewährung von Sozialleistungen, Betrieb öffentlicher Einrichtungen u.v.m.

- **Verwaltung im organisatorischen Sinne** meint die Einrichtungen, die Verwaltungsaufgaben wahrnehmen, also die Verwaltungsträger und ihre Organe, z.B. das Land, die Gemeinde, die Bezirksregierung, der Bürgermeister.

- **Verwaltung im formellen Sinne** erfasst alle Tätigkeiten von Verwaltungsorganen und zwar unabhängig davon, ob es sich materiell um Verwaltungstätigkeit handelt, also z.B. auch den Erlass einer Rechtsverordnung.

3. Materielle Unterscheidung

Verwaltungstätigkeit lässt sich aber auch nach materiellen Kriterien ordnen. So werden nach den **Aufgaben** und dem verfolgten **Zweck** vor allem folgende Arten der Verwaltung unterschieden:

9

- **Ordnungsverwaltung:** Abwehr von Gefahren für die öffentliche Sicherheit und Ordnung (Verbot einer Versammlung, Einweisung von Obdachlosen, Beseitigung von illegalen Bauten).

- **Leistungsverwaltung:** Erbringung von Leistungen, um die Lebensbedingungen der Bürger zu gewährleisten oder zu verbessern (Gewährung von Sozialhilfe, Subventionen, Bereitstellung öffentlicher Einrichtungen, wie Krankenhäuser, Kindergärten, Schulen).

- **Finanzverwaltung:** Beschaffung der für den Staat erforderlichen finanziellen Mittel durch Erhebung von Steuern und sonstigen Abgaben (z.B. Zweitwohnungsteuer, Erschließungsbeiträge, Kanalanschlussbeiträge, Verwaltungsgebühren etc.).

- **Fiskalverwaltung:** Beschaffung der Mittel, die für die Wahrnehmung der Verwaltungsaufgaben erforderlich sind (z.B. Kauf von Computern, Dienstfahrzeugen) und Verwaltung des staatlichen Vermögens (z.B. Vermietung von Gebäuden, Verkauf von Grundstücken).

B. Träger der Verwaltung

Träger der Verwaltung ist der **Staat**, also Bund und Länder. Das Grundgesetz unterscheidet deshalb Bundes- und Länderverwaltung (Art. 30, 83 ff. GG), wobei die Gemeinden Teil der Landesverwaltung sind. Bund und Länder sind **juristische Personen des öffentlichen Rechts**. Als juristische Personen sind sie nicht handlungsfähig. Für sie handeln ihre **Organe**. Die Organe, die Verwaltungsaufgaben gegenüber dem Bürger wahrnehmen, nennt man **Behörden**. Bund und Länder können ihre Verwaltungsaufgaben entweder durch eigene Organe (Bundes- oder Landesbehörden) wahrnehmen oder durch andere Verwaltungsträger (und deren Organe).

10

I. Unmittelbare Staatsverwaltung

11 Werden Verwaltungsaufgaben von Bundes- oder Landesbehörden, also **eigenen Organen des Staates** wahrgenommen, spricht man von **unmittelbarer Staatsverwaltung**.

Beispiele: Behörden des Bundes sind z.B. die Bundesfinanzdirektionen und Hauptzollämter; Behörden des Landes sind z.B. die Bezirksregierungen und die Polizeipräsidien.

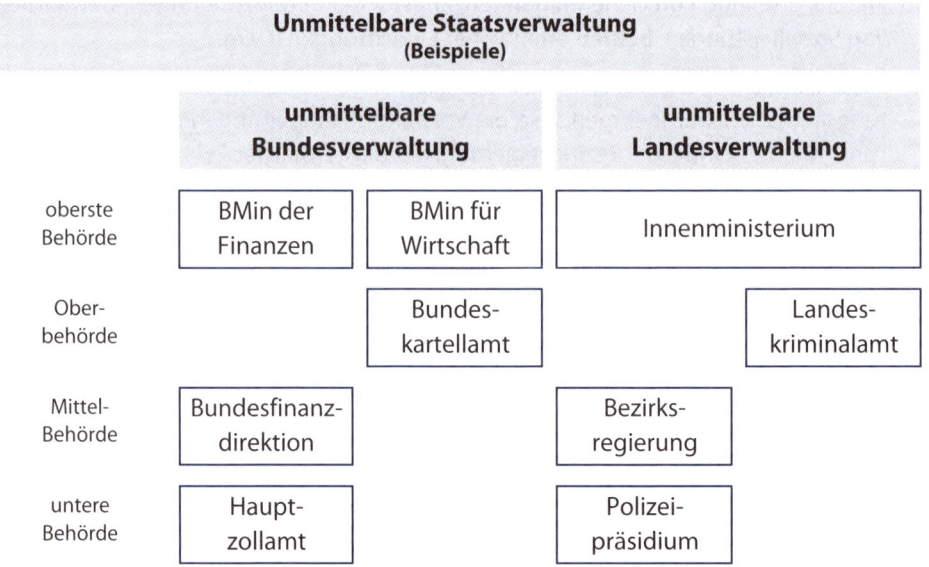

Unmittelbare Staatsverwaltung (Beispiele)			
	unmittelbare Bundesverwaltung		unmittelbare Landesverwaltung
oberste Behörde	BMin der Finanzen	BMin für Wirtschaft	Innenministerium
Oberbehörde		Bundeskartellamt	Landeskriminalamt
Mittel-Behörde	Bundesfinanzdirektion		Bezirksregierung
untere Behörde	Hauptzollamt		Polizeipräsidium

12 Die **unmittelbare staatliche Verwaltung** ist i.d.R. mehrinstanzlich gegliedert:

- **Oberste Behörden** sind z.B. die Bundes- bzw. Landesregierung, der Bundeskanzler bzw. Ministerpräsident und die einzelnen Ministerien. Sie haben eine Doppelfunktion, einerseits sind sie Verfassungsorgane mit staatsleitenden Funktionen, andererseits oberste Verwaltungsbehörden.

- **Obere Behörden** unterstehen jeweils unmittelbar dem sachlich zuständigen Ministerium. Sie nehmen Verwaltungsaufgaben zentral für das ganze Bundes- bzw. Landesgebiet wahr. Oberbehörden haben i.d.R. keine nachgeordneten Behörden, sondern nur unselbstständige Außenstellen.

  Beispiele: Bundesoberbehörden sind z.B. das Kraftfahrt-Bundesamt, das Bundeskartellamt und das Umweltbundesamt. Landesoberbehörden sind – je nach Landesrecht – z.B. das Landeskriminalamt, das Landesumweltamt u.a.

- **Mittelbehörden** sind ebenfalls der obersten Behörde unmittelbar nachgeordnet, aber anders als Oberbehörden i.d.R. nur für einen Teil des Bundes-/Landesgebietes zuständig.

  Auf Bundesebene gibt es Mittelbehörden nur ausnahmsweise für bestimmte Sachbereiche (z.B. die Wasser- und Schifffahrtsdirektionen im Bereich der Bundeswasserstraßenverwaltung und die Bundesfinanzdirektionen in der Zollverwaltung). Auf Landesebene sind – je nach Landesrecht – Mittelbehörden z.B. die Bezirksregierung, das Regierungspräsidium, die Regionaldirektionen u.a.

- **Untere Behörden** unterstehen der jeweiligen Mittelbehörde und sind räumlich beschränkt nur für einen bestimmten Teil des Verwaltungsgebiets zuständig.

Auf Bundesebene ist dies nur selten der Fall (z.B. die Hauptzollämter und die Wasser- und Schifffahrtsämter). Auch auf Landesebene gibt es nur wenige unmittelbare untere Landesbehörden (z.B. Polizeipräsidien, Finanzämter). In der Regel werden die Aufgaben des Landes auf der unteren Ebene von den Kreisen und Gemeinden wahrgenommen (im Rahmen der sog. mittelbaren Landesverwaltung, s.u.). So handelt z.B. der Landrat häufig als untere staatliche Verwaltungsbehörde.

II. Mittelbare Staatsverwaltung

Bund und Länder müssen die Verwaltungsaufgaben nicht stets selbst wahrnehmen, sondern können andere **unterstaatliche Organisationen** einschalten. In diesem Fall werden rechtsfähige Körperschaften, Anstalten oder Stiftungen des öffentlichen Rechts für den Staat (Bund oder Land) tätig. Dann spricht man von **mittelbarer Staatsverwaltung**. | 13

Beispiele: Im Rahmen der Arbeitsverwaltung handelt der Bund durch die Bundesagentur für Arbeit als Körperschaft des öffentlichen Rechts (mittelbare Bundesverwaltung). Das Land überträgt die örtlichen Verwaltungsaufgaben den Gemeinden als öffentlich-rechtliche Körperschaften (mittelbare Landesverwaltung). Teil der mittelbaren Staatsverwaltung sind auch die sog. **Beliehenen**, also Privatrechtssubjekte, denen Hoheitsaufgaben zur eigenverantwortlichen Wahrnehmung übertragen sind (s.u. Rdnr. 35).

Körperschaften, Anstalten und Stiftungen des öffentlichen Rechts unterscheiden sich durch ihre organisatorische Struktur:

- **Körperschaften** sind durch staatlichen Hoheitsakt geschaffene **Personenzusammenschlüsse**, die öffentliche Aufgaben wahrnehmen. Träger der Körperschaft sind die Mitglieder, die wesentlichen Einfluss auf die Willensbildung haben, wobei der Bestand der Körperschaft aber vom Wechsel der Mitglieder unabhängig ist. Die Mitgliedschaft wird teils freiwillig, teils gesetzlich begründet (sog. Zwangskörperschaft).[5] | 14

Körperschaften des öffentlichen Rechts sind z.B. die Gemeinden, Landkreise, Universitäten, Rechtsanwaltskammern (§§ 60, 62 BRAO), Handwerkskammern (§ 90 HandwO) und die Industrie- und Handelskammern (§§ 2, 3 IHK-G). Auch Religionsgemeinschaften können gem. Art. 140 GG i.V.m. Art. 137 Abs. 5 WRV den Status einer öffentlich-rechtlichen Körperschaft erhalten.[6]

  - Bei **Gebietskörperschaften** folgt die Mitgliedschaft aus dem Wohnsitz in einem bestimmten Gebiet (z.B. bei den Gemeinden und Kreisen).

  - Bei **Personalkörperschaften** ist der Beitritt oder eine bestimmte Eigenschaft einer Person Voraussetzung für die Mitgliedschaft (z.B. Universität, Rechtsanwaltskammer, Ärztekammer).

  - Bei **Realkörperschaften** ergibt sich die Mitgliedschaft entweder aus dem Eigentum an einem Grundstück (z.B. Forstgenossenschaft) oder aus dem Betrieb eines wirtschaftlichen Unternehmens (so z.B. bei der Handwerkskammer und der Industrie- und Handelskammer).

Keine Verwaltungsträger sind dagegen die ***Körperschaften des Privatrechts***, *also z.B. die Aktiengesellschaft (AG) und die GmbH, die allerdings ausnahmsweise mit hoheitlichen Befugnissen beliehen werden können (s.u. Rdnr. 45 ff.).*

---

5 Zur verfassungsrechtlichen Zulässigkeit solcher Pflichtmitgliedschaften vgl. AS-Skript Grundrechte (2011), Rdnr. 300 ff.

6 Vgl. dazu BVerfG NJW 2001, 429; BVerwG NVwZ 2009, 390, 391; NJW 2006, 3156; OVG Berlin NVwZ 2005, 1450: Zeugen Jehovas; ausführlich Quaas NVwZ 2009, 1400 ff.; vgl. auch EGMR NVwZ 2009, 509.

15 ■ **Anstalten** des öffentlichen Rechts sind organisatorisch verselbstständigte Zusammenfassungen von sachlichen und personellen Mitteln, welche der Erfüllung einer öffentlichen Aufgabe dienen und die i.d.R. dem Bürger zur Benutzung zur Verfügung gestellt werden. Anstalten können rechtsfähig oder nichtrechtsfähig sein. Die **rechtsfähige** Anstalt ist auch rechtlich verselbstständigt und damit selbst Verwaltungsträger. Die **nichtrechtsfähige** Anstalt ist dagegen unselbstständiger Teil eines anderen Verwaltungsträgers.

Beispiele: Rechtsfähige Anstalten des öffentlichen Rechts sind z.B. die öffentlich-rechtlichen Rundfunkanstalten, Sparkassen und die Bundesanstalt für den Digitalfunk.[7] Als nichtrechtsfähige Anstalten können z.B. Friedhöfe, Schwimmbäder ("Badeanstalt") und ähnliche Einrichtungen der Gemeinde organisiert werden.

16 ■ **Stiftungen** sind rechtlich verselbstständigte Vermögensmassen, die einen bestimmten Zweck fördern sollen. Stiftungen gibt es im öffentlichen Recht, aber auch im Privatrecht (vgl. §§ 80 ff. BGB).[8] Öffentlich-rechtliche Stiftungen müssen der Erfüllung einer öffentlichen Aufgabe dienen.

Beispiele: Stiftung Preußischer Kulturbesitz (zur Erhaltung und Pflege der Kulturgüter des ehemaligen Landes Preußen) und die Stiftung für Hochschulzulassung (seit 2010 als Nachfolgeeinrichtung der früheren ZVS).[9]

Verwaltungsträger	
Körperschaften	■ mitgliedschaftlich verfasste Zusammenschlüsse, ■ denen öffentliche Aufgaben übertragen sind, ■ bei denen die Mitglieder wesentlichen Einfluss auf die Willensbildung haben, ■ deren Bestand vom Wechsel der Mitglieder unabhängig ist. **Beispiele:** – Gebietskörperschaften: Gemeinden – Personalkörperschaften: Ärzte-, Rechtsanwaltskammern, -Universitäten – Realkörperschaften: Industrie- und Handelskammer
Anstalten	■ organisatorisch (und rechtlich) verselbstständigte Zusammenfassung von Sachmitteln und Personal ■ zur Erfüllung einer öffentlichen Aufgabe ■ i.d.R. dem Bürger zur Benutzung zur Verfügung gestellt **Beispiele:** öffentlich-rechtliche Rundfunkanstalten, Sparkassen
Stiftungen	■ rechtlich verselbstständigte Vermögensmasse ■ zur Erfüllung einer öffentlichen Aufgabe **Beispiele:** Stiftung Preußischer Kulturbesitz, Stiftung Hochschulzulassung

Zur Unterscheidung: *Körperschaften haben Mitglieder, Anstalten haben Benutzer und Stiftungen haben Nutznießer (Destinatäre).*

---

7 Vgl. Gesetz vom 29.07.2009 (BGBl. I S. 2251).
8 Zur staatlichen Anerkennung privatrechtlicher Stiftungen vgl. Andrick DVBl. 2003, 1246 ff.
9 Vgl. OVG NRW DVBl. 2011, 303 zur Übertragung von Hoheitsbefugnissen auf die Stiftung für Hochschulzulassung.

III. Verwaltung durch private Rechtsträger

Der Staat kann öffentliche Aufgaben in gewissen Grenzen auch durch **Privatpersonen** oder **juristische Personen des Privatrechts** wahrnehmen.[10] Die größte praktische Bedeutung hat hierbei die Gründung oder Beteiligung eines Verwaltungsträgers an einer privaten Gesellschaft, in der Regel einer GmbH oder (selten) einer AG (sog. **Eigengesellschaften**).   **17**

So werden öffentliche Verkehrs- und Versorgungsbetriebe häufig in der Form einer GmbH geführt („Stadtwerke GmbH").

Diese Gesellschaften sind selbstständige **juristische Personen des Privatrechts**, der Einfluss des Verwaltungsträgers ist auf die Vertreter in den Organen der Gesellschaft (insbesondere in der Gesellschafterversammlung) beschränkt.   **18**

Vgl. die Vorschriften der Gemeindeordnung, wonach die Vertreter der Gemeinde in der Gesellschafterversammlung grds. weisungsgebunden sind (z.B. Art. 93 Abs. 2 S. 3 BayGO, § 104 Abs. 1 S. 3 GemO BW; § 113 Abs. 1 S. 2 GO NRW, § 88 Abs. 1 S. 6 GemO RP, § 98 Abs. 1 S. 6 SächsGemO).

Privatpersonen und (Eigen-)Gesellschaften handeln, auch wenn sie öffentliche Aufgaben erfüllen, grds. privatrechtlich. Sie sind **keine Verwaltungsträger**. Nur im Ausnahmefall können private Gesellschaften aufgrund einer **Beleihung** hoheitlich handeln (s.u. Rdnr. 33 ff.). Dient die Aufgabenerfüllung durch die private Gesellschaft unmittelbar öffentlichen Zwecken, spricht man vom **Verwaltungsprivatrecht** (dazu Rdnr. 69 ff.).   **19**

Beispiel: Sozialer Wohnbau durch eine Wohnungsbaugesellschaft der Stadt.

IV. Übersicht zur Verwaltungsstruktur

Damit ergibt sich zusammenfassend beispielhaft auf Landesebene folgende **Gesamtstruktur**:   **20**

Verwaltungsstruktur des Landes (Beispiel)		
unmittelbare Landesverwaltung	**mittelbare Landesverwaltung**	**Eigengesellschaften**
▪ Finanzministerium ▪ Oberfinanzdirektion ▪ Finanzamt ▪ Innenministerium ▪ Bezirksregierung ▪ Landrat als untere staatl. Verwaltungsbehörde	z.B. Gemeinden, Landkreise (kommunale Selbstverwaltung)	z.B. Stadtwerke GmbH

---

10 Vgl. BVerwG RÜ 2009, 727, 729: Unzulässige Privatisierung eines Weihnachtsmarktes.

C. Behörden

I. Organe juristischer Personen

21 Verwaltungsträger sind **juristische Personen**, also Gebilde, die von der Rechtsordnung geschaffen worden sind. Sie sind rechtsfähig (Träger von Rechten und Pflichten), aber nicht handlungsfähig. Für juristische Personen handeln ihre **Organe**.

Ebenso bei den zivilrechtlichen Körperschaften: Die GmbH wird durch ihren Geschäftsführer vertreten (§§ 6, 35 GmbHG), die Aktiengesellschaft durch den Vorstand (§§ 76 ff. AktG).

Organe sind die Einrichtungen eines Verwaltungsträgers, die die Kompetenzen, Aufgaben und Funktionen des Verwaltungsträgers wahrnehmen.[11] Tatsächlich handeln natürliche Personen (sog. **Organwalter**), deren Handeln dem Organ und damit dem Verwaltungsträger zugerechnet wird.

Beispiel: Der Gemeinderat ist ein Organ der Gemeinde. Die Mitglieder des Rates nehmen als Organwalter die Aufgaben des Rates und damit die der Gemeinde wahr. Der Beschluss des Rates über einen Bebauungsplan ist daher eine Satzung der Gemeinde (§ 10 Abs. 1 BauGB).

22 Organe eines Verwaltungsträgers, die Verwaltungsaufgaben gegenüber dem Bürger wahrnehmen, nennt man **Behörden**.

Beispiel: Organe der Gemeinde sind der Rat und der Bürgermeister. Während der Rat für die interne Willensbildung zuständig ist, nimmt der Bürgermeister die Aufgaben der Gemeindeverwaltung wahr. Daher ist der Bürgermeister die allgemeine Behörde der Gemeinde (bzw. nach Landesrecht der Magistrat, die Gemeindeverwaltung).

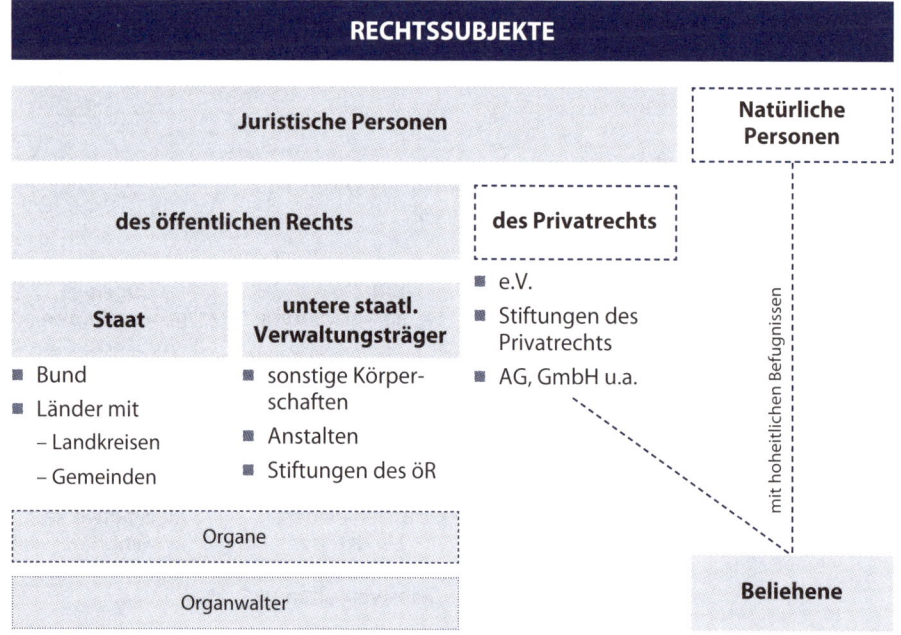

---

11 Maurer § 21 Rdnr. 19.

II. Behördenbegriff

Der Behördenbegriff wird im Verwaltungsrecht mit unterschiedlicher Bedeutung verwendet:

- **Behörde im organisatorischen Sinne** ist jede Stelle, die durch einen organisationsrechtlichen Rechtssatz gebildet, vom Wechsel ihrer Amtsinhaber (Organwalter) unabhängig und nach den einschlägigen Zuständigkeitsregelungen dazu berufen ist, im eigenen Namen für den Staat oder einen anderen Verwaltungsträger Verwaltungsaufgaben wahrzunehmen.[12]

  23

  Beispiele: Der Bürgermeister, der Landrat, der Regierungspräsident, das Finanzamt, das Landesumweltamt (je nach Landesrecht).

- **Behörde im funktionellen Sinne** ist dagegen jedes Organ eines Verwaltungsträgers, das Aufgaben der öffentlichen Verwaltung wahrnimmt (vgl. § 1 Abs. 4 VwVfG).[13]

  24

  Neben den Behörden im organisatorischen Sinne können dies auch sonstige Staatsorgane sein, wenn sie ausnahmsweise verwaltend tätig werden, z.B. der Bundespräsident bei der Ernennung von Beamten (Art. 60 GG), der Bundestagspräsident beim Hausverbot oder als mittelverwaltende Stelle im Rahmen der staatlichen Parteienfinanzierung (vgl. §§ 19 ff. ParteiG).[14]

Bei der Rechtsanwendung, z.B. im Rahmen des § 35 VwVfG, §§ 61 Nr. 3, 78 VwGO, ist i.d.R. der weite, **funktionelle Behördenbegriff** zugrunde zu legen.[15] Der organisatorische Behördenbegriff hat praktisch nur Bedeutung im Rahmen des Verwaltungsorganisationsrechts als Bezeichnung für eine Verwaltungseinheit.

III. Behördeninterne Organisationseinheiten

Die Behörden sind **intern** i.d.R. in Abteilungen, Dezernate und Referate mit einzelnen Sachbearbeitern untergliedert. Die kleinste Organisationseinheit ist das **Amt**. Das Amt hat nur verwaltungsinterne Bedeutung. Anders als die Behörde hat das Amt keine Außenzuständigkeit.

25

Beispiel: Hat das Bauamt eine Baugenehmigung erteilt, so ist nicht das Bauamt, sondern der „Bürgermeister" (die Gemeindeverwaltung) die erlassende Behörde. **Gegenbeispiel:** Das „Finanzamt" ist demgegenüber eine eigenständige Behörde (s.o. Rdnr. 12).

Amtswalter ist schließlich die natürliche Person, die die jeweiligen Aufgaben des Amts wahrnimmt. Ihr Handeln wird der Behörde und damit mittelbar dem Verwaltungsträger zugerechnet.

26

Beispiel: Beamter B erteilt dem E eine Baugenehmigung. Die Maßnahme wird dem Bürgermeister als Baugenehmigungsbehörde und damit der Gemeinde zugerechnet.

---

12 Schoch/Meissner VwGO § 78 Rdnr. 24.
13 Maurer § 21 Rdnr. 32.
14 BVerwG NJW 2003, 1135; OVG Berlin NJW 2002, 2896.
15 Vgl. Schoch/Meissner VwGO § 78 Rdnr. 24 m.w.N.

2. Abschnitt: Abgrenzung Öffentliches Recht und Privatrecht

A. Bedeutung der Unterscheidung

27   Nach unserer Rechtsordnung gehört eine Rechtsnorm entweder zum Privatrecht oder zum öffentlichen Recht (wobei das Strafrecht Teil des öffentlichen Rechts ist).

- Das **Privatrecht** regelt die Rechtsbeziehungen zwischen gleichgeordneten Personen. Da die Beteiligten rechtlich dieselben Befugnisse haben, können Rechte und Pflichten grds. nur durch Vertrag (z.B. durch Abschluss eines Kaufvertrages) oder durch Gesetz begründet werden.

- Zum **öffentlichen Recht** gehören vor allem diejenigen Rechtsvorschriften, die sich auf die hoheitliche Tätigkeit des Staates beziehen (z.B. Erlass einer Ordnungsverfügung, Erteilung einer Baugenehmigung).

  Außerdem sind öffentlich-rechtlich die Rechtssätze, die die **Organisation** des Staates betreffen, also insbes. das Staatsorganisationsrecht und das Verwaltungsorganisationsrecht (z.B. die Frage, welche Verwaltungsträger es gibt und durch wen sie vertreten werden).

B. Öffentlich-rechtliche und privatrechtliche Verwaltungstätigkeit

28   Da Verwaltungsträger Staatsgewalt ausüben, können sie Rechte und Pflichten des Bürgers einseitig **öffentlich-rechtlich** (hoheitlich) begründen.

Beispiele: Die Bauaufsichtsbehörde erlässt an den Bauherrn B eine Verfügung, wonach B ein im Landschaftsschutzgebiet errichtetes Wochenendhaus zu beseitigen hat. – Die Polizeibehörde lässt das ordnungswidrig geparkte Kraftfahrzeug des H zwangsweise abschleppen.

29   Verwaltungsträger können als juristische Personen aber auch **privatrechtlich** handeln, soweit sie Träger privater Rechte und Pflichten sind.

Beispiele: Das Land L verkauft dem B ein im Eigentum des Landes stehendes Grundstück (§ 433 BGB). Die Gemeinde G verpachtet den Rathauskeller an P zum Betrieb einer Gaststätte (§ 581 BGB).

30   Daher ist es erforderlich, den Bereich des Öffentlichen Rechts vom Privatrecht abzugrenzen. Dies gilt vor allem in folgenden Fällen:

- Zur Bestimmung des **Rechtsweges**: Bei öffentlich-rechtlichen Streitigkeiten ist grds. der Verwaltungsrechtsweg eröffnet (§ 40 Abs. 1 S. 1 VwGO), für privatrechtliche Streitigkeiten der Zivilrechtsweg (§ 13 GVG).

- Das **Verwaltungsverfahrensgesetz** (VwVfG) ist nur bei öffentlich-rechtlicher Verwaltungstätigkeit anwendbar (§ 1 Abs. 1 VwVfG), für privatrechtliche Maßnahmen gelten demgegenüber die allgemeinen Vorschriften des BGB, HGB etc.

- Ein **Verwaltungsakt** (VA) setzt nach § 35 VwVfG eine Regelung auf dem Gebiet des öffentlichen Rechts voraus. Privatrechtliche Regelungen können nicht durch VA getroffen werden. Entsprechendes gilt für den **verwaltungsrechtlichen Vertrag** i.S.d. § 54 VwVfG.

- Die **Verwaltungsvollstreckung** dient i.d.R. nur der Durchsetzung öffentlich-rechtlicher Forderungen und Verpflichtungen (vgl. z.B. §§ 1, 6 VwVG).

■ Bei öffentlich-rechtlichem Handeln richtet sich die **Haftung** des Staates nach Art. 34 GG, § 839 BGB (sog. Amtshaftung), während bei privatrechtlicher Tätigkeit die allgemeinen Regeln der §§ 823 ff. BGB gelten.

Hoheitsträger handelt	
öffentlich-rechtlich	**privatrechtlich**
■ grds. Verwaltungsrechtsweg (§ 40 VwGO) ■ VwVfG, VwVG, VwGO ■ VA ■ Amtshaftung (Art. 34 GG, § 839 BGB)	■ Zivilrechtsweg (§ 13 GVG) ■ BGB, ZPO ■ privatrechtliche Willenserklärung ■ §§ 823 ff. BGB

*In der Fallbearbeitung ist stets zwischen der Anwendung von **Bundesrecht** und **Landesrecht** zu unterscheiden. Grundsätzlich gilt für die Abgrenzung das **Behördenprinzip**: Handelt eine Bundesbehörde, so gilt z.B. das VwVfG des Bundes (§ 1 Abs. 1 Nr. 1 VwVfG), das VwVG des Bundes usw., handelt eine Landesbehörde so gilt das Landes-VwVfG und das LVwVG; dazu näher Rdnr. 294. Im Folgenden werden aus Vereinfachungsgründen, soweit nichts anderes vermerkt ist, stets die Vorschriften des Bundesrechts (VwVfG, VwVG, VwZG etc.) zitiert. Auf Abweichungen des Landesrechts wird ergänzend hingewiesen.*   31

C. Kriterien für die Abgrenzung

I. Wahrnehmung von Verwaltungsaufgaben durch Privatpersonen

Werden Verwaltungsaufgaben durch natürliche oder juristische Personen des Privatrechts wahrgenommen, so handeln diese grundsätzlich **privatrechtlich**.[16] Sind an dem streitigen Rechtsverhältnis ausschließlich Privatrechtssubjekte beteiligt, so handelt es sich daher um eine privatrechtliche Streitigkeit. Das gilt selbst dann, wenn das Handeln eines der Beteiligten der Erfüllung öffentlicher Aufgaben dient.[17]   32

Beispiele: Die Vergabe öffentlicher Zuschüsse durch eine privatrechtliche Stiftung erfolgt privatrechtlich.[18] Die Wasserversorgung und die Stromlieferung durch die Stadtwerke GmbH beruht auf einem privatrechtlichen Vertrag.[19]

1. Beliehene und Verwaltungshelfer

Etwas anderes gilt nur dann, wenn eine Partei mit hoheitlichen Handlungs- und Entscheidungsbefugnissen ausgestattet ist und damit als **Beliehener** oder als (unselbstständiger) **Verwaltungshelfer** tätig wird.[20]   33

---

16 BGH NJW 2000, 1042; BAG NJW 2000, 1438, 1439; vgl. aber § 44 Abs. 3 BHO.

17 BVerwG NVwZ-RR 2009, 308; OVG NRW, Beschl. v. 29.07.2010 – 8 E 52/10, DVBl. 2010, 1384 (nur LS).

18 BVerwG DVBl. 1990, 712.

19 Vgl. Huba/Burmeister JuS 1989, 218, 222.

20 Vgl. BGH VersR 2006, 698; OVG NRW NWVBl. 2005, 475; OLG Celle NVwZ-RR 2009, 863; zur Abgrenzung von Beliehenen, Verwaltungshelfern und reinen Privatpersonen VG Gießen LKRZ 2007, 473.

Fall 1: Feindliches Grün

F befuhr mit seinem Pkw die A-Straße in der Stadt S. Im Einmündungsbereich mit der B-Straße wurden Straßenbauarbeiten durchgeführt. Deshalb stand dort nur eine Fahrspur zur Verfügung. Die Bauarbeiten und die Verkehrsregelung wurde im Auftrag der Stadt S durch den privaten Bauunternehmer B vorgenommen. B hatte eine Lichtzeichenanlage aufgestellt, die für F „grün" anzeigte. F fuhr daher zügig in den Baustellenbereich ein, wo es zum Zusammenstoß mit dem Fahrzeug des X kam, für den die Ampel aus Richtung B-Straße aufgrund eines Bedienungsfehlers ebenfalls grünes Licht angezeigt hatte. F möchte wegen seiner Schäden die Stadt S in Anspruch nehmen. Diese verweist darauf, dass B ordnungsgemäß ausgewählt und überwacht worden sei und die Anlage nach eigenem Ermessen bedarfsgerecht nach dem jeweiligen Verkehrsaufkommen steuern durfte. Eine behördliche Anordnung hierzu lag nicht vor. F müsse sich daher an B halten. Zu Recht?

F könnte gegen die Stadt S einen Anspruch aus **Amtshaftung** gemäß Art. 34 GG, § 839 BGB haben. Die Amtshaftung erfasst in Abgrenzung zu §§ 823 ff. BGB nur die hoheitliche, d.h. **öffentlich-rechtliche** Tätigkeit der Verwaltung.[21] Bei hoheitlicher Tätigkeit verdrängt die Amtshaftung die allgemeinen deliktischen Haftungstatbestände der §§ 823 ff. BGB.[22]

34 Der zu dem Unfall führende Bedienungsfehler ist nicht von der Stadt S selbst verursacht worden, sondern von B. Ein Amtshaftungsanspruch kommt daher nur in Betracht, wenn sich die Stadt das Verhalten des B als hoheitliches Handeln **zurechnen** lassen muss. Handelt eine Privatperson, so wird sie grundsätzlich nicht hoheitlich, sondern **privatrechtlich** tätig. Nur ausnahmsweise kann der Bürger **hoheitlich** handeln:

- im Fall der **Beleihung** und

- bei der Tätigkeit als **Verwaltungshelfer**.

35 I. **Beliehene** sind natürliche oder juristische Personen des Privatrechts, die **durch oder aufgrund Gesetzes** einzelne hoheitliche Verwaltungsaufgaben **im eigenen Namen** und in den **Handlungsformen des öffentlichen Rechts** wahrnehmen dürfen.[23]

Beispiele:

- Dem Sachverständigen des **Technischen Überwachungsvereins** (TÜV) ist die hoheitliche Untersuchung von Kraftfahrzeugen übertragen (§ 29 StVZO).[24]

- Dem **Notar** ist die Befugnis verliehen, öffentliche Beurkundungen und Beglaubigungen vorzunehmen (vgl. § 1 BNotO).

- Der **Luftfahrzeugführer** darf kraft Beleihung polizeiliche Befugnisse zur Aufrechterhaltung der Sicherheit und Ordnung während des Fluges ausüben (§ 12 LuftSiG).[25]

- Die Lizenznehmer im **Postdienst** (z.B. die Post AG) sind mit dem Recht beliehen, Schriftstücke nach den Regeln des Prozess- und Verfahrensrechts förmlich zuzustellen (§ 33 Abs. 1 S. 2 PostG).

---

21 Ausführlich AS-Skript Verwaltungsrecht AT 2 (2010), Rdnr. 665 ff.

22 Vgl. z.B. BGH NJW 1993, 1258; Maurer § 26 Rdnr. 45.

23 BVerwG DVBl. 2006, 840, 841; BGH NJW 2003, 2451, 2452; NJW 2000, 1042 f.; Wolff JA 2006, 749, 750.

24 Vgl. LG Stuttgart, Urt. v. 04.11.2008 – 15 O 12/08; Klement VerwArch 2010, 112 ff.

25 Vgl. LG Berlin, Urt. v. 08.01.2009 – 23 O 86/07.

In diesen Fällen handelt die Privatperson aufgrund der Beleihung **hoheitlich**. Der Private ist selbst Behörde i.S.d. § 1 Abs. 4 VwVfG[26] und kann Verwaltungsakte erlassen. **36**

Beispiel: Die Erteilung der Prüfplakette (§ 29 StVZO) ist ein Verwaltungsakt des TÜV-Sachverständigen als Beliehener.[27] Gegen die Versagung ist daher eine Verpflichtungsklage (§ 42 Abs. 1, 2. Fall VwGO) statthaft.

Umstritten ist lediglich, ob der Beliehene selbst **Verwaltungsträger** ist oder nur Organ der beleihenden Körperschaft.[28] Bedeutung hat dies z.B. bei der Bestimmung des Klagegegners nach § 78 Abs. 1 VwGO. Ist der Beliehene selbst Verwaltungsträger ist er der nach § 78 Abs. 1 Nr. 1 VwGO zu verklagende „Rechtsträger". Als Behörde ist er nach § 78 Abs. 1 Nr. 2 VwGO nur richtiger Beklagter bei entsprechender landesrechtlicher Regelung.

Haftungsrechtlich ist dagegen unstreitig nicht der Beliehene selbst, sondern der ihn beleihende Verwaltungsträger nach Art. 34 GG verantwortlich.[29]

Eine Beleihung setzt stets eine **gesetzliche Regelung** voraus,[30] die hier fehlt. Damit hat Bauunternehmer B nicht als Beliehener gehandelt.

Weitere Beispiele: Mangels gesetzlicher Regelung in der StVO ist es nicht möglich, einem Privatmann im Wege einer Beleihung die Befugnis zu erteilen, über das Aufstellen von Verkehrszeichen zu entscheiden[31] oder den Straßenverkehr durch Privatpersonen überwachen zu lassen.[32] Die Stadtwerke GmbH darf Abwassergebührenbescheide nur bei entsprechender Ermächtigung erlassen (vgl. z.B. § 2 Abs. 3 S. 1 KAG BW).[33]

II. B könnte jedoch als **Verwaltungshelfer** hoheitlich gehandelt haben. Der Verwaltungshelfer handelt – anders als der Beliehene – nicht selbstständig, sondern nimmt nur **Hilfstätigkeiten** im Auftrag und nach Weisung der ihn betrauenden Behörde wahr. Sein Handeln wird unmittelbar der **Behörde zugerechnet**, für die er tätig wird; der Verwaltungshelfer selbst ist daher nicht Hoheitsträger.[34] **37**

Als Verwaltungshelfer sind z.B. zu qualifizieren: Schülerlotsen und der Bürger, der bei einem Unfall von der Polizei beauftragt wird, den Verkehr durch Handzeichen zu regeln;[35] der im Auftrag der Polizei eine Blutprobe entnehmende Arzt;[36] das private Labor bei Durchführung von BSE-Schnelltests.[37] Einer gesetzlichen Grundlage bedarf es für die Einschaltung eines Verwaltungshelfers nicht, da dieser ohne eigene Entscheidungsmacht tätig wird.[38]

1. Allerdings hat die Rspr. ursprünglich Hilfspersonen nur dann als Verwaltungshelfer qualifiziert, wenn die Behörde aufgrund **öffentlichen Rechts** in einem solchen Ausmaß auf die Durchführung der Maßnahme Einfluss nehmen kann, dass der **38**

---

26 Ziekow VwVfG § 1 Rdnr. 34; Wolff JA 2006, 749, 750.

27 Kopp/Ramsauer VwVfG § 35 Rdnr. 66.

28 Vgl. Stelkens NVwZ 2004, 304, 305; Schmidt am Busch DÖV 2007, 533, 540 f.; Barthel/Lepczyk JA 2008, 436, 437.

29 BGHZ 122, 85, 88; 147, 169, 171 f.; BGH NVwZ-RR 2001, 147; BVerwG RÜ 2010, 738, 740.

30 BVerwG NVwZ 2011, 368, 370 = RÜ 2010, 738, 741; Waldhoff JuS 2011, 191 f.

31 VGH Mannheim RÜ 2010, 258, 260.

32 BayObLG NJW 1999, 2200; Hentschel NJW 1998, 649, 654.

33 VGH Kassel NVwZ 2010, 1254, 1255; VGH Mannheim DVBl. 2010, 196, 198.

34 Bader/Ronellenfitsch VwVfG § 1 Rdnr. 74.

35 Maurer § 23 Rdnr. 59.

36 OLG München NJW 1979, 608.

37 BVerwG NVwZ-RR 2010, 801, 802; BGH BayVBl. 2006, 675, 676; NVwZ-RR 2007, 368, 369.

38 VG Düsseldorf, Urt. v. 02.08.2007 – 11 K 6477/06; Kopp/Ramsauer VwVfG § 1 Rdnr. 65; abweichend VGH Kassel NVwZ 2010, 1254, 1255, wobei es sich jedoch materiell um einen Fall der Beleihung handelte.

Bürger lediglich als „Werkzeug" der Behörde bei der Erledigung ihrer hoheitlichen Aufgabe tätig wird (sog. **Werkzeugtheorie**).[39]

Deshalb wurden Personen, die nur aufgrund privatrechtlicher Verträge Aufgaben für die Verwaltung wahrnehmen (z.B. Abschleppunternehmer), überwiegend nicht als Verwaltungshelfer angesehen. Ihnen sei regelmäßig ein so weiter Entscheidungsspielraum eröffnet, dass sie nicht als „verlängerter Arm" der Behörde erscheinen. Mangels Zurechnung auf den Hoheitsträger könne der Geschädigte nur den unmittelbaren Schädiger in Anspruch nehmen.

Beispiel: Auf rechtmäßige Anordnung der Ordnungsbehörde wird der Pkw des E abgeschleppt. Der von der Behörde beauftragte Abschleppunternehmer U beschädigt das Fahrzeug beim Verladen. Mangels Zurechnung schied nach dieser Auffassung eine Haftung der Ordnungsbehörde aus. E konnte sich nur gemäß § 823 Abs. 1 BGB an U halten.[40]

39　2. Die Literatur hat hieran stets kritisiert, dass es dem Staat bei hoheitlicher Tätigkeit nicht möglich sein dürfe, sich seiner Haftung durch die Einschaltung von Privaten zu entziehen (**„Flucht ins Privatrecht"**). Andernfalls käme es zu dem unsachgemäßen Ergebnis, dass die öffentliche Hand umso weniger hafte, je weniger sie den Privaten kontrolliere und anweise. Für die Haftung komme es allein auf die **Funktion** des Handelnden, nicht auf seine interne Rechtsstellung an.[41]

40　3. Dieser Ansicht hat sich die Rspr. weitgehend angenähert, ohne die Werkzeugtheorie allerdings ganz aufzugeben.[42] Der BGH stellt nicht mehr auf das Innenverhältnis zwischen Staat und Beauftragtem ab, sondern misst dem **Außenverhältnis** zum Geschädigten entscheidende Bedeutung bei. Wesentlich für die „Ausübung eines öffentlichen Amtes" i.S.d. Art. 34 GG sei der hoheitliche Charakter einer Maßnahme. Die Beauftragung auf privatrechtlicher Grundlage sei demgegenüber für die haftungsrechtliche Frage ohne Bedeutung.[43]

Deshalb qualifiziert die neuere Rspr. den **Abschleppunternehmer** grds. als Verwaltungshelfer.[44] Dafür spricht, dass sich die rechtliche Beurteilung der Vollstreckungshandlung nicht deswegen ändern kann, weil ein privater Dritter sie auf Weisung eines Hoheitsträgers ausführt.[45] Jedenfalls im Bereich der Eingriffsverwaltung ist das Fehlverhalten eines privatrechtlich herangezogenen Unternehmers nach Amtshaftungsgrundsätzen zuzurechnen, sodass eine Haftung des Staates gemäß Art. 34 GG, § 839 BGB zu bejahen ist, wenn der Abschleppunternehmer das abgeschleppte Fahrzeug schuldhaft beschädigt.[46]

41　Abweichend von der früheren Rspr. kann daher auch bei privatrechtlicher Beauftragung eine **Zurechnung** erfolgen. Dies gilt vor allem im Bereich der Eingriffsverwaltung. Allerdings ist für die Zurechnung grds. erforderlich, dass dem Unternehmer kein oder nur ein begrenzter Entscheidungsspielraum eingeräumt ist, der ihn zum bloßen **Erfüllungsgehilfen** der öffentlichen Hand macht.[47]

39　BGH NJW 1993, 1258, 1259[@]; NJW 1971, 2220, 2221; VersR 1973, 417, 418.

40　Vgl. OLG Nürnberg JR 1967, 61; offengelassen in BGH NJW 1978, 2502, 2503.

41　Ossenbühl, StaatshaftungsR, S. 21 ff.; Papier in MünchKomm BGB § 839 Rdnr. 138; Seibert JuS 1985, 625, 631 f.; Notthoff NVwZ 1994, 771, 773; Stelkens JZ 2004, 656, 658.

42　BGH NJW 2006, 1121, 1123; Schlick NJW 2008, 127, 228; Petersen Jura 2006, 411, 412.

43　BGH NJW 1993, 1258, 1259[@]; NJW 1996, 2431, 2432; NJW 2005, 286, 287; OLG Düsseldorf VersR 1997, 239.[@]

44　BGH NVwZ 2006, 964, 965[@]; OLG Saarbrücken NJW-RR 2007, 681; OLG Düsseldorf VersR 1997, 239.[@]

45　Maurer § 26 Rdnr. 13.

46　BGH NVwZ 2006, 964, 965[@]; ebenso OLG Koblenz DVBl. 2011, 60 (für den Abbruchunternehmer bei der Ersatzvornahme im Baurecht); Fischer JuS 2002, 446, 450; Stelkens JZ 2004, 656, 658; Kopp/Ramsauer VwVfG § 1 Rdnr. 64; vgl. auch AS-Skript Verwaltungsrecht AT 2 (2010), Rdnr. 671 m.w.N.

47　BGH NJW 2006, 1121, 1123; NVwZ 2006, 966 ff.; OLG Hamm NJW 2001, 375, 376; Sandkühler JA 2001, 149, 151.

„Je stärker der hoheitliche Charakter der Aufgabe in den Vordergrund tritt, je enger die Verbindung zwischen den übertragenen Tätigkeiten und der von der Behörde zu erfüllenden hoheitlichen Aufgaben und je begrenzter der Entscheidungsspielraum des Unternehmers ist, desto näher liegt es, ihn als Beamten im haftungsrechtlichen Sinne anzusehen."[48]

Die Lit. hält diese Einschränkungen als „Relikte der alten Werkzeugtheorie" für nicht sachgerecht. Auch das Fehlverhalten selbstständiger Unternehmer müsse dem Staat nach Art. 34 S. 1 GG zugerechnet werden. Für den Bürger mache es keinen Unterschied, ob er durch eigene Mitarbeiter des Staates oder durch Mitarbeiter eines vom Staat eingeschalteten privaten Unternehmens geschädigt werde.[49]

42 Gegen eine solche ausschließlich funktionsbezogene Konzeption spricht jedoch, dass der Staat dann bei der Erfüllung öffentlich-rechtlicher Pflichten schlechter stünde als z.B. ein privater Bauherr, der für das Fehlverhalten des selbstständigen Bauunternehmers grds. nicht einzustehen hat.[50] Eine Zurechnung sollte daher nur dann erfolgen, wenn der Unternehmer **keinen oder nur einen begrenzten Entscheidungsspielraum** hat.

„... wenn die öffentliche Hand auf die Durchführung der Arbeiten in einem Maße Einfluss genommen hat, dass sie die Arbeiten des Unternehmers wie eigene gegen sich gelten lassen" muss.[51]

43 a) Als Verwaltungshelfer wird man den Unternehmer daher z.B. im Fall des § 45 Abs. 6 StVO ansehen können, wenn die Behörde **verbindliche Anordnungen** zum Aufstellen von Verkehrszeichen getroffen hat. Dort hat der private Bauunternehmer keinen eigenen Entscheidungsspielraum, sondern hat die Anordnungen der Behörde zu „befolgen" (§ 45 Abs. 6 S. 2 StVO). Er ist lediglich technisches Ausführungsorgan der anordnenden Behörde.[52]

44 b) Vorliegend ist demgegenüber eine nach der Rspr. erforderliche Einengung des **Entscheidungsspielraums** des B nicht feststellbar. Die Ampel wurde bedarfsgerecht (automatisch oder von Hand) gesteuert. Eine behördliche Anordnung hierzu war nicht vorgegeben (vgl. auch § 45 Abs. 6 S. 2 StVO, wonach der Unternehmer die Lichtzeichenanlage „zu bedienen" hat, während die Anordnungen der Verkehrsbehörde „zu befolgen" sind). U wurde daher nicht als „Erfüllungsgehilfe" der Behörde tätig und kann deshalb auch nicht als deren Verwaltungshelfer angesehen werden.[53]

Auch der BGH hat bislang Straßenbauunternehmer und Ingenieure nicht als Verwaltungshelfer angesehen[54], es sei denn der Hoheitsträger hat weitgehende Weisungsbefugnisse.[55] Kein Verwaltungshelfer ist danach z.B. auch die private Elektrofirma bei der Installation von Ampelanlagen[56] oder eine private Straßenreinigungsfirma.[57]

---

48 BGH NJW 2005, 286, 287[@].

49 Vgl. Papier in MünchKomm BGB § 839 Rdnr. 138; Stelkens JZ 2004, 656, 659; Petersen Jura 2006, 411, 413; im Ergebnis auch OLG Celle NVwZ-RR 2009, 863, 864.

50 Stelkens JZ 2004, 656, 658 f., der zwischen Verwaltungshelfern in einem bestehenden Verwaltungsrechtsverhältnis und Verwaltungshelfern im allgemeinen Verkehr differenziert.

51 BGH NJW 2006, 1121, 1123[@]; ebenso im Ergebnis BGH NVwZ 2006, 966; sehr weit OLG Celle NVwZ-RR 2009, 863.

52 Vgl. BVerwGE 35, 334, 336 ff.; OVG NRW NJW 2001, 1961.

53 Vgl. OLG Hamm NVwZ-RR 1999, 223, 224[@]; Burgi JuS 1997, 1106, 1107, wonach entscheidend darauf anzustellen ist, ob der Private einen eigenen Entscheidungsspielraum hat; a.A. Sonderkamp ZAP 1999, 283 f.; Ehlers, JK 99, OBG NW § 39/4.

54 BGHZ 48, 98, 103; 125, 19, 25; ebenso OLG München, Urt. v. 03.03.2005 – 1 U 4742/04; LG Rostock, Urt. v. 12.11.2008 – 4 O 189/08: eigenmächtige Entfernung einer Warnschranke an einer Baustelle.

55 BGH NJW 1980, 1679; NJW 1986, 1960; BGHZ 125, 19, 25.

Kein Verwaltungshelfer ist auch derjenige, der nicht im Namen der Behörde handelt, sondern im eigenen Namen privatrechtliche Verträge mit dem Bürger schließt.[58]

Mangels hoheitlichem Handeln scheidet ein Anspruch des F gegen die Stadt S gemäß Art. 34 GG, § 839 BGB aus. F muss sich unmittelbar nach §§ 823 ff. BGB an Bauunternehmer B halten.

Eine Haftung der Stadt S käme nur in Betracht, wenn diese den Unternehmer nicht ordnungsgemäß ausgewählt oder überwacht hat und ihr daher ein eigenes Verschulden anzulasten ist.[59]

---

45   Die vorstehenden Grundsätze gelten auch, wenn der Staat in einer **privatrechtlichen Organisationsform** handelt (z.B. als GmbH). Bedeutung hat dies vor allem im Rahmen der sog. Leistungsverwaltung.

Beispiele: Die Stadt errichtet für den Betrieb und die Bewirtschaftung der Stadthalle eine „Stadthallen GmbH". Die Versorgung mit Wasser und Strom erfolgt durch die „Stadtwerke GmbH".

46   Private Gesellschaften können – auch wenn ihre Anteile der öffentlichen Hand gehören – mangels Hoheitsgewalt **nicht öffentlich-rechtlich** handeln, sondern nur privatrechtliche Verträge schließen.[60] Sind an dem streitigen Rechtsverhältnis ausschließlich Privatrechtssubjekte beteiligt, so scheidet eine Zuordnung zum öffentlichen Recht grds. aus.[61]

47   Anders ist dies nur, wenn der privatrechtlich organisierte Leistungsträger **Beliehener** ist, was aber auf dem Gebiet der Leistungsverwaltung i.d.R nicht vorkommt, weil die Leistung in privatrechtlicher Form erbracht werden kann und eine Beleihung daher unnötig ist. Eine Besonderheit gilt im **Subventionsrecht**. Nach § 44 Abs. 3 BHO (Bundeshaushaltsordnung) können juristische Personen des Privatrechts (z.B. Banken) mit der Befugnis beliehen werden, Verwaltungsaufgaben im eigenen Namen wahrzunehmen (z.B. Bewilligungsbescheide zu erlassen).[62]

Weiteres Beispiel: Die Entlassung eines Schülers von einer privaten Ersatzschule erfolgt auf privatrechtlicher Grundlage. Die Beleihung der Ersatzschule mit Hoheitsbefugnissen beschränkt sich darauf, mit gleicher Wirkung wie öffentliche Schulen Zeugnisse zu erteilen und unter bestimmten Voraussetzungen Prüfungen abzunehmen. Alle übrigen Maßnahmen behalten ihren privatrechtlichen Charakter.[63]

---

56   BGH NJW 1971, 2220.

57   OLG Hamm VersR 1992, 1227; abweichend OLG Celle NVwZ-RR 2009, 863.

58   BVerwG RÜ 2011, 126, 128 für die Toll-Collect GmbH bei der Erhebung der LKW-Maut (auch die nach § 4 Abs. 2 S. 1 AutobahnMautG mögliche Beleihung ist nicht erfolgt).

59   OLG Hamm NVwZ-RR 1999, 223, 224.@

60   BVerwG DVBl. 1990, 712, 713; OVG NRW NW 1998, 1579, 1580; BayVGH NVwZ 1998, 1099, 1100.

61   BVerwG NJW 2006, 2568; BGH NJW 2003, 2451, 2452; OLG Rostock NJW 2006, 2563; abweichend OVG NRW NWVBl. 2006, 295 bei öffentlich-rechtlicher Anspruchsgrundlage.

62   Vgl. BremStGH NVwZ 2003, 81; Stelkens NVwZ 2004, 304 ff.; Wolfers/Kaufmann DVBl. 2002, 507 ff.; zur Rechtslage bei Fehlen eines Bewilligungsbescheides im sog. Bankenverfahren vgl. ThürOVG RÜ 2011, 254 ff.

63   OVG NRW NJW 1998, 1579, 1580.

II. Handeln des Staates in öffentlich-rechtlichen Formen

Handelt ein Verwaltungsträger in einer **öffentlich-rechtlichen Organisationsform** (z.B. die Gemeinde als Körperschaft des öffentlichen Rechts), so kann er kraft seiner Hoheitsgewalt öffentlich-rechtlich tätig werden, er kann aber als juristische Person – wie jeder Bürger – auch privatrechtlich handeln (s.o. Rdnr. 28 f.).

48

1. Abgrenzungskriterien

Da häufig nicht ohne Weiteres ersichtlich ist, ob die Verwaltung privatrechtlich oder öffentlich-rechtlich handelt, ist es erforderlich, **Abgrenzungskriterien** herauszuarbeiten.

a) Eindeutige Zuordnung

Unproblematisch sind die Fälle, in denen eine **eindeutige Zuordnung** erfolgen kann.

■ Eindeutig öffentlich-rechtlich ist vor allem die Wahrnehmung von Aufgaben im Rahmen der **Eingriffsverwaltung** (vornehmlich im Polizei- und Ordnungsrecht). Hier braucht i.d.R. nicht im Detail auf die Abgrenzungsfrage eingegangen zu werden, da es sich um klassische Anwendungsfälle hoheitlicher Tätigkeit handelt.

49

Beispiele: Abschleppen eines Pkw, Auflösung einer Versammlung, Erteilung einer Baugenehmigung, Versagung einer Gaststättenerlaubnis o.Ä.

Dasselbe gilt in den Fällen, in denen die Verwaltung **eindeutig hoheitlich** handelt (insbes. durch Erlass einer Verfügung, eines Bescheides etc.). Wird nämlich eine behördliche Maßnahme für den Adressaten objektiv erkennbar im Wege einer hoheitlichen Regelung getroffen, so ist diese Maßnahme auch dann öffentlich-rechtlich zu beurteilen, wenn sie inhaltlich eine privatrechtliche Rechtsbeziehung betrifft (s.u. Rdnr. 170.) Das gilt unabhängig davon, ob ein öffentlich-rechtliches Handeln überhaupt zulässig war, was im Rahmen privatrechtlicher Beziehungen grds. nicht der Fall ist. Auch eine rechtswidrige Ausübung öffentlicher Gewalt bleibt öffentlich-rechtlich.

Beispiel: Die Gemeinde G hat den Rathauskeller als Gaststätte an P verpachtet. Als es Streitigkeiten gibt, verlangt G durch VA von P Räumung der Gaststätte und droht für den Fall der Nichtbefolgung den Einsatz von Verwaltungszwang an. Die Maßnahmen der G sind allein der Form wegen öffentlich-rechtlich zu beurteilen, obwohl zwischen G und P ein privatrechtliches Pachtverhältnis besteht.[64]

■ Demgegenüber ist eindeutig privatrechtlich die sog. **Fiskalverwaltung**, die stets in privatrechtlichen Formen erfolgt.

50

Dazu zählen z.B. alle privatrechtlichen Geschäfte, die der **Bedarfsdeckung** dienen (z.B. Anschaffung von Computern und Dienstfahrzeugen, Einstellung von Angestellten des öffentlichen Dienstes aufgrund privatrechtlicher Arbeitsverträge), die **erwerbswirtschaftliche Betätigung** der öffentlichen Hand (z.B. Beteiligung an privaten Unternehmen) und die **Verwaltung des Staatsvermögens** (Verkauf oder Verpachtung von Grundstücken).

Die privatrechtliche Rechtsnatur folgt daraus, dass diese Tätigkeiten keine hoheitlichen Befugnisse voraussetzen und sich durch nichts von entsprechenden Geschäften eines Bürgers unterscheiden.[65]

---

64 Vgl. BVerwG NVwZ 1985, 264[@]; OVG NRW NJW 1998, 1579, 1580; VG Berlin NJW 2002, 1063.

65 Vgl. GmS OGB NJW 1986, 2359.

51   ■   Probleme bei der Abgrenzung zwischen Privatrecht und Öffentlichem Recht bereiten vor allem Fälle im Bereich der **Leistungsverwaltung**. Hier besitzt die Verwaltung nach h.M. grds. ein **Wahlrecht**, ob sie öffentlich-rechtlich oder privatrechtlich tätig werden will.[66]

Gegenstand der Leistungsverwaltung ist neben der Gewährung finanzieller Zuwendungen (Subventionen) vor allem die Erbringung von Leistungen der sog. Daseinsvorsorge, z.B. Müllabfuhr, Abwasserbeseitigung, der Betrieb öffentlicher Einrichtungen (insbes. Krankenhäuser und Kultureinrichtungen wie Theater und Museen). – Den Gemeinden steht es deshalb z.B. frei, die Benutzung ihrer öffentlichen Einrichtungen öffentlich-rechtlich oder privatrechtlich auszugestalten.[67]

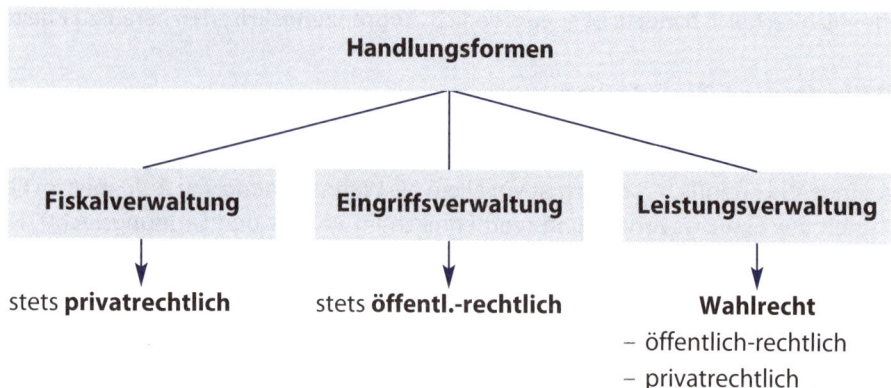

Dass auch in diesen Fällen eine öffentliche Aufgabe erfüllt wird, reicht allein für die Annahme öffentlichen Rechts nicht aus.[68] Eine eindeutige Zuordnung ist im Leistungsbereich praktisch nur möglich, wenn die **Handlungsform gesetzlich** festgelegt ist.

Vgl. z.B. § 44 Abs. 3 BHO: „in den Handlungsformen des öffentlichen Rechts". Der Verwaltungsträger kann eine solche Regelung auch selbst treffen, z.B. durch Satzung. **Beispiel:** Die Gemeinde G betreibt ein Hallenbad als öffentliche Einrichtung. In der als Satzung erlassenen Benutzungsordnung ist ausdrücklich geregelt, dass das Benutzungsverhältnis öffentlich-rechtlich ist.

b) Indizien

52   Lässt sich eine eindeutige Zuordnung nicht vornehmen, so können sich für die Abgrenzung zwischen öffentlichem Recht und Privatrecht **Indizien** ergeben.

   ■   Unproblematisch sind die Fälle, in denen sich aus den von der Verwaltung verwendeten **Begriffen** ohne Weiteres auf die gewählte **Handlungsform** schließen lässt. So sind die Begriffe Satzung, Bescheid, Gebühr oder Zwangsmittel als öffentlich-rechtliche Handlungsformen zu qualifizieren. Demgegenüber spricht für privatrechtliche Tätigkeit das Vorliegen eines Vertrages (außer in den Fällen der §§ 54 ff. VwVfG), die Zahlung eines Entgelts oder die Regelung durch Allgemeine Geschäftsbedingungen.

---

66   BayVerfGH NVwZ 1998, 727, 728; OVG NRW NJW 1991, 61, 62@; VGH Mannheim DVBl. 2010, 1583.

67   BayVerfGH NVwZ 1998, 727.

68   BVerwG DVBl. 1990, 712, 713; OVG NRW NJW 1991, 61, 62@ m.w.N.

■ Ein wichtiges Kriterium für die Abgrenzung zwischen öffentlichem Recht und Privat- **53**
recht ist das des **Sachzusammenhangs:** Steht eine Maßnahme mit einem anderen
Verwaltungshandeln, das ohne Weiteres als öffentlich-rechtlich einzuordnen ist, in
engem Zusammenhang, so ist auch die zu beurteilende Tätigkeit als öffentlich-rechtlich zu qualifizieren.

Beispiele: K wendet sich gegen Geruchsimmissionen, die von einer gemeindlichen Kläranlage aus-
gehen. Der Betrieb der Anlage steht im Sachzusammenhang mit der gemeindlichen Kanalisation als
Teil der öffentlichen Daseinsvorsorge. Da deren Rechtsnatur grds. öffentlich-rechtlich ist (Indizien:
Vorliegen einer Satzung, Anschluss- und Benutzungszwang, Erhebung von Gebühren), ist auch die
Streitigkeit um die – an sich neutralen – Immissionen öffentlich-rechtlich.[69] Dasselbe gilt für Ge-
räuschimmissionen durch den Betrieb öffentlicher Einrichtungen der Gemeinde (z.B. Sport- und
Spielplätze).[70]

Ehrbeeinträchtigende Äußerungen eines Hoheitsträgers sind privatrechtlich, wenn sie im Sachzusammenhang mit fiskalischen Rechtsbeziehungen stehen (z.B. im Rahmen der Abwicklung eines
Kaufvertrages), dagegen öffentlich-rechtlich, wenn sie im Zusammenhang mit der Erfüllung öffentlicher Aufgaben erfolgen oder auf vorhandene bzw. vermeintliche öffentlich-rechtliche Befugnisse
gestützt werden.[71]

Umstritten ist die Einordnung von Streitigkeiten im Zusammenhang mit dem **Hausrecht** bei Verwaltungsgebäuden: Nach früher h.M. erfolgt die Ausübung des Hausrechts (z.B. Erteilung eines
Hausverbots) öffentlich-rechtlich, wenn ein Sachzusammenhang mit hoheitlicher Tätigkeit besteht,
privatrechtlich dagegen, wenn fiskalische Zwecke verfolgt werden (sog. Akzessorietät des Hausrechts).[72] Nach der im Vordringen befindlichen Gegenansicht ist ein Hausverbot unabhängig von
der Art des Dienstgeschäfts öffentlich-rechtlich zu qualifizieren, da es der Sicherung des öffentlich-
rechtlichen Widmungszwecks des Gebäudes dient.[73] Dafür spricht, dass das Hausrecht an Dienst-
gebäuden nicht aus §§ 903, 1004 BGB folgt, sondern unmittelbar aus der öffentlich-rechtlichen
Sachherrschaft bzw. der behördlichen Organisationskompetenz.[74] Auf die Streitfrage kommt es
nicht an, wenn das Hausverbot eindeutig öffentlich-rechtlich durch Verwaltungsakt ergeht.[75]

2. Die Abgrenzungstheorien

In der Literatur spielen bei der Unterscheidung zwischen öffentlichem Recht und Privat- **54**
recht die sog. **Abgrenzungstheorien** eine große Rolle. In der Praxis und auch in der
Klausur ist ihre **Bedeutung** dagegen **äußerst gering.** Entweder ergibt sich zweifelsfrei,
dass der konkrete Fall nach dem PolG, der GewO, dem AufenthG o.Ä. zu beurteilen ist,
sodass ein kurzer Hinweis genügt, dass das maßgebliche Gesetz dem öffentlichen Recht
angehört. Oder die Zuordnung kann zwanglos aufgrund der oben aufgezeigten Kriteri-
en vorgenommen werden. Lediglich in den wenigen Fällen, in denen zweifelhaft ist, ob
die streitentscheidende Norm dem öffentlichen oder privaten Recht angehört, ist auf
die nachfolgenden Theorien zurückzugreifen, deren jeweils isolierte Anwendung aber
gerade in Grenzfällen auch nicht weiterhilft.

---

69 BGH NJW 1986, 2309, 2310.

70 Vgl. OVG NRW NVwZ 2005, 967 (Straßenleuchten); BVerwG NVwZ 1991, 885 (Sportplatz); VG Köln NVwZ 1993, 401 (Altg-
laus- und Altpapiercontainer); BVerwG NVwZ 1997, 390, 391 (Glockengeläut); allgemein Althammer/Zieglmeier DVBl.
2006, 812, 813 und AS-Skript Verwaltungsrecht AT 2 [2010], Rdnr. 493.

71 OVG Berlin NJW 1998, 257; OVG NRW NVwZ 1997, 302; allgemein AS-Skript Verwaltungsrecht AT 2 (2010), Rdnr. 568 ff.

72 OVG NRW NJW 1998, 1425[@]; NJW 1998, 1425; VGH Mannheim NJW 1994, 2500, 2501; VG Minden NVwZ-RR 1999, 334.

73 OVG NRW NVwZ-RR 1989, 316; VG Berlin NVwZ-RR 2010, 783, 784; Beaucamp JA 2003, 231, 233; Klenke NWVBl. 2006, 84;
Ehlers Jura 2008, 183, 193; Kopp/Schenke VwGO § 40 Rdnr. 22.

74 Zur umstrittenen Herleitung des Hausrechts vgl. VG Berlin NVwZ-RR 2010, 783, 784; Klenke NWVBl. 2006, 84 ff.; Stelkens
Jura 2010, 363 ff.

75 VG Berlin NJW 2002, 1063 (Hausverbot im Bundestag); allgemein Zilkens JuS 2003, 165, 166.

Fall 2: Unstimmigkeiten bei der Sportförderung

Das Sportförderungsgesetz des Landes L bestimmt in § 11: „Zum Bau von Sportanlagen können den Sportvereinen auf Antrag Grundstücke aus dem Grundvermögen der Gemeinden übertragen werden. Der Erwerb erfolgt für den Sportverein kostenlos. Der Gemeinde wird die Hälfte des Grundstückswertes aus Landesmitteln erstattet."

Der in der Stadt S ansässige V-Verein stellte bei der Stadt einen Antrag auf Übertragung eines im Eigentum der Gemeinde stehenden und im Bebauungsplan als Sportanlage ausgewiesenen Grundstücks. Der Rat der Stadt beschloss, diesem Antrag zu entsprechen, was dem V-Verein durch ein Schreiben des Bürgermeisters (Stadtverwaltung) vom 12.01.2011 mitgeteilt wurde. Das Schreiben trug die Unterschrift des Bürgermeisters sowie seines Stellvertreters und schloss mit folgendem Satz: „Das Grundstück steht Ihnen nunmehr zur Verfügung. Wir bitten um Mitteilung, wann die Auflassung erfolgen soll." Als die Stadt S vom Land Erstattung der Hälfte des Grundstückswertes verlangte, erkannte das Land den von der Stadt geltend gemachten Wert nicht an. Daraufhin verweigerte die Stadt die Auflassung. Hat der V-Verein gegen die Stadt S einen Anspruch auf das Grundstück?

A. Ein **privatrechtlicher Vertrag** zwischen dem V-Verein und der Stadt S scheidet als Anspruchsgrundlage schon deshalb aus, weil dieser auf die unentgeltliche Zuwendung eines Grundstücks gerichtet ist und daher sowohl nach § 311 b Abs. 1 BGB als auch nach § 518 BGB formbedürftig wäre. Die danach erforderliche notarielle Form ist nicht gewahrt.

B. Ein Anspruch könnte sich jedoch aus dem Schreiben der Stadt S vom 12.01.2011 ergeben. Dabei könnte es sich – gestützt auf das SportförderungsG – um einen **Verwaltungsakt** (VA) handeln, der als Rechtsfolge einen Anspruch des V-Vereins gegen die Stadt S auf das Grundstück begründet.

 I. Das setzt voraus, dass das Schreiben der Stadt S begrifflich gemäß § 35 S. 1 VwVfG als VA zu qualifizieren ist.

  1. Um einen VA handelt es sich nur, wenn eine Maßnahme auf dem Gebiet des **öffentlichen Rechts** ergangen ist.

55

  a) Unproblematisch ist dies dann, wenn die Behörde **eindeutig** in der Form eines VA handelt. Dann liegt stets eine öffentlich-rechtliche Maßnahme vor, auch wenn die beabsichtigte Regelung eine privatrechtliche Rechtsbeziehung betrifft (vgl. oben Rdnr. 49).

   Beispiele: Bezeichnung des Schreibens als „Verfügung", Androhung von Zwangsmitteln, Beifügung einer Rechtsbehelfsbelehrung.

   Ein eindeutig öffentlich-rechtliches Handeln liegt hier nicht vor. Das Schreiben ist neutral gehalten, ohne eindeutig auf öffentlich-rechtliche Gestaltungsmittel Bezug zu nehmen. Dies spricht nicht zwingend für das Vorliegen eines VA, steht dem aber auch nicht entgegen, wenn die Maßnahme **inhaltlich** als VA zu qualifizieren ist.

b) Da Grundlage des Schreibens das SportförderungsG ist, kommt es für die **Rechtsnatur** des Schreibens darauf an, ob das Gesetz zum Bereich des öffentlichen Rechts oder des Privatrechts gehört.

aa) Für die meisten Gesetze hat sich eine **eindeutige Zuordnung** zu dem jeweiligen Rechtsgebiet entwickelt. In diesen Fällen ist die Zuordnung daher nicht besonders zu begründen.   **56**

> So gehören BGB, HGB und Aktiengesetz zum Privatrecht. Baugesetzbuch, Gewerbeordnung und Aufenthaltsgesetz sind öffentliches Recht. Das Beamtenrecht (BBG, LBG, BeamtStG) ist öffentliches Recht, das Recht der Angestellten des öffentlichen Dienstes dagegen Privatrecht. Im StVG sind die §§ 1–6 e sowie die §§ 24 ff. öffentliches Recht, die §§ 7–18 dagegen Privatrecht.

Bei dem SportförderungsG des Landes L handelt es sich um ein Gesetz, für das keine allgemein anerkannte Zuordnung gilt.

bb) Die Zuordnung ist daher anhand der **allgemeinen Kriterien** für die Abgrenzung des öffentlichen Rechts vom Privatrecht vorzunehmen. Mangels sonstiger Anhaltspunkte (Indizien, Sachzusammenhang u.Ä.) ist dabei auf die für die Abgrenzung entwickelten Theorien abzustellen. Die Zahl und Vielschichtigkeit dieser **Theorien** ist unüberschaubar, jedoch sind drei Hauptrichtungen erkennbar: **57**

- die **Subordinationstheorie**,
- die **Interessentheorie** und
- die (modifizierte) **Subjektstheorie**.

(1) Die in der Rspr. nach wie vor herrschende **Subordinationstheorie** nimmt ein öffentlich-rechtliches Verhältnis an, wenn zwischen den Beteiligten ein **Über-** und **Unterordnungsverhältnis** besteht, das sich daraus ergibt, dass ein mit hoheitlicher Gewalt ausgestatteter Träger öffentlicher Verwaltung daran beteiligt ist. Ist die Beziehung dagegen durch **Gleichordnung** geprägt, so liegt Privatrecht vor.[76]   **58**

> Vgl. auch die der Subordinationstheorie ähnliche **Subjektionstheorie**, wonach eine öffentlich-rechtliche Maßnahme vorliegt, wenn die öffentliche Hand einseitig in den Rechtskreis des Einzelnen eingreift.[77]

Zutreffend ist, dass bei vielen öffentlich-rechtlichen Rechtsverhältnissen ein Über- und Unterordnungsverhältnis besteht (z.B. im Polizei- und Ordnungsrecht, Steuerrecht). Solche Verhältnisse gibt es jedoch auch im Privatrecht (Verhältnis zwischen Eltern und Kindern, Direktionsbefugnis des Arbeitgebers gegenüber dem Arbeitnehmer). Andererseits gibt es auch im öffentlichen Recht Rechtsverhältnisse, in denen die Beteiligten eine gleichrangige Rechtsstellung besitzen (z.B. die Vertragsparteien beim verwaltungsrechtlichen Vertrag, §§ 54 ff. VwVfG).

---

76 RGZ 167, 281, 287; BGHZ 14, 222, 227; GmS OGB NJW 1986, 2359; BGH NJW 1988, 1264 f.; BSG NJW 1990, 342, 343 m.w.N.
77 Vgl. Thiel/Garcia-Scholz JA 2001, 957, 958.

Gerade in Fällen wie dem vorliegenden, in denen die öffentliche Hand Leistungen gegenüber dem Bürger erbringt, ist das Subordinationskriterium nicht brauchbar, da gerade nicht feststeht, ob ein Fall der Über-/Unterordnung oder Gleichordnung besteht.[78]

59

(2) Die **Interessentheorie**, die auf den römischen Juristen Ulpian (170–228) zurückgeht, stellt auf die zugrunde liegenden Rechtsnormen ab und ordnet diejenigen, die überwiegend dem öffentlichen Interesse dienen, dem öffentlichen Recht (ius publicum) zu und die im Individualinteresse stehenden Rechtssätze dem Privatrecht (ius privatum).[79] Zwar ist nicht zu bezweifeln, dass öffentlich-rechtliche Vorschriften dem Interesse der Allgemeinheit dienen. Jedoch bezwecken viele von ihnen auch den Schutz Einzelner (vgl. z.B. die nachbarschützenden Vorschriften im Baurecht). Umgekehrt dienen zahlreiche privatrechtliche Vorschriften auch dem öffentlichen Interesse (z.B. die Unterhaltspflicht der Eltern gegenüber den Kindern, die Wettbewerbsregeln des UWG).

Vorliegend dient die Vergabe von Grundstücken zum Bau von Sportanlagen allein dem Allgemeininteresse, sodass es sich nach der Interessentheorie bei dem SportförderungsG um ein öffentlich-rechtliches Gesetz handelt.

60

(3) In der Lit. ist heute herrschend die sog. modifizierte (neuere) **Subjektstheorie** (auch Sonderrechtstheorie genannt), die darauf abstellt, wer aus dem zu qualifizierenden Rechtssatz berechtigt oder verpflichtet sein kann, d.h. welchem Rechtssubjekt die Rechte oder Pflichten aus der Rechtsnorm zugeordnet sind. Da ein Träger hoheitlicher Gewalt aber auch aus privatrechtlichen Vorschriften berechtigt oder verpflichtet sein kann (z.B. bei einem Kaufvertrag oder aus §§ 823 ff. BGB), werden nach dieser Theorie nur diejenigen Rechtsnormen zum öffentlichen Recht gezählt, **aus denen ein Hoheitsträger als solcher**, d.h. gerade in seiner Eigenschaft als Hoheitsträger, berechtigt und verpflichtet wird.[80]

Im Unterschied zur älteren (formellen) Subjektstheorie spricht man daher auch von der sog. materiellen Subjektstheorie.[81] „Entscheidend ist dabei, ob der Sachverhalt Rechtssätzen unterworfen ist, die für jedermann gelten, oder einem Sonderrecht des Staates oder sonstiger Träger öffentlicher Aufgaben, das sich zumindest auf einer Seite nur an Hoheitsträger wendet."[82]

§ 823 BGB und § 7 StVG sind daher privatrechtliche Normen, weil Gläubiger und Schuldner auch Privatleute sein können. Privatrechtlich sind aber auch solche Vorschriften, die zwar lediglich den Staat berechtigen oder verpflichten, aber nicht „als solchen", also nicht in seiner Funktion

---

78 Zur Kritik an der Subordinationstheorie vgl. Renck JuS 1999, 361, 364; Leisner JZ 2006, 869, 873 f. m.w.N.

79 Vgl. BVerfGE 58, 300, 344; BVerwGE 13, 47, 49; 15, 296, 299; 19, 308, 312.

80 GmS OGB NJW 1990, 1527; BVerwG NJW 2006, 2568; DÖV 1981, 678, 679; BGHZ 41, 266, 267; OVG NRW NJW 1991, 61©; NJW 1990, 3226; Erichsen/Ehlers § 3 Rdnr. 28; Maurer § 3 Rdnr. 13; grundlegend Wolff AöR 76 (1950), S. 205 ff., der darauf abstellt, ob „ausschließlich" ein Hoheitsträger Normadressat war.

81 Erichsen/Ehlers § 3 Rdnr. 28; Leisner JZ 2006, 869, 871 m.w.N.

82 BVerwG NJW 2006, 2568.

als Hoheitsträger. Das ist z.B. der Fall, wenn das Recht fiskalisch ausgestaltet ist, wie z.B. das Erbrecht des Fiskus (§ 1936 BGB) oder das Aneignungsrecht (§ 928 Abs. 2 BGB). Öffentlich-rechtlich ist dagegen z.B. § 3 StVG, der nur einen Hoheitsträger zur Entziehung der Fahrerlaubnis berechtigt, ebenso § 5 ParteiG, der gerade einen Hoheitsträger verpflichtet.

Beispiel: Die Streitigkeit zwischen einer politischen Partei und einer Sparkasse (Anstalt des öffentlichen Rechts) auf Eröffnung eines Girokontos ist im Hinblick auf § 5 ParteiG öffentlich-rechtlich, auch wenn das spätere Leistungsverhältnis privatrechtlich ausgestaltet ist.[83] Dass daneben ggf. auch ein zivilrechtlicher Anspruch gem. § 826 BGB („mittelbarer" Kontrahierungszwang) in Betracht kommt, ändert nichts an der Einordnung der Streitigkeit (auch) als öffentlich-rechtlich. Denn das Gericht des zulässigen Rechtswegs entscheidet den Rechtsweg gem. § 17 Abs. 2 S. 1 GVG grds. unter allen in Betracht kommenden Gesichtspunkten.

Der Subjektstheorie wird vor allem vorgeworfen, dass es sich um einen Zirkelschluss handele, wenn der Begriff „öffentlich-rechtlich" mit „Träger hoheitlicher Gewalt" verknüpft werde. Denn die Ausübung hoheitlicher Gewalt hänge ja gerade von der Einordnung als öffentlich-rechtlich ab.[84] Probleme hat die Subjektstheorie vor allem in Fällen, in denen sowohl öffentlich-rechtliche als auch zivilrechtliche Normen Anwendung finden. 61

Beispiel: Die wirtschaftliche Betätigung von Gemeinden richtet sich nach den Vorschriften des UWG und GWB, aber auch nach den Vorschriften der Gemeindeordnung (GO). Nach h.M. sind Streitigkeiten über die Zulässigkeit der Betätigung (das „Ob") nach der GO öffentlich-rechtlich, die Art der Tätigkeit (das „Wie") ist dagegen privatrechtlich zu beurteilen.[85]

Wendet man die Subjektstheorie auf das SportförderungsG an, so ergibt sich, dass aus den Rechtsnormen dieses Gesetzes notwendigerweise eine Gemeinde oder das Land, also ein Träger öffentlicher Verwaltung berechtigt und verpflichtet ist. Privatpersonen sind nicht berechtigt, nach diesem Gesetz Grundstücke an Sportvereine zu vergeben und vom Land Erstattung der Hälfte der Kosten zu verlangen. Nach der Subjektstheorie handelt es sich also um ein **öffentlich-rechtliches** Gesetz.[86]

(4) Zusammenfassend lässt sich feststellen, dass alle Theorien nicht ohne Einschränkungen angewendet werden können. Da die verschiedenen Theorien aber nicht in einem Ausschließlichkeitsverhältnis zueinander stehen, sondern dieselbe Sache nur von verschiedenen Seiten aus betrachten, ist es sinnvoll, in Zweifelsfällen die **Theorien nebeneinander** zu prüfen.[87] 62

---

83 OVG NRW NWVBl. 2004, 479; OVG Berlin NJW 2004, 3585; VG Saarlouis, Beschl. v. 30.07.2008 – 11 L 668/08; a.A. OVG Bremen, Beschl. v. 23.03.2011 – 1 S 29/11.

84 Leisner JZ 2006, 869, 871; Erichsen Jura 1982, 537, 540; Achterberg § 1 Rdnr. 17; Überblick bei Maurer § 3 Rdnr. 15 m.w.N.

85 BVerwG DVBl. 1996, 152, 153; VGH Mannheim NJW 1995, 274; OVG NRW NVwZ 2006, 1083; NVwZ 2008, 1031, 1033.

86 Eingehend zu den verschiedenen Abgrenzungstheorien vgl. Maurer § 3 Rdnr. 14 ff.; Erichsen/Ehlers § 3 Rdnr. 14 ff.

87 Vgl. exemplarisch BVerwG NJW 2007, 2275, 2276; NJW 2006, 2568; DVBl. 2005, 516, 517; BGH NVwZ 2004, 253 f.; BGH NJW 1997, 328[@]; a.A. Leisner JZ 2006, 869, 872.

Beispiel: „Dabei kommt es regelmäßig darauf an, ob die Beteiligten zueinander in einem hoheitlichen Verhältnis der Über- und Unterordnung stehen und sich der Träger hoheitlicher Gewalt der besonderen Rechtssätze des öffentlichen Rechts bedient (...). Eine öffentlich-rechtliche Streitigkeit kann aber auch auf einem Gleichordnungsverhältnis beruhen. Gleichordnungsverhältnisse sind öffentlich-rechtlich, wenn die das Rechtsverhältnis beherrschenden Rechtsnormen nicht für jedermann gelten, sondern Sonderrecht des Staates oder sonstiger Träger öffentlicher Aufgaben sind, das sich zumindest auf einer Seite nur an Hoheitsträger wendet."[88]

Im vorliegenden Fall kann man daher, ohne dass dem die Subordinationstheorie entgegenstünde, das SportförderungsG sowohl nach der Interessentheorie als auch nach der materiellen Subjektstheorie als öffentlich-rechtliches Gesetz qualifizieren.

63 2. Da das Schreiben der Stadt somit eine öffentlich-rechtliche Maßnahme darstellt, kommt es für den Begriff des VA nach § 35 S. 1 VwVfG weiterhin darauf an, ob eine **Regelung** eines **Einzelfalls** mit **Außenwirkung** getroffen wurde.

a) Eine **Regelung** liegt vor, wenn die Maßnahme unmittelbar auf die Herbeiführung einer Rechtsfolge gerichtet ist (s.u. Rdnr. 171). Nach dem Schreiben soll dem Verein ein Grundstück übertragen werden, d.h. es wird ihm ein Anspruch eingeräumt. Damit wird eine Rechtsfolge gesetzt.

b) Die Zuwendung eines bestimmten Grundstücks an einen bestimmten Verein betrifft auch einen **Einzelfall**.

c) **Außenwirkung** ist anzunehmen, wenn die Maßnahme nicht nur verwaltungsinterne Bedeutung hat (s.u. Rdnr. 227). Da die Regelung hier das Verhältnis zwischen der Stadt S und dem Verein V betrifft, hat sie die erforderliche Außenwirkung.

Somit ist das Schreiben der Stadtverwaltung als (begünstigender) Verwaltungsakt (VA) zu qualifizieren, dessen Regelungswirkung darauf gerichtet ist, dem V-Verein gegenüber der Stadt S einen Anspruch auf das Grundstück einzuräumen.

II. Dieser VA könnte wegen Verstoßes gegen eine zwingende Formvorschrift **nichtig** sein (§ 44 Abs. 1 VwVfG).

a) Eine notarielle Beurkundung analog § 311 b BGB ist auch bei öffentlich-rechtlichen Beziehungen erforderlich, wenn sich eine **Privatperson** im Rahmen eines öffentlich-rechtlichen Vertrages zur Übertragung oder zum Erwerb eines Grundstücks gegenüber der öffentlichen Hand verpflichtet.[89]

b) § 311 b BGB setzt jedoch immer eine vertragliche Verpflichtung voraus und ist daher **unanwendbar bei einseitigen Zuwendungen**, die auf einer besonderen Rechtsgrundlage beruhen,[90] wie im vorliegenden Fall der VA nach Maßgabe des SportförderungsG.

---

88 BVerwG NJW 2007, 2275, 2276; ähnlich BVerwG NJW 2006, 2568; DVBl. 2005, 516, 517; BGH NVwZ 2004, 253 f.
89 Palandt/Grüneberg BGB § 311 b Rdnr. 15.
90 BGHZ 15, 177, 182; OLG Karlsruhe OLGZ 1980, 446, 447; Palandt/Grüneberg BGB § 311 b Rdnr. 16.

Der von der Stadt S erlassene VA ist daher nicht wegen Formverstoßes nichtig. Da sonstige Wirksamkeitsbedenken nicht bestehen, insbesondere die Differenzen zwischen der Stadt S und dem Land L die Wirksamkeit des VA nicht berühren, steht dem V-Verein gegen die Stadt S aufgrund des als VA zu qualifizierenden Schreibens vom 12.01.2011 ein Anspruch auf Übereignung des Grundstücks zu.

D. Im Zweifel: Öffentliches Recht

Führen auch die Abgrenzungstheorien zu keinem greifbaren Ergebnis, so ist im Zweifel **64** von der Anwendung **öffentlichen Rechts** auszugehen. Geht es um die Erfüllung öffentlicher Aufgaben so besteht die Vermutung, dass der Verwaltungsträger seine Aufgaben auch mit den ihm zugewiesenen besonderen Befugnissen des öffentlichen Rechts erfüllen will, solange der Wille, in privatrechtlicher Handlungsform tätig zu werden, nicht erkennbar in Erscheinung tritt.[91]

Beispiel: Die Benutzung einer öffentlichen Einrichtung, die nicht ausdrücklich privatrechtlich geregelt ist, ist im Zweifel öffentlich-rechtlich.[92]

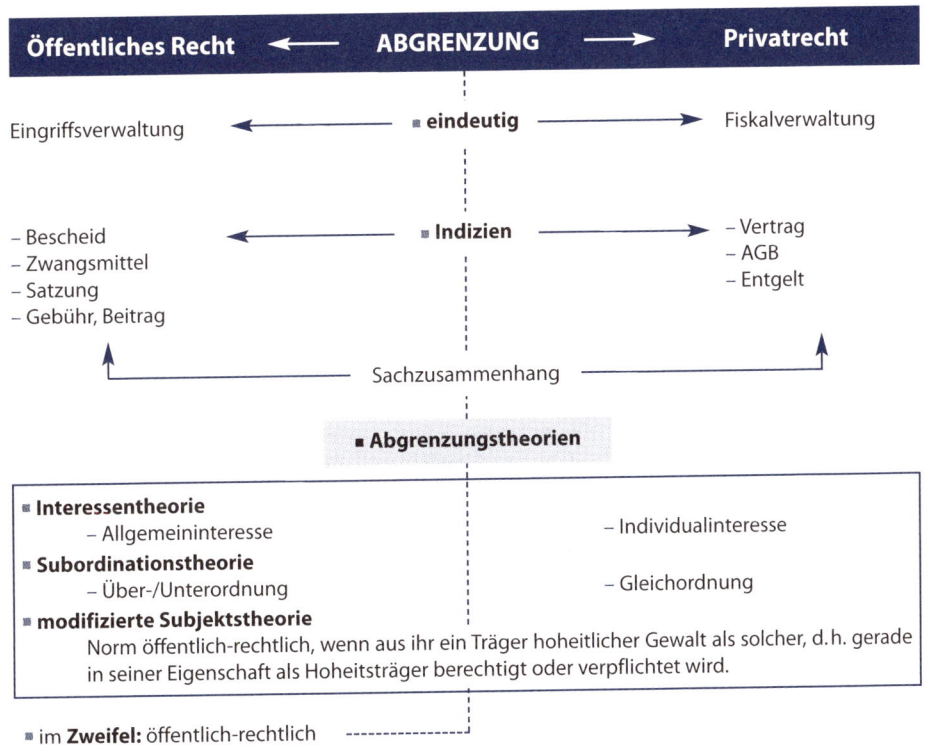

---

91 Renck JuS 1999, 361, 363; Erichsen Jura 1980, 103, 106; ders. DVBl. 1986, 1203 m.w.N.

92 Vgl. Schmidt NVwZ 1991, 1126, 1127; Pielow Jura 1994, 158, 159 m.w.N.; kritisch Thiel/Garcia-Scholz JA 2001, 957, 960.

3. Abschnitt: Gesetzmäßigkeit der Verwaltung

A. Vorrang und Vorbehalt des Gesetzes

I. Die Bindung der Verwaltung an Gesetz und Recht

65 Gemäß Art. 20 Abs. 3 GG ist die vollziehende Gewalt „an Gesetz und Recht gebunden" **(Gesetzmäßigkeit der Verwaltung)**. Dieses Prinzip wird durch zwei Grundsätze konkretisiert:

■ Nach dem Grundsatz vom **Vorrang des Gesetzes** darf keine Tätigkeit der Verwaltung gegen Rechtsnormen verstoßen („kein Handeln **gegen** Gesetz").

■ Nach dem Grundsatz vom **Vorbehalt des Gesetzes** ist eine Maßnahme der Verwaltung nur rechtmäßig, wenn das Handeln in einer Rechtsnorm gestattet ist („kein Handeln **ohne** Gesetz").

II. Der Grundsatz vom Vorrang des Gesetzes

1. Die Normenhierarchie

66 Der Grundsatz vom Vorrang des Gesetzes begründet eine **Rangordnung** innerhalb der verschiedenen Rechtsnormen:

■ Das **Verfassungsrecht** bildet die höchste Stufe der innerstaatlichen Normenhierarchie und kann nur mit qualifizierter Mehrheit geändert werden (Art. 79 Abs. 2 GG).

Allerdings kann EU-Recht entgegenstehendes nationales Recht (auch entgegenstehendes Verfassungsrecht) verdrängen (sog. Anwendungsvorrang). Die deutschen Rechtssätze bleiben zwar wirksam, werden aber durch das Unionsrecht überlagert.[93]

■ Das **formelle Gesetz** ist der Willensakt der Gesetzgebungsorgane, das nur im förmlichen Gesetzgebungsverfahren zustande kommen kann (z.B. Art. 76 ff. GG).

Eine Sonderstellung haben die allgemeinen Regeln des Völkerrechts. Sie sind unmittelbar Bestandteil des Bundesrechts und gehen den einfachen Gesetzen vor (Art. 25 GG). Sie stehen daher im Range unter der Verfassung, aber über dem Gesetzesrecht (sog. Zwischenrang).[94]

■ Die **Rechtsverordnung** ist eine allgemeine Regelung, die von einer Regierungs- oder Verwaltungsbehörde aufgrund einer gesetzlichen Ermächtigung erlassen wird (vgl. Art. 80 GG).

Beispiele: Die StVO durch das Bundesministerium für Verkehr aufgrund der Ermächtigung in § 6 Abs. 1 StVG, die 4. BImSchV durch die Bundesregierung gemäß § 4 Abs. 1 S. 3 BImSchG.

■ Die **Satzung** ist eine allgemeine Regelung, die von einem unterstaatlichen Verwaltungsträger kraft der ihm vom Staat verliehenen Satzungsautonomie zur Regelung seiner eigenen Angelegenheiten getroffen wird.

Beispiele: Bebauungspläne (§ 10 BauGB), Satzungen der Gemeinden über Kommunalabgaben, Benutzungssatzungen für öffentliche Einrichtungen.

---

93 Vgl. ausführlich AS-Skript Europarecht (2010), Rdnr. 425 ff.
94 Hölscheidt/Menzenbach Jura 2008, 574, 578 m.w.N.

Die Satzung unterscheidet sich von der RechtsVO dadurch, dass die RechtsVO nicht auf einer eigenen Rechtsetzungsgewalt des Verordnungsgebers beruht, sondern lediglich vom Gesetzgeber „abgeleitet" ist. Die Satzung beruht dagegen auf der Satzungsautonomie des Satzungsgebers (z.B. bei den Gemeinden als Ausfluss des Selbstverwaltungsrechts gem. Art. 28 Abs. 2 GG). Deshalb müssen z.B. Satzungsermächtigungen, anders als die gesetzliche Ermächtigung zum Erlass einer RechtsVO (Art. 80 GG), nicht nach Inhalt, Zweck und Ausmaß bestimmt sein.[95]

Normenpyramide

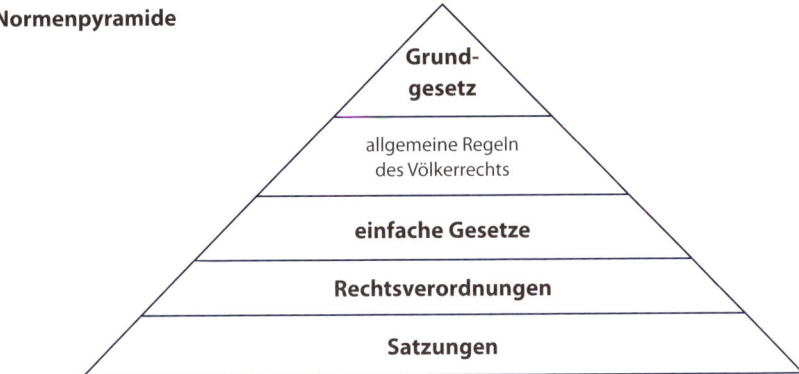

Formelle Gesetze müssen im Einklang mit dem Grundgesetz stehen. Rechtsverordnungen und Satzungen müssen mit dem höherrangigen einfachen Gesetzesrecht sowie mit dem Grundgesetz vereinbar sein. Verwaltungsakte, öffentlich-rechtliche Verträge und Realakte dürfen nicht gegen Satzungen, Rechtsverordnungen, formelle Gesetze und die Verfassung verstoßen.   **67**

Eine entsprechende Hierarchie gibt es sowohl auf Bundesebene als auch auf Landesebene, gem. Art. 31 GG gehen die Bundesvorschriften dem Landesrecht vor. Dabei wird innerhalb des Bundesrechts nicht differenziert. Auch einfaches Bundesrecht bricht Landesrecht, selbst Landesverfassungsrecht muss zurücktreten. **Beispiel:** Eine RechtsVO des Bundes ist höherrangig gegenüber der Landesverfassung.[96]

Die **Rechtsfolgen** eines Verstoßes gegen das Vorrangprinzip sind unterschiedlich:[97]   **68**

▪ **Gesetze** sind grds. **nichtig**, wenn sie gegen das Grundgesetz verstoßen;

allerdings kann sich das BVerfG darauf beschränken, lediglich die Unvereinbarkeit mit dem Grundgesetz festzustellen (arg. e §§ 31 Abs. 2 S. 3, 79 Abs. 1 BVerfGG) und die Fortgeltung für einen Übergangszeitraum anordnen;[98]

▪ rechtswidrige **Rechtsverordnungen** sind gleichfalls grds. **nichtig**;

▪ rechtswidrige **Satzungen** sind i.d.R. ebenfalls **nichtig** (Ausn. z.B. nach §§ 214, 215 BauGB);

▪ rechtswidrige **Verwaltungsakte** sind dagegen i.d.R. **nicht nichtig**, sondern nur **anfechtbar** (vgl. §§ 43, 44 VwVfG);

▪ rechtswidrige **Verwaltungsverträge** sind grds. wirksam und nur in den Fällen des § 59 VwVfG nichtig.

---

95 BVerfGE 33, 125, 158; 49, 343, 362; BVerwG DVBl. 2006, 781, 782; Maurer DÖV 1993, 184, 188; Ipsen JZ 1990, 789, 791; Isensee/Jakobs NWVBl. 2001, 323, 324.

96 BVerfG NJW 1998, 1296, 1298.

97 Breuer DVBl. 2008, 555 ff.

98 Vgl. AS-Skript Staatsorganisationsrecht (2010), Rdnr. 448.

2. Geltungsbereich des Grundsatzes vom Vorrang des Gesetzes

Der Grundsatz vom **Vorrang des Gesetzes** gilt für **jede Verwaltungstätigkeit**, sei sie öffentlich-rechtlich oder privatrechtlich, belastend oder begünstigend.[99]

Fall 3: Nachzahlung auf privatrechtlichen Kaufpreis

Mit notariellem Vertrag vom 26.10.2004 verkaufte die Bundesrepublik Deutschland (B) der Stadt S ein Grundstück, das mit zwei nicht sanierten, von der Stadt für Teile der Stadtverwaltung genutzten Gebäuden bebaut war. Obwohl der Verkehrswert des Grundstücks 1,6 Mio € betrug, wurde der Kaufpreis in § 4 des Vertrages mit lediglich 400.000 € festgelegt. Grundlage für die Verbilligung war ein Erlass des Bundesministeriums der Finanzen nach § 63 Abs. 3 Bundeshaushaltsordnung (BHO), nach dem bundeseigene Grundstücke für unmittelbare Verwaltungszwecke (z.B. Verwaltungsgebäude) an Länder, Kreise und Gemeinden unter bestimmten Voraussetzungen um bis zu 75 % unter dem Verkehrswert veräußert werden durften. In § 5 des Vertrages verpflichtete sich die Stadt S, die Gebäude zu sanieren und mindestens 10 Jahre lang als Verwaltungsgebäude zu nutzen. Für den Fall, dass S dieser Verpflichtung nicht nachkommen sollte, vereinbarten die Parteien einen Anspruch der B auf Nachzahlung des bei der Kaufpreisbildung vorgenommenen „Verbilligungsabschlags" i.H.v. 1,2 Mio €. Seit Ende 2008 werden die baulich unverändert gebliebenen Gebäude von S nicht mehr für die Unterbringung von Ämtern der Stadtverwaltung, sondern als Lagerräume genutzt. Nachdem B die S mehrfach erfolglos zur Erfüllung der Zweckbindung aufgefordert hat, verlangt sie im Dezember 2010 Nachzahlung auf den Kaufpreis i.H.v. 1,2 Mio €. S wendet ein, dass die Zweckbindung unverhältnismäßig sei. Im Übrigen handele es sich bei dem Verbilligungsabschlag um eine Subvention, sodass etwaige Ansprüche nach dem Rechtsgedanken der §§ 49 Abs. 3 S. 2, 48 Abs. 4 VwVfG innerhalb eines Jahres ab Kenntnis von der zweckwidrigen Nutzung hätten geltend gemacht werden müssen. Wie ist die Rechtslage?

§ 63 Abs. 3 BHO lautet: „Vermögensgegenstände dürfen nur zu ihrem vollen Wert veräußert werden. Ausnahmen können im Haushaltsplan zugelassen werden. Ist der Wert gering oder besteht ein dringendes Bundesinteresse, so kann das Bundesministerium für Finanzen Ausnahmen zulassen."

A. Materielle Rechtslage

Ein Anspruch der B gegen S auf Nachzahlung könnte sich aus **§ 433 Abs. 2 BGB i.V.m. § 5 des Vertrages** vom 26.10.2004 ergeben.

I. Die Parteien haben einen **formwirksamen Kaufvertrag** (§§ 433, 311 b BGB) mit einer entsprechenden Nachzahlungsvereinbarung geschlossen.

II. Die Nachzahlungsvereinbarung könnte gemäß § 134 BGB unwirksam sein, wenn sie gegen den **Grundsatz der Verhältnismäßigkeit** als gesetzliches Verbot verstößt.

1. Dann müsste dieser Grundsatz überhaupt **anwendbar** sein. Die Parteien haben einen privatrechtlichen Kaufvertrag geschlossen. Die Angemessenheit der Leistung und Gegenleistung eines privatrechtlichen Vertrages beurteilt sich – sofern nicht Spezialvorschriften (wie z.B. §§ 315 ff. BGB) eingreifen – grundsätzlich allein

---

99 Maurer § 6 Rdnr. 2.

nach § 138 BGB (Sittenwidrigkeit, Wucher). Der Grundsatz der Verhältnismäßigkeit greift demgegenüber primär bei **hoheitlichen Maßnahmen** ein.

Die dogmatische Herleitung des Grundsatzes der Verhältnismäßigkeit im Einzelnen ist umstritten. Als Grundlagen werden genannt das Rechtsstaatsprinzip (Art. 20 Abs. 3 GG), die Abwehrfunktion der Grundrechte oder das Willkürverbot (Art. 3 Abs. 1 GG).[100]

2. Etwas anderes gilt jedoch im Anwendungsbereich des sog. **Verwaltungsprivat-** **69** **rechts**. Wenn ein

■ **Träger öffentlicher Verwaltung**

■ in **privatrechtlichen Formen** tätig wird

■ und dabei **unmittelbar eine öffentliche Aufgabe** erfüllt.

kann er sich durch die „Flucht ins Privatrecht" den Bindungen des öffentlichen Rechts nicht vollständig entziehen.[101]

a) **Voraussetzungen** **70**

aa) Es muss ein **Träger öffentlicher Verwaltung** handeln, entweder selbst als **öffentlich-rechtliche Körperschaft**, Anstalt oder Stiftung oder über eine von ihm beherrschte **juristische Person des Privatrechts**.

Die Bindungen des Verwaltungsprivatrechts gelten daher z.B. auch gegenüber der Stadtwerke GmbH oder einer Wohnungsbaugesellschaft der Gemeinde.

bb) Der Verwaltungsträger muss in **privatrechtlichen Formen** handeln, was vor allem bei Verwendung privatrechtlicher Vertragsformen der Fall ist wie dem hier vorliegenden Kaufvertrag.

cc) Entscheidende Voraussetzung ist, dass **unmittelbar eine öffentliche Aufgabe** erfüllt wird. Durch die Veräußerung des Grundstücks sollte sichergestellt werden, dass die Stadt über eine angemessene Ausstattung an Verwaltungsgebäuden verfügte. Damit wurden nicht nur fiskalische Zwecke, sondern öffentliche Aufgaben erfüllt (vgl. § 63 Abs. 3 S. 3 BHO: „dringendes Bundesinteresse"), sodass ein Fall verwaltungsprivatrechtlichen Handelns vorliegt.

b) **Rechtsfolge:** **71**

In diesen Fällen gilt zwar grds. **Privatrecht**. Da der Hoheitsträger aber unmittelbar öffentliche Aufgaben erfüllt, wird das Privatrecht von öffentlich-rechtlichen Bindungen überlagert.

aa) Im Verwaltungsprivatrecht gelten deshalb die **Grundrechte** (anders als **72** sonst im Privatrecht) nicht nur mittelbar, sondern **unmittelbar**.[102]

---

100 Vgl. im Einzelnen unten Rdnr. 403 ff.

101 BGH RÜ 2010, 115, 116; NJW 2003, 2451, 2452; NJW 2003, 888, 889; BerlVerfGH NVwZ 2000, 794, 797; Maurer § 3 Rdnr. 26; kritisch zum traditionellen Verständnis des Verwaltungsprivatrechts Ehlers DVBl. 1983, 422, 424.

102 BGH NJW 2003, 888, 890; BerlVerfGH NVwZ 2000, 794, 797; Maurer § 3 Rdnr. 26; Detterbeck Rdnr. 900.

Im Privatrecht wird eine unmittelbare Geltung der Grundrechte (sog. Drittwirkung) von der h.M. grds. abgelehnt.[103] Bei **fiskalischer Tätigkeit** des Staates ist die Grundrechtsbindung jedoch umstritten. Teilweise wird angenommen, dass fiskalische Verwaltung nicht als vollziehende Gewalt i.S.d. Art. 1 Abs. 3 GG anzusehen ist, weil sie nicht unter Einsatz hoheitlicher Mittel erfolgt.[104] Nach zutreffender Gegenansicht ist der Staat dagegen immer an die Grundrechte gebunden. Auch bei privatrechtlicher Tätigkeit handelt der Staat nicht als grundrechtsgeschützte Privatperson, sondern als Sachwalter der Allgemeinheit.[105] Dieser Auffassung hat sich nunmehr auch das BVerfG angeschlossen und klargestellt, dass die Grundrechtsbindung unabhängig davon gilt, ob der Staat durch Behörden oder durch ein von ihm beherrschtes öffentliches Unternehmen in Privatrechtsform handelt.[106]

Auf Grundrechte kann sich allerdings **nur der Bürger** berufen. Verwaltungsträger (wie hier die Stadt S) sind auch im fiskalischen Bereich nicht grundrechtsfähig. Da sie an die Grundrechte gebunden sind (Art. 1 Abs. 3 GG), fehlt es bei ihnen generell an einer „grundrechtspezifischen Gefährdungslage".[107]

73   bb) Neben den Grundrechten gelten im Verwaltungsprivatrecht auch die **Zuständigkeitsvorschriften** des öffentlichen Rechts.[108] Nur die nach dem Verwaltungsrecht zuständige Behörde darf in privatrechtlichen Formen öffentliche Aufgaben wahrnehmen. Insoweit bestehen hier keine Bedenken.

74   cc) Außerdem besteht im Verwaltungsprivatrecht eine Bindung der Verwaltung an den **Grundsatz der Verhältnismäßigkeit**.[109] Dieser begründet, soweit er – wie hier – im Privatrecht anwendbar ist, ein gesetzliches Verbot i.S.d. § 134 BGB.[110] Der Grundsatz der Verhältnismäßigkeit ist nur gewahrt, wenn die Vertragsgestaltung zur Erreichung eines legitimen Zwecks geeignet, erforderlich und angemessen ist.[111]

(1) Die Nachzahlungsverpflichtung ist **geeignet**, den legitimen öffentlichen Subventionszweck zu fördern, eine langfristige Nutzung der Verwaltungsgebäude sicherzustellen.

(2) Sie ist auch **erforderlich**, da der Behörde zur Erreichung des Zwecks kein anderes gleich wirksames, aber weniger belastendes Mittel zur Verfügung steht.

---

103 Jarass/Pieroth GG Art. 1 Rdnr. 35; näher dazu AS-Skript Grundrechte (2010), Rdnr. 69 ff.
104 Vgl. BVerwGE 39, 238, 239; BGHZ 36, 91, 96; BGH NJW 1977, 628, 629; OLG Düsseldorf DÖV 1981, 537, 538; offen gelassen von BGH NJW 2006, 1054, 1055.
105 v.Mangoldt/Klein/Starck GG Art. 1 Abs. 3 Rdnr. 228 f.; Sachs/Höfling GG Art. 1 Rdnr. 102 f.; Herdegen in Maunz/Dürig GG Art. 1 Abs. 3 Rdnr. 95.
106 BVerfG RÜ 2011, 243, 244 (Grundrechtsbindung der Fraport AG); vgl. auch BGH NJW 2003, 2451, 2453; Erichsen/Ehlers § 3 Rdnr. 85.
107 Streitig, vgl. AS-Skript Grundrechte (2010), Rdnr. 60 ff.
108 BVerfGE 12, 205, 244; Maurer § 3 Rdnr. 26; Ehlers DVBl. 1983, 422, 424.
109 BGH RÜ 2010, 115, 116; NJW 2003, 888, 889; NJW 2003, 2451, 2453.
110 Vgl. BGHZ 153, 93, 98.
111 Vgl. im Einzelnen unten Rdnr. 403 ff.

(3) **Angemessen** ist die Vertragsgestaltung, wenn bei wirtschaftlicher Betrachtung die Gegenleistung des Vertragspartners der Behörde **nicht außer Verhältnis** zu der Bedeutung und dem Wert der von der Behörde zu erbringenden Leistung steht und der Vertrag auch im Übrigen zu keiner unzumutbaren Belastung für den Vertragspartner führt.

Mit der Nachzahlungspflicht sollte dem Umstand Rechnung getragen werden, dass B das Grundstück zu einem ganz erheblich unter dem Verkehrswert liegenden Kaufpreis veräußerte. Erst dadurch wurde der verbilligte Verkauf überhaupt möglich. Die Klausel sieht lediglich vor, dass S bei einem Verstoß gegen den Subventionszweck den ihr gewährten Vorteil wieder verliert. Damit steht S nicht schlechter, als wenn sie das Grundstück von vornherein zum vollen Verkehrswert erworben hätte. Die Bindungsfrist von 10 Jahren stellt auch keine unzumutbare Belastung dar, sodass die Vertragsgestaltung insgesamt angemessen ist.[112]

Die **Nachzahlungsvereinbarung** verstößt nicht gegen den Grundsatz der Verhältnismäßigkeit und ist damit **wirksam**.

III. Die **Voraussetzungen** für die Nachzahlungspflicht liegen vor. S hat das Grundstück entgegen § 5 des Kaufvertrages nicht 10 Jahre lang zweckentsprechend genutzt.

IV. Im öffentlichen Recht kann eine Subventionsbewilligung bei Zweckverfehlung (§ 49 Abs. 3 S. 1 Nr. 1 VwVfG) grundsätzlich **nur innerhalb eines Jahres** ab Kenntnis der den Widerruf rechtfertigenden Tatsachen aufgehoben werden (§§ 49 Abs. 3 S. 2, 48 Abs. 4 VwVfG). Fraglich ist jedoch, ob diese Vorschriften **bei privatrechtlichen Ansprüchen** überhaupt **anwendbar** sind. **75**

§ 1 Abs. 1 VwVfG beschränkt den Anwendungsbereich des VwVfG auf die **öffentlich-rechtliche Verwaltungstätigkeit** der Behörden. Ob und inwieweit das VwVfG auch im Bereich des Verwaltungsprivatrechts gilt, ist bislang noch nicht abschließend geklärt. Überwiegend wird angenommen, dass die Vorschriften des VwVfG nur heranzuziehen sind, wenn und soweit sie **Ausdruck eines allgemeinen Rechtsgedankens** sind.[113]

So gilt z.B. das Verbot sachwidriger Koppelung von Leistungen der Verwaltung mit Gegenleistungen des Bürgers nicht nur für öffentlich-rechtliche Verträge (§ 56 Abs. 1 S. 2 VwVfG), sondern auch für privatrechtliche Verträge.[114]

Die Anwendung des VwVfG scheidet jedenfalls bei Fristregelungen aus, da das Privatrecht hier mit den verjährungsrechtlichen Vorschriften und dem Rechtsinstitut der Verwirkung gleichwertige Regelungen bereitstellt, die ebenfalls unter Berücksichtigung des Zeitmoments einen angemessenen Ausgleich sicherstellen. Ein Bedürfnis für einen Rückgriff auf § 48 Abs. 4 VwVfG besteht daher bei privatrechtlichen Subventionen nicht.[115]

---

112 BGH RÜ 2010, 115, 116.

113 BGH RÜ 2010, 115, 119; WM 2006, 2101, 2103; NJW 2003, 2451, 2453; ähnlich Berg JZ 2005, 1039, 1041; Stelkens/Bonk/Sachs VwVfG § 1 Rdnr. 117 ff.

114 BGHZ 91, 84, 96 f.; BGH NJW 1985, 3013, 3014; NJW 1992, 171, 173; BerlVerfGH NVwZ 2000, 794, 797.

115 BGH RÜ 2010, 115, 119.

76 V. Für die **Verjährung** gilt bei Grundstücksgeschäften die zehnjährige Frist des § 196 BGB. Der Nachzahlungsanspruch ergänzt die ursprüngliche Gegenleistung für die Übereignung des Grundstücks. Diese Frist ist noch nicht abgelaufen.

B hat daher gegen die Stadt S einen Anspruch auf Nachzahlung des sog. Verbilligungsabschlags i.H.v. 1,2 Mio €.

B. **Prozessuale Durchsetzung** des Anspruchs

77 I. Da im Bereich des Verwaltungsprivatrechts die Beziehungen zwischen den Parteien grundsätzlich privatrechtlich geregelt sind, ist für Streitigkeiten nach § 13 GVG der **Zivilrechtsweg** gegeben. Allein die öffentlich-rechtlichen Bindungen ändern nicht die Rechtsnatur der Streitigkeit.[116]

Nach in der Lit. vertretener Gegenansicht gehört der Streit über Anwendung und Auslegung einer das Privatrecht überlagernden öffentlich-rechtlichen Norm (hier Art. 3 Abs. 1 GG) vor die Verwaltungsgerichte.[117] Dagegen spricht jedoch, dass das streitige Rechtsverhältnis grds. dem Zivilrecht angehört und durch die öffentlich-rechtlichen Bindungen lediglich modifiziert wird.

78 II. B kann somit Klage vor dem Zivilgericht erheben, und zwar gemäß §§ 71 Abs. 1, 23 Nr. 1 GVG vor dem Landgericht. Der Klageart nach handelt es sich um eine **Leistungsklage**, weil B Zahlung begehrt.

Grundschema: Verwaltungsprivatrecht
I. Voraussetzungen
◼ Handeln eines Verwaltungsträgers (auch als GmbH oder AG)
◼ in privatrechtlicher Form
◼ unmittelbar zur Erfüllung einer öffentlichen Aufgabe
II. Rechtsfolgen
◼ unmittelbare Geltung der Grundrechte
◼ Zuständigkeitsvorschriften des öffentlichen Rechts
◼ Verhältnismäßigkeit
◼ Zivilrechtsweg (§ 13 GVG)

---

116 BVerwG NJW 2007, 2275, 2276; BGH NJW 2000, 1042@; OVG NRW, Beschl. v. 29.07.2010 – 8 E 52/10, DVBl. 2010, 1384 (nur LS); Druschel JA 2008, 514, 517 f.
117 Erichsen/Ehlers § 3 Rdnr. 95 m.w.N.

III. Der Vorbehalt des Gesetzes

Nach dem Grundsatz vom Vorbehalt des Gesetzes ist eine Maßnahme der Verwaltung nur rechtmäßig, wenn das Handeln in einer Rechtsnorm gestattet ist (**„kein Handeln ohne Gesetz"**). Dieser Grundsatz wird überwiegend aus dem **Rechtsstaats- und Demokratieprinzip** (Art. 20 Abs. 1 und 3 GG) hergeleitet, teilweise wird auf Verfassungsgewohnheitsrecht oder unmittelbar auf die Grundrechte abgestellt.

79

Deswegen spricht man zum Teil auch vom „demokratischen Gesetzesvorbehalt" und vom „grundrechtlichen Gesetzesvorbehalt". Praktische Auswirkungen hat diese Unterscheidung jedoch nicht.[118]

1. Anwendungsbereich

Der **Anwendungsbereich** des Grundsatzes vom Vorbehalt des Gesetzes ist nicht eindeutig und abschließend geklärt.

a) Auszugehen ist davon, dass das Prinzip vom Vorbehalt des Gesetzes nach h.M. **nicht für die gesamte Staatstätigkeit** gilt. Insbesondere im Rahmen der Leistungsverwaltung kann der Staat ggf. auch ohne besondere Ermächtigung handeln.[119] Eine Ausnahme gilt für Sozialleistungen, die nur erbracht werden dürfen, soweit ein Gesetz es vorschreibt oder zulässt (§ 31 SGB I).

80

b) Allgemein anerkannt ist, dass der Vorbehalt des Gesetzes für **Belastungen** des Bürgers gilt, vor allem bei Eingriffen in Freiheit und Eigentum. Eingriffe in Grundrechte dürfen nur durch oder aufgrund eines Gesetzes erfolgen (vgl. z.B. Art. 2 Abs. 2 S. 3, Art. 8 Abs. 2, Art. 12 Abs. 1 S. 2 GG, Art. 14 Abs. 1 S. 2 GG).

81

Vgl. auch Art. 70 Abs. 1 BayVerf: „Die für alle verbindlichen Gebote und Verbote bedürfen der Gesetzesform." Ähnlich Art. 58 BWVerf; Art. 59 Abs. 1 BerlVerf; Art. 2 Abs. 2 HessVerf, Art. 2 S. 1 SaarlVerf.

Das gilt unabhängig vom Ausmaß der Belastung. Auch die Aufrundung von Abgaben zum Nachteil des Bürgers bedarf, selbst wenn es nur um Cent-Beträge geht, einer gesetzlichen Ermächtigung.[120]

Dasselbe gilt für die an sich vorbehaltlos gewährleisteten Grundrechte, die den verfassungsimmanenten Schranken unterliegen (z.B. Art. 4 Abs. 1, Art. 5 Abs. 3 GG).[121] Die immanenten Schranken zu konkretisieren ist Aufgabe des Gesetzgebers.

„Grundrechtseingriffe … bedürfen danach unabhängig von den guten oder sogar zwingenden sachlichen Gründen, die für sie sprechen mögen, einer eigenen gesetzlichen Grundlage, die die Eingriffsvoraussetzungen in hinreichend bestimmter Weise normiert."[122]

c) Darüber hinaus gilt nach h.M. das Prinzip vom Vorbehalt des Gesetzes für alle Entscheidungen, die für das Zusammenleben im Staate wesentlich sind (sog. **Wesentlichkeitstheorie**). Wichtige Entscheidungen müssen nach dem Demokratie- und Rechtsstaatsprinzip vom **Gesetzgeber selbst** getroffen und dürfen nicht vollständig der Verwaltung überlassen werden.[123]

82

---

118 Zur Herleitung und Terminologie allgemein Erichsen Jura 1995, 550, 552; Detterbeck Jura 2002, 235, 236.

119 BVerfGE 40, 237, 248; BVerwGE 48, 305, 308; OVG NRW DVBl. 1993, 1321; Maurer § 6 Rdnr. 11; Erichsen Jura 1995, 550, 553; a.A. die Lehre vom Totalvorbehalt; dazu Achterberg § 17 Rdnr. 29 und unten Rdnr. 133.

120 BVerwG RÜ 2011, 126, 129.

121 Vgl. Voßkuhle JuS 2007, 118; näher unten Rdnr. 83.

122 BVerfG NJW 2006, 2093, 2094 (Jugendvollzug).

83 **aa)** Wesentlich in diesem Sinne sind vor allem solche Entscheidungen, die den Grundrechtsbereich in nennenswertem Umfang tangieren. Der Vorbehalt des Gesetzes gilt daher für alle **grundrechtsrelevanten Maßnahmen**. Dabei ist die Grundrechtsrelevanz
einer Maßnahme nicht auf belastende Maßnahmen beschränkt (dazu bereits oben
Rdnr. 81); vielmehr können grundrechtsrelevant auch Maßnahmen sein, die für die
Grundrechtsverwirklichung allgemein von Bedeutung sind.

„Danach bedeutet wesentlich im grundrechtsrelevanten Bereich in der Regel wesentlich für die Verwirklichung der Grundrechte. … Ob und inwieweit dies Regelungen des parlamentarischen Gesetzgebers erfordert, richtet sich allgemein nach der Intensität, mit der die Grundrechte des Regelungsad-
ressaten durch die jeweilige Maßnahme betroffen sind."[124]

Beispiele:

- Der Bürger, der lediglich gesellschaftlich mit der **Rechtschreibreform** konfrontiert wird, ist nicht in
  seinen Grundrechten betroffen, da er weder durch staatliche Anordnung noch faktisch gezwungen
  wird, sich privat an die neuen Schreibregeln zu halten. Grundrechtsrelevant ist die Rechtschreibreform aber gegenüber Schülern (Art. 2 Abs. 1 GG) und Eltern (Art. 6 Abs. 2 S. 1 GG).[125]

- Grundrechtsrelevant ist der Ausgleich zwischen verschiedenen Grundrechtsträgern, z.B. die Konkretisierung der **verfassungsimmanenten Schranken** konkurrierender Grundrechte. Der Gesetzgeber
  ist verpflichtet, die Schranken der widerstreitenden Freiheitsgarantien jedenfalls soweit selbst zu bestimmen, wie sie für die Ausübung dieser Freiheitsrechte wesentlich sind.[126]

- **Pressesubventionen** können zur Folge haben, dass die Presse vom staatlichen Einfluss abhängig
  und dadurch die grundrechtlich gewährleistete Pressefreiheit gefährdet wird (Art. 5 Abs. 1 S. 2 GG).
  Daher dürfen Pressesubventionen, soweit sie überhaupt zulässig sind, nur aufgrund eines Gesetzes
  gewährt werden.[127]

- Im Hinblick auf die Fürsorgepflicht des Dienstherrn (Art. 33 Abs. 5 GG) muss der Gesetzgeber die wesentlichen Entscheidungen über **Beihilfeleistungen** an Beamte bei Krankheit und Pflegebedürftig-
  keit selbst treffen.[128]

- Ebenso bedürfen **Altersgrenzen** für die Einstellung in eine Beamtenlaufbahn einer gesetzlichen
  Grundlage, da sie den Leistungsgrundsatz des Art. 33 Abs. 2 GG einschränken.[129]

84 **bb)** Die Wesentlichkeit einer Entscheidung kann sich außerdem aus der **Bedeutung für
das Gemeinwohl** ergeben. Entscheidungen, die weitreichende Bedeutung für die Allgemeinheit haben, bedürfen der parlamentarischen Legitimation.[130]

Beispiele: Grundsatzentscheidung für oder gegen die friedliche Nutzung der Kernenergie[131] sowie
Errichtung und Betrieb gentechnischer Anlagen wegen der aus Art. 2 Abs. 2 GG abzuleitenden Schutz-
pflicht des Staates.[132]

---

123 BVerfG NJW 1998, 2515, 2520[@]; BVerwG DVBl. 2008, 1193, 1193 f.; DVBl. 2006, 1187, 1189; DVBl. 2004, 1420, 1421; VerfGH
NRW NJW 1999, 1243, 1244[@]; Maurer § 6 Rdnr. 12; Tegethoff JA 2005, 794, 795; Krieger Jura 2006, 769, 770; kritisch Hölscheidt JA 2001, 409, 412: „Wesentlich ist, was das BVerfG dafür hält."

124 BVerfG NJW 1998, 2515, 2520[@].

125 Gröschner/Kopke JuS 1997, 298, 299; Gärditz NJW 2005, 3531, 3532 m.w.N.; offen gelassen von BVerfG NJW 1998, 2515,
2520 f.[@].

126 BVerfG NVwZ 2008, 547, 549; NJW 2003, 3111 (Kopftuchverbot für Lehrerinnen); dazu auch BVerwG DVBl. 2004, 1424,
1425 f.; BVerwG DVBl. 2004, 1420, 1421 f.; Tegethoff JA 2005, 794.

127 BVerfGE 80, 124, 131; OVG Berlin NJW 1975, 1938; VG Berlin NJW 1996, 410.

128 BVerwG NVwZ 2009, 472, 473; NVwZ 2008, 1129; DVBl. 2004, 1420, 1422; anders noch BVerwG NVwZ 2004, 1003, 1004.

129 BVerwG NVwZ 2009, 840.

130 BVerfGE 49, 89, 126[@]; 95, 267, 307; VerfGH NRW NJW 1999, 1243, 1245[@]; Hölscheidt JA 2001, 409, 412 f.

131 BVerfGE 49, 89, 126[@] – Kalkar.

132 HessVGH NVwZ 1990, 276, 277; vgl. nunmehr das Gentechnikgesetz (Sartorius I 270).

Dasselbe gilt für grundlegende organisatorische Entscheidungen (sog. organisations-   **85**
rechtlicher oder **institutioneller Gesetzesvorbehalt**).

Zum Teil ist dies in den Landesverfassungen ausdrücklich geregelt (vgl. z.B. Art. 77 Verf Bay, Art. 56 Abs. 2 Verf Nds, Art. 112 Verf SL, Art. 90 Verf Thür, Art. 77 LVerf NRW: „Die Organisation der allgemeinen Landesverwaltung und die Regelung der Zuständigkeiten erfolgt durch Gesetz.").

So ist z.B. die Entscheidung, die Geschäftsbereiche des Innenministeriums und des Justizministeriums zusammenzulegen, wesentlich im Sinne des Vorbehalts des Gesetzes, da sie den Grundsatz der Gewaltenteilung, die Unabhängigkeit der Gerichte und das Rechtsstaatsprinzip berührt.[133]

Ebenso bedarf die Übertragung von hoheitlichen Befugnissen auf Privatpersonen einer gesetzlichen Grundlage, da die Beleihung eine bedeutsame Abweichung von dem verfassungsrechtlichen Prinzip der Einheit der Staatsorganisation darstellt.[134] Für die Einschaltung eines Verwaltungshelfers bedarf die Verwaltung dagegen keiner gesetzlichen Grundlage, weil Verwaltungshelfer ohne eigene Entscheidungsmacht nur als verlängerter Arm der Behörde tätig werden (s.o. Rdnr. 37 ff.).[135]

2. Rechtsfolge

Greift der Grundsatz vom Vorbehalt des Gesetzes ein, so bedarf das Handeln der Exeku-   **86**
tive einer Ermächtigungsgrundlage in Form einer Rechtsnorm (Gesetz, RechtsVO oder Satzung). Fehlt es an einer gesetzlichen Grundlage, so ist das Handeln der Verwaltung ebenso rechtswidrig, wie wenn es gegen eine vorhandene Rechtsnorm verstößt.

a) Dies gilt unproblematisch in den Fällen, in denen die Verwaltung **durch Verwal-**   **87**
tungsakt in Rechte des Bürgers eingreift. Dasselbe gilt für **schlichtes Verwaltungshan-**
deln, soweit es **unmittelbar** (final) in den Grundrechtsbestand eingreift und damit ohne weiteres der Schrankensystematik der Grundrechte unterfällt.[136]

Beispiel: Weitergabe personenbezogener Daten wegen des damit verbundenen Eingriffs in das Recht auf informationelle Selbstbestimmung, Art. 2 Abs. 1, Art. 1 Abs. 1 GG.

b) Grundrechte schützen aber nicht nur vor unmittelbaren, sondern grds. auch vor **mit-**   **88**
telbaren Beeinträchtigungen (z.B. durch Veränderung der Rahmenbedingungen für die Grundrechtsausübung).[137] Deshalb ist heute anerkannt, dass der Vorbehalt des Gesetzes auch für bestimmte Verwaltungsrealakte gilt.

Beispiele: staatliche Informationstätigkeit, hoheitliche Warnerklärungen.

Problematisch ist allerdings, wann in diesen Fällen ein **Grundrechtseingriff** vorliegt.

aa) Die früher überwiegend vertretene Ansicht stellte darauf ab, dass bei mittelbaren   **89**
Beeinträchtigungen der Vorbehalt des Gesetzes i.d.R. nicht realisierbar sei, da ihre Grundrechtsrelevanz und damit „Wesentlichkeit" nicht vorhersehbar sei, sondern sich erst im Einzelfall konkretisiere.

„Eine detaillierte gesetzliche Regelung ist wegen der Vielgestaltigkeit der möglichen Eingriffslagen und -wirkungen praktisch nicht möglich und daher verfassungsrechtlich nicht geboten."[138]

---

133   VerfG NRW NJW 1999, 1243 ff.; kritisch Isensee JZ 2999, 1113 ff.; Sender NJW 1999, 1232 ff.; Böckenförde NJW 1999, 1235 f.

134   BGH NJW 2003, 2451, 2452; BremStGH NVwZ 2003, 81; Bader/Ronellenfitsch VwVfG § 1 Rdnr. 73.

135   VG Düsseldorf, Urt. v. 02.08.2007 – 11 K 6477/06; Kopp/Ramsauer VwVfG § 1 Rdnr. 65.

136   BVerwG NJW 2006, 1303, 1304; NJW 2005, 2330, 2331; OVG Lüneburg NJW 1992, 192, 193 m.w.N.

137   BVerfG RÜ 2009, 800, 802; NJW 2002, 2626, 2629[@]; BVerwG NJW 1991, 1766, 1767; OVG NRW NVwZ 2001, 824, 825; Voßkuhle JuS 2007, 118, 119.

138   BVerfG NJW 1989, 3269, 3270[@]; ebenso BVerfG NJW 1991, 1770, 1771[@]; DVBl. 1989, 997, 998.

Deshalb sollte der Vorbehalt des Gesetzes nur eingreifen, wenn die Grundrechtsbeeinträchtigung **bezweckt** oder zumindest vorhersehbar ist (z.B. weil die staatliche Tätigkeit mit spezifischen grundrechtlichen Freiheitsrisiken verbunden ist) oder wenn die Auswirkungen des staatlichen Handelns **besonders schwerwiegend** sind.[139]

90   **bb)** Nach der Gegenansicht ist die Beurteilung faktischer Beeinträchtigungen in erster Linie eine Frage der richtigen Interpretation des Schutzbereichs und nicht des Eingriffs **(Lehre vom funktionalen Schutzbereich)**.[140] Bestimmte staatliche Maßnahmen, die ein Grundrecht nur mittelbar beeinträchtigen, greifen danach gar nicht in den Schutzbereich des betroffenen Grundrechts ein, weil das Grundrecht „davor" nicht schützt. Dann bedarf es hierfür auch keiner besonderen Ermächtigungsgrundlage.

Beispiele: Art. 12 GG schützt nicht vor der Verbreitung zutreffender und sachlich gehaltener Produktinformationen, auch wenn sich die Inhalte auf den Wettbewerb nachteilig auswirken.[141] Art. 4 GG schützt nicht davor, dass sich staatliche Organe mit sog. Jugendsekten öffentlich kritisch auseinandersetzen.[142]

Liegt dagegen ein grundrechtsrelevanter (mittelbarer) Eingriff vor, wird die Schrankensystematik der Grundrechte und damit der Vorbehalt des Gesetzes unabhängig von den Modalitäten der Beeinträchtigung ausgelöst.

Beispiele: Art. 4 Abs. 1 GG schützt gegen diffamierende, diskriminierende oder verfälschende Darstellungen einer religiösen oder weltanschaulichen Gemeinschaft.[143] Der Gewährleistungsbereich des Art. 12 GG wird beeinträchtigt, wenn sich eine staatliche Information im Nachhinein als unrichtig erweist und dennoch weiter verbreitet oder nicht korrigiert wird.[144]

91   Diesem Ansatz folgt nunmehr auch das BVerfG[145], das allerdings bei mittelbaren Beeinträchtigungen **geringere Anforderungen** an die Regelungsdichte der den Eingriff rechtfertigenden Norm stellt.

So soll bei staatlicher Informationstätigkeit und ehrbeeinträchtigenden Äußerungen keine dezidierte Ermächtigungsgrundlage erforderlich sein, sondern der Sachzusammenhang mit der Aufgabe der handelnden Stelle ausreichen.[146]

---

139 BVerwG DVBl. 1996, 807@; NJW 1992, 2496, 2499@; NJW 1991, 1770, 1771@; OVG NRW NVwZ 2001, 824, 825; NJW 1995, 1629, 1630; Schoch DVBl. 1991, 667, 670; Lege DVBl. 1999, 569, 571.

140 Schulte DVBl. 1988, 512, 516 f.; Schenke JuS 1989, 557, 558; Schoch DVBl. 1991, 667; Discher JuS 1993, 463, 466; Albers DVBl. 1996, 233, 236 m.w.N.

141 BVerfG NJW 2002, 2621, 2622@.

142 BVerfG NJW 2002, 2626, 2627@.

143 BVerfG NJW 2002, 2621, 2622@.

144 BVerfG NJW 2002, 2626, 2627@.

145 BVerfG NJW 2002, 2621, 2622@; NJW 2002, 2626, 2627@; kritisch Murswiek NVwZ 2003, 1 ff.; Huber JZ 2003, 290, 292 ff.; Bethge Jura 2003, 327, 332; Gurlit DVBl. 2003, 1119, 1124; Hellmann NVwZ 2005, 163 ff.

146 BVerfG NJW 2002, 2621, 2622@; NJW 2002, 2626, 2627@; ebenso BVerwG NJW 2006, 1303, 1304; OVG NRW NWVBl. 2006, 32; näher AS-Skript Verwaltungsrecht AT 2 (2010), Rdnr. 560 ff.

Fall 4: Schulärger

A, B und C besuchen die 8. Klasse am X-Gymnasium im Bundesland N. A, der den Unterricht durch Einsatz von Knallfröschen gestört hat, wird durch Beschluss der Klassenkonferenz für eine Woche vom Unterricht ausgeschlossen. B und C werden aufgrund schlechter Leistungen (5 bzw. 4x mangelhaft) am Ende des Schuljahres in ordnungsgemäßer Anwendung des § 49 der Allgemeinen Schulordnung (ASchO) nicht versetzt. Da B die 8. Klasse schon einmal wiederholt hat, wird er auf Beschluss der zuständigen Lehrerkonferenz gemäß der Regelung in § 50 ASchO von der Schule entlassen. A, B und C fragen nach der Rechtmäßigkeit der Maßnahmen. A verweist zutreffend darauf, dass der Ausschluss vom Unterricht weder im Schulgesetz noch in der ASchO geregelt ist.

§ 26 Schulgesetz (SchulG) des Landes N lautet:

(1) Die Rechtsbeziehungen im Schulverhältnis, insbesondere die Rechte und Pflichten der Schülerinnen und Schüler, regelt eine Allgemeine Schulordnung, die vom Kultusministerium durch Rechtsverordnung erlassen wird.

(2) Die Allgemeine Schulordnung regelt insbesondere die Voraussetzungen für Versetzungen, den Schulwechsel, die Entlassung, Verweisung und den Ausschluss von der Schule …

Auszug aus der Allgemeinen Schulordnung (ASchO) des Landes N:

§ 49: Eine Schülerin oder ein Schüler wird nicht versetzt, wenn die Leistungen in mehr als einem der Fächer Deutsch, Mathematik und Englisch mangelhaft oder in mehr als zwei der übrigen Fächer nicht ausreichend sind.

§ 50: Das Schulverhältnis endet, wenn Schülerinnen oder Schüler zweimal aufeinanderfolgend nicht versetzt worden sind.

A. Rechtmäßigkeit des Ausschlusses des A vom Unterricht

Der Ausschluss vom Unterricht könnte bereits deswegen rechtswidrig sein, weil diese Maßnahme gesetzlich nicht geregelt ist. Das Erfordernis einer gesetzlichen Ermächtigungsgrundlage könnte sich aus dem Grundsatz vom **Vorbehalt des Gesetzes** ergeben.

I. **Schulstrafen**, d.h. Disziplinarmaßnahmen in der Schule bedeuten für den Betroffenen eine Belastung, die zumindest in seine allgemeine Handlungsfreiheit i.S.d. Art. 2 Abs. 1 GG eingreift (bei schweren Strafen, z.B. dem Verweis von der Schule liegt sogar ein Eingriff in Art. 12 GG „Ausbildungsstätte" vor). Da es sich bei dem Unterrichtsausschluss des A um eine belastende, in Grundrechte eingreifende Maßnahme handelt, ist eine **gesetzliche Grundlage erforderlich**.[147]   92

    Weiteres Beispiel: Das Nachsitzen in der Schule greift in Art. 2 Abs. 1 GG ein und bedarf daher einer gesetzlichen Ermächtigung.[148]

II. Etwas anderes könnte sich allerdings daraus ergeben, dass zwischen Schule und Schüler ein Sonderrechtsverhältnis besteht, aus dem sich besonders enge Rechte und Pflichten und damit auch weitgehende Regelungsbefugnisse der Schule ergeben. Früher wurde dies als **„besonderes Gewaltverhältnis"** bezeichnet, inner-   93

---

147 Vgl. Müller-Terpitz/Wesemann NWVBl. 2008, 439, 440.
148 VGH Mannheim NVwZ 1984, 808.

halb dessen die Grundrechte nicht uneingeschränkt gelten sollten und die Verwaltung daher Regelungen auch ohne gesetzliche Grundlage vornehmen durfte. Diese Betrachtungsweise ist jedoch seit der sog. Strafgefangenenentscheidung des BVerfG[149] überholt und wird nicht mehr vertreten. Vielmehr besteht Einigkeit, dass die Grundrechte **auch in Sonderrechtsverhältnissen** gelten und nur durch oder aufgrund Gesetzes eingeschränkt werden dürfen.[150]

Somit bedarf die Verhängung von Ordnungsmaßnahmen grundsätzlich einer normativen Regelung. Da eine solche hier nicht vorhanden ist, ist die Maßnahme gegenüber A an sich **rechtswidrig**.

94   III. Ausnahmsweise ist dem Gesetzgeber jedoch für die Schaffung der erforderlichen Regelung ein **Übergangszeitraum** einzuräumen, während dessen solche Maßnahmen trotz Fehlens einer gesetzlichen Grundlage hinzunehmen sind, um eine sonst eintretende **Funktionsunfähigkeit** staatlicher Einrichtungen zu vermeiden, die der verfassungsmäßigen Ordnung noch ferner stünde als die vorübergehende Hinnahme materiell rechtfertigungsfähiger, gesetzlich aber nicht ausreichend legitimierter Eingriffe (sog. **Chaosgedanke**).[151]

Allerdings dürfen während der Übergangszeit Maßnahmen nur insoweit getroffen werden, als dies für die Sicherung der Verwaltung **unerlässlich** ist. Im Hinblick auf den Grundsatz der **Verhältnismäßigkeit** ist stets zu prüfen, ob sich die Funktionsfähigkeit nicht durch schonendere Maßnahmen sicherstellen lässt.[152]

Der (zeitweise) Ausschluss vom Unterricht stellt eine schwerwiegende Maßnahme dar. Zur Ahndung der Unterrichtsstörung war es **nicht zwingend erforderlich**, A vom Unterricht auszuschließen. Beim erstmaligen Verstoß hätte es genügt, zunächst einen Tadel oder einen schriftlichen Verweis auszusprechen.[153]

Der **Ausschluss des A vom Unterricht** ist daher **rechtswidrig**.

B. Rechtmäßigkeit der Schulentlassung des B

95   Auch hierbei handelt es sich um eine wesentliche Entscheidung, die Grundrechte des B berührt und daher einer **gesetzlichen Ermächtigungsgrundlage** bedarf.

Problematisch ist dabei nur, ob der Schulbesuch von Art. 12 GG („Ausbildungsstätte") oder von Art. 2 Abs. 1 GG erfasst wird. Die h.M. geht jedenfalls bei weiterführenden Schulen von Art. 12 GG aus, da hier der Ausschluss zur Folge hat, dass bestimmte Berufe mangels entsprechendem Schulabschluss nicht mehr ergriffen werden können.[154]

Rechtsgrundlage für die Entlassung ist § 50 ASchO i.V.m. § 26 SchulG. Fraglich ist jedoch, ob die Regelung in einer RechtsVO den Anforderungen des Demokratie- und Rechtsstaatsprinzips genügt.

---

149 BVerfGE 33, 1, 9 f.

150 Vgl. BVerfG NJW 2006, 2093, 2094@ (Jugendstrafvollzug); BVerfG NJW 2003, 3111 (Kopftuchverbot für Lehrerinnen); BVerwG DVBl. 1995, 1243 (Laufbahnprüfungen im Beamtenrecht); BVerfGE 41, 251, 259 ff. (Schulausschluss); BVerfGE 58, 257, 264@ (Schulentlassung); BVerwGE 56, 155 (Nichtversetzung); Maurer § 6 Rdnr. 24 ff.

151 BVerfG NJW 2006, 2093, 2097@; NJW 2005, 45, 49; BVerwG DVBl. 2008, 1193 1194; NVwZ 2008, 1380, 1381; NVwZ 2009, 472, 473; OVG NRW DVBl. 1993, 1321, 1323; VG Berlin NVwZ 2001, 948, 950.

152 BVerfGE 41, 251, 267; 58, 257, 281@; 76, 171, 189; 77, 125, 129; NJW 2006, 2093, 2097@.

153 Vgl. auch VG Hannover NVwZ-RR 2004, 852 zum Unterrichtsausschluss wegen Beteiligung an einer Schlägerei.

154 BVerfGE 58, 257, 273@; OVG NRW NJW 1976, 725, 726 m.w.N.

I. Greift der Grundsatz vom Vorbehalt des Gesetzes ein, so heißt das zunächst nur, **96** dass für die Maßnahme eine **gesetzliche Grundlage** vorhanden sein muss. Dabei reicht grds. jedes Gesetz im materiellen Sinne aus, also auch eine untergesetzliche Norm (RechtsVO, Satzung), die ihrerseits auf eine wirksame gesetzliche Grundlage zurückzuführen ist.

II. Die **Wesentlichkeitstheorie** liefert aber nicht nur Kriterien dafür, ob der Gesetz- **97** geber überhaupt tätig werden muss, sondern aus ihr ergibt sich auch, in welchem **Umfang** der Gesetzgeber eine Materie selbst durch ein formelles Gesetz regeln muss und die Entscheidung nicht auf die Exekutive übertragen darf.

Das **„Wesentliche vom Wesentlichen"** muss der Gesetzgeber selbst regeln (sog. **Parlamentsvorbehalt**). Die dem Parlamentsvorbehalt unterfallenden Fragen darf der Gesetzgeber nicht, auch nicht in an sich einwandfreier Form (Art. 80 Abs. 1 S. 2 GG) auf den Verordnungs- oder Satzungsgeber übertragen.[155]

1. Ob eine Maßnahme so wesentlich ist, dass sie in einem **Parlamentsgesetz** **98** selbst geregelt werden muss, d.h. der Umfang des parlamentarischen Regelungsvorbehalts, bestimmt sich vor allem nach der **Intensität** der individuellen Betroffenheit und der **Bedeutung** der Regelung für die Allgemeinheit. Je stärker der Einzelne oder die Allgemeinheit betroffen wird, desto detaillierter und bestimmter muss die gesetzliche Regelung sein.[156]

   Beispiel zum Prüfungsrecht: „Der Vorbehalt des Gesetzes in Art. 12 Abs. 1 GG bedeutet zwar nicht, dass das Sanktionssystem bei Täuschungsversuchen im Bereich des Prüfungsrechts in allen Einzelheiten durch ein formelles Gesetz oder aufgrund entsprechender gesetzlicher Ermächtigung in Rechtsverordnungen zu regeln ist. ... Verfassungsrechtlich geboten ist indessen wegen der die freie Wahl des Berufs in schwerwiegender Weise einschränkenden Sanktionen bei Täuschungsversuchen ... eine parlamentarische Grundentscheidung in Gesetzesform darüber, ob bei einem Täuschungsversuch ein Prüfungsausschluss zulässig ist und welche qualifizierenden Tatumstände hierfür Voraussetzung sind."[157]

   Bei vielgestaltigen Sachverhalten darf der Gesetzgeber auch **Generalklauseln** und **unbestimmte Rechtsbegriffe** verwenden, deren Ausgestaltung der Entscheidung im Einzelfall vorbehalten ist (z.B. „Gefahr für die öffentliche Sicherheit" im Polizeirecht).

2. Beim zwangsweisen Ausschluss von der Schule handelt es sich um eine für den **99** weiteren Berufs- und Lebensweg des Schülers überaus einschneidende Maßnahme. In der Regel wird dem Schüler dadurch der Zugang zu dem erstrebten Beruf abgeschnitten oder doch zumindest erheblich erschwert und damit die Chance für eine freie Wahl des Berufs geschmälert. Deshalb ist es nach dem Grundsatz vom Vorbehalt des Gesetzes in Form des Parlamentsvorbehalts erforderlich, dass der Gesetzgeber die **grundlegenden Bestimmungen** über die zwangsweise Schulentlassung (insbes. Voraussetzungen, Zuständigkeit und Verfahren) selbst regelt.[158]

---

155 BVerfG NVwZ 2008, 547, 548 f.; NJW 2005, 45, 47; NJW 1998, 2515, 2520@; BVerwG NVwZ 2008, 1380, 1381; NVwZ 2008, 1129, 1130; Hölscheidt JA 2001, 409, 412; Kube NVwZ 2003, 57, 58.

156 BVerfGE 58, 257, 274@; Maurer § 6 Rdnr. 14; Voßkuhle JuS 2007, 118, 119.

157 VGH Kassel NVwZ-RR 1996, 654; vgl. auch VG Hamburg NVwZ-RR 2011, 197, 198 zur Festlegung von Bestehensregeln in einer RechtsVO.

158 BVerfGE 58, 257, 275@; BVerwG DVBl. 1998, 969, 970.

100   3. § 26 SchulG enthält dagegen lediglich eine **pauschale Ermächtigung** an die Exekutive zum Erlass einer RechtsVO, ohne die Regelungsmaterie näher festzulegen.[159] Damit genügt die Vorschrift nicht den Voraussetzungen des Parlamentsvorbehalts, sodass eine ausreichende gesetzliche Ermächtigungsgrundlage für die Entlassung von der Schule nicht vorliegt. Das hat grds. zur Folge, dass die Maßnahme rechtswidrig ist.

> **Gegenbeispiel:** Für die Umsetzung der **Rechtschreibreform** im Schulbereich sind nach Auffassung des BVerfG die allgemeinen Lernzielbestimmungen der Landesschulgesetze ausreichend. Eine besondere gesetzliche Grundlage ist nicht erforderlich. Die Änderungen, die die Rechtschreibreform bewirkt, sind im Umfang verhältnismäßig gering und damit weder wesentlich für das Erziehungsrecht der Eltern (Art. 6 Abs. 2 GG) noch für die Entfaltung der Persönlichkeit der Schüler (Art. 2 Abs. 1 GG).[160] Die Fachgerichte hatten diese Frage höchst unterschiedlich entschieden.[161]

101   III. Ebenso wie im Fall, dass die erforderliche gesetzliche Grundlage gänzlich fehlt (s.o. Rdnr. 94), kann auch eine Regelung, die dem Parlamentsvorbehalt nicht entspricht, für eine **Übergangszeit** fortgelten, um eine sonst eintretende **Funktionsunfähigkeit** staatlicher Einrichtungen zu vermeiden. Schulen müssen zur Erfüllung ihrer Aufgaben und zum Schutz der anderen Schüler grundsätzlich auch in der Zeit bis zur Regelung durch den Gesetzgeber über Mittel verfügen, Schüler, die zur Mitarbeit ungeeignet sind, aus dem Schulverhältnis zu entlassen. Daher ist der in § 50 ASchO geregelte Ausschluss eines Schülers für einen funktionsfähigen Schulbetrieb im Gymnasium unerlässlich, damit eine Klasse nicht beliebig oft wiederholt werden kann.[162]

§ 50 ASchO ist somit i.V.m. § 26 SchulG im vorliegenden Fall trotz Verfassungswidrigkeit ausnahmsweise für eine Übergangszeit weiterhin anzuwenden. Da sonstige Bedenken nicht bestehen, ist die **Schulentlassung** im Einzelfall **rechtmäßig**.

C. Rechtmäßigkeit der Nichtversetzung des C

Rechtsgrundlage für die Nichtversetzung ist § 49 ASchO i.V.m. § 26 SchulG. Diese Vorschriften sind jedoch nicht ausreichend, wenn in Anwendung der Wesentlichkeitstheorie auch hier der **parlamentarische Gesetzgeber selbst** die Voraussetzungen für die Nichtversetzung hätte regeln müssen.

102   I. Bei der Nichtversetzung handelt es sich um eine **grundrechtsrelevante Maßnahme**, die dem Vorbehalt des Gesetzes unterfällt. Zwar wird Art. 12 GG nicht berührt, da eine Nichtversetzung allein die Lebens- und Berufschancen nicht maßgeblich beeinträchtigt. Jedoch wird zumindest in die freie Entfaltung der Persönlichkeit und damit in Art. 2 Abs. 1 GG eingegriffen.[163]

---

159 Vgl. auch OVG Lüneburg, Beschl. v. 31.03.2011– 2 LA 343/10 zu Normierungsdefiziten im Prüfungsrecht.

160 So BVerfG NJW 1998, 2515, 2520@; BVerwG NJW 1999, 3503, 3504; kritisch Wegener Jura 1999, 185, 190; a.A. Kopke NJW 2005, 3538, 3539; abweichend OVG Lüneburg NVwZ-RR 2002, 191; NJW 2005, 3590.

161 Vgl. die Nachweise bei Menzel NJW 1998, 1177 Fn 1–4; Wegener Jura 1999, 185, 186 Fn 12 und 13; Gärditz NJW 2005, 3531, 3531 Fn 5.

162 BVerfGE 58, 257, 282@; zu den Voraussetzungen eines Schulausschlusses als Ordnungsmaßnahme vgl. VGH Mannheim NJW 2004, 89 (Schulausschluss nach Angriff gegen Lehrerin).

163 BVerfGE 58, 257, 274@; BVerwGE 56, 155, 158.

II. Die Nichtversetzung eines Schülers ist aber eine erheblich **weniger einschnei-** **103**
dende** Maßnahme als die Entlassung aus dem Schulverhältnis. Der Gesetzgeber
wäre überfordert, müsste er die Voraussetzungen der Versetzung in allen Einzelheiten selbst regeln. Aufgrund der Vielgestaltigkeit der Materie und der erforderlichen Flexibilität im Einzelfall fällt diese Frage daher nicht unter den sog. Parlamentsvorbehalt, sondern kann vom Gesetzgeber auf den Verordnungsgeber de-
legiert werden.[164]

III. Die gesetzliche Verordnungsermächtigung muss jedoch den Anforderungen ent- **104**
sprechen, die sich aus der sog. **Bestimmtheitstrias** des Art. 80 Abs. 1 S. 2 GG bzw.
der entsprechenden landesverfassungsrechtlichen Vorschrift ergeben. Da die Bestimmtheitstrias (Inhalt, Zweck und Ausmaß) aber ihrerseits unbestimmt ist, muss
sie im Einzelfall konkretisiert werden. Dabei kommt es insbes. auf die Besonderheiten des jeweiligen **Regelungsgegenstandes** sowie die **Intensität der Maß-**
nahme an. Insoweit ist hier davon auszugehen, dass das Institut der Versetzung
aufgrund langjähriger Anwendung eine konkrete Ausformung erfahren hat, die
auf dem Leistungsprinzip beruht und von dem Erreichen des jeweiligen Ausbil-
dungszieles abhängig ist. Durch Verwendung des Begriffs „Versetzung" hat der
Gesetzgeber diese Ausformungen in die gesetzliche Regelung einbezogen. Die
Regelung in § 26 SchulG ist daher hinreichend bestimmt.[165]

Ebenso wenig ist der Gesetzgeber gehalten, die Einzelheiten der Leistungsbewertung (z.B. das
Gewicht schriftlicher und mündlicher Leistungen) in einem versetzungsrelevanten Fach selbst
zu regeln.[166]

Damit ist § 26 SchulG eine wirksame Ermächtigungsgrundlage für die Regelung **105**
in der ASchO. Da sonstige Bedenken an der Rechtmäßigkeit der Verordnung nicht
bestehen, bildet diese die **wirksame Ermächtigungsgrundlage** für die Nichtversetzung.

Die Nichtversetzung des C ist von § 49 ASchO gedeckt und damit rechtmäßig.

Weiteres Beispiel: Die Wesentlichkeitstheorie und der Bestimmtheitsgrundsatz erfordern es
grds. nicht, dass der Gesetzgeber die Lerninhalte und Lernziele der einzelnen Fächer selbst festlegt. Es reicht aus, wenn sich diese aus den Lernplänen und Prüfungsanforderungen ableiten
lassen.[167] Etwas anderes gilt nur dann, wenn durch Lerninhalte das Persönlichkeitsrecht der
Schüler (Art. 2 Abs. 1 GG) oder das Erziehungsrecht der Eltern (Art. 6 Abs. 2 GG) tangiert wird (z.B.
bei Sexualkunde und Ethikunterricht).[168]

---

164 BVerfGE 58, 257, 274[@]; BVerwG DVBl. 1998, 969; allgemein zum Vorbehalt des Gesetzes im Schulwesen Niehues NVwZ
2001, 872 f.; Hölscheidt JA 2001, 409, 412 f.
165 BVerfGE 58, 257, 275[@].
166 BVerwG DVBl. 1998, 969; VG Schleswig, Urt. v. 10.06.2009 – 9 A 208/08.
167 SächsOVG NVwZ-RR 2011, 152 für Mathematik.
168 Vgl. BVerfGE 47, 46, 78 ff.

Grundschema: Vorbehalt des Gesetzes

I. Herleitung

Rechtsstaats- und Demokratieprinzip (Art. 20 Abs. 1 u. 3 GG), Grundrechte

II. Anwendungsbereich

- kein Totalvorbehalt

- belastende Maßnahmen

- wesentliche Entscheidungen

III. Rechtsfolgen

- wirksame gesetzliche Grundlage erforderlich

  - untergesetzliche Normen (RechtsVO, Satzung) grds. ausreichend

  - Ausnahme: Parlamentsvorbehalt

- Fehlt eine ausreichende gesetzliche Grundlage, so ist das Verwaltungshandeln ebenso rechtswidrig, wie wenn es gegen eine Rechtsnorm verstößt.

- ggf. Ausnahme für Übergangszeit („Chaosgedanke")

IV. Folgen der Gesetzesbindung der Verwaltung

1. Normprüfungskompetenz

106 Aus der Bindung der Verwaltung an Gesetz und Recht (Art. 20 Abs. 3 GG) folgt die Befugnis und die Pflicht, die Gültigkeit einer anzuwendenden Rechtsnorm zu überprüfen (sog. **Normprüfungskompetenz**).[169] Denn nur wenn die zugrunde liegende Norm wirksam ist, kann das darauf gestützte Verwaltungshandeln rechtmäßig sein. Da der Beamte für die Rechtmäßigkeit seiner dienstlichen Handlungen die volle persönliche Verantwortung trägt (§ 63 Abs. 1 BBG, § 36 Abs. 1 BeamtStG), muss er Bedenken gegen die Wirksamkeit eines Gesetzes gegenüber seinen Vorgesetzten geltend machen (vgl. § 63 Abs. 2 BBG, § 36 Abs. 2 BeamtStG).

Problematisch ist lediglich der **Prüfungsumfang**. Während teilweise eine unbeschränkte Prüfung gefordert wird, verlangt die h.M. lediglich eine summarische Prüfung, die sich auf offenkundige und leicht erkennbare Mängel beschränkt.[170]

2. Normverwerfungskompetenz

107 Umstritten ist dagegen, ob die Verwaltung auch die Kompetenz hat, eine (vermeintlich) unwirksame Norm nicht anzuwenden (sog. **Normverwerfungskompetenz**).

Beispiel: Das Bauamt kommt bei der Bearbeitung eines Baugenehmigungsantrages zu dem Ergebnis, dass das Bauvorhaben zwar gegen die Festsetzungen des Bebauungsplanes verstößt, hält den Bebauungsplan aber für unwirksam. In diesem Fall wäre das Bauvorhaben nach § 34 BauGB zu beurteilen und danach zulässig. Darf die Baugenehmigung erteilt werden, obwohl der Bebauungsplan formell noch in Kraft ist?

---

169 OVG Lüneburg NVwZ 2000, 1061, 1062; Battis/Krautzberger/Löhr BauGB § 10 Rdnr. 10; Gril JuS 2000, 1080, 1084.

170 Vgl. Engel NVwZ 2000, 1258; Gril JuS 2000, 1080, 1081 m.w.N.

Teilweise wird aus der Rechtsbindung der Exekutive (Art. 20 Abs. 3 GG) auf eine generelle Prüfungs- und Verwerfungskompetenz der Verwaltung geschlossen.[171] Dafür spricht, dass rechtswidrige Normen eo ipso unwirksam sind und daher keine Rechtswirkung entfalten. Nach h.M. hat die Verwaltung zwar eine Prüfungskompetenz, aber nicht die Befugnis, sich bei Einzelfallentscheidungen über (vermeintlich) nichtige Rechtsnormen hinwegzusetzen. Auch wenn die Verwaltung an Gesetz und Recht gebunden ist (Art. 20 Abs. 3 GG), obliegt die Verwerfung untergesetzlicher Normen nach dem Gewaltenteilungsprinzip den Gerichten. Behörden bleiben daher verpflichtet, Rechtsvorschriften zu beachten, solange diese nicht durch den Normgeber aufgehoben oder vom Gericht (z.B. im Verfahren der abstrakten oder konkreten Normenkontrolle) für nichtig erklärt worden sind. Hält die Verwaltung eine Rechtsnorm für nichtig, so muss sie das Verfahren aussetzen und eine gerichtliche Entscheidung nach Art. 93 Abs. 1 Nr. 2 GG oder § 47 VwGO abwarten.[172]

108

B. Verwaltungsvorschriften

I. Unterscheidung zwischen Außenrecht und Innenrecht

„Gesetz" i.S.d. Art. 20 Abs. 3 GG und damit Rechtmäßigkeitsmaßstab hoheitlicher Maßnahmen sind neben der Verfassung die formellen Gesetze, Rechtsverordnungen und Satzungen (sog. **Außenrecht**). Hiervon zu unterscheiden sind die bloß internen Regeln, die von einer staatlichen Stelle an nachgeordnete Behörden oder Amtswalter gerichtet werden (Verwaltungsvorschriften, Richtlinien, Erlasse). Sie betreffen vor allem die Organisation der Behörden oder die Art und Weise des Verwaltungshandeln. Durch sie soll gewährleistet werden, dass die Verwaltung **einheitlich handelt**, z.B. durch Vorgabe einer bestimmten Gesetzesauslegung und -anwendung.

109

Die Befugnis der übergeordneten Dienststelle zum Erlass von (intrasubjektiven) Verwaltungsvorschriften ergibt sich aus ihrer Organisationsgewalt. Verwaltungsvorschriften zwischen verschiedenen Verwaltungsträgern (intersubjektive Verwaltungsvorschriften) bedürfen dagegen wegen der verfassungsrechtlichen Kompetenzordnung grds. einer besonderen Ermächtigungsgrundlage (vgl. z.B. Art. 84 Abs. 2, 85 Abs. 2 GG).[173]

II. Rechtliche Bedeutung von Verwaltungsvorschriften

1. Keine unmittelbare Außenwirkung

Anders als Rechtsnormen, die sich ihrem Inhalt nach an den Bürger richten, haben Verwaltungsvorschriften grds. **nur verwaltungsinterne Bedeutung**, d.h. im Verhältnis der vorgesetzten Behörde zu der nachgeordneten, konkret entscheidenden Behörde.

110

Gegenüber dem einzelnen Beamten ergibt sich eine unmittelbare Bindungswirkung aus der Weisungsgebundenheit (vgl. § 35 S. 2 BeamtStG, § 62 Abs. 1 S. 2 BBG).

---

171 OVG Lüneburg DVBl. 2000, 212, 213; VGH Kassel NVwZ 1990, 885 f.; Brügelmann/Gierke BauGB § 10 Rdnr. 336 ff.; Diedrich BauR 2000, 819, 825 ff.; Rabe ZfBR 2003, 329 ff.; Jarass/Pieroth GG Art. 20 Rdnr. 40 für untergesetzliche Normen.

172 Vgl. OVG NRW NuR 2006, 191, 192; VG Gera ThürVBl. 2008, 276; Baumeister/Ruthig JZ 1999, 117, 118; Gril JuS 2000, 1080, 1084; Engel NVwZ 2000, 1258, 1260; in der Tendenz auch BVerwG DVBl. 2001, 931, 934[@]; differenzierend Schröer NZBau 2007, 630, 631: Verwerfung nur in eindeutigen, gerichtlich bereits geklärten Fällen.

173 Erichsen/Klüsche Jura 2000, 540, 541; Remmert Jura 2004, 728, 729.

111 Verwaltungsvorschriften sind danach nur sog. **Innenrecht**, sie haben nach h.M. **keine unmittelbare Außenwirkung** gegenüber dem Bürger und sind deshalb keine Gesetze i.S.d. Art. 20 Abs. 3 GG.[174] Ein Verstoß gegen Verwaltungsvorschriften führt daher für sich **nicht zur Rechtswidrigkeit** der Maßnahme.

> **Beispiel:** Allein der Verstoß gegen Subventionsrichtlinien der Verwaltung macht einen Bewilligungsbescheid nicht rechtswidrig i.S.d. § 48 VwVfG, wenn sonst kein Gesetzesverstoß vorliegt.[175]

112 Eine Mindermeinung will dagegen generell eine (begrenzte) **Außenwirkung** bei Verwaltungsvorschriften anerkennen. Entscheidend sei das normative Verhalten des Gesetzgebers. Verwaltungsvorschriften stünden selbstständig neben Rechtsverordnungen und seien Ausdruck eines eigenständigen Normsetzungsrechts der Exekutive. Die Außenwirkung sei bereichsspezifisch unter Einbeziehung des gesetzlichen Umfelds zu bestimmen und z.B. dort zu bejahen, wo der Gesetzgeber die Regelung durch Verwaltungsvorschriften ausdrücklich vorsehe oder offene Normen eine derartige Konkretisierung erforderlich machen.[176]

> In Ausnahmefällen hat auch das BVerwG Verwaltungsvorschriften einen quasi-normativen Charakter zugesprochen.[177]

113 Gegen eine unmittelbare Außenwirkung von Verwaltungsvorschriften spricht jedoch, dass die Exekutive **kein originäres Rechtsetzungsrecht** hat. Abstrakt-generelle Regelungen darf die Verwaltung nur durch RechtsVO aufgrund gesetzlicher Verordnungsermächtigung treffen (arg. e. Art. 80 GG). Auf die Rechtsbeziehungen zwischen Behörde und Bürger haben interne Richtlinien somit **unmittelbar keinen Einfluss**, sodass deren Nichtbeachtung keinen Verstoß gegen das Prinzip vom Vorrang des Gesetzes darstellt und deshalb auch nicht automatisch zur Rechtswidrigkeit der davon abweichenden behördlichen Maßnahme führt.

2. Mittelbare Außenwirkung von Verwaltungsvorschriften

114 Gleichwohl können Verwaltungsvorschriften **mittelbar** auch gegenüber dem Bürger **rechtserheblich** werden, da sich die Behörden bei der Wahrnehmung ihrer Aufgaben an die Verwaltungsvorschriften halten, wodurch die Entscheidung gegenüber dem Bürger maßgeblich beeinflusst wird. Wie man diese **faktische Außenwirkung** rechtlich adäquat erfasst, ist äußerst umstritten.[178] Dabei werden im Wesentlichen unterschieden:

- **Organisations- und Verfahrensvorschriften**

- **norminterpretierende Verwaltungsvorschriften**

- **normkonkretisierende Verwaltungsvorschriften**

- **Ermessensrichtlinien**

---

174 BVerfG DVBl. 2009, 1237, 1239; BVerwG ZfBR 2010, 160; NVwZ 2006, 1184, 1188; DVBl. 2005, 766, 767; OVG NRW, Beschl. v. 09.03.2011 – 1 A 2526/09; Schwarz JZ 2004, 79, 80; Maurer JZ 2005, 895.

175 BVerwG NVwZ 2003, 1376.

176 Vgl. Schmidt-Assmann in FS Vogel (2000), 477, 491 ff.; ausführlich Leisner JZ 2002, 219 ff.; Wahl in FG BVerfG (2003), 571 ff.; differenzierend Remmert Jura 2004, 728, 732 ff.

177 BVerwG DVBl. 2005, 766, 767 (Pauschalierung von Sozialhilfe); BVerwG NVwZ 2004, 1003, 1004 (Verwaltungsvorschriften zur truppenärztlichen Versorgung nach § 69 Abs. 2 BBesG).

178 Erichsen/Ehlers § 2 Rdnr. 67 ff.; Maurer § 24 Rdnr. 21 ff.; Erichsen/Klüsche Jura 2000, 540, 543 ff. m.w.N.

a) Organisationsvorschriften regeln die behördeninterne Zuständigkeit und die Art   **115**
und Weise der Aufgabenerledigung. Überwiegend wird hier eine bindende Wirkung gegenüber dem Bürger bejaht, wenn die Verwaltungsvorschriften eine **Regelungslücke** im Gesetz ausfüllen. Wenn es der Gesetzgeber der Verwaltung überlasse, ein bewusst unvollständiges Gesetz auszufüllen, so entfalten die Zuständigkeits- und Verfahresvorschriften aus sich selbst heraus Außenwirkung. Etwas anderes gelte nur im grundrechtsrelevanten Bereich.[179] Die Gegenansicht lehnt auch in diesem Bereich eine Bindungswirkung von Verwaltungsvorschriften ab. Die Verwaltung sei bereits durch das zugrunde liegende Gesetz gebunden, auch wenn dieses unvollständig sei.[180]

b) Norminterpretierende Verwaltungsvorschriften, durch die eine einheitliche Aus-   **116**
legung einer Gesetzesvorschrift sichergestellt werden soll, haben nach ganz h.M. für das Rechtsverhältnis Verwaltung – Bürger grds. **keine Bedeutung**, weil hierfür allein das Gesetz maßgebend bleibt. Im Streitfall muss das Gericht über die richtige Auslegung des Gesetzes entscheiden.[181]

„Verwaltungsvorschriften sind Gegenstand und nicht Maßstab gerichtlicher Kontrolle. Die Gerichte sind ... an Verwaltungsvorschriften grundsätzlich nicht gebunden. Sie dürfen ihren Entscheidungen vielmehr nur materielles Recht, zu dem Verwaltungsvorschriften nicht gehören, zugrunde legen und sind lediglich befugt, sich einer Gesetzesauslegung, die in einer Verwaltungsvorschrift vertreten wird, aus eigener Überzeugung anzuschließen.“[182]

Beispiel: Die Verwaltungsvorschriften zum BAföG (BAföGVwV) bestimmten, das Kraftfahrzeuge i.d.R. als Haushaltsgegenstände i.S.d. § 27 Abs. 2 Nr. 4 BAföG anzusehen seien. Zum nach § 27 Abs. 1 BAföG anzurechnenden Vermögen gehörten sie nur, wenn sie als Luxusgegenstände einzustufen waren. Die Verwaltungsgerichte sind an die BAföGVwV als norminterpretierende Verwaltungsvorschrift nicht gebunden. Das BVerwG geht vielmehr davon aus, dass ein Kraftfahrzeug unabhängig von seinem Wert kein Haushaltsgegenstand i.S.d. § 27 Abs. 2 Nr. 4 BAföG und daher als Vermögen zu berücksichtigen ist.[183]

c) Von den norminterpretierenden Verwaltungsvorschriften sind die sog. **normkonkre-**   **117**
tisierenden Verwaltungsvorschriften zu unterscheiden, die vor allem im **Umweltrecht** bei unbestimmten Gesetzesbegriffen eine große Bedeutung erlangt haben.

So wird z.B. in zahlreichen Vorschriften an den Begriff der „schädlichen Umwelteinwirkungen“ angeknüpft (z.B. §§ 3 Abs. 1, 5, 17 BImSchG). Ob Umwelteinwirkungen „schädlich“ sind, ist grds. anhand der Umstände des jeweiligen Einzelfalls zu entscheiden. Zur Verwaltungsvereinfachung regeln die sog. Technischen Anleitungen (z.B. TA Luft und TA Lärm) bestimmte **Grenzwerte**. Als Verwaltungsvorschriften enthalten sie an sich nur verwaltungsinterne Beurteilungsmaßstäbe für die behördlicherseits durchzuführenden Kontrollen.

Während die Verbindlichkeit derartiger Verwaltungsvorschriften früher vor allem damit begründet wurde, es handele sich um sog. **antizipierte Sachverständigengutachten**[184], spricht man heute überwiegend von **normkonkretisierenden Verwaltungsvorschriften**, denen eine auch im Verhältnis zum Bürger zu beachtende normative Bindungswirkung zukomme.[185]

---

179 BVerfGE 40, 237, 254; ebenso im Ergebnis BVerwGE 94, 335, 339.

180 Erichsen/Klüsche Jura 2000, 540, 543 m.w.N.

181 BVerfG NVwZ 1994, 475, 476; BVerwG ZfBR 2010, 160, 161; NVwZ-RR 2010, 926, 928 f.; OVG NRW, Beschl. v. 09.03.2011 –
1 A 2526/09; VG Köln NWVBl. 2011, 29; Erichsen/Klüsche Jura 2000, 540, 546 f.; Remmert Jura 2004, 728, 731 m.w.N.

182 BVerwG DVBl. 1999, 399, 400.@

183 BVerwG NVwZ-RR 2010, 926, 928.

184 Vgl. z.B. BVerwGE 55, 250, 256.

185 BVerwG NVwZ 2008, 76; NVwZ 2000, 440; DVBl. 1999, 399, 400@; BayVGH ZfBR 2011, 47, 49; Seibel BauR 2004, 1245, 1249.

Die Immissionsgrenzwerte der TA legen normkonkretisierend „innerhalb einer Bandbreite unter Umständen denkbarer Entscheidungen trennscharf fest, welche Umwelteinwirkungen dem Einzelnen noch zuzumuten sind, welches verbleibende Risiko er mithin zu tragen hat; dabei handelt es sich nach Abwägung und Wertung letztlich um eine politische Willensentscheidung."[186]

118 Begründen lässt sich die Bindungswirkung damit, dass der Gesetzgeber der Verwaltung in diesen Bereichen einen **Beurteilungsspielraum** eingeräumt hat. Die gesetzliche Regelung zielt darauf ab, dass ein **unbestimmter Rechtsbegriff** (z.B. schädliche Umwelteinwirkung) aufgrund von fachlichen Feststellungen, Bewertungen und Prognosen **verbindlich von der Verwaltung konkretisiert** werden soll.[187] Auch in der Lit. wird – mit unterschiedlichen Begründungen – überwiegend von einer **unmittelbaren Außenwirkung** normkonkretisierender Verwaltungsvorschriften ausgegangen.[188]

Eine derartige Normkonkretisierung wird in st.Rspr. insbesondere bejaht für die nach § 48 BImSchG von der Bundesregierung nach Anhörung der beteiligten Kreise (§ 51 BImSchG) mit Zustimmung des Bundesrates erlassenen TA Luft und TA Lärm[189] sowie für bestimmte atomrechtliche Verwaltungsvorschriften.[190] Auch im Sozialhilferecht hat das BVerwG als Verwaltungsvorschriften erlassenen Ausführungsbestimmungen „anspruchskonkretisierende Wirkung" zuerkannt.[191]

Beachte: *Nach Auffassung des EuGH genügen normkonkretisierende Verwaltungsvorschriften mangels Rechtsnormcharakter nicht den Anforderungen an eine innerstaatliche Umsetzung des EU-Rechts (zur TA Luft nach § 48 BImSchG).[192] Auf der Grundlage des § 48 a BImSchG wurde deshalb die 22. BImSchV erlassen, die Grenzwerte für bestimmte Luftverunreinigungen enthält und den Anforderungen des EU-Rechts genügt.*

119 Die **Gegenansicht** verweist darauf, dass die Verwaltung nach dem Grundgesetz keine Kompetenz habe, unmittelbares Außenrecht durch Verwaltungsvorschriften zu setzen. Die Verwaltung benötige eine solche Kompetenz auch nicht, weil anstelle von Verwaltungsvorschriften genauso gut Rechtsverordnungen erlassen werden könnten.[193]

Es sei wenig sinnvoll, bestimmte Verwaltungsvorschriften formell und materiell so zu behandeln wie eine Rechtsnorm, aber gleichwohl als Verwaltungsvorschrift zu bezeichnen und rechtsdogmatisch den Verwaltungsvorschriften zuzuordnen. Die Verwaltungsvorschrift mit unmittelbarer Rechtswirkung nach außen sei ein Widerspruch in sich. In Wirklichkeit handele es sich um eine Rechtsverordnung oder Satzung.[194]

120 **d) Ermessensrichtlinien:** Im Ermessensbereich darf die Verwaltung nach Zweckmäßigkeitsgesichtspunkten entscheiden und damit eigene Maßstäbe setzen, um eine möglichst einheitliche, ausgewogene und gleichmäßige Verwaltungspraxis zu gewährleisten. Welche Rechtswirkungen hierdurch gegenüber dem Bürger eintreten, ist umstritten (dazu nachfolgend Fall 5).

---

186 OVG Lüneburg DVBl. 1985, 1322, 1323.
187 Ausführlich Seibel BauR 2004, 1245, 1249.
188 Vgl. Hill NVwZ 1989, 401; Erbguth DVBl. 1989, 473; Gerhardt NJW 1989, 2233; Wallerath NWVBl 1989, 153; Di Fabio DVBl. 1992, 1338; Jarass JuS 1999, 105, 109; Otting DVBl. 2001, 1792, 1793 m.w.N.
189 BVerwGE 107, 338, 341; OVG Lüneburg DVBl. 1985, 1322, 1323; Seibel BauR 2004, 1245, 1249 m.w.N.; ebenso OVG Schleswig-Holstein, Urt. v. 26.05.2009 – 1 LB 38/08 zur TA Abfall.
190 BVerwGE 72, 300, 320 f.
191 BVerwG DVBl. 2005, 766, 767.
192 EuGH DVBl. 1991, 863 und 869; zustimmend Otting DVBl. 2001, 1792, 1793; Erichsen/Klüsche Jura 2000, 540, 548; Jarass JuS 1999, 105, 112.
193 Vgl. mit unterschiedlichen Begründungen Wolf DÖV 1992, 849, 852 ff.; Erichsen/Klüsche Jura 2000, 540, 548; Maurer JZ 2005, 895, 896; Detterbeck Rdnr. 882.
194 Instruktiv Maurer JZ 2005, 895, 896.

III. Verwaltungsvorschriften im gesetzlich geregelten Bereich

Fall 5: Rechtswidrigkeit – ja oder nein?

K erhielt auf seinen Antrag eine naturschutzrechtliche Genehmigung für die Aufbringung von Bodenaushub auf seinem Grundstück. Für die Genehmigung wurde eine Gebühr in Höhe von 1.000 € erhoben. Nachdem K den Betrag gezahlt hat, stellt die Behörde fest, dass die Gebühr zu niedrig festgesetzt worden ist. K erhält darauf einen neuen Gebührenbescheid, diesmal in Höhe von 3.000 €. Zur Begründung beruft sich die Behörde darauf, dass nach dem Gebührenverzeichnis zum Landesgebührengesetz für Auffüllungen eine Gebühr im Rahmen von 100 bis 5.000 € erhoben werden kann. Nach einer Verwaltungsvorschrift des zuständigen Ministeriums soll die Staffelung innerhalb dieses Gebührenrahmens grds. nach der aufgebrachten Erdmenge erfolgen. Entsprechend dem Antrag des K ergebe sich daher eine Gebühr von 3.000 €. Die ursprüngliche Berechnung habe fälschlicherweise nicht die Erdmenge, sondern nur die Grundstücksfläche berücksichtigt. K hält die Erhöhung für rechtswidrig, da die Staffelung lediglich in einer Verwaltungsvorschrift vorgesehen ist.

Gebührenbescheide sind **Verwaltungsakte** i.S.d. § 35 VwVfG (s.u. Rdnr. 154 ff.). Verwaltungsakte können von der Behörde nach ihrem Erlass grds. nur unter den Voraussetzungen der §§ 48, 49 VwVfG aufgehoben bzw. geändert werden.[195] Nach § 48 Abs. 1 VwVfG kann ein **rechtswidriger** Verwaltungsakt (VA), auch nachdem er unanfechtbar geworden ist, ganz oder teilweise mit Wirkung für die Zukunft oder für die Vergangenheit zurückgenommen werden.

I. Eine Rücknahme nach § 48 VwVfG setzt voraus, dass der aufgehobene Gebührenbescheid **rechtswidrig** gewesen ist.

   1. Aufgrund des Grundsatzes vom **Vorrang des Gesetzes** ist das der Fall, wenn er gegen vorrangige gesetzliche Regelungen verstößt. **121**

   Nach dem Landesgebührengesetz i.V.m. dem Gebührenverzeichnis kann für die Auffüllungsgenehmigung eine Gebühr von 100 bis 5.000 € erhoben werden. Die zunächst festgesetzte Gebühr von 1.000 € hält sich in diesem Rahmen, sodass die gesetzlichen Vorgaben eingehalten sind. Die ursprüngliche Gebührenfestsetzung verstieß daher nicht gegen gesetzliche Vorschriften.

   2. Jedoch stand die Festsetzung im Widerspruch zu der **Verwaltungsvorschrift**, die eine Bemessung der Gebühr nach der aufgebrachten Erdmenge vorsieht.

      a) Verwaltungsvorschriften sind indes bloßes **Innenrecht**, sie haben **keine unmittelbare Außenwirkung** gegenüber dem Bürger und sind deshalb keine Gesetze i.S.d. Art. 20 Abs. 3 GG. Ein Verstoß gegen Verwaltungsvorschriften führt daher für sich **allein nicht zur Rechtswidrigkeit** der Maßnahme. **122**

      b) Die Richtlinien regeln allerdings, wie die Rahmengebühr gestaffelt werden soll. Durch solche **Ermessensrichtlinien** soll eine einheitliche Ermessensausübung sichergestellt werden. Die Behörde wird sich aufgrund der verwaltungs- **123**

---

195 Dazu näher AS-Skript Verwaltungsrecht AT 2 (2010), 1. Abschnitt.

internen Verbindlichkeit bei der Entscheidung gegenüber dem Bürger auch vom Inhalt der Verwaltungsvorschriften leiten lassen. Wie man diese **faktische Außenwirkung** bei Ermessensrichtlinien rechtlich erfasst, ist umstritten.

124 aa) Teilweise wird die Außenwirkung von Ermessensrichtlinien damit begründet, dass sie gegenüber dem Bürger Rechtswirkungen hervorbringen „sollen" (finaler Aspekt). Wo kein Vorbehalt des Gesetzes bestehe, habe die Exekutive eine **originäre Regelungsbefugnis**. Wegen der verwaltungsinternen Verbindlichkeit der Ermessensrichtlinien sei auch im Verhältnis zum Bürger die Rechtmäßigkeit der Ermessensausübung unmittelbar an dem durch Auslegung zu ermittelnden Inhalt der Verwaltungsvorschriften zu messen.[196]

125 bb) Eine solche Begründung trägt jedoch dem fehlenden Rechtsnormcharakter von Verwaltungsvorschriften nicht ausreichend Rechnung. Außenrechtssätze darf die Verwaltung nach Art. 80 GG nur in Form von Rechtsverordnungen auf der Grundlage einer gesetzlichen Ermächtigung erlassen. Deswegen erkennt die (noch) h.M. Ermessensrichtlinien Außenwirkung nur **mittelbar über den Gleichbehandlungsgrundsatz** des Art. 3 Abs. 1 GG zu. Durch den Erlass der Verwaltungsvorschriften legt sich die Verwaltung auf eine Verwaltungspraxis fest, die dem Inhalt der Verwaltungsvorschriften entspricht. Von dieser in der Verwaltungsvorschriften niedergelegten Verwaltungspraxis darf nur aus sachlichem Grund abgewichen werden. Verwaltungsvorschriften in Form von Ermessensrichtlinien bewirken also über **Art. 3 Abs. 1 GG** eine **Selbstbindung der Verwaltung**, die eine sachlich nicht gerechtfertigte Abweichung von den Richtlinien verbietet.[197]

Beispiel: Weicht die Behörde ohne sachlichen Grund zugunsten eines einzelnen Subventionsbewerbers von ansonsten angewendeten Subventionsrichtlinien ab, ohne ihre Praxis insgesamt zu ändern, so ist ihre Entscheidung wegen Verletzung des Gleichbehandlungsgebots (Art. 3 Abs. 1 GG) rechtswidrig.[198]

126 c) Aufgrund der nur **mittelbaren Außenwirkung** der Ermessensrichtlinien kann sich die Rechtswidrigkeit des Bescheides zwar nicht allein schon aus der Nichtbeachtung der Richtlinien ergeben. Die Entscheidung ist aber wegen Verstoßes gegen Art. 3 Abs. 1 GG dann (außen-) rechtswidrig, wenn die Abweichung von den Richtlinien **sachlich nicht gerechtfertigt** war.

127 aa) Eine Berücksichtigung der Richtlinien über den Gleichbehandlungsgrundsatz setzt zunächst voraus, dass die Verwaltungspraxis ihrerseits **rechtmäßig** ist, da Art. 3 Abs. 1 GG **kein Recht auf Gleichbehandlung im Unrecht** gewährt.[199]

---

196 Vgl. insbes. Leisner JZ 2002, 219, 227; Erbguth DVBl. 1989, 473, 480 ff.; Beckmann DVBl. 1987, 611, 616; Ossenbühl AöR 92, 16 ff.; vgl. auch Hill NVwZ 1989, 401 ff.; Gerhardt NJW 1989, 2233; Di Fabio DVBl. 1992, 1338, 1342 ff.; ähnlich schon Wolff/Bachof I (9. Aufl.) § 24 c 2: Lehre von den Ersatznormen.

197 BVerwG, Beschl. v. 11.11.2008 – 7 B 38/08; BVerwG NVwZ 2006, 1184, 1188@; DVBl. 2003, 139, 140; DVBl. 1998, 142, 143@; BayVGH BayVBl. 2009, 539, 540; Maurer § 24 Rdnr. 21; Detterbeck Rdnr. 870; Remmert Jura 2004, 728, 730.

198 BVerwG NJW 2003, 1676.

199 BVerfG NVwZ 1994, 475, 476; BVerwG NVwZ 2005, 1525, 1526; NVwZ 1994, 581, 582; Knack/Henneke VwVfG § 40 Rdnr. 66; Bader/Ronellenfitsch VwVfG § 40 Rdnr. 69; Remmert Jura 2004, 728, 730; Müller-Franken JuS 2005, 723, 725.

Denn eine durch rechtswidrige Verwaltungsübung erzeugte Pflicht der Verwaltung zu weiterem rechtswidrigem Handeln würde dem Vorrang des Gesetzes zuwiderlaufen.[200]

Die Verwaltungspraxis muss insbes. auf **sachlichen Gründen** beruhen und darf selbst **nicht willkürlich** sein.[201] Dies ist hier zu bejahen, da es sachgerecht ist, die Höhe der Gebühr an dem wirtschaftlichen Vorteil des Genehmigungsinhabers auszurichten.

128

Beispiele: Eine Subventionsgewährung verstößt gegen Art. 3 Abs. 1 u. Art. 6 GG, wenn sie bei ledigen und verheirateten Bewerbern eine einheitliche Einkommensgrenze zugrunde legt. Für Verheiratete muss die Obergrenze angepasst werden. Da der Gleichheitsverstoß in einer Unvollständigkeit der Richtlinie liegt, führt dies nicht zur Rechtswidrigkeit der erfolgten Subventionierung, sondern begründet i.d.R. nur die Verpflichtung der Behörde zur Neubescheidung, die erforderliche Ergänzung vorzunehmen.[202]

Der Auftrag des Grundgesetzes an den Staat, die tatsächliche Durchsetzung der Gleichberechtigung zu fördern (Art. 3 Abs. 2 S. 2 GG), rechtfertigt es dagegen, Frauen bei der Förderung von Betriebsgründungen im Handwerk günstigere Bedingungen einzuräumen als Männern.[203]

Im Übrigen müssen Ermessensrichtlinien mit Rücksicht auf Sinn und Zweck des gesetzlich eingeräumten Ermessens stets den Besonderheiten des Einzelfalles Rechnung tragen und damit **Abweichungen im Einzelfall** zulassen. Sie dürfen also ein gewisses „Restermessen" der Behörde nicht vollständig ausschließen.[204]

Nach der Richtlinie „soll" die Gebühr grds. nach der Auffüllmenge bemessen werden. Sollvorschriften lassen Abweichungen im Einzelfall zu, sodass von der Rechtmäßigkeit der durch die Richtlinie bestimmten Verwaltungspraxis auszugehen ist.

bb) Die **mittelbare Außenwirkung** von Ermessensrichtlinien über Art. 3 Abs. 1 GG kann sich dabei nicht nur zugunsten, sondern **auch zulasten des Bürgers** auswirken.[205] Die Verwaltung ist wegen der objektiv-rechtlichen Wirkung des Gleichbehandlungsgebotes des Art. 3 Abs. 1 GG gehalten, die von ihr durch interne Richtlinien gesetzten Schranken der Ermessensausübung einzuhalten und darf von ihnen nicht ohne rechtfertigenden Grund zugunsten des Betroffenen abweichen.[206] Danach durfte die Behörde hier nicht ohne Grund von der Staffelung in der Verwaltungsvorschrift abweichen. Eine unbeabsichtigte oder irrtümliche Nichtbeachtung kann nie einen die Abweichung rechtfertigenden Grund darstellen, da die Behörde sich insoweit gar keine Gedanken gemacht hat.[207]

129

200 BVerwGE 34, 278, 282 f.; VG Karlsruhe Urt. v. 15.07.2008 – 11 K 922/08, NVwZ-RR 2009, 69 (nur LS).
201 OVG NRW NWVBl. 2009, 320, 321; Knack/Henneke VwVfG § 40 Rdnr. 71.
202 BVerwG NVwZ 2004, 350.
203 BVerwG DVBl. 2003, 139 gegen OVG NRW NWVBl. 2002, 239; ausführlich Müller-Franken JuS 2005, 723, 727 ff.
204 OVG NRW NWVBl. 2009, 231, 232.
205 BVerwG NVwZ 2003, 1376, 1377; VGH Mannheim RÜ 2009, 453, 455.
206 BVerwG NVwZ 2003, 1376; VGH Mannheim NVwZ 1999, 547[@].
207 VGH Mannheim NVwZ 1999, 547[@].

Damit ist die „verwaltungsinterne" Nichtbeachtung einer Verwaltungsvorschrift ein objektiver Verstoß gegen Art. 3 Abs. 1 GG und führt zur **Rechtswidrigkeit** des darauf beruhenden VA. Der ursprüngliche Gebührenbescheid war daher ermessensfehlerhaft, weil er die über Art. 3 Abs. 1 GG zu berücksichtigende Staffelung in den Verwaltungsvorschriften nicht beachtet hat. Als rechtswidriger VA unterliegt er der Rücknahme nach § 48 Abs. 1 VwVfG.

Weiteres Beispiel zur Subventionsgewährung:

Versagt eine Behörde in Anwendung der einschlägigen Richtlinien unter bestimmten Voraussetzungen regelmäßig die Gewährung einer Zuwendung, so verletzt sie das Gleichbehandlungsgebot in seiner objektiv-rechtlichen Funktion, wenn sie sich im Einzelfall über diese Praxis hinwegsetzt und trotz Fehlens der nach den Richtlinien geforderten Voraussetzungen die Leistung gewährt. In einem solchen Fall ist die Entscheidung wegen Verstoßes gegen Art. 3 Abs. 1 GG rechtswidrig.[208]

In diesem Fall macht also nicht der Verstoß gegen die Subventionsrichtlinie den Bewilligungsbescheid rechtswidrig (weil keine Rechtsnorm), sondern die Abweichung von der Verwaltungspraxis, die einen Verstoß gegen Art. 3 Abs. 1 GG begründet.

130 II. Die Rücknahme wird durch § 48 Abs. 2–4 VwVfG eingeschränkt, wenn es sich bei dem ursprünglichen Gebührenbescheid um einen den K begünstigenden VA gehandelt hat. **Begünstigend** ist nach § 48 Abs. 1 S. 2 VwVfG ein VA, der einen **rechtlich erheblichen Vorteil** begründet oder bestätigt hat. Ein Gebührenbescheid ist indes ein ausschließlich belastender VA.[209]

Etwas anderes kann nur dann gelten, wenn durch die Festsetzung der Gebühr zugleich verbindlich festgestellt wird, dass die Behörde erkennbar auf weitergehende Belastungen verzichtet (vgl. im Einzelnen AS-Skript Verwaltungsrecht AT 2 (2010), Rdnr. 77).

Da die Änderung der Gebührenhöhe auch im Übrigen nicht zu beanstanden ist, ist der neue Gebührenbescheid rechtmäßig.

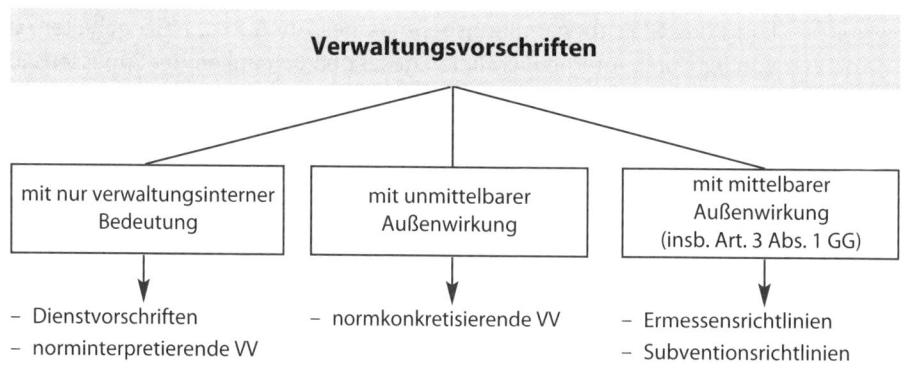

---

208 BVerwG NVwZ 2003, 1376, 1377; VGH Mannheim RÜ 2009, 453, 455.

209 BVerwG DVBl. 2000, 490, 491[@]; VGH Mannheim NVwZ 1999, 547, 548[@]; Stelkens/Bonk/Sachs VwVfG § 48 Rdnr. 123; a.A. Ehlers/Kallerhoff Jura 2009, 823, 827.

IV. Verwaltungsvorschriften im gesetzlich nicht normierten Bereich

Soweit eine Regelung dem Vorbehalt des Gesetzes unterliegt, darf die Verwaltung ohne Gesetz nicht handeln, kann also insbes. ihre Maßnahmen auch nicht auf eine Verwaltungsvorschrift stützen.[210] Das bedeutet im Einzelnen: **131**

■ Für **belastende Maßnahmen** und **wesentliche Entscheidungen** sind Verwaltungsvorschriften keine ausreichende Rechtsgrundlage.

■ Im Anwendungsbereich vom Vorbehalt des Gesetzes können Verwaltungsvorschriften ausnahmsweise für eine Übergangszeit anzuerkennen sein, soweit dies zur Aufrechterhaltung der Funktionsfähigkeit staatlicher Einrichtungen erforderlich ist (sog. **Chaosgedanke**).[211]

■ Problematisch ist das Verhältnis zwischen Verwaltungsvorschriften und Vorbehalt des Gesetzes im Bereich der **Leistungsgewährung**.

> **Fall 6: Divergenz**
>
> Das Bundeslandwirtschaftsministerium gewährt für die langfristige Verpachtung von Ackerland an die Grundstückseigentümer sog. Verpachtungsprämien. Die dafür erforderlichen Mittel sind im Haushaltsplan ausgewiesen. Die Einzelheiten der Vergabe sind in Richtlinien geregelt. Ziffer IV der Richtlinien lautet: „Eine Prämie wird nur gewährt, wenn die verpachtete Fläche mindestens 5 ha beträgt."
>
> E hat eine Fläche von 4,5 ha an P verpachtet und macht nunmehr einen Anspruch auf die Prämie geltend. Dabei verweist er darauf, dass entgegen der Richtlinie schon wiederholt für 4,5 ha eine Prämie gewährt worden ist. Die Behörde verweist darauf, dass für eine Erweiterung der Förderung nicht genügend Haushaltsmittel vorhanden sind.

I. Ein Anspruch des E wäre von vornherein unbegründet, wenn die Gewährung der Prämie dem **Vorbehalt des Gesetzes** unterfallen würde und damit mangels gesetzlicher Regelung unzulässig wäre.

1. Bei der Prämiengewährung handelt es sich weder um eine Belastung noch um eine wesentliche Entscheidung, die nach dem Prinzip vom Vorbehalt des Gesetzes zwingend eine **Ermächtigungsgrundlage** erfordern würde. **132**

   Anders bei grundrechtsrelevanten Subventionen (z.B. an Presseunternehmen), die stets einer gesetzlichen Regelung bedürfen (s.o. Rdnr. 83) sowie für Sozialleistungen wegen § 31 SGB I.

2. Ob dem Grundsatz vom Vorbehalt des Gesetzes noch ein weitergehender Anwendungsbereich zukommt, ist umstritten. **133**

   a) Teilweise wird angenommen, jede Tätigkeit des Staates bedürfe einer gesetzlichen Grundlage **(Lehre vom Totalvorbehalt)**. Grundrechte seien nicht nur Abwehrrechte gegen belastende Maßnahmen, sondern gewährten auch Teilhaberechte an staatlichen Leistungen. Die Frage, wer unter welchen Voraussetzungen eine Leistung erhalten soll, sei für das Verhältnis zwischen Staat und

---

210 BVerwG NWVBl. 2009, 300, 302.
211 BVerwG NWVBl. 2009, 427; NVwZ 2005, 713, 714; näher oben Rdnr. 94.

Bürger von erheblicher Bedeutung. Im Übrigen sei eine genaue Trennung zwischen leistender und eingreifender Verwaltung nicht immer möglich. Deshalb müssten auch die Voraussetzungen der Gewährung staatlicher Leistungen klar und verbindlich durch Gesetze geregelt werden.[212]

134 b) Nach h.M. gilt das Prinzip vom Vorbehalt des Gesetzes dagegen **nicht für jede Verwaltungsmaßnahme**. Wegen der Vielfalt der Verwaltungstätigkeit dürfte es kaum möglich sein, für jedes Handeln eine ausreichende Rechtsnorm als Ermächtigungsgrundlage zu schaffen. Auch bei der Gewährung von Leistungen ohne ausdrückliche gesetzliche Regelung sei die Verwaltung rechtlich an die Verfassung gebunden, insbes. seien willkürliche Leistungen bereits durch Art. 3 Abs. 1 GG ausgeschlossen. Für die Leistungsverwaltung in Form der Vergabe öffentlicher Finanzmittel (Subventionen) gelten danach folgende Grundsätze:

135 aa) Die Entscheidung, **ob überhaupt** zu bestimmten Zwecken staatliche Mittel gewährt werden – das generelle **„Ob"** der Leistungsgewährung –, bedarf zumindest einer haushaltsrechtlichen Regelung, d.h. Bereitstellung der Mittel im Rahmen des durch das Haushaltsgesetz verabschiedeten Haushaltsplans.[213] Fehlt es an dieser für die grundsätzliche Bereitstellung der Mittel erforderlichen Rechtsgrundlage, kann die Mittelgewährung auch nicht über Art. 3 Abs. 1 GG gerechtfertigt werden, weil der Gleichheitssatz kein Recht auf eine rechtswidrige, weil **nicht legitimierte Förderung** gewährt (kein Anspruch auf Gleichbehandlung im Unrecht).[214]

Damit der Haushaltsplan die vom Vorbehalt des Gesetzes geforderte gesetzliche Grundlage der Subventionsgewährung bietet, muss er hinreichend bestimmt sein. Das ist der Fall, wenn der Haushaltsansatz zumindest den Zweck der Subvention festlegt.[215]

136 Demgegenüber brauchen die Voraussetzungen, unter denen die Leistungen dem Bürger gewährt werden – das **„Wie"** der Leistungsgewährung –, im Einzelnen nicht gesetzlich geregelt zu sein, eine Konkretisierung durch Verwaltungsvorschriften reicht aus.[216]

137 Etwas anderes gilt allerdings **im grundrechtsrelevanten Bereich**: Wird durch die Subvention in Grundrechte eingegriffen, reicht die Bereitstellung im Haushaltsplan nicht als Rechtsgrundlage aus; vielmehr ist eine konkrete Ermächtigung für die Gewährung der Subvention erforderlich.[217]

Dies gilt z.B. für Pressesubventionen wegen Art. 5 Abs. 1 S. 2 GG,[218] für die Förderung von Vereinen zur Sektenbekämpfung wegen Art. 4 GG[219] und für Subventionen, die gezielt die Berufsausübung einschränken sollen wegen Art. 12 GG.[220]

---

212 Rupp, Grundlagen der Verwaltungsrechtslehre, S. 113 ff.; Selmer JuS 1968, 495, 496; Achterberg DÖV 1973, 295.

213 BVerwGE 48, 305, 308; OVG NRW DVBl. 1990, 161; Bleckmann DVBl. 2004, 333, 338.

214 BVerwG DVBl. 2003, 139, 140; DVBl. 1998, 142; OVG NRW NWVBl. 2002, 239, 240; Bleckmann DVBl. 2004, 333, 338.

215 Bleckmann DVBl. 2004, 333, 338.

216 BVerwG DVBl. 2003, 139, 140; NJW 1992, 2496, 2500; BayVGH BayVBl. 2009, 539, 540; OVG NRW NWVBl. 2002, 239, 240; ThürOVG ThürVBl. 2002, 232, 234; Bleckmann DVBl. 2004, 333, 338.

217 BVerwGE 90, 112, 126; VG Berlin DVBl. 1999, 1601; Erichsen/Klüsche Jura 2000, 540, 542; Detterbeck Rdnr. 287.

218 BVerfGE 80, 124, 131; OVG Berlin NJW 1975, 1938; VG Berlin NJW 1996, 401; OVG Frankfurt/Oder LKV 2006, 39, 40 f. und oben Rdnr. 83.

219 BVerwG NJW 1992, 2496, 2499.@

220 BVerwGE 75, 109, 114; Müller-Franken JuS 2005, 723, 726.

Gegenbeispiel: Werden Frauen gegenüber Männern bei der Subventionsgewährung bevorzugt, bedarf es keiner besonderen gesetzlichen Regelung, da Art. 3 Abs. 2 S. 2 GG einen unmittelbaren Verfassungsauftrag zur tatsächlichen Durchsetzung der Gleichberechtigung enthält.[221] Ebenso bedarf die allgemeine Bereitstellung von Mitteln für Zuwendungen an Religions- und Weltanschauungsgemeinschaften keiner besonderen Rechtsgrundlage.[222]

bb) In der Lit. wird überwiegend die Bereitstellung im Haushaltsplan nicht als **138** ausreichend erachtet. Die haushaltsrechtliche Ausweisung bilde zwar die **Legitimation im Innenverhältnis** zwischen Parlament und Regierung. Für die Rechtsstellung des Bürgers im Außenverhältnis enthalte das Haushaltsgesetz jedoch keine Regelung, es könne daher den Anforderungen des Gesetzesvorbehaltes nicht genügen.[223] Für die h.M. spricht demgegenüber die Flexibilität der Leistungsverwaltung. Die Ausweisung im Haushaltsplan schafft eine **ausreichende Legitimation**, sodass das Prinzip vom Vorbehalt des Gesetzes nicht verletzt ist.

Die Gewährung der Prämien ist daher **grundsätzlich zulässig**. Dadurch ist jedoch noch nichts darüber ausgesagt, worauf E seinen Anspruch stützen kann.

II. Die Ausweisung der Mittel im **Haushaltsplan** begründet für sich keinen Anspruch **139** des E, da durch den Haushaltsplan Ansprüche oder Verbindlichkeiten weder begründet noch aufgehoben werden können (vgl. § 3 Abs. 2 BHO). Der Haushaltsplan stellt lediglich eine Legitimationsgrundlage für Ausgaben der Exekutive dar.

Zwar erfolgt die Feststellung des Haushaltsplans durch Gesetz (vgl. Art. 110 GG), doch ändert das nichts daran, dass er keine Rechtswirkungen außerhalb des Organbereichs von Parlament und Regierung entfaltet. Aus ihm kann deshalb kein Anspruch auf die Gewährung einer Subvention hergeleitet werden.[224]

III. Die **Richtlinien** können für E ebenfalls **nicht unmittelbar Anspruchsgrundlage** **140** sein, da sie als bloße Verwaltungsvorschriften keine Rechtsnormen sind. Zwar sind sie auch dazu bestimmt, Maßstäbe für die Verteilung der Förderungsmittel zu setzen. Insoweit regeln sie als lediglich interne Weisung jedoch nur das Ermessen der für die Vergabe zuständigen Stelle.[225]

IV. Wird eine Leistung von der Verwaltung ohne ausdrückliche gesetzliche Grundlage **141** erbracht, so kann sich ein Anspruch des Bürgers nur aus dem Grundsatz der **Selbstbindung** der Verwaltung ergeben. Anspruchsgrundlage ist in diesem Fall **Art. 3 Abs. 1 GG i.V.m. der Verwaltungspraxis**. Wenn Verwaltungsvorschriften die Vergabe einer Leistung regeln, entsteht über das Prinzip der Selbstbindung der Verwaltung ein grundrechtlicher **Teilhabeanspruch** aus Art. 3 Abs. 1 GG.[226]

---

221 BVerwG DVBl. 2003, 139, 142; OVG NRW NWVBl. 2002, 239, 240; Müller-Franken JuS 2005, 723, 726.

222 OVG Frankfurt/Oder LKV 2006, 39, 40 f.; vgl. auch BVerfG NVwZ 2009, 1217, 1219 zum Teilhabeanspruch von Religionsgesellschaften an etwaigen staatlichen Leistungen; dazu Sachs JuS 2010, 469 ff.

223 Oldiges NJW 1984, 1927, 1929; Arnim DVBl. 1987, 1241, 1246; Maurer § 6 Rdnr. 21; Detterbeck Rdnr. 288 f.; Erichsen/Klüsche Jura 2000, 540, 542 m.w.N.; differenzierend Detterbeck Jura 2002, 235, 239.

224 BVerfGE 38, 121, 126; ebenso BVerwG DVBl. 1998, 142[@]; OVG NRW NWVBl. 2002, 239, 240; Müller-Franken JuS 2005, 723, 727; allgemein zur Rechtsnatur des Haushaltsplans Bleckmann DVBl. 2004, 333 ff.

225 Vgl. BVerwG NVwZ 2006, 1184, 1188[@]; NVwZ 2004, 350, 351; DVBl. 1998, 142, 143[@]; OVG NRW; Urt. v. 05.03.2009 – 1 A 1890/07, DVBl. 2009, 799 (nur LS); NWVBl. 2002, 239, 240; Müller-Franken JuS 2005, 723, 727.

226 OVG NRW NJOZ 2009, 2700; Müller-Franken JuS 2005, 723, 727; Bader/Ronellenfitsch VwVfG § 40 Rdnr. 64 ff.

Ein **originärer** Leistungsanspruch aus Grundrechten (ohne ein entsprechendes Vorverhalten der Behörde) besteht dagegen i.d.R. nicht, da die Subventionierung für die Grundrechtsausübung nicht unerlässlich ist. **Beispiel:** Aus der grundgesetzlich verbürgten Kunstfreiheit (Art. 5 Abs. 3 GG) ergibt sich kein unmittelbarer Anspruch auf Subventionierung eines Theaters.[227]

142 1. Durch den Erlass der Verwaltungsvorschriften legt sich die Verwaltung auf eine Verwaltungspraxis fest, die dem Inhalt der Verwaltungsvorschriften entspricht. Die Verwaltungsvorschriften geben daher die **Verwaltungspraxis** wieder.

Damit löst sich auch der in der Lit. vielfach diskutierte sog. „erste Fall". Da es hier noch an einer konkreten Verwaltungspraxis fehlt, wird den Verwaltungsvorschriften die Funktion einer antizipierten Verwaltungspraxis zuerkannt. Eine unzulässige Abweichung von den Verwaltungsvorschriften stellt danach einen Verstoß gegen Art. 3 Abs. 1 GG im Hinblick auf die künftig zu entscheidenden Fälle dar.[228]

143 a) Der Gleichheitssatz begründet dann zugunsten eines jeden Bewerbers einen **Anspruch** darauf, nach dem in den Verwaltungsvorschriften enthaltenen Verteilungsprogramm behandelt zu werden.

„Soweit die Verwaltungspraxis durch Richtlinien gesteuert wird, kann der betroffene Bürger unter Berufung auf den Gleichheitssatz beanspruchen, nach Maßgabe der Richtlinie gefördert zu werden, solange diese in Geltung sind."[229]

144 b) Das Förderprogramm kann jedoch aus sachlichen, willkürfreien Gründen **geändert** werden. Ein Vertrauen in den Fortbestand von Subventionsrichtlinien ist grds. nicht schutzwürdig. Selbst eine langjährige Gewährung einer Subvention begründet kein schutzwürdiges Vertrauen auf eine Weitergewährung der Zuwendung. Ein Anspruch auf eine Anschlussförderung lässt sich auch nicht aus Art. 14 GG herleiten, da es sich lediglich um eine nicht vom Eigentumsgrundrecht geschützte Erwartung oder Chance handelt.[230]

Beispiel: Ein Subventionsempfänger muss damit rechnen, dass bei Änderungen der allgemeinen Rahmenbedingungen (z.B. Verschlechterung der Haushaltslage) Subventionen gekürzt oder ganz eingestellt werden können.[231] Auch die jahrzehntelange finanzielle Bewilligung einer Zuwendung verpflichtet den Subventionsgeber grds. nicht, die Förderung in Zukunft fortzusetzen. Etwas anderes gilt nur, wenn die Behörde einen besonderen Vertrauenstatbestand geschaffen hat, der über die langjährige Subventionierung hinausgeht.[232] Auch Ungleichbehandlungen, die durch Stichtagsregelungen entstehen, müssen hingenommen werden, wenn die Einführung eines Stichtages notwendig und die Wahl des Zeitpunktes vertretbar ist.[233]

Danach hätte E **keinen Anspruch**, da nach dem Förderprogramm eine Prämie erst ab einer Mindestfläche von 5 ha vorgesehen ist.

---

227 VGH Mannheim NJW 2004, 624.

228 BVerwG NVwZ-RR 1996, 47, 48; Maurer § 24 Rdnr. 22; Bader/Ronellenfitsch VwVfG § 40 Rdnr. 71; Remmert Jura 2004, 728, 730; a.A. Erichsen/Klüsche Jura 2000, 540, 546.

229 BVerwG NVwZ 2004, 350, 351.

230 Vgl. BVerwG NVwZ 2006, 1184, 1191[@]; DVBl. 1998, 142, 144[@]; VGH Mannheim NJW 2004, 624; NVwZ 2001, 1428; NVwZ 1991, 1199; OVG Magdeburg NVwZ-RR 2004, 465, 466; Erichsen/Klüsche Jura 2000, 540, 546; Schwarz JZ 2004, 79, 81; Waldhoff JuS 2007, 176, 178.

231 BVerwG NVwZ 2006, 1184, 1188 ff.[@]; DVBl. 1998, 142, 144[@]; VGH Mannheim NVwZ 2001, 1428; OVG Berlin JZ 2005, 672, 676; OVG NRW NWVBl. 2010, 150.

232 OVG NRW NWVBl. 2010, 150; VGH Mannheim NJW 2004, 624, 625; anders OVG Berlin DVBl. 2003, 1333, 1337 bei Zusage einer Anschlussförderung; dagegen Pietzcker DVBl. 2003, 1339, 1341; Schwarz JZ 2004, 79, 84; gegen eine Zusicherung auch OVG Berlin JZ 2005, 672, 673 bestätigt durch BVerwG NVwZ 2006, 1184 ff.[@]

233 BVerwG NVwZ 2006, 1184, 1190.[@]

2. Nach dem Sachverhalt ist jedoch **wiederholt** auch schon für 4,5 ha eine Prämie **145** gewährt worden. Stimmt die tatsächliche Verwaltungspraxis mit der in den Richtlinien vorgesehenen nicht überein, wird also nicht lediglich in Einzelfällen **abgewichen**, so ist fraglich, ob für den Gleichbehandlungsgrundsatz auf die tatsächliche Verwaltungspraxis oder auf die Richtlinien abzustellen ist.

Die Folgen einer Divergenz von Verwaltungspraxis und Verwaltungsvorschriften sind in der praktischen Fallbearbeitung nur bei entsprechenden konkreten Anhaltspunkten im Sachverhalt zu erörtern. Fehlt es daran, ist ohne Weiteres davon auszugehen, dass Verwaltungsvorschriften und Verwaltungspraxis identisch sind.[234]

a) Da Verwaltungsvorschriften nur mittelbar Außenwirkung über Art. 3 Abs. 1 GG **146** erlangen, sind sie nicht wie Rechtsnormen aus sich selbst heraus anzuwenden und auszulegen. Entscheidend ist vielmehr die sich aus der Verwaltungspraxis ergebende Selbstbindung der Verwaltung. Dafür ist grds. die **tatsächliche Verwaltungspraxis** maßgebend.

„Die Richtlinien sind deswegen so auszulegen, wie sie tatsächlich angewendet werden. Auf einen der Praxis etwa entgegenstehenden Wortlaut kommt es nicht an.“[235] Allerdings verlangt die Rspr., dass die Abweichung vom Urheber der Verwaltungsvorschrift gebilligt oder zumindest geduldet werden muss.[236] „Weichen untere Behörden in Einzelfällen ohne rechtfertigenden Grund von einer Richtlinie ab, könnte eine stillschweigende Aufgabe oder Änderung der Verwaltungspraxis nur angenommen werden, wenn dies von der für die Richtlinie verantwortlichen Stelle ... in ihren Willen aufgenommen worden wäre.“[237]

b) Fraglich ist, ob dies auch umgekehrt gilt, wenn der **Bürger** gerade auf den abweichenden Inhalt der Verwaltungsvorschriften **vertraut** hat. **147**

Beispiel: Der Bürger, dem die tatsächliche Verwaltungspraxis unbekannt war, ist von der Behörde durch Hinweis auf die Verwaltungsvorschriften z.B. zu finanziellen Dispositionen veranlasst worden.

Teilweise wird angenommen, der Bürger habe im Hinblick auf den im Rechtsstaatsprinzip verankerten **Vertrauensschutzgedanken** einen Anspruch darauf, dass die Verwaltungsvorschrift entsprechend ihrem Inhalt umgesetzt wird.[238] Dagegen spricht jedoch, dass sich die Verwaltungsvorschrift nicht an den Bürger, sondern an die Amtswalter richtet. In der Regel wird es aufgrund der entgegenstehenden Verwaltungspraxis an einem schutzwürdigen Vertrauen fehlen, sodass der Bürger sich nicht auf die Verwaltungsvorschriften berufen kann.

Nur dann, wenn der Bürger aufgrund **besonderer Umstände** auf die Verwaltungsvorschriften vertrauen durfte, erscheint es im Hinblick auf Art. 3 Abs. 1 GG i.V.m. dem Rechtsstaatsprinzip (Vertrauensschutz) vertretbar, auf die Verwaltungsvorschriften abzustellen und dem Bürger einen Anspruch auf Anwendung der Verwaltungsvorschriften entsprechend ihrem Inhalt zu geben. **148**

---

234 Vgl. BVerwG DVBl. 1981, 1149: Verwaltungsvorschriften als „Indiz der Praxis“.

235 OVG NRW, NJOZ 2009, 2700, 205; ebenso BVerwG, Beschl. v. 11.11.2008 – BVerwG 7 B 38.08.

236 VGH Mannheim RÜ 2009, 453, 456; in diesem Sinne auch BVerwG NVwZ-RR 1996, 47, 48; NVwZ-RR 1990, 619, 620; DVBl. 1982, 195, 197.

237 BVerwG NVwZ 2003, 1376.

238 In diesem Sinne OVG NRW OVGE 31, 107, 109; Bull Rdnr. 311; Wallerath § 3 Rdnr. 40.

Das Vertrauen des Bürgers bezieht sich dann jedoch weniger auf die Verwaltungsvorschriften, als vielmehr auf Äußerungen und sonstiges Verhalten der Behörde.[239]

Ein Anspruch aus Gründen des Vertrauensschutzes kann z.B. zu bejahen sein, wenn die Verwaltungsvorschrift praktisch wie eine Art **Zusicherung** gewertet werden kann.[240] „In der Rspr. des BVerwG ist anerkannt, dass eine die Subventionspraxis steuernde Verwaltungsvorschrift über die ihr zunächst innewohnende interne Bindung hinaus sowohl vermittels des Gleichheitssatzes (Art. 3 Abs. 1 GG) als auch des im Rechtsstaatsprinzip verankerten Gebots des Vertrauensschutzes (Art. 20 und Art. 28 GG) eine Außenwirkung im Verhältnis der Verwaltung zum Bürger zu begründen vermag."[241] Allerdings begründet allein die Veröffentlichung von Verwaltungsvorschriften noch keinen besonderen Vertrauenstatbestand, da dies nur ein Hinweis darauf ist, dass derartige Verwaltungsvorschriften ergangen sind, ohne dass daraus auf eine entsprechende Verwaltungspraxis geschlossen werden kann.[242] Ebenso ist dem Staat, im Rahmen seiner Freiheit, Subventionen zu gewähren, aber auch wieder einzustellen, ein weites Gestaltungsermessen eingeräumt.[243]

149 c) Da hier das Landwirtschaftsministerium als Urheber selbst von den Verwaltungsvorschriften abweicht, kommt es nicht auf die fiktive, nach den Richtlinien zu bemessende Verwaltungspraxis an, sondern auf die **tatsächliche Prämiengewährung**. Von dieser Verwaltungspraxis darf die Behörde nach Art. 3 Abs. 1 GG nur aus sachlich gerechtfertigtem Grund abweichen.

Die Situation des E ist nach dem Sachverhalt mit den früher entschiedenen Fällen vergleichbar. Deshalb kann E aus Art. 3 Abs. 1 GG i.V.m. dem Grundsatz der Selbstbindung der Verwaltung auch für die Verpachtung der Fläche von nur 4,5 ha eine Prämie verlangen.

Etwas anderes gilt, wenn die Behörde die in den Richtlinien festgelegte Verwaltungspraxis nicht ändert, sondern nur **im Einzelfall** ohne sachlichen Grund von den Subventionsrichtlinien abweichen will. In einem solchen Fall verstößt die Gewährung gegen Art. 3 Abs. 1 GG und ist deshalb rechtswidrig.[244] Ein Anspruch auf Gleichbehandlung (im Unrecht) besteht dann nicht.

150 3. Dem Anspruch könnte allerdings noch entgegenstehen, dass **nicht genügend Haushaltsmittel** vorhanden sind. Zwar dürfen Leistungen nur erbracht werden, wenn hierfür eine Legitimation durch Ausweisung im Haushaltsplan vorhanden ist (s.o. Rdnr. 135). Dies gilt jedoch nur für solche Leistungen, auf die **kein Anspruch** besteht. Bestehende **Ansprüche** muss die Verwaltung dagegen auch dann erfüllen, wenn hierfür keine Mittel im Haushaltsplan bereitgestellt sind (keine **„Einrede der leeren Kasse"**).[245] Der Haushaltsplan ist bloßes Innenrecht. Durch ihn werden Ansprüche oder Verbindlichkeiten von Bürgern weder begründet noch aufgehoben (§ 3 Abs. 2 HGrG, § 3 Abs. 2 BHO/LHO). E hat daher einen **Anspruch auf Gewährung einer Subvention**.

---

239 Vgl. Erichsen/Klüsche Jura 2000, 540, 546; Bock JA 2000, 390, 393; Maurer § 24 Rdnr. 24.
240 Vgl. dazu einerseits OVG Berlin DVBl. 2003, 1333; andererseits OVG Berlin JZ 2005, 672.
241 OVG Berlin JZ 2005, 672, 676 unter Hinweis auf BVerwGE 104, 220, 221.
242 BVerfG DVBl. 1989, 94; BVerwG DVBl. 1982, 195, 197; VGH Mannheim NVwZ-RR 1989, 245.
243 BVerwG NVwZ 2006, 1184, 1190.@
244 BVerwG NVwZ 2003, 1376.
245 BVerwG RÜ 2008, 807, 809; NVwZ 2004, 350, 352.

V. Anwendung und Auslegung von Verwaltungsvorschriften

Verwaltungsvorschriften unterliegen anders als (Außen-)Rechtsnormen nicht der Auslegung und Anwendung durch die Gerichte. Vielmehr beschränkt sich die gerichtliche Prüfung auf die **Rechtmäßigkeit der Verwaltungspraxis**, für die die Verwaltungsvorschriften lediglich als Indiz heranzuziehen sind.[246]

151

Das Gericht prüft daher nur,

152

- ob eine Regelung durch Verwaltungsvorschriften **überhaupt zulässig** ist (also nicht, wenn der Grundsatz vom Vorbehalt des Gesetzes eingreift),[247]

- ob die Verwaltungsvorschriften und die darauf beruhende Verwaltungspraxis mit **höherrangigem Recht vereinbar** sind (Grundsatz vom Vorrang des Gesetzes),

- ob bei der Anwendung der Verwaltungsvorschriften im Einzelfall der **Gleichheitssatz verletzt** worden ist. Das ist insbes. der Fall, wenn

153

  - die Behörde **Reichweite und Anwendbarkeit** der Verwaltungsvorschriften verkannt hat,

  - die Grundlagen für die Verwaltungsvorschriften und die darauf beruhende Verwaltungspraxis **willkürlich** ermittelt worden sind, insbes. wenn die Verwaltungsvorschriften mit der gesetzlichen Zweckbestimmung in Widerspruch stehen,[248]

  - die Behörde **ohne sachlichen Grund** von den Verwaltungsvorschriften **abgewichen** ist,

  - die Verwaltungsvorschriften pauschal angewendet worden sind, obwohl aufgrund der **Besonderheiten des Einzelfalls** eine Abweichung von der Verwaltungspraxis angezeigt war.[249]

---

246 BVerwG, Beschl. v. 11.11.2008 – 7 B 38/08; BVerwG NVwZ 2000, 440; NVwZ-RR 1996, 47, 58; NVwZ 1994, 581, 583; BFH NVwZ 2004, 382, 383; OVG NRW NVwZ-RR 1989, 169; Erbguth DVBl. 1989, 473, 485; Hill NVwZ 1989, 401, 409.

247 BayVGH BayVBl. 2009, 539, 540;.

248 BayVGH BayVBl. 2009, 539, 540.

249 OVG NRW NWVBl. 2009, 231, 232.

Gesetzmäßigkeit der Verwaltung (Art. 20 III GG)

Vorrang des Gesetzes

- kein Handeln **gegen** das Gesetz
- **Anwendungsbereich:**
  - **jede Verwaltungstätigkeit**, ob öffentlich-rechtlich oder privatrechtlich
  - **Folge:** auch bei fiskalischem Handeln des Staates unmittelbare Grundrechtsgeltung (str.)

Sonderfall: Verwaltungsprivatrecht

- Handeln eines Trägers öffentlicher Verwaltung (auch als GmbH, AG)
- in privatrechtlichen Formen
- unmittelbar zur Erfüllung einer öffentlichen Aufgabe

↓

Rechtsfolgen:

- unmittelbare Geltung der Grundrechte
- Zuständigkeitsvorschriften nach öffentlichem Recht
- Verhältnismäßigkeitsgrundsatz
- Zivilrechtsweg, § 13 GVG

Vorbehalt des Gesetzes

- kein Handeln **ohne** Gesetz
- **Anwendungsbereich:** nach h.M. kein „Totalvorbehalt", sondern nur bei
  - **belastenden Maßnahmen** (VAe, Realakte)
  - **wesentlichen Entscheidungen**, insbes. grundrechtsrelevanten Maßnahmen

    Beispiele: Pressesubventionen, gentechnische Anlagen, Nutzung der Atomenergie, str. bzgl. Rechtschreibreform
  - **Leistungsgewährung** nur bzgl. generellem „Ob" der Leistung
- **Rechtsfolge:**
  - wirksame Rechtsgrundlage (Ermächtigung) erforderlich
    - grds. untergesetzliche Normen (RechtsVO, Satzung) ausreichend
    - nach Wesentlichkeitstheorie muss Gesetzgeber das „Wesentliche vom Wesentlichen" selbst durch formelles Gesetz regeln (sog. **Parlamentsvorbehalt**)
  - bei Fehlen einer (ausreichenden) Rechtsgrundlage:
    - Verwaltungshandeln **rechtswidrig**, wie wenn es gegen eine vorhandene Rechtsnorm verstößt
    - **Ausnahme:** für Übergangszeit Fortgeltung des bisherigen Rechts, um Funktionsunfähigkeit staatlicher Einrichtungen zu vermeiden

Verwaltungsvorschriften (VV)

- **Organisationsvorschriften:** Bindung bei bewusster Gesetzeslücke (str.)
- **norminterpretierende VV:** nur verwaltungsinterne Wirkung, keine Rechtsnormen
- **normkonkretisierende VV** (z.B. nach § 48 BImSchG) haben aufgrund Beurteilungsspielraums der Behörde Außenwirkung gegenüber dem Bürger (a.A. antizipierte Sachverständigengutachten)
- **Ermessenrichtlinien:** mittelbare Außenwirkung über Art. 3 I GG; Abweichung von den VV nur zulässig aus sachlichem Grund **(Selbstbindung der Verwaltung)**

4. Abschnitt: Der Verwaltungsakt

A. Arten des Verwaltungshandelns

I. Bedeutung der Abgrenzung

Ebenso wie im Privatrecht zwischen Verträgen, einseitigen Rechtsgeschäften, Beschlüssen (z.B. im Gesellschaftsrecht) und Realakten (tatsächlichen Verrichtungen) unterschieden wird, gibt es auch im Verwaltungsrecht **verschiedene Arten des Verwaltungshandelns**. Von der Rechtsnatur der Maßnahme hängen jeweils unterschiedliche Voraussetzungen und Rechtsfolgen ab.

154

Beispielsweise ist das Verwaltungsverfahrensgesetz gemäß § 9 VwVfG nur anwendbar bei einem Verwaltungshandeln, das auf den „Erlass eines Verwaltungsaktes oder auf den Abschluss eines öffentlich-rechtlichen Vertrages gerichtet ist". Besonders deutlich wird die Unterscheidung beim verwaltungsgerichtlichen Rechtsschutz: Anfechtungs- und Verpflichtungsklagen sind nach § 42 Abs. 1 VwGO nur bei Verwaltungsakten zulässig, das Normenkontrollverfahren nach § 47 Abs. 1 VwGO nur gegen bestimmte Rechtsnormen.

II. Kriterien für die Einordnung des Verwaltungshandelns

Die Verwaltung kann öffentlich-rechtlich oder privatrechtlich handeln (s.o. Rdnr. 28 ff.):

155

- ▨ Handelt die Verwaltung **privatrechtlich**, so liegt eine privatrechtliche Willenserklärung, eine geschäftsähnliche Handlung (z.B. Mahnung) oder ein Realakt vor.

  Beispiele: Die Verwaltung vergibt Aufträge zum Straßenbau oder kündigt einen Mietvertrag über ein Bürogebäude.

- ▨ Handelt die Verwaltung **öffentlich-rechtlich**, so ist danach zu unterscheiden, ob dem Verwaltungshandeln eine **Regelungswirkung** zukommt, ob es also auf die **Herbeiführung einer Rechtsfolge** gerichtet ist:

  - ▪ Will die Verwaltung keine Rechtsfolgen herbeiführen, so liegt ein **schlichtes Verwaltungshandeln** vor.

    Beispiele: Auskünfte, Warnungen, Hinweise, Betrieb öffentlicher Einrichtungen etc.

  - ▪ Ist das Verwaltungshandeln dagegen auf die **Herbeiführung von Rechtsfolgen** gerichtet, so kommt es darauf an, ob dies mit oder ohne Einfluss des Bürgers geschieht:

    - – Nimmt der Bürger rechtlich und tatsächlich auf das Verwaltungshandeln Einfluss, erfolgt also eine Regelung auf der Ebene der Gleichordnung, so liegt ein **öffentlich-rechtlicher Vertrag** vor (§§ 54 ff. VwVfG).

    - – Handelt es sich um eine **einseitig hoheitliche Regelung**, so kommt es darauf an, ob die Maßnahme **Außenwirkung** hat oder nur verwaltungsintern wirkt:

      - ▪ Wirkt die Maßnahme nur verwaltungsintern, so handelt es sich um **Verwaltungsvorschriften** oder **Einzelweisungen** an den handelnden Beamten.

        Beispiele: Ermessensrichtlinien für die Vergabe von Subventionen, Anweisung des Vorgesetzten an einen Beamten, einen Fall in bestimmter Art und Weise zu behandeln.

- **Regelnde Maßnahmen mit Außenwirkung** sind

    – **Rechtsnormen** (soweit es um allgemeine Regelungen geht) oder

    – **Verwaltungsakte** (bei Regelung eines Einzelfalls, § 35 S. 1 VwVfG).

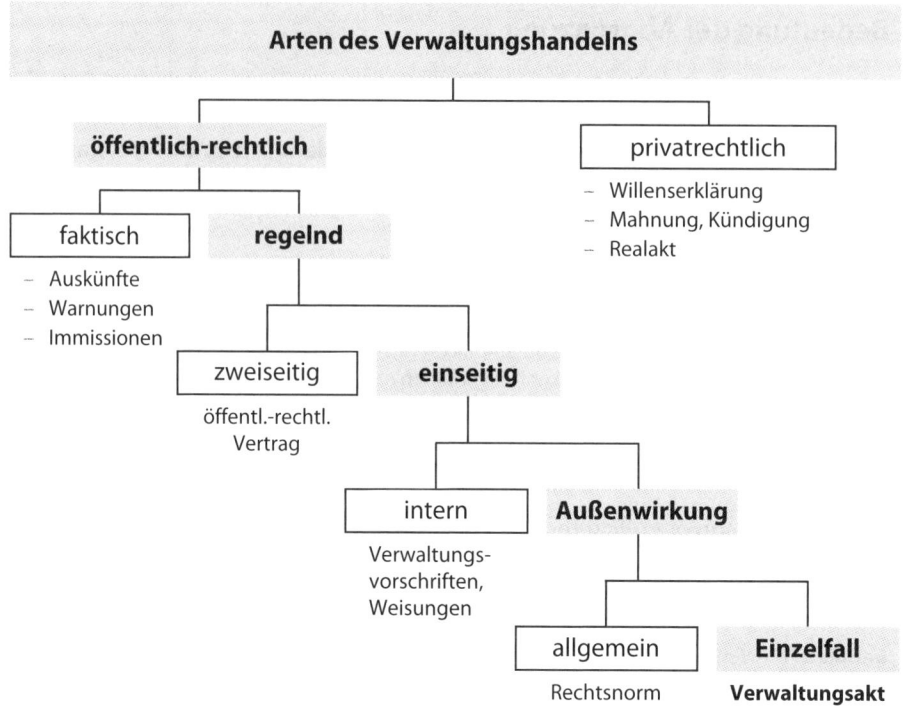

156 Daraus ergeben sich die **wichtigsten Arten des Verwaltungshandelns:**

- **Verwaltungsakt**

- **Rechtsnorm**

- **Verwaltungsvorschrift**

- **verwaltungsinterne Weisung**

- **öffentlich-rechtlicher Vertrag**

- **schlichtes Verwaltungshandeln (Realakte)**

- **privatrechtliches Verwaltungshandeln**

Diese Aufzählung ist nicht abschließend. Daneben gibt es öffentlich-rechtliche Willenserklärungen (z.B. die öffentlich-rechtliche Aufrechnung), Beschlüsse (z.B. des Gemeinderates) und sonstige Maßnahmen sui generis, z.B. den Flächennutzungsplan nach § 5 BauGB, der anders als der Bebauungsplan (Satzung nach § 10 BauGB) mangels Außenwirkung keine Rechtsnorm, aber andererseits auch keine bloße Verwaltungsvorschrift darstellt, da ihm Rechtswirkungen im Außenverhältnis zukommen (vgl. z.B. § 35 Abs. 3 S. 1 Nr. 1 u. S. 3 BauGB).[250]

---

250 Vgl. BVerwG NVwZ 2007, 1081; Schenke NVwZ 2007, 134, 140 ff.

III. Verwaltungsprozessuale Konsequenzen

Wie bereits erwähnt, hängt die Zulässigkeit einer verwaltungsgerichtlichen Klage im **157** Wesentlichen davon ab, gegen welche Art von Verwaltungshandeln sie sich richtet.

- Die **Anfechtungsklage** gemäß § 42 Abs. 1, 1. Fall VwGO ist gerichtet auf die Aufhebung eines (belastenden) Verwaltungsaktes durch das Gericht.

  Beispiele: Klage gegen die Entziehung der Fahrerlaubnis, gegen eine baurechtliche Beseitigungsverfügung, gegen eine gewerberechtliche Untersagungsverfügung usw.

- Die in § 42 Abs. 1, 2. Fall VwGO geregelte **Verpflichtungsklage** ist ein Spezialfall der Leistungsklage, gerichtet auf den Erlass eines (begünstigenden) Verwaltungsaktes.

  Beispiele: Klage auf Erteilung einer Gewerbeerlaubnis, einer Baugenehmigung etc.

- Gegenstand der **Fortsetzungsfeststellungsklage** (§ 113 Abs. 1 S. 4 VwGO) ist die Feststellung der Rechtswidrigkeit eines erledigten Verwaltungsaktes.

  Beispiele: K wendet sich Anfang Juni gegen das Verbot einer Versammlung am 01.05. K, der sich um die Zulassung zum Oktoberfest beworben hat, klagt gegen die Ablehnung im November.

- Die (allgemeine) **Leistungsklage**, die in der VwGO nicht ausdrücklich geregelt, aber mehrfach erwähnt ist (vgl. §§ 43 Abs. 2, 111, 113 Abs. 4 VwGO) hat – in Abgrenzung zur Verpflichtungsklage – ein Verwaltungshandeln zum Gegenstand, das **nicht im Erlass eines Verwaltungsaktes** besteht. Begehrt werden kann mit ihr also entweder eine (sonstige) Begünstigung oder die Abwehr belastenden Verwaltungshandelns, das keinen Verwaltungsakt darstellt (also insbes. Realakte).

  Beispiele: Klage auf Geldzahlung, Klage auf Unterlassung störenden Lärms durch eine öffentliche Einrichtung (z.B. eines gemeindlichen Sportplatzes), Widerruf ehrbeeinträchtigender Äußerungen.

- Die (allgemeine) **Feststellungsklage** (§ 43 Abs. 1 VwGO) ist vor allem auf Feststellung des Bestehens oder Nichtbestehens eines Rechtsverhältnisses gerichtet.

  Beispiele: Klage auf Feststellung, dass der Betroffene nicht Mitglied einer öffentlich-rechtlichen Körperschaft ist, Klage auf Feststellung der Nichtigkeit eines Verwaltungsakts (§ 43 Abs. 1, 2. Alt. VwGO).

- Das **Normenkontrollverfahren** hat die Feststellung der (Un-)Wirksamkeit einer der in § 47 Abs. 1 VwGO aufgeführten Rechtsnormen zum Gegenstand.

  Beispiel: Antrag auf Feststellung der Unwirksamkeit eines Bebauungsplanes.

B. Begriff und Bedeutung des Verwaltungsakts (VA)

I. Legaldefinition des VA

158 Der Begriff des VA wird in § 35 S. 1 VwVfG definiert (ebenso in § 118 AO und § 31 SGB X). Danach ist ein VA „jede Verfügung, Entscheidung oder andere hoheitliche Maßnahme, die eine Behörde zur Regelung eines Einzelfalls auf dem Gebiet des öffentlichen Rechts trifft und die auf unmittelbare Rechtswirkung nach außen gerichtet ist." Fasst man die Legaldefinition sprachlich etwas knapper und lässt die doppelt aufgeführten Gesichtspunkte weg, so sind folgende Merkmale für den VA konstitutiv.:

Grundschema: Verwaltungsakt
■ **hoheitliche Maßnahme**
■ einer **Behörde**
■ auf dem Gebiet des **öffentlichen Rechts**
■ zur **Regelung**
■ eines **Einzelfalls**
■ mit **Außenwirkung**

§ 35 VwVfG gilt entsprechend seiner Stellung im VwVfG unmittelbar nur im Anwendungsbereich dieses Gesetzes. § 118 AO gilt für den Bereich des Abgabenrechts und § 31 SGB X im Sozialrecht. Im Übrigen finden die genannten Begriffsmerkmale als Ausdruck allgemeiner Rechtsgrundsätze Anwendung.[251] Auch wenn z.B. das VwVfG nach § 2 nicht anwendbar ist, ist eine Maßnahme, die den Merkmalen des § 35 S. 1 VwVfG entspricht, zweifelsohne ein VA.[252]

II. Funktionen und Rechtswirkungen des VA

159 Der VA hat im Wesentlichen vier Funktionen:

■ **Verfahrensrechtlich** ist er das wichtigste Mittel der Verwaltung, um ein Verwaltungsverfahren zum Abschluss zu bringen (§ 9 VwVfG). Beim Erlass eines VA sind deshalb besondere Verfahrensvorschriften zu beachten (vgl. z.B. die Anhörung nach § 28 VwVfG und die Begründung nach § 39 VwVfG).

■ **Materiellrechtlich** konkretisiert der VA die im Gesetz zunächst nur abstrakt-generell geregelten Rechtsbeziehungen zwischen Verwaltung und Bürger. Die durch den VA getroffene Regelung wird von der gesetzlichen Rechtsfolge verselbstständigt, d.h. der VA bewirkt selbst eine **Rechtsfolge** (Regelungswirkung).[253]

■ **Prozessrechtlich** eröffnet der VA spezifische Rechtsschutzmöglichkeiten wie das Widerspruchsverfahren (§ 68 VwGO), die Anfechtungs- oder Verpflichtungsklage (§ 42 Abs. 1 VwGO) und vorläufigen Rechtsschutz durch aufschiebende Wirkung der gegen den VA erhobenen Rechtsbehelfe (§ 80 Abs. 1 VwGO).

---

251 Vgl. Kopp/Ramsauer VwVfG § 35 Rdnr. 2 m.w.N.
252 Kritisch zur Legaldefinition des VA Emmerich-Fritsche NVwZ 2006, 762 ff.
253 Voßkuhle/Kaufhold JuS 2011, 34; vgl. oben Fall 2 (Rdnr. 55 ff.): Anspruchsbegründung durch VA.

- **Vollstreckungsrechtlich** ist ein VA, der ein Gebot oder Verbot enthält, Vollstreckungstitel nach dem Verwaltungsvollstreckungsgesetz (vgl. § 6 Abs. 1 VwVG des Bundes). Die Behörde kann den VA ohne gerichtliche Hilfe vollstrecken.

Wegen der mit dem VA verbundenen Belastung des Bürgers (Titel- und Vollstreckungsfunktion) muss die Behörde klar erkennen lassen, dass sie einen VA erlassen will. Bei Unklarheiten ist analog §§ 133, 157 BGB auf den **objektiven Empfängerhorizont** abzustellen. | **160**

Beispiel: Ein als „Rechnung" bezeichnetes Schreiben ist nicht als VA zu qualifizieren, wenn sich die Rechtsbehelfsbelehrung lediglich an „versteckter" Stelle befindet und deshalb die hoheitliche Handlungsform für den Empfänger nicht erkennbar ist.[254]

Gesetze, RechtsVOen und Satzungen sind i.d.R. unwirksam, wenn sie gegen höherrangiges Recht verstoßen (s.o. Rdnr. 68). Dagegen ist der VA trotz Rechtswidrigkeit grds. **wirksam** (Ausnahme bei Nichtigkeit gem. § 44 VwVfG). Der VA wird mit der Bekanntgabe wirksam (§§ 43 Abs. 1, 41 VwVfG) und bleibt wirksam, wenn er nicht erfolgreich angefochten wird. Ist der VA **unanfechtbar** geworden (also nach Ablauf der Widerspruchs- oder Klagefrist, vgl. §§ 70, 74, 58 Abs. 2 VwGO), so ist er, auch wenn er rechtswidrig ist, von allen Beteiligten zu beachten und kann ggf. auch zwangsweise im Wege der Verwaltungsvollstreckung durchgesetzt werden. | **161**

III. Fallaufbau

Die Frage danach, ob eine bestimmte Verwaltungsmaßnahme einen VA darstellt, kann im Fallaufbau an verschiedenen Stellen auftauchen:

- **Prozessualer Aufbau:** Ist die Fallfrage auf die Erfolgsaussichten einer Klage gerichtet, so ist der VA-Charakter im Rahmen der Prüfung der **Klageart** festzustellen: Anfechtungs- und Verpflichtungsklagen sind nur statthaft, wenn Streitgegenstand ein VA ist (§ 42 Abs. 1 VwGO). | **162**

  Regelmäßig sind die Merkmale „Maßnahme einer Behörde auf dem Gebiet des öffentlichen Rechts" bereits beim zulässigen Rechtsweg zu prüfen, da der Verwaltungsrechtsweg nach § 40 Abs. 1 S. 1 VwGO nur bei Vorliegen einer „öffentlich-rechtlichen" Streitigkeit eröffnet ist. Das Schwergewicht bei der Prüfung der Klageart liegt daher bei der Frage, ob eine „Regelung mit Außenwirkung" und ein „Einzelfall" vorliegt.

- **Materieller Aufbau:** Ist allgemein die Rechtmäßigkeit einer Maßnahme zu prüfen, so stellt sich die Frage, ob die Maßnahme einen VA darstellt, logisch vorrangig vor der eigentlichen Rechtmäßigkeitsprüfung. Denn die Rechtmäßigkeitsvoraussetzungen einer Maßnahme hängen von ihrer Rechtsnatur ab. | **163**

  So gelten für einen VA z.B. die besonderen formellen Anforderungen in §§ 28, 37, 39 VwVfG. Die Rechtsnatur der Maßnahme braucht aber nur dann im Einzelnen geprüft zu werden, wenn Zweifel bestehen. Liegt eindeutig eine „Verfügung" vor, z.B. nach dem PolG, ist unmittelbar auf die Rechtmäßigkeit der Maßnahme im Einzelnen einzugehen.

---

254 VGH Mannheim DVBl. 2010, 196, 197; Waldhoff JuS 2010, 471, 472.

C. Die Merkmale des VA im Einzelnen

I. Hoheitliche Maßnahme einer Behörde

164 **Maßnahme** (Verfügung, Entscheidung) i.S.d. VA-Begriffs ist **jede Handlung**, die einen **Erklärungsgehalt** hat. So stellt z.B. die erhobene Hand eines Verkehrspolizisten ein konkludentes Haltegebot dar. Eine Maßnahme liegt auch vor, wenn ein Bescheid elektronisch erzeugt und als Datei gespeichert wird (sog. **elektronischer VA**, vgl. §§ 3 a Abs. 2, 37 Abs. 4 VwVfG). Bereits die Datei ist dann das für den Rechtsverkehr maßgebende Original (s.u. Rdnr. 352).

Dem Merkmal **„Maßnahme"** kommt i.d.R. keine eigenständige Bedeutung zu und es braucht daher nicht gesondert behandelt zu werden, weil später ohnehin noch geprüft werden muss, ob eine „Regelung" vorliegt. Es kann aber zweckmäßig sein, durch Konkretisierung der „Maßnahme" klarzustellen, welcher Vorgang überhaupt auf seine VA-Qualität untersucht wird.

165 Umstritten ist, ob der Zusatz **„hoheitlich"** neben dem Merkmal „auf dem Gebiet des öffentlichen Rechts" (dazu Rdnr. 168 ff.) eine selbstständige Bedeutung hat. Teilweise wird angenommen, dass beide Merkmale inhaltsgleich sind.[255] Die Gegenauffassung verweist zutreffend darauf, dass „hoheitlich" ein **einseitiges** Gebrauchmachen von den Befugnissen des öffentlichen Rechts erfordere. Durch den Zusatz wird daher das Merkmal der Einseitigkeit der Maßnahme als Gegensatz zur vertraglichen Regelung (vgl. §§ 54 ff. VwVfG) betont.[256]

166 **Behörde** ist jede Stelle, die Aufgaben der öffentlichen Verwaltung wahrnimmt, § 1 Abs. 4 VwVfG (sog. verfahrensrechtlicher Behördenbegriff).

Beispiele: Der Bürgermeister (Gemeindeverwaltung), der Landrat, die Bezirksregierung bzw. das Regierungspräsidium, das Landesumweltamt (je nach Landesrecht).

*Behörde ist nicht der Verwaltungsträger (also z.B. nicht die Gemeinde als Körperschaft), sondern das Organ des Verwaltungsträgers (z.B. der Bürgermeister; s.o. Rdnr. 22). **Die Körperschaft ist keine Behörde, sondern hat Behörden.**[257]*

167 **Nicht als behördliche Maßnahmen** i.S.d. § 35 VwVfG sind anzusehen:

- Maßnahmen, die einem Träger hoheitlicher Gewalt überhaupt **nicht zugerechnet** werden können.

  Beispiele: Eine Privatperson gibt sich als Polizeibeamter aus und beschlagnahmt Wertsachen. – Der Beliehene ist dagegen selbst Behörde i.S.d. § 1 Abs. 4 VwVfG, das Verhalten eines Verwaltungshelfers wird der beauftragenden Behörde zugerechnet (s.o. Rdnr. 37).

- Akte der **gesetzgebenden Gewalt** und der **Rechtsprechung**.

  Etwas anderes gilt jedoch, wenn Organe dieser Staatsgewalten ausnahmsweise Verwaltungstätigkeit ausüben (z.B. der Präsident des Bundestages bei der Ausübung des Hausrechts gemäß Art. 40 Abs. 2 S. 1 GG und bei Entscheidungen im Rahmen der Parteienfinanzierung, §§ 18 ff. ParteiG).[258]

---

255 Maurer § 9 Rdnr. 11; Emmerich-Fritsche NVwZ 2006, 762, 763.

256 Kahl Jura 2001, 505, 507; Stelkens/Bonk/Sachs VwVfG § 35 Rdnr. 104 m.w.N.

257 Zum Behördenbegriff vgl. BVerwG NVwZ 2003, 995.

258 Vgl. Berg JZ 2005, 1039, 1041; Tschentscher DVBl. 2003, 1424, 1426; Kahl Jura 2001, 505, 507; VG Berlin NJW 2002, 1063 (Hausverbot des Bundestagspräsidenten); VG Berlin NJW 2001, 1367; OVG Berlin NJW 2002, 2896; BVerwG NJW 2003, 1135 (Entscheidungen des Bundestagspräsidenten im Rahmen der Parteienfinanzierung); dazu BVerfG NJW 2005, 126.

II. Maßnahme auf dem Gebiet des öffentlichen Rechts

Die Maßnahme muss **auf dem Gebiet des öffentlichen Rechts** getroffen werden. Ob **168** dies der Fall ist, richtet sich nach den allgemeinen für die Abgrenzung des öffentlichen Rechts vom Privatrecht entwickelten Kriterien (s.o. Rdnr. 49 ff.).

Keine VAe sind die **privatrechtlichen** Handlungen der Verwaltungsbehörden (z.B. Kauf von Büromaterial, Vergabe von Bauaufträgen). Auch verwaltungsprivatrechtliche Maßnahmen (vgl. Fall 3) gehören dem Privatrecht an und dürfen deshalb nicht durch VA getroffen werden.

Die mögliche Rechtsgrundlage muss eine **Vorschrift des öffentlichen Rechts** sein oder die Behörde muss eindeutig von ihr (angeblich) zustehenden hoheitlichen Befugnissen Gebrauch machen (s.o. Rdnr. 49).

Das Merkmal „auf dem Gebiet des öffentlichen Rechts" ist dabei unstreitig zu weit gefasst. Keine VAe sind Maßnahmen der Regierung auf dem Gebiete des Verfassungsrechts und des Völkerrechts (sog. Regierungsakte) sowie Maßnahmen prozessrechtlicher Art.

Entscheidend ist allein, ob die Maßnahme **kraft öffentlichen Rechts** ergeht, d.h. ob die **169** Behörde die Befugnis zum Handeln aus öffentlich-rechtlichen Vorschriften herleitet. Irrelevant ist dagegen, ob die Wirkung (die Rechtsfolge) der Maßnahme auf dem Gebiet des öffentlichen oder des privaten Rechts eintritt. Das ist wichtig für die sog. **privatrechtsgestaltenden VAe**.[259]

Beispiele: Das gemeindliche Vorkaufsrecht wird gem. § 28 Abs. 2 S. 1 BauGB durch VA ausgeübt. Mit der Ausübung kommt ein privatrechtlicher Kaufvertrag zwischen der Gemeinde und dem Verkäufer zustande (§ 28 Abs. 2 S. 2 BauGB, § 464 Abs. 2 BGB).

Deshalb liegt ein Verwaltungsakt unabhängig von der materiellen Regelung immer **170** dann vor, wenn die Behörde eindeutig in der Form eines VA gehandelt hat (sog. **formeller VA**).[260] **Die Frage, wie die Behörde hätte handeln müssen, ist keine Frage der Rechtsnatur der Maßnahme sondern ihrer Rechtmäßigkeit**.

Trifft die Behörde eine Maßnahme in der Form des VA, die sie in dieser Handlungsform nicht hätte treffen dürfen, so führt dies allein schon zur Rechtswidrigkeit der Maßnahme.[261] **Beispiele:** Kündigung eines privatrechtlichen Vertrags durch VA;[262] Aufrechnung durch VA;[263] Erlass eines Widerspruchsbescheides (§ 73 VwGO) bei einer privatrechtlichen Maßnahme.[264] **Gegenbeispiel:** Die Befehle des Hauptmanns von Köpenick ergingen zwar in der Form eines VA, mangels Zurechnung auf einen öffentlichen Hoheitsträger konnten sie aber dennoch nicht als VAe angesehen werden.[265]

Nach der Gegenansicht soll nicht die Form, sondern allein der Inhalt für die VA-Qualität maßgebend sein.[266] Andere differenzieren zwischen dem verfahrensrechtlichen und dem prozessualen VA-Begriff. Der formelle VA sei zwar VA i.S.d. §§ 42, 113 VwGO, aber nicht i.S.d. § 35 VwVfG.[267] Für die h.Rspr. spricht demgegenüber, dass bei der Frage, ob ein VA vorliegt oder nicht, im Hinblick auf die Effektivität des Rechtsschutzes (Art. 19 Abs. 4 GG) grds. auf die Sichtweise des Empfängers abzustellen ist.

---

259 Vgl. z.B. BVerwG NVwZ 2004, 1365, 1366; zum Begriff ausführlich Tschentscher DVBl. 2003, 1424 ff.

260 BVerwG DVBl. 2009, 1520; BSG JA 2004, 441, 442; OVG Koblenz NJW 2003, 3793; OVG Schleswig NJW 2000, 1059 f.; Kopp/Ramsauer VwVfG § 35 Rdnr. 72; abweichend Voßkuhle/Kaufhold JuS 2011, 34, 36: äußere Form nur Indiz für VA.

261 BVerwG NJW 2006, 536, 537; NJW 1990, 2482; NVwZ 1985, 246.

262 BVerwG NVwZ 1985, 246.

263 BFH NVwZ 1987, 1118[@]; dazu Fall 7 (Rdnr. 172 ff.).

264 BVerwG NVwZ 1988, 51; BSG JA 2004, 441, 442; OVG NRW NVwZ 1988, 452, 454; OVG Magdeburg DVBl. 2000, 383; a.A. BayVGH NVwZ 1990, 775, 777.

265 Vgl. BVerwG NVwZ 2003, 995, 996.

266 Schenke VerwArch 1981, 116 ff.; ders. NVwZ 1990, 1009 ff.

267 Stelkens/Bonk/Sachs VwVfG § 35 Rdnr. 15 ff.

III. Das Merkmal der Regelung

1. Herbeiführung einer Rechtsfolge

171 Eine Regelung i.S.d. § 35 S. 1 VwVfG liegt vor, wenn die Maßnahme ihrem Ausspruch nach **unmittelbar auf die Herbeiführung einer Rechtsfolge gerichtet** ist. Die Rechtsfolge besteht beim VA typischerweise in der Begründung, Änderung, Aufhebung oder verbindlichen Feststellung von Rechten und Pflichten.

Beispiele: Verbot einer Versammlung, Gebot zum Wegfahren eines verbotswidrig abgestellten PKW, Ernennung eines Beamten, Erteilung oder Versagung einer Erlaubnis oder Genehmigung (z.B. einer Gaststättenerlaubnis oder einer Baugenehmigung).

172 Im Merkmal „Regelung" steckt der Anspruch auf Verbindlichkeit.[268] Materiell geht es beim Merkmal der Regelung um die **Abgrenzung zwischen VA und schlichtem Verwaltungshandeln**, prozessual um den Anwendungsbereich der Anfechtungs- und Verpflichtungsklage einerseits und der (allgemeinen) Leistungsklage andererseits.

Fall 7: Ausgerechnet – Aufgerechnet

Unternehmer U hat im Jahre 2009 vom Land L angeblich 10.000 € Subventionen zuviel erhalten. Als er nun die Zahlung der ihm für das Jahr 2011 durch Bescheid vom 23.12.2010 bewilligten Subvention in Höhe von 40.000 € begehrt, erklärt die zuständige Behörde mit Schreiben vom 25.01.2011 die Aufrechnung mit dem vermeintlichen Rückerstattungsanspruch. Weiter heißt es in dem Schreiben: „Ihr Anspruch für das Jahr 2011 beträgt daher nur noch 30.000 €." U überlegt, ob es ratsam ist, gegen das nicht mit einer Rechtsbehelfsbelehrung versehene Schreiben vorzugehen.

U müsste gegen das Schreiben gem. § 68 Abs. 1 VwGO **Widerspruch** oder (bei landesrechtlicher Ausnahme nach § 68 Abs. 1 S. 2 VwGO) unmittelbar **Anfechtungsklage** (§ 42 Abs. 1, 1. Fall VwGO) erheben, wenn es sich bei dem Schreiben vom 25.01.2011 um einen VA handelt. Denn ein VA kann bestandskräftig werden, sodass U selbst bei Rechtswidrigkeit der Aufrechnung diese gegen sich gelten lassen müsste.

I. Bei der Aufrechnungserklärung handelt es sich um eine **Maßnahme einer Behörde**.

II. Diese Maßnahme müsste **auf dem Gebiet des öffentlichen Rechts** ergangen sein. Die Aufrechnung stützt sich auf einen Rückforderungsanspruch des Landes L gegen U. Dieser teilt als actus contrarius die Rechtsnatur der Gewährung, die hier öffentlich-rechtlich durch VA erfolgte. Damit handelt es sich auch bei der Aufrechnung um eine öffentlich-rechtliche Maßnahme.

Dass es eine Aufrechnung analog §§ 387 ff. BGB auch im öffentlichen Recht gibt, ist heute allgemein anerkannt.[269]

III. Für die VA-Qualität ist weiterhin Voraussetzung, dass die behördliche Maßnahme eine **Regelung** enthält. Eine Regelung liegt vor, wenn die Maßnahme ihrem Ausspruch nach **unmittelbar auf die Herbeiführung einer Rechtsfolge gerichtet ist**. Hier könnte eine rechtsgestaltende oder eine feststellende Regelung vorliegen.

---

268 Löwer JuS 1980, 805, 809
269 Stelkens/Bonk/Sachs VwVfG § 35 Rdnr. 138; Ehlers NVwZ 1983, 446 ff. m.w.N.

1. Ein **gestaltender Rechtsfolgenausspruch** könnte das „Erlöschen der Forderun- **173** gen" sein. Sinn der Aufrechnung ist jedoch lediglich, den Erfüllungsvorgang zu vereinfachen, nicht aber eine **verbindliche Entscheidung** der Behörde über den Eintritt der Erlöschenswirkung herbeizuführen. Bei der Aufrechnung handelt es sich vielmehr um die Ausübung eines schuldrechtlichen Gestaltungsrechtes durch eine **einseitige Willenserklärung**. Die Erklärung erfolgt nicht zur einseiti- gen Regelung von Rechtsfolgen; sie ergeht vielmehr auf einer gleichgeordneten rechtlichen Ebene. Die Aufrechnungserklärung ist daher **keine hoheitliche Maß- nahme**, die unmittelbar auf die Herbeiführung einer Rechtsfolge gerichtet ist, sondern eine **verwaltungsrechtliche Willenserklärung**.[270]

   Gleiches gilt für die Ausübung eines **Zurückbehaltungsrechtes**, z.B. an einem Pkw durch die Polizei wegen der Abschleppkosten.[271] Auch hier wird keine regelnde Entscheidung über den Her- ausgabeanspruch des Bürgers getroffen, sondern die Herausgabe nur tatsächlich verweigert.[272]

2. Aus denselben Gründen hat auch der **feststellende** Ausspruch („Ihr Anspruch be- **174** trägt ...") keine Regelungswirkung, da hiermit keine eigenständige Rechtsfolge gesetzt, sondern lediglich auf die Wirkungen des § 389 BGB (analog) **hingewie- sen** werden soll.

   „Auch bei Annahme eines VA könnten die Rechtsfolgen der Aufrechnung nicht über die in § 389 BGB geregelten Gestaltungswirkungen der bürgerlich-rechtlichen Willenserklärung (§ 388 BGB) hinausgehen. Denn selbst wenn die Aufrechnungserklärung als VA mangels Anfechtung in Be- standskraft erwüchse, stünde damit für die Beteiligten nicht verbindlich fest, dass die Aufrech- nungswirkung (Erlöschen der gegenseitigen Ansprüche) eingetreten sei, da diese von den ma- teriellen Voraussetzungen des § 387 BGB (Gegenseitigkeit, Gleichartigkeit, Fälligkeit) abhängig ist. Das zeigt, dass die behördliche Aufrechnungserklärung schon deshalb kein VA ist."[273]

Mangels VA-Charakter kann U keinen Widerspruch und keine Anfechtungsklage erhe- ben und braucht dies auch nicht zu tun. Die Aufrechnung ist vielmehr – ebenso wie im Privatrecht – nur wirksam, wenn dem Land ein (fälliger) Erstattungsanspruch zusteht. Ist dies der Fall, dann ist der Subventionsanspruch des U für 2011 aufgrund der Aufrech- nung in entsprechender Höhe erloschen (§ 389 BGB analog). Besteht dagegen kein Rückerstattungsanspruch, so geht die Aufrechnung ins Leere und bleibt wirkungslos. U kann dann seinen Anspruch auf Auszahlung der bereits bewilligten Subvention erfor- derlichenfalls mit der **allgemeinen Leistungsklage** durchsetzen.

Etwas anderes gilt, wenn die Behörde die Aufrechnung ausdrücklich unter Berufung auf ihre hoheit- **175** lichen Befugnisse in **Form** eines VA erklärt.[274] Dann liegt jedenfalls ein (formeller) VA vor (s.o. Rdnr. 170). Zulässig ist die **Aufrechnung durch VA** nur, wenn hierfür eine besondere **Ermächtigungsgrundlage** besteht. Dies wird z.B. für Sozialleistungen bejaht. „Wenn die Behörde über die Auszahlung einer Sozial- leistung durch VA entscheiden darf, umschließt diese Entscheidungsbefugnis das Recht, auf gleichem Wege das Erlöschen des Anspruchs durch Aufrechnung mit einer Gegenforderung zu bewirken."[275]

---

270 BVerwG RÜ 2009, 189 f.; OVG Magdeburg NVwZ-RR 2002, 907; BayVGH NJW 1997, 3392[@]; VGH Mannheim VBlBW 1991, 386, 387; Kahl Jura 2001, 505, 510; Ehlers JuS 1990, 777, 777 f.; Bader/Ronellenfitsch VwVfG § 35 Rdnr. 142.

271 Vgl. BGH NVwZ 2006, 964; OVG NRW DÖV 1983, 1023.

272 Allgemein zur verwaltungsrechtlichen Willenserklärung Kluth NVwZ 1990, 608 ff.

273 BFH NVwZ 1987, 1118[@].

274 BFH NVwZ 1987, 1118[@]; a.A. Stelkens/Bonk/Sachs VwVfG § 35 Rdnr. 138.

275 BSG NJW 1997, 3397 zu § 51 Abs. 1 SGB I; ebenso OVG NRW NJW 1997, 3391 zu § 25 a BSHG (jetzt § 26 Abs. 2-4 SGB XII); a.A. BayVGH NJW 1997, 3392[@].

2. Nicht regelndes Verwaltungshandeln

176   Durch den VA müssen **Rechtsfolgen unmittelbar begründet** werden. Keine Verwaltungsakte sind daher tatsächliche Verrichtungen (sog. Realakte) und sonstiges schlichtes Verwaltungshandeln.

Keine VAe sind z.B. bloße Mitteilungen, Auskünfte, Empfehlungen, Warnungen, Meinungsäußerungen, die Herausgabe einer Sache, Auszahlung von Geld, Durchführung von Unterricht und Vorlesungen an Schulen und Hochschulen.

a) Hinweis und feststellender VA

177   Kein VA ist daher auch der bloße **Hinweis** auf die ohnehin bestehende Rechtslage, soweit keine selbstständigen Rechtsfolgen begründet werden.[276]

Beispiel: Die Mitteilung über den Punktestand im Verkehrszentralregister ist mangels Regelung kein VA.[277] Denn die Eintragung selbst löst noch keine Rechtsfolgen für den Verkehrsteilnehmer aus, sondern ist Grundlage für spätere Maßnahmen nach § 4 Abs. 3 StVG (vgl. auch § 41 FeV „Unterrichtung").

Davon zu unterscheiden ist der **feststellende VA**, der die verbindliche Klärung oder Durchsetzung der gesetzlichen Rechtslage bezweckt.[278] Die „Regelung" setzt nämlich nicht voraus, dass eine Rechtsfolge herbeigeführt werden soll, die von der gesetzlichen Rechtslage abweicht oder allein nach den gesetzlichen Regelungen noch nicht gegeben ist. Auch **gesetzeswiederholende** oder **gesetzeskonkretisierende Maßnahmen** können regelnden Charakter aufweisen.

„Für einen feststellenden VA ist kennzeichnend, dass er sich mit seinem verfügenden Teil darauf beschränkt, das Ergebnis eines behördlichen Subsumtionsvorgangs festzuschreiben; einer Festsetzung von Ge- und Verboten in der jeweiligen behördlichen Maßnahme bedarf es jedenfalls nicht, wenn die Rechtsfolgen im Gesetz geregelt und dadurch gleichsam vor die Klammer gezogen worden sind."[279]

178   Ob eine solche (feststellende) Rechtsfolge herbeigeführt werden soll oder lediglich ein Hinweis auf die Rechtslage erfolgt, ist bei mangelnder Eindeutigkeit im Wege der **Auslegung** analog §§ 133, 157 BGB zu ermitteln.[280] Entscheidendes Kriterium ist, ob sich die von der Behörde getroffene Aussage auf ein **klärungsbedürftiges Rechtsverhältnis** bezieht, da dann auch aus objektiver Sicht ein Regelungsbedürfnis besteht.[281]

Beispiele: Die von der Ausländerbehörde getroffene Feststellung, dass ein Aufenthaltstitel kraft Gesetzes erloschen ist (§ 51 AufenthG), ist ein feststellender VA, wenn wegen aufgetretener Zweifel ein regelungsbedürftiger Sachverhalt vorliegt.[282] Besteht zwischen Einwohner und Meldebehörde Streit über das Vorhandensein einer Hauptwohnung, ist hierüber durch VA zu entscheiden.[283] Die bloße Mitteilung einer Rechtsansicht ist dagegen kein (feststellender) VA.[284]

---

276 OVG Magdeburg NJW 2002, 2264; Stelkens/Bonk/Sachs VwVfG § 35 Rdnr. 82; Bader/Ronellenfitsch VwVfG § 35 Rdnr. 132.

277 BVerwG NJW 2007, 1299, 1300; NJW 1988, 87, 88.

278 BVerwG NVwZ 2004, 349, 350; NVwZ 2003, 864, 865; DVBl. 1995, 857, 858; Appel/Melchinger VerwArch 84 (1993), 349, 354; Kahl Jura 2001, 505, 510; Holznagel/Schulz NWVBl. 2003, 400, 402.

279 BVerwG NVwZ 2004, 349, 350.

280 BVerwG NWVBl. 2000, 173, 175; VGH Mannheim DVBl. 2010, 196, 197; OVG Schleswig NJW 2000, 1059, 1060; VG Kassel NVwZ-RR 2000, 557; Stelkens/Bonk/Sachs § 35 Rdnr. 71; Limpens JA 2004, 655, 665.

281 BVerwG NVwZ 2010, 133, 134; OVG NRW NWVBl. 2004, 74; Kahl Jura 2001, 505, 510.

282 VGH Mannheim VBlBW 1990, 315 zur entsprechenden Regelung in § 44 AuslG a.F.

283 OVG Bremen, Beschl. v. 01.12.2003 – 1 A 351/03; zur Frage der Ermächtigungsgrundlage vgl. auch OVG NRW NVwZ 1989, 1082; NVwZ 1990, 181.

284 BSG JA 2004, 441, 442; OVG NRW NWVBl. 1996, 356, 357.

b) Wiederholende Verfügung und Zweitbescheid

179 Keinen Regelungscharakter hat die bloße **Wiederholung** eines bereits erlassenen VA ohne erneute Sachentscheidung.

Beispiel: Ein mündlicher VA ist schriftlich oder elektronisch zu bestätigen, wenn hieran ein berechtigtes Interesse besteht und der Betroffene dies unverzüglich verlangt. Ein elektronischer VA ist unter denselben Voraussetzungen schriftlich zu bestätigen (§ 37 Abs. 2 S. 2 u. S. 3 VwVfG). Die Bestätigung ist kein VA, sondern eine schlichthoheitliche Maßnahme. Sie enthält keine eigenständige Regelung, sondern wiederholt nur den Inhalt des ursprünglichen VA.[285]

180 Die Wiederholung eines VA ist abzugrenzen vom sog. **Zweitbescheid**. Während die bloße Wiederholung ohne erneute Sachentscheidung ergeht (Folge: kein VA mangels Regelung), handelt es sich bei einem Zweitbescheid um einen **neuen VA**, da hier eine erneute Sachentscheidung nach erneuter Sachprüfung erfolgt.[286]

Beispiel: Nach Bestandskraft der Ordnungsverfügung macht der Betroffene geltend, die Voraussetzungen des VA seien im Nachhinein entfallen. Die Behörde überprüft den VA, kommt jedoch zu dem Ergebnis, dass der VA weiterhin – aus anderen Gründen – gerechtfertigt ist. Der Betroffene kann den Zweitbescheid selbstständig anfechten. Es wird eine neue Anfechtungsfrist in Gang gesetzt.

181 Die **Abgrenzung** hat auch hier analog §§ 133, 157 BGB durch Auslegung zu erfolgen. Für die Annahme einer wiederholenden Verfügung spricht vor allem der bloße Verweis auf den Inhalt der früheren Regelung, während von einem Zweitbescheid auszugehen ist, wenn der Bescheid eine neue Sachentscheidung enthält oder wenn er sich mit neuen rechtlichen oder tatsächlichen Gesichtspunkten auseinandersetzt.[287]

Beispiel: Dem A wurde durch Ordnungsverfügung aufgegeben, sein Grundstück zur Verhinderung unbefugter Abfallablagerungen einzuzäunen. A hat die Verfügung bestandskräftig werden lassen. Nach einiger Zeit stellt er bei der Behörde einen Antrag, die Sachlage erneut zu überprüfen. Die Behörde lehnt dies unter Hinweis auf dessen Unanfechtbarkeit ab.

Der Hinweis auf den früheren VA enthält keine neue Sachentscheidung und ist daher mangels Regelung kein VA. Allerdings kann im Einzelfall eine Regelung darüber vorliegen, dass die Behörde einen Antrag des Betroffenen ablehnt, das Verfahren wiederaufzugreifen (§ 51 VwVfG). Der das Wiederaufgreifen ablehnende Bescheid stellt dann einen VA dar.[288]

3. Finaler Aspekt

182 Keine VAe sind alle Maßnahmen, mit denen Rechtsfolgen **nicht bezweckt** sind. Dass durch eine Verwaltungsmaßnahme objektiv kausal eine Rechtsbeeinträchtigung oder Rechtsverletzung eintreten kann, reicht allein zur Annahme einer Regelung nicht aus. Vielmehr müssen gerade diese Folgen bezweckt sein. Es ist deshalb zu unterscheiden zwischen der unmittelbaren Rechtsfolge kraft **finaler Regelung** und den bloß tatsächlichen (faktischen) Auswirkungen einer Maßnahme.

Beispiel: Wird G von einem abirrenden Schuss eines Polizeibeamten getroffen und verletzt, so liegt darin zweifellos ein Eingriff in die Rechte des G, jedoch wird dadurch der Schuss nicht zu einem VA.

---

285 Kopp/Ramsauer VwVfG § 37 Rdnr. 23; Knack/Henneke VwVfG § 37 Rdnr. 50.

286 Vgl. VGH Mannheim NVwZ-RR 2009, 357, 358; Waldhoff JuS 2009, 749, 750; Voßkuhle/Kaufhold JuS 2011, 34, 35.

287 Vgl. BVerwGE 13, 99, 101; 17, 256, 258; OVG Koblenz DVBl. 1964, 773; Seiler JuS 2001, 263, 267.

288 BVerwG NVwZ 2002, 482, 483; Bader/Ronellenfitsch VwVfG § 35 Rdnr. 137; Kahl Jura 2001, 505, 510; a.A. VGH Mannheim NVwZ-RR 2009, 357: nur verfahrensrechtliche Bedeutung; vgl. näher AS-Skript Verwaltungsrecht AT 2 (2010), Rdnr. 183.

Ausnahmsweise kann in einem schlichten Verwaltungshandeln aber zugleich eine **konkludente Regelung** liegen. Umstritten ist dies vor allem bei polizeilichen Standardmaßnahmen und Zwangsmaßnahmen, insbes. in der Verwaltungsvollstreckung.

183 ▣ Zahlreiche **Standardmaßnahmen** enthalten Verhaltensgebote und damit Regelungen, sodass sie eigenständige VAe darstellen, z.B. die Vorladung und der Platzverweis.[289] Ebenso regeln die Androhung und die Festsetzung von Zwangsmitteln (vgl. §§ 13, 14 VwVG) die Art und Weise der Verwaltungsvollstreckung und sind daher selbstständige VAe.[290]

184 ▣ Andere Maßnahmen beinhalten dagegen in erster Linie eine reale Eigenhandlung der Behörde (z.B. die Durchsuchung einer Person oder einer Wohnung). Auch die Anwendung von **Zwangsmitteln** erfolgt durch Realakt (z.B. die Anwendung unmittelbaren Zwangs). Gleichwohl stellt die Rspr. zum Teil darauf ab, dass in der realen Durchführung zugleich die Pflicht zur Duldung gerade des angewendeten Zwangs konkretisiert werde. Dieses **konkludente Duldungsgebot** stelle einen selbstständigen VA dar.[291]

Beispiele: Auflösung einer Versammlung durch Wegtragen der Demonstrationsteilnehmer, Anwendung unmittelbaren Zwangs durch Einsatz von Wasserwerfern, Betreten einer Wohnung zum Zwecke der Durchsuchung, Versiegelung einer baulichen Anlage, Abschleppen eines PKW im Wege des Sofortvollzugs; in diesem Sinne auch § 18 Abs. 2 VwVG des Bundes, der beim Sofortvollzug das Vorliegen eines VA fingiert.

185 Die Gegenansicht verweist zutreffend darauf, dass es einer solchen Konstruktion nicht bedarf, da die VwGO auch gegen **schlichtes Verwaltungshandeln** ausreichenden Rechtsschutz eröffnet. Wenn die Polizei z.B. unter Zwangseinsatz eine Versammlung auflöst, dann regelt sie nichts, sondern wendet physische Gewalt an. Es handelt sich daher um bloße Realakte.[292]

Die Rspr. des BVerwG ist vor allem historisch begründet. Vor Inkrafttreten der VwGO wurde Verwaltungsrechtsschutz nur bei VAen gewährt. Deswegen war die Rspr. bemüht, in schlichtes Verwaltungshandeln einen VA hinein zu interpretieren, um den Rechtsweg zu eröffnen. Für eine solche extensive Handhabung des VA-Begriffs besteht seit Inkrafttreten der VwGO kein Bedürfnis mehr.[293]

---

289 Stelkens/Bonk/Sachs VwVfG § 35 Rdnr. 96; zur Abgrenzung VG Hamburg, Beschl. v. 25.09.2009 – 10 W 1218/09: Die (formlose) Ladung zur Musterung ist kein VA.

290 BVerwG NVwZ 1997, 381@; OVG Koblenz NVwZ 1994, 715; Stelkens/Bonk/Sachs VwVfG § 35 Rdnr. 165; Bader/Ronellenfitsch VwVfG § 35 Rdnr. 129.

291 BVerwGE 26, 161, 164@; OVG NRW NVwZ-RR 1994, 549, 550; Rasch DVBl. 1992, 207, 210; Götz JuS 1985, 869, 870; Koenig JA-Übbl. 1993, 10, 11 m.w.N.

292 VGH Mannheim NVwZ 2001, 574 (behördliches Betretungsrecht); BayVGHE 34, 63, 66; Pietzner VerwArch 1994, 261, 271 ff.; Oldiges JuS 1989, 616, 619; Kahl Jura 2001, 505, 509; Bader/Ronellenfitsch VwVfG § 35 Rdnr. 127.

293 Stelkens/Bonk/Sachs VwVfG § 35 Rdnr. 93 ff.; Sodan/Ziekow VwGO § 42 Rdnr. 100; Fehling JA 1997, 482, 483 m.w.N.; zur historischen Entwicklung Pietzner VerwArch 1991, 291 ff.

Fall 8: Die Auskunft

K ist Eigentümer eines in der Nähe einer ehemaligen Abfalldeponie gelegenen Wohngrundstücks. Auf seinem Grundstück richtete er Anfang 2010 einen Hausbrunnen ein. Aufgrund der öffentlichen Diskussion über Altlasten befürchtet K eine Verunreinigung seines Brunnens durch Abflüsse aus der ehemaligen Deponie. K hat erfahren, dass der Bundesbehörde B ein Gutachten über Wasseranalysen im Umfeld des Deponiegeländes vorliegt. Er beantragt deshalb, ihm hierüber Auskunft zu erteilen. Die Behörde verweist pauschal darauf, dass eine Gefährdung des Hausbrunnens aufgrund der Untersuchungsergebnisse offensichtlich auszuschließen sei, für eine Überlassung der Unterlagen fehle es daher an einem berechtigten Interesse. K ist mit dieser Auskunft nicht zufrieden und überlegt, ob er bei Einlegung eines Rechtsbehelfs Fristen zu beachten hat.

Nach § 70 Abs. 1 VwGO muss N eine **Widerspruchsfrist** von einem Monat einhalten, wenn er gegen die Ablehnung Widerspruch erheben muss. Ist dem N keine Rechtsbehelfsbelehrung erteilt worden, so gilt nach § 58 Abs. 2 VwGO eine Frist von einem Jahr. Voraussetzung ist allerdings, dass es sich bei der **Ablehnung** um einen **Verwaltungsakt** handelt, denn nur dagegen wäre ein (Verpflichtungs-) Widerspruch erforderlich (§ 68 Abs. 2 VwGO).   **186**

Findet (z.B. aufgrund landesrechtlicher Ausnahmen) ein Vorverfahren nicht statt (§ 68 Abs. 1 S. 2 VwGO), gilt entsprechendes für die Klagefrist des § 74 Abs. 1 S. 2 VwGO, der nur bei Anfechtungs- und Verpflichtungsklagen einschlägig ist, was wiederum einen VA voraussetzt.

I. Die begehrte Auskunft ist die **Maßnahme einer Behörde**, deren Erlass sich nach den **öffentlich-rechtlichen Vorschriften** des Umweltinformationsgesetzes (UIG) richtet.[294]

II. Die Auskunft müsste eine **Regelung** enthalten. Hierfür ist erforderlich, dass sie unmittelbar auf die Herbeiführung einer Rechtsfolge gerichtet ist.

   1. Die Auskunft selbst stellt als Erteilung einer Information lediglich **schlichtes Verwaltungshandeln** ohne Regelungswirkung dar.[295]   **187**

      Beispiel: Die Auskunft, Einsicht oder Herausgabe von Unterlagen nach dem Stasi-Unterlagen-Gesetz (StUG)[296] zielt auf reales Verwaltungshandeln ab. Mangels Regelung ist sie kein VA.[297]

   2. Teilweise wird die Auffassung vertreten, die **Ablehnung** einer beantragten Amtshandlung sei stets ein VA, unabhängig davon, ob deren Vornahme ein VA oder ein schlichtes Verwaltungshandeln wäre. Die Regelung i.S.v. § 35 S. 1 VwVfG liege in der hoheitlichen Verneinung des geltend gemachten Anspruchs.[298]   **188**

---

294 Das UIG (Sartorius 294) gilt unmittelbar nur noch für den Bereich des Bundes (vgl. § 1 Abs. 2 UIG). Auf Landesebene gibt es vergleichbare Regelungen, die teilweise auf die bundesrechtlichen Regelungen verweisen.

295 OVG NRW NJW 1995, 2741; VG Frankfurt NJW 2001, 3500; VG Köln NWVBl. 2010, 155; Stelkens/Bonk/Sachs VwVfG § 35 Rdnr. 99; KKahl Jura 2001, 505, 509; Mühlbauer DVBl. 2009, 354, 356.

296 Gesetz über die Unterlagen des Staatssicherheitsdienstes der ehemaligen Deutschen Demokratischen Republik (Stasi-Unterlagen-Gesetz – StUG) i.d.F. der Bekanntmachung vom 18.02.2007 (BGBl. I S. 162).

297 Stelkens/Bonk/Sachs VwVfG § 29 Rdnr. 97 u. § 35 Rdnr. 101; vgl. auch BVerwG NJW 2004, 2462; NJW 2002, 1815; VG Berlin NJW 2004, 457; NJW 2001, 2987 (Fall Kohl); dazu Arndt NJW 2004, 3157 ff.; Lege Jura 2005, 616 ff.

298 Meyer/Borgs § 35 Rdnr. 38; Lässig JuS 1990, 459, 462; Erichsen Jura 1993, 180, 182.

Dagegen spricht jedoch, dass die Ablehnung einer Maßnahme als Kehrseite der Vornahme der Handlung deren Rechtsnatur teilt. Ist die Vornahme kein VA, so kann es auch nicht deren Ablehnung sein.[299]

Etwas anderes gilt natürlich auch hier, wenn die Behörde die Leistung eindeutig durch VA abgelehnt hat (s.o. Rdnr. 170). **Beispiel:** Eigentümer E verlangte von der Gemeinde G Rückzahlung einer vertraglichen Vorauszahlung auf den Erschließungsbeitrag nebst Zinsen. G erkannte den Rückzahlungsanspruch an, lehnte die Zinszahlung jedoch durch „Bescheid" ab. K muss neben der Leistungsklage auf Zinszahlung auch Anfechtungsklage gegen den Bescheid erheben.[300]

189 3. Eine Regelung ist nach h.M. in diesen Fällen vielmehr nur dann anzunehmen, wenn **vor Erteilung der Auskunft** eine **regelnde Entscheidung** darüber zu ergehen hat, „ob" die Behörde die Auskunft erteilt bzw. ob der Antragsteller ein Recht auf die Auskunft hat.

a) Für die Annahme einer Regelung ist dabei allerdings noch nicht ausreichend, dass vor Erlass der Maßnahme **überhaupt** eine Entscheidung zu treffen ist. Denn das ist praktisch bei jeder behördlichen Maßnahme der Fall. Auch ein schlichtes Verwaltungshandeln darf nicht vorgenommen werden, ohne dass zuvor entschieden wird, ob es zulässig ist.

b) Die Annahme einer **regelnden Entscheidung** ist aber dann gerechtfertigt,

- wenn die Leistung nur abstrakt im Gesetz vorgesehen ist und deshalb eine **Subsumtion** durch die Behörde im Einzelfall erfolgen muss oder

- wenn die Leistung im **Ermessen** der Behörde steht. Denn dann bedarf es einer Abwägung und der Feststellung des Abwägungsergebnisses, **ob** die begehrte Leistung erbracht werden soll oder nicht.[301]

Beispielsweise ist durch VA über Anträge auf Sozialhilfe, BAföG, Wohngeld oder Subventionen zu entscheiden („Bewilligungsbescheid").

190 c) **Auskunftsansprüche** können sich z.B. ergeben

- im Rahmen eines Verwaltungsverfahrens aus §§ 25 S. 2, 29 Abs. 1, 71 c VwVfG,

- im Datenschutzrecht (§ 19 BDSG bzw. entspr. Landes-DSG) bei Speicherung personenbezogener Daten,

- aus dem LPresseG für Presseunternehmen,[302]

- aus den **Informationsgesetzen** (§ 3 UIG,[303] § 1 VIG,[304] § 1 IFG[305] bzw. entsprechendem Landesrecht).

---

299 Stelkens/Bonk/Sachs VwVfG § 35 Rdnr. 99.

300 OVG NRW NJW 1995, 3003, 3004.

301 BVerwGE 31, 301, 306 ff.; OVG NRW DVBl. 1999, 1053, 1054; Stelkens/Bonk/Sachs VwVfG § 35 Rdnr. 100 ff.; Zilkens JuS 2001, 368, 369; Kahl Jura 2001, 505, 509; jeweils m.w.N.

302 Vgl. BGH DVBl. 2005, 980; OVG NRW DVBl. 2008, 1384; NJW 2005, 618; BayVGH NJW 2004, 3358; VG Berlin NJW 2001, 3799; VG Schleswig NVwZ 2008, 1389; Köhler NJW 2005, 2337 ff.; Hecker DVBl. 2006, 1416.

303 Umweltinformationsgesetz vom 22.12.2004 (BGBl. I S. 3704).; dazu Näckel/Wasielewski DVBl. 2005, 1351 ff.

304 Verbraucherinformationsgesetz vom 05.11.2007 (BGBl. I S. 2558); dazu Zilkens NVwZ 2009, 1465 ff.

305 Informationsfreiheitsgesetz vom 05.09.2005 (BGBl. I S. 2722); dazu Schoch NJW 2009. 2987 ff.

Nach den allgemeinen Informationsfreiheitsgesetzen hat i.d.R. jede Person – ohne besondere Voraussetzungen – Anspruch auf Zugang zu den bei öffentlichen Stellen vorhandenen amtlichen Informationen (so z.B. § 1 IFG). Die Behörde kann auf Antrag (mündlich oder schriftlich) Auskunft erteilen, Akteneinsicht gewähren oder Informationen in sonstiger Weise zur Verfügung stellen. Ausschlussgründe sind insbes. vorgesehen zum Schutz von öffentlichen und privaten Belangen und zum Schutz des behördlichen Entscheidungsprozesses (vgl. z.B. §§ 3 ff. IFG).[306]

▧ Ausnahmsweise kann sich aus **Grundrechten** ein verfassungsunmittelbarer Auskunfts- und Informationsanspruch ergeben, wenn dies für eine effektive Grundrechtsausübung unerlässlich ist.

Beispiel: Das Grundrecht aus Art. 12 Abs. 1 GG kann es einer Behörde gebieten, bereits im Vorfeld eines Verwaltungsverfahrens und damit unabhängig von einer verwaltungsverfahrensrechtlichen Beteiligten-Stellung einem potenziellen Antragsteller Informationen zur Verfügung zu stellen, die dieser bedarf, um sachgerecht die Frage prüfen und entscheiden zu können, ob und in welchem Umfang er sich um eine behördliche Konzession bewirbt.[307]

Einen allgemeinen grundrechtlichen Informationsanspruch gibt es dagegen nicht. Vor allem aus Art. 5 Abs. 1 GG lässt sich ein solcher Anspruch nicht herleiten, da Informationsquellen in staatlicher Verfügungsgewalt grds. nicht „allgemein zugänglich" sind.[308] Auch das Recht auf informationelle Selbstbestimmung (Art. 2 Abs. 1, Art. 1 Abs. 1 GG) allein gibt dem Einzelnen keinen generellen Auskunftsanspruch, insbes. wenn ein Geheimhaltungsinteresse besteht.[309]

▧ Besteht keine gesetzliche Grundlage, so steht die Auskunftserteilung im **Ermessen** der Behörde. Kann der Betroffene ein berechtigtes Interesse geltend machen, so hat er einen Anspruch auf fehlerfreie Ermessensausübung.[310]

Im Rahmen des Ermessens hat eine Abwägung zwischen dem Informationsinteresse des Betroffenen und dem Geheimhaltungsinteresse des Staates bzw. Dritter zu erfolgen.[311] Durch die Informationsfreiheitsgesetze hat dieser ungeschriebene Anspruch auf ermessensfehlerfreie Entscheidung allerdings an Bedeutung verloren. Er ist nur anwendbar, soweit die Informationsfreiheitsgesetze nicht einschlägig sind.[312]

4. Die Annahme einer Regelung ist unproblematisch, in den Fällen, in denen die Erteilung von Auskünften im **Ermessen** der Behörde steht. Hier liegt der rechtliche Schwerpunkt nicht in der tatsächlichen Erteilung der Auskunft, sondern in der hierdurch zum Ausdruck gebrachten Ermessensentscheidung der Behörde. Die **191**

---

306 Vgl. dazu z.B. BVerwG NVwZ 2010, 321 u. 326; Kugelmann NJW 2005, 3609, 3611; Fluck DVBl. 2006, 1406 ff.; Sittard/Ulbrich JA 2008, 205 ff.; Schoch NJW 2009, 2987 ff.

307 BVerwG NVwZ 2003, 1114; Bohl NVwZ 2005, 133, 139; Berg JZ 2005, 1039, 1043; Schmidt-Preuß NVwZ 2005, 489, 490 f.; Sydow/Gebhardt NVwZ 2006, 986, 989; Sittard/Ulbrich JA 2008, 205, 206.

308 BVerwG DVBl. 2004, 442, 444; VGH Mannheim VBlBW 1999, 26, 30; Ruland JuS 2004, 1121, 1123; Sydow/Gebhardt NVwZ 2006, 986, 989; Tyczewski/Elgeti NWVBl. 2006, 281, 283.

309 BVerwG AfP 2010, 410, 412; NVwZ 1992, 451, 453; scheinbar weitergehend VerfGH Rh.-Pf. DVBl. 1999, 309 mit Anm. Wollweber DVBl. 1999, 981 f.; vgl. auch BFH NVwZ 2004, 382, 383.

310 BVerwG DVBl. 2004, 442; DVBl. 1984, 53, 54; BVerwGE 35, 225, 226; 50, 255, 263; 61, 15, 22; OVG NRW DVBl. 1999, 1053, 1054; BayVGH NVwZ 1999, 889, 890; Erichsen Jura 1993, 180, 181; Sittard/Ulbrich JA 2008, 205, 206.

311 Vgl. beispielhaft BVerwG DVBl. 2004, 442, 443: kein Anspruch auf Preisgabe eines Behördeninformanten; ebenso BVerwG JZ 2004, 460, 461: Vertraulichkeit gegenüber Informanten bei Korruptionsbekämpfung.

312 Vgl. Sittard/Ulbrich JA 2008, 205, 206.

Erteilung der Auskunft ist ebenso wie ihre Versagung das Ergebnis der **Abwägung der widerstreitenden Interessen**. In diesen Fällen ist daher eine Regelung i.S.d. VA-Begriffs zu treffen.[313]

Nach der Gegenansicht kann es für das Vorliegen eines VA nicht auf die Unterscheidung zwischen gebundenen Entscheidungen und Ermessensentscheidungen ankommen. Ein VA liege nur vor, wenn das (Nicht-)Bestehen des Anspruchs verbindlich festgestellt werden soll.[314]

192
5. Bei **gebundenen** Auskunftsansprüchen (z.B. § 3 UIG, § 1 IFG) ist die Frage, ob die Entscheidung über die Auskunft einen VA darstellt, noch nicht abschließend geklärt. Gegen einen VA spricht, dass das „Ob" der Auskunftserteilung hier gesetzlich zwingend vorgesehen ist und keiner behördlichen Entscheidung mehr bedarf.[315] Für einen VA spricht jedoch, dass die Behörde aufgrund einer **Subsumtion** z.B. feststellen muss, ob Versagungsgründe (z.B. §§ 4 ff. IFG, §§ 8, 9 UIG) vorliegen. Außerdem muss die Behörde i.d.R. das Verfahren, insbes. die Form der Informationserteilung (z.B. § 1 Abs. 2 IFG, § 3 Abs. 2 UIG) bestimmen. Der rechtliche Schwerpunkt liegt daher nicht in der Erteilung oder Versagung der Auskunft, sondern in der hierdurch zum Ausdruck gebrachten Entscheidung der Behörde. Der Auskunftserteilung ist daher auch hier eine regelnde Entscheidung durch VA vorgeschaltet.[316]

Vom Vorliegen eines VA gehen auch die Regelungen in § 15 Abs. 2 S. 2 BVerfSchG („Entscheidung") und §§ 5 Abs. 1 S. 4, 6 Abs. 2 UIG („Widerspruchsverfahren") aus, in diesem Sinne auch § 9 Abs. 4 S. 1 IFG („Widerspruch und Verpflichtungsklage").[317]

III. Die Ablehnung betrifft einen **Einzelfall** und hat auch **Außenwirkung**.

Somit erstrebt N eine Entscheidung über die Auskunftserteilung durch VA. Seine Rechtsbehelfe (Widerspruch bzw. Verpflichtungsklage) sind deshalb fristgebunden (§§ 70 Abs. 1, 74 Abs. 1 VwGO).

---

313 Vgl. OVG NRW DVBl. 1999, 1053, 1054; NJW 1995, 2741; OVG Bremen NJW 1983, 358; NJW 1987, 2393; NJW 1989, 926; Rasch DVBl. 1992, 207, 209 m.w.N.

314 Vgl. Erichsen Jura 1993, 180, 182; Kahl Jura 2001, 505, 509.

315 VG Köln NWVBl. 2010, 155; Gurlit DVBl. 2003, 1119, 1132; ebenso im Ergebnis BVerwG DVBl. 1997, 438@, das ohne nähere Begründung eine allgemeine Leistungsklage annimmt.

316 BVerwG DVBl. 2010, 1307; DVBl. 2006, 182; OVG NRW NVwZ 2008, 235; VG Berlin NVwZ 2009, 856; VG Weimar ThürVBl. 2009, 92; VG Frankfurt NVwZ 2006, 1321, 1322; NVwZ 2008, 1384; Stelkens/Bonk/Sachs VwVfG § 35 Rdnr. 101; Gurlit WM 2009, 773, 779; Mühlbauer DVBl. 2009, 354, 355; Schoch NJW 2009, 2987, 2992.

317 Dazu Schmitz/Jastrow NVwZ 2005, 984, 990; Kloepfer/v.Lewinski DVBl. 2005, 1277, 1286; Kugelmann NJW 2005, 3609, 3613.

4. Vorbereitende Maßnahmen und vorläufiger VA

Regelung i.S.d. VA-Begriffs ist grundsätzlich nur die **endgültige Regelung**. Maßnahmen, die einen VA bloß vorbereiten, enthalten keine Regelung i.S.d. § 35 S. 1 VwVfG und sind selbst keine VAe. Das gilt insbesondere für Verfahrenshandlungen[318] (vgl. auch § 44 a VwGO, der die isolierte Anfechtung von Verfahrenshandlungen ausschließt). **193**

Beispiel: Die Aufforderung der Fahrerlaubnisbehörde bei Bedenken gegen die Kraftfahreignung ein ärztliches Gutachten vorzulegen (§ 46 Abs. 3 FeV) ist als bloß vorbereitende Maßnahme für die etwaige Entziehung der Fahrerlaubnis (§ 3 Abs. 1 StVG) kein selbstständiger VA.[319] Die Aufforderung ist nicht eigenständig vollstreckbar. Die Behörde hat nur die Möglichkeit, im Fall der Nichtvorlage des Gutachtens von der Ungeeignetheit des Verkehrsteilnehmers auszugehen und deswegen die Fahrerlaubnis zu entziehen (§ 11 Abs. 8 FeV). Die Entziehung der Fahrerlaubnis ist dann allerdings nur rechtmäßig, wenn die Anforderung des Gutachtens ihrerseits rechtmäßig gewesen ist.[320]

Besonderheiten gelten für den sog. **vorläufigen VA**. Bei einem vorläufigen VA wird eine (vorläufige) Regelung unter den Vorbehalt der späteren endgültigen Entscheidung gestellt (deshalb auch VA mit vorläufiger Regelung genannt).[321] **194**

Fall 9: Unter Vorbehalt

K betreibt ein Milchwerk und beliefert verschiedene Schweinemästereien mit Milcherzeugnissen. Er beantragte bei der zuständigen Behörde eine staatliche Beihilfe für die Verwendung von Magermilch und Magermilchpulver zu Futterzwecken i.H.v. insgesamt 50.000 €. Die Behörde erließ am 22.04. einen Bescheid folgenden Inhalts: „Auf Ihren Antrag werden Ihnen vorläufig 35.000 € bewilligt. Der Betrag wird vorläufig ausgezahlt unter dem ausdrücklichen Vorbehalt des Ergebnisses der bei Ihnen noch durchzuführenden Betriebsprüfung." Als sich ein halbes Jahr später anlässlich der Betriebsprüfung herausstellt, dass K gegen die der Bewilligung zugrundeliegenden Richtlinien verstoßen hat, lehnt die Behörde den Antrag des K endgültig ab. K möchte erreichen, dass er die ihm unter Vorbehalt bewilligten Beihilfen behalten darf. Wie ist die Rechtslage?

I. Der **Anspruch des K** könnte sich aus dem Bescheid vom 22.04. ergeben. Dies hängt vom Inhalt der Regelung ab. Erfolgt eine Bewilligung unter Vorbehalt, stellt sich zunächst die Frage, welche **Rechtsqualität** eine derartige Bewilligung hat. Trifft die Behörde eine „vorläufige" Regelung, so kann dies rechtlich in unterschiedlicher Weise qualifiziert werden:

1. Eine **Zusicherung** i.S.d. § 38 Abs. 1 VwVfG liegt in diesen Fällen regelmäßig nicht vor, da über die endgültige Bewilligung noch nicht entschieden ist. **195**

   Nur wenn sich die Behörde ausnahmsweise schon jetzt dahingehend festlegt, später werde eine Bewilligung erfolgen, kann eine Zusicherung in Betracht kommen (s.u. Rdnr. 494).

---

318 BVerwG DÖV 1993, 530, 531; DVBl. 1990, 1232, 1233; VGH Mannheim DVBl. 1990, 996, 998; BayVGH NVwZ 1990, 775, 776; Kahl Jura 2001, 505, 509.

319 OVG NRW NWVBl. 2001, 478, 480; Hentschel FeV § 46 Rdnr. 15; ebenso zur früheren Regelung in § 15 b StVZO BVerwG NJW 2002, 78, 79; DVBl. 1996, 165, 166; DVBl. 1993, 51, 52; a.A. Schreiber ZRP 1999, 519, 522 f.

320 BVerwG NJW 2005, 3081; NJW 2002, 78, 79; OVG Hamburg NJW 2006, 1367, 1368; OVG NRW NWVBl. 2003, 231, 232; NWVBl. 2002, 270, 271; Hentschel FeV § 11 Rdnr. 24 m.w.N.

321 OVG Berlin-Brandenburg RÜ 2009, 390.

196 2. Auch ein **Teil-** oder **Vorbescheid** scheidet i.d.R. aus, da der Vorbehalt gerade zum Ausdruck bringen soll, dass keine verbindliche Teilregelung getroffen wird, sondern die Gesamtregelung erst später, hier nach der Betriebsprüfung, erfolgt.

Gegenbeispiel: Durch den bauordnungsrechtlichen Vorbescheid kann nach der LBauO über einzelne Fragen des Bauvorhabens vorab entschieden werden. Im industriellen Großanlagenbau ist es üblich, die Genehmigung schrittweise zu erteilen (vgl. z.B. §§ 8, 9 BImSchG).

197 3. Es kann sich um die Bewilligung einer **Abschlagszahlung** auf erst zukünftig zu bewilligende Beträge handeln. Dagegen spricht jedoch, dass Abschlagszahlungen typischerweise auf **dem Grunde nach bereits feststehende Ansprüche** erbracht werden, bei denen lediglich die Höhe der endgültig zu zahlenden Summe noch offensteht. Hier soll später jedoch eine Entscheidung auch noch über den Anspruchsgrund ergehen.[322]

198 4. Es könnte eine **auflösende Bedingung** (§ 36 Abs. 2 Nr. 2 VwVfG) vorliegen, wenn die endgültige Bewilligung von dem Eintritt eines ungewissen **zukünftigen Ereignisses** abhängen soll. Hier sollte K aber den vorläufig bewilligten Zuschuss auch dann nicht behalten dürfen, wenn bereits gegenwärtig die Voraussetzungen für die Bewilligung nicht vorlagen. Die endgültige Regelung ist also nicht von einem zukünftigen, sondern von einem gegenwärtigen bzw. vergangenen Ereignis abhängig, das bislang nur noch nicht überprüft werden konnte.[323]

199 5. Schließlich kommt eine Bewilligung unter dem **Vorbehalt** des **Widerrufs** i.S.v. § 36 Abs. 2 Nr. 3 VwVfG in Betracht. Eine Bewilligung mit Widerrufsvorbehalt stellt aber im jetzigen Zeitpunkt eine **endgültige** Regelung dar. Sie kann lediglich unter den gesetzlichen Voraussetzungen des § 49 Abs. 2 Nr. 1 VwVfG wieder beseitigt werden. Darauf zielte aber der erkennbar gewordene Wille der Behörde nicht ab. Diese wollte sich vielmehr die Gesamtentscheidung noch für die Zukunft vorbehalten.

200 6. Da die durch das VwVfG zur Verfügung gestellten Regelungsmöglichkeiten den vorliegenden Fall nicht befriedigend erfassen können, nehmen Rspr. und Lit. in derartigen Konstellationen einen sog. **vorläufigen VA** an, d.h. die Bewilligung erfolgt nicht endgültig, sondern unter dem Vorbehalt der endgültigen Entscheidung (vgl. auch § 74 Abs. 3, 1. HS VwVfG).[324]

Der **Regelungsgehalt** eines solchen VA besteht darin, dass der Begünstigte den empfangenen Betrag nur vorläufig bis zum Erlass der endgültigen Entscheidung behalten darf (deshalb auch **VA mit vorläufiger Regelung**).[325] Im Unterschied zu bloß vorbereitenden Maßnahmen (s.o. Rdnr. 193) wird hier die Rechtslage bereits jetzt – wenn auch nur vorläufig – geändert. Der Anspruch des Begünstigten hängt dann davon ab, welchen abschließenden Bewilligungs- oder Ablehnungsbescheid die Behörde aufgrund der noch durchzuführenden Betriebsprüfung erlässt.

---

322 Vgl. Beaucamp JA 2010, 247, 249.

323 BVerwG DVBl. 2983, 851, 852; Schröder Jura 2010, 255, 260; a.A. Beaucamp JA 2010, 247, 250.

324 Vgl. BVerwG RÜ 2010, 188, 189; DVBl. 1983, 851, 852[@]; BSG DVBl. 2002, 1057, 1059; OVG Berlin-Brandenburg RÜ 2009, 390; OVG NRW NWVBl. 1992, 279, 280; Knack/Henneke VwVfG § 35 Rdnr. 117 ff.; Kahl Jura 2001, 505, 510; Peine JA 2004, 417, 419.

325 So BVerwG RÜ 2010, 188, 189.

a) Bei **belastenden** VAen ist der vorläufige VA i.d.R. **unzulässig**, weil die Behörde **201**
in die Rechte des Betroffenen erst dann eingreifen darf, wenn alle tatbestandlichen Voraussetzungen des belastenden VA geklärt sind. Etwas anderes gilt
nur, wenn die Ermächtigungsgrundlage auch vorläufige Maßnahmen deckt
(z.B. Gefahrerforschungseingriffe nach der polizeirechtlichen Generalklausel
im Fall des Gefahrenverdachts).[326]

b) Bei **begünstigenden** Regelungen hält die Rspr. demgegenüber den vorläufi- **202**
gen VA grds. für zulässig, wenn ein **sachlicher Grund** für eine vorläufige Regelung besteht.[327] Dagegen wird eingewandt, dass die Vorschriften über Nebenbestimmungen in § 36 VwVfG für vorläufige Regelungen abschließend seien.
Außerdem würden durch den vorläufigen VA die engen Voraussetzungen der
§§ 48, 49 VwVfG unterlaufen. Dies dürfe auch nicht mit Einwilligung des Bürgers geschehen.[328]

Für die h.M. spricht, dass in der Praxis vor allem bei begünstigenden VAen ein
unabweisbares Bedürfnis für derartig vorläufige Regelungen besteht, wenn
der entscheidungserhebliche Sachverhalt im jetzigen Zeitpunkt noch nicht
abschließend ermittelt werden kann. § 36 Abs. 2 VwVfG ist auch nicht in dem
Sinne abschließend, dass die Verwaltung an der Entwicklung weiterer Typen
von Nebenbestimmungen gehindert wäre.[329] Bedenken im Hinblick auf den
Vorbehalt des Gesetzes bestehen im Ergebnis nicht, da der Bürger durch den
vorläufigen VA zunächst **mehr** erhält, als ihm gesetzlich in diesem Zeitpunkt
zusteht. Denn wenn noch nicht alle Tatbestandsmerkmale als erfüllt festgestellt werden können, hätte er an sich noch keinen Anspruch auf die Begünstigung.[330]

Der vorläufige VA darf aber nicht zur Umgehung des § 24 Abs. 1 VwVfG führen. Die Behörde
ist verpflichtet, den Sachverhalt von Amts wegen zu ermitteln. Unzulässig ist ein vorläufiger
VA daher, wenn bei gehöriger Aufklärung des Sachverhalts bereits ein endgültiger VA erlassen werden könnte.[331]

c) Umstritten ist allerdings, wie der vorläufige VA einzuordnen ist: **203**

   ▨ als **VA sui generis**,[332]

   ▨ als besondere, in § 36 VwVfG nicht vorgesehene, aber gleichwohl zulässige
Nebenbestimmung[333] oder

   ▨ als **Inhaltsbestimmung** des VA.[334]

---

326 Vgl. Beaucamp JA 2010, 247, 248 f.; Schröder Jura 2010, 255, 260; Hebeler/Schäfer Jura 2010, 881, 886; Peine JA 2004, 417,
    420 m.N. auf die vereinzelt vertretene Gegenauffassung.
327 BVerwG RÜ 2010, 188, 190; DVBl. 1983, 851, 852@; OVG NRW NWVBl. 1992, 279, 280; Knack/Henneke VwVfG § 35 Rdnr.
    122; Peine JA 2004, 417, 419 m.w.N.; einschränkend Bader/Ronellenfitsch VwVfG § 35 Rdnr. 153.
328 Vgl. Henke DVBl. 1983, 1247; Kopp DVBl. 1989, 238 ff.; Eschenbach DVBl. 2002, 1247 ff.; Beaucamp JA 2010, 247, 250.
329 BVerwG RÜ 2010, 188, 190; kritisch Waldhoff JuS 2010, 941, 943.
330 Vgl. Kemper, Vorläufiger VA (1990), S. 96; Losch NVwZ 1995, 235, 238; Di Fabio DÖV 1991, 629, 635; Pünder in Erichsen/
    Ehlers § 14 Rdnr. 47; Knack/Henneke VwVfG § 35 Rdnr. 122; Hebeler/Schäfer Jura 2010, 881, 886.
331 Stelkens/Bonk/Sachs VwVfG § 35 Rdnr. 246; Beaucamp JA 2010, 247, 247.
332 Knack/Henneke VwVfG § 35 Rdnr. 121.
333 In diesem Sinne BVerwG RÜ 2010, 188, 190.
334 Schröder Jura 2010, 255, 261.

Einigkeit besteht jedenfalls, dass auch der vorläufige VA uneingeschränkt VA-Qualität besitzt.[335] Die erforderliche Regelung liegt darin, dass dem Bürger ein **vorläufiges Recht zum Behaltendürfen der Leistung** eingeräumt wird, wodurch eine Bindung der Verwaltung bis zur endgültigen Entscheidung entsteht.

Weiteres Beispiel: K beantragt seine Anerkennung als Schwerbehinderter. Noch während des Anerkennungsverfahrens will ihn sein Arbeitgeber entlassen und beantragt beim zuständigen Integrationsamt die Zustimmung zur Kündigung (§§ 85 ff. SGB IX). Hier muss die Behörde die Möglichkeit haben, vorsorglich – für den Fall, dass K tatsächlich als Schwerbehinderter anerkannt wird – die Zustimmung zu versagen ("vorsorglicher VA").[336] Diesem VA ist der Vorbehalt immanent, dass ihm rechtliche Bedeutung nur zukommt, wenn eine andere logisch vorrangige Entscheidung (Anerkennung als Schwerbehinderter) positiv ausfällt.

II. Konsequenzen aus dem Vorliegen eines **VA mit vorläufiger Regelung**

204 1. Aus der inhaltlichen Vorläufigkeit der ersten Bewilligung folgt, dass sich der vorläufige Bescheid mit dem Erlass des Endbescheides **erledigt** (§ 43 Abs. 2 VwVfG), d.h. sobald der endgültige VA vorliegt, ist der vorläufige VA gegenstandslos und begünstigt bzw. beschwert den Betroffenen nicht mehr.[337]

Der Betroffene kann daher nach Erlass des Endbescheides mangels Rechtsschutzbedürfnisses keine Rechtsbehelfe mehr gegen den vorläufigen VA erheben, sondern muss gegen den endgültigen Bescheid vorgehen.

205 2. Aus diesem Grunde bedarf es bei der endgültigen Ablehnung des Zuschusses auch keiner **Aufhebung** des vorläufigen VA nach §§ 48, 49 VwVfG. Die erhaltenen Zahlungen sind analog § 49 a VwVfG[338] zu erstatten, da der Rechtsgrund für das (vorläufige) Behaltendürfen automatisch durch Erlass des endgültigen Ablehnungsbescheides entfallen ist.[339]

Wegen der ausdrücklichen Vorläufigkeit ist Vertrauensschutz (z.B. nach § 48 Abs. 2 bzw. § 49 Abs. 2 u. 3 VwVfG) ausgeschlossen. Deshalb werden strenge Anforderungen an die Bestimmtheit eines vorläufigen VA (§ 37 VwVfG) gestellt. Er muss ausdrücklich oder in sonstiger Weise als nur vorläufige Regelung gekennzeichnet sein und damit zum Ausdruck bringen, dass das Bewilligungsverfahren auf die Erteilung von zwei Verwaltungsakten (des vorläufigen und des endgültigen VA) ausgelegt ist.[340]

206 3. Prozessual muss K, will er das Geld endgültig behalten, **Verpflichtungsklage** auf Erlass eines (positiven) Bewilligungsbescheides erheben (§ 42 Abs. 1, 2. Fall VwGO).[341] Im Rahmen der Begründetheit der Klage werden dann die Voraussetzungen für die Gewährung eines Zuschusses geprüft, wobei inzident auch über die Rückzahlungsverpflichtung mitentschieden wird.[342]

---

335 BVerwG RÜ 2010, 188, 190; Schröder Jura 2010, 255, 261 m.w.N.

336 BVerwG DÖV 1989, 819; Losch NVwZ 1995, 235, 237; Schröder Jura 2010, 255, 263.

337 OVG Berlin-Brandenburg RÜ 2009, 390, 391.

338 BVerwG RÜ 2010, 188, 191; a.A. OVG Berlin-Brandenburg RÜ 2009, 390, 391; Schröder Jura 2010, 255, 259 f., die auf den allgemeinen öffentlich-rechtlichen Erstattungsanspruch zurückgreifen.

339 BVerwG RÜ 2010, 188, 190; DVBl. 1983, 851, 853@; DÖV 1989, 819, 821; OVG Berlin-Brandenburg RÜ 2009, 390, 391; Stelkens/Bonk/Sachs VwVfG § 35 Rdnr. 249; Schröder Jura 2010, 255, 262; Hebeler/Schäfer Jura 2010, 881, 886.

340 OVG NRW NWVBl. 1992, 279, 280; DVBl. 1991, 1365, 1366; OVG Berlin-Brandenburg RÜ 2009, 390, 391; allgemein zur Rechtmäßigkeit eines vorläufigen VA Peine JA 2004, 417, 420 f.; Schröder Jura 2010, 255, 262.

341 Schröder Jura 2010, 255, 262.

342 BVerwG DVBl. 1983, 851, 85.@

IV. Regelung eines Einzelfalls

Verwaltungsakte sind nur solche hoheitlichen Maßnahmen, die die Regelung eines **Einzelfalls** betreffen. Während es bei der **Regelung** um die Abgrenzung zwischen VA und schlichtem Verwaltungshandeln geht, dient das Merkmal des Einzelfalls der Abgrenzung des VA zur Rechtsnorm. Die Einzelfallregelung durch VA betrifft einen **konkreten** Sachverhalt, die Rechtsnorm enthält eine **abstrakte** Regelung.

207

1. Begriff der Einzelfallregelung

a) Eine inhaltliche Abgrenzung zwischen VA und Rechtsnorm ist nicht erforderlich, wenn der Rechtscharakter der **Form** nach eindeutig feststellbar ist.

208

Formell spricht für die Einzelfallregelung die Bezeichnung als Bescheid oder Verfügung, ferner die Beifügung einer Rechtsbehelfsbelehrung oder eine individuelle Bekanntgabe. Formelles Kriterium für das Vorliegen einer Rechtsnorm ist dagegen die Bezeichnung als Rechtsverordnung oder Satzung, ebenso die Verkündung im Gesetzes-, Verordnungs- oder Amtsblatt.

Handelt die Verwaltung **eindeutig** in der Form des VA, so liegt auch dann ein VA vor, wenn inhaltlich eine abstrakte Regelung getroffen wird (sog. formeller VA). Die eindeutig in der Form eines VA erlassene Maßnahme ist daher ohne Rücksicht auf ihren Inhalt als VA anzusehen und kann mit der Anfechtungsklage angefochten werden.[343]

Nach der Gegenansicht[344] erfolgt die Abgrenzung dagegen stets nach materiellen Gesichtspunkten. Allerdings dürften die Unterschiede zur h.M. gering sein, da auch nach dieser Ansicht die Form einer hoheitlichen Maßnahme häufig auch deren Inhalt beeinflusst.

b) Ist die von der Verwaltung gewählte Form **nicht eindeutig**, so ist für die Abgrenzung auf den **Inhalt** der Maßnahme abzustellen. Inhaltlich knüpft die Einzelfallregelung an den geregelten Fall und an den Adressatenkreis an.

209

- Der **geregelte Fall** kann konkret oder abstrakt sein. Er ist
  - **konkret**, wenn Zeit, Ort, Personen und sonstige Umstände in der Weise festgelegt sind, dass für jeden Adressaten der Maßnahme die Zahl der geregelten Verhaltensweisen bestimmt ist;
  - **abstrakt**, wenn er so gefasst ist, dass ungewiss ist, ob sich dieser Fall überhaupt und wie oft er sich ereignen wird („jedesmal, wenn ...").

- Der **Adressatenkreis** einer Regelung kann individuell oder generell sein:
  - **individuell**, wenn die Regelung sich an ganz bestimmte (zumindest zahlenmäßig feststehende) Personen richtet;
  - **generell**, wenn bei Erlass der Regelung noch nicht feststeht, welche Personen individuell betroffen sind, sei es weil die Adressaten von vornherein zahlenmäßig unbestimmt sind oder weil sich der bei Erlass betroffene konkrete Adressatenkreis wegen der begrifflichen Fassung der Regelung noch erweitern kann.

---

343 BVerwGE 18, 1, 5; BVerwG DÖV 1974, 426; Kopp/Ramsauer VwVfG § 35 Rdnr. 72; Schoch/Pietzcker VwGO vor § 42 Abs. 1 Rdnr. 32; Kahl Jura 2001, 505, 510; Burgi/Wienbracke NWVBl. 2002, 283, 284; Emmerich-Fritsche NVwZ 2006, 762, 764 und oben Rdnr. 170.

344 Kopp/Schenke VwGO Anh § 42 Rdnr. 5 und 48; ders. NVwZ 1990, 1009, 1015; Heyle NVwZ 2008, 390, 391.

Daraus ergeben sich folgende **Verknüpfungsmöglichkeiten**:

Fall \ Adressat	individuell	generell
konkret	**VA**	§ 35 S. 2 VwVfG
abstrakt	**VA**	**Rechtsnorm**

210 ■ **Konkret individuelle** Regelungen sind stets Einzelfallregelungen durch VA.

> **Beispiel:** A hat am 23.12. das Glatteis vor seinem Haus zu beseitigen.

211 ■ **Abstrakt individuelle** Regelungen werden ebenfalls als Einzelfallregelung i.S.d. VA angesehen. Sie beschreiben zwar einen abstrakten Fall, werden jedoch konkret, wenn die näher bezeichneten Umstände eintreten. Damit ist jede individuelle Regelung ein VA.[345]

> **Beispiel:** Dem Kraftwerksunternehmer K (individueller Adressat) wird aufgegeben, jedesmal, wenn wegen des aus den Kühltürmen entweichenden Wasserdampfs und der Außentemperatur Glatteisgefahr besteht (abstrakter Sachverhalt), die in der Nähe befindlichen, näher bezeichneten Straßen zu streuen.

212 ■ **Abstrakt generelle** Regelungen sind allgemeine Regelungen durch Rechtsnorm.

> **Beispiel:** Bei Glatteis sind alle Grundstückseigentümer verpflichtet, die Gehwege zu streuen.

213 ■ **Konkret generelle** Regelungen sind dadurch gekennzeichnet, dass zur Regelung eines konkreten Einzelfalles Rechtsfolgen gegenüber einer Mehrzahl von Personen bestimmt werden.

> **Beispiel:** Verbot einer Versammlung gegenüber allen potenziellen Demonstranten, Verkehrsbeschränkungen gegenüber allen möglichen Verkehrsteilnehmern.

Diese Konstellation wird von der in § 35 S. 2 VwVfG geregelten **Allgemeinverfügung** erfasst. Eine konkret generelle Regelung ist nur in den dort genannten Fällen als VA zu qualifizieren.

---

345 OVG NRW OVGE 16, 289 f.; BayVGH NVwZ 1998, 1205; Maurer § 9 Rdnr. 20; Ruffert in Erichsen/Ehlers § 21 Rdnr. 34; Kahl Jura 2001, 505, 511; Heyle NVwZ 2008, 390, 391.

2. Die Allgemeinverfügung

Bei einem generellen Adressatenkreis liegt eine Einzelfallregelung nur vor, wenn die **214** Voraussetzungen des § 35 S. 2 VwVfG erfüllt sind. Es handelt sich dann um eine Allgemeinverfügung. Hierbei sind drei Arten zu unterscheiden:

- Die **personenbezogene** Allgemeinverfügung (§ 35 S. 2, 1. Fall VwVfG) betrifft einen bestimmten oder bestimmbaren Adressatenkreis.

- Die **sachbezogene** (dingliche) Allgemeinverfügung (§ 35 S. 2, 2. Fall VwVfG) regelt die öffentlich-rechtliche Eigenschaft einer Sache.

- Die **benutzungsregelnde** Allgemeinverfügung (§ 35 S. 2, 3. Fall VwVfG) betrifft die Regelung der Benutzung einer Sache durch die Allgemeinheit.

Daraus, dass in § 35 S. 2 VwVfG die Formulierung „Allgemeinverfügung ist ein Verwaltungsakt, der ..." **215** auf den VA-Begriff in § 35 S. 1 VwVfG verweist, ergibt sich, dass es sich bei der Allgemeinverfügung nur um einen Unterfall des VA handelt. Damit ein VA vorliegt, müssen auch im Rahmen des § 35 S. 2 VwVfG **alle sonstigen Begriffsmerkmale** des VA erfüllt sein: Auch die Allgemeinverfügung setzt die Maßnahme einer Behörde auf dem Gebiet des öffentlichen Rechts voraus, die eine Regelung mit Außenwirkung enthält. Lediglich das Merkmal **Einzelfall** wird durch § 35 S. 2 VwVfG modifiziert.

a) Die personenbezogene Allgemeinverfügung

Fall 10: Alle oder keiner

Bisher unbekannte Veranstalter haben zu einer Großdemonstration gegen einen Transport von verbrauchten Kernbrennelementen in G aufgerufen. Da aufgrund von mehreren Ankündigungen mit erheblichen Gewalttätigkeiten und der Besetzung des geplanten Deponiegeländes zu rechnen ist, möchte die zuständige Behörde die Kundgebung verbieten und die sofortige Vollziehung anordnen. Diese Anordnung soll in den örtlichen Zeitungen und im Rundfunk öffentlich bekanntgemacht werden.

Die Behörde kann ein Versammlungsverbot nach § 15 Abs. 1 VersG erlassen und nach § 80 Abs. 2 S. 1 Nr. 4 VwGO die sofortige Vollziehung anordnen, wenn es sich bei der Maßnahme um einen **Verwaltungsakt** i.S.d. § 35 VwVfG handelt.

1. Das Verbot ist eine **behördliche Maßnahme auf dem Gebiet des öffentlichen Rechts** (hier VersG) in Form einer Regelung (Verbot) mit Außenwirkung gegenüber den potenziellen Demonstrationsteilnehmern.

2. Weitere Voraussetzung ist, dass die Regelung einen **Einzelfall** betrifft.

   a) Die Einzelfallregelung erfordert die Regelung eines **konkreten** Sachverhaltes. Das ist hier der Fall, da es um eine konkrete Versammlung an einem konkret bezeichneten Ort geht.

   b) Jedoch handelt es sich anders als beim Normalfall eines VA nicht um einen **individuellen Adressatenkreis**, da nicht feststeht, wer und wie viele Personen an der Demonstration teilnehmen wollen.

Bei einem generellen Adressatenkreis liegt ein VA nur vor, wenn die Voraussetzungen des § 35 S. 2 VwVfG erfüllt sind. Vorliegend könnte es sich um eine **personenbezogene Allgemeinverfügung** i.S.d. § 35 S. 2, 1. Fall VwVfG handeln. Dann müsste der Adressatenkreis bei Erlass der Anordnung nach allgemeinen Merkmalen **bestimmt** oder **bestimmbar** sein.

216 aa) Diese Voraussetzung ist jedenfalls dann erfüllt, wenn der Adressatenkreis zwar nur begrifflich bestimmt wird (z.B. „alle Hauseigentümer", „alle Personen, die sich zur Zeit in dem besetzten Haus aufhalten"), **zahlenmäßig** aber **feststeht**, sodass die Betroffenen genau bezeichnet werden könnten.

> **Beispiel:** Verfügung an alle Hauseigentümer in der Stadt S (genereller Adressatenkreis), zur Verhinderung von Dachlawinen die Dächer ihrer Häuser vom Schnee zu befreien (konkreter Sachverhalt).
>
> Hier könnte jeder Eigentümer im Wege einer selbstständigen Verfügung in Anspruch genommen werden. Der Einfachheit halber kann die Behörde eine Allgemeinverfügung nach § 35 S. 2, 1. Fall VwVfG erlassen (mit der Folge, dass z.B. § 28 Abs. 2 Nr. 4, § 39 Abs. 2 Nr. 5, § 41 Abs. 3 S. 2 VwVfG Anwendung finden).
>
> Ebenso erfolgt die Schließung einer Schule durch Allgemeinverfügung gegenüber allen Schülern und Eltern nach § 35 S. 2, 1. Fall VwVfG. [346] Diese Fälle werden auch als sog. **Sammel-VAe** bezeichnet und zum Teil schon unter § 35 S. 1 VwVfG gefasst.[347]

Ein solcher Fall ist hier nicht gegeben, weil sich bei Erlass der Maßnahme noch gar nicht absehen lässt, wer an der Kundgebung teilzunehmen gedenkt.

217 bb) Steht der Adressatenkreis bei Erlass der Maßnahme **zahlenmäßig noch nicht fest**, ist umstritten, ob ein VA in Form einer Allgemeinverfügung ergehen kann.

> Der Wortlaut des § 35 S. 2 VwVfG hilft unmittelbar nicht weiter: „Bestimmt" ist der Personenkreis in diesen Fällen nicht. Zwar reicht die „Bestimmbarkeit" aus, dies ist jedoch keine echte Einschränkung. Eine Regelung, bei der der Adressatenkreis nicht bestimmbar ist, wäre ohne weiteres nichtig. Letztlich ist alles, was bestimmbar ist, auch bestimmt, sodass die gesetzliche Formulierung missglückt ist.[348]

(1) Zum Teil wird darauf abgestellt, dass die Bestimmbarkeit bereits im **Zeitpunkt des Erlasses** der Maßnahme gegeben sein muss, d.h. der Adressatenkreis muss abschließend feststellbar sein und darf sich in der Zukunft nicht mehr verändern.[349] Nach dieser Auffassung kann das Verbot keinen VA darstellen, weil sich noch gar nicht sagen lässt, wer an der Demonstration teilnehmen wird. Die Personen sind weder bestimmt noch nach irgendwelchen Kriterien bestimmbar. Dies hätte zur Folge, dass ein präventives Versammlungsverbot nur als (ordnungsbehördliche) Verordnung ergehen könnte.

---

346 Vgl. OVG NRW NVwZ-RR 1990, 23.

347 Vgl. Kopp/Ramsauer VwVfG § 35 Rdnr. 163; Bader/Ronellenfitsch VwVfG § 35 Rdnr. 217; Ruffert in Erichsen/Ehlers § 21 Rdnr. 35.

348 Ruffert in Erichsen/Ehlers § 21 Rdnr. 36.

349 Ule/Laubinger § 48 I 6; Obermayer NJW 1980, 2386, 2389.

(2) Nach h.M. ist für die Bestimmbarkeit in diesen Fällen ausreichend, dass der Adressatenkreis bei Erlass der Verfügung **„im Wesentlichen"** bestimmt ist, also nicht völlig offen ist. Anders als bei der Rechtsnorm sind die potenziell Betroffenen bei der Allgemeinverfügung nach § 35 S. 2, 1. Fall VwVfG durch ihre Beziehung zu einem **konkreten Fall** bestimmbar. Das Merkmal des Einzelfalls wird daher weniger durch die Adressaten als vielmehr durch den Bezug zu einem konkreten Sachverhalt bestimmt.[350] Nur wenn von der Regelung theoretisch wie praktisch **jedermann** erfasst werden kann, liegt keine Allgemeinverfügung vor.

Beispiel (Endiviensalatfall): In einigen Landkreisen Baden-Württembergs war es zu Typhuserscheinungen gekommen, die angeblich auf den Genuss von Endiviensalat zurückzuführen waren. Das Innenministerium verbot daraufhin bis auf weiteres den Verkauf von Salat in den betroffenen Landkreisen. Das BVerwG hat die Anordnung als VA qualifiziert: Zwar sei der Adressatenkreis im Zeitpunkt des Erlasses nicht genau bestimmbar. „Es handelt sich hierbei nur um partielle und ausscheidbare Unbestimmtheiten, die die Allgemeinverfügung begrifflich nicht ausschließen."[351]

Ebenso ist ein Platzverweis, der sich an alle Personen richtet, die sich auf bestimmten Straßen und Plätzen in der Stadt S aufhalten und offensichtlich der Drogenszene zuzurechnen sind, als Allgemeinverfügung qualifiziert worden.[352] Dasselbe gilt für Anordnungen zum Schutz eines Biotops, durch die Besuchern bestimmte Verhaltenspflichten auferlegt werden. „Die Anlassbezogenheit und die örtliche Begrenztheit der Anordnung rechtfertigt in Abgrenzung zur Rechtsnorm die gewählte Form der Allgemeinverfügung."[353]

Auch im vorliegenden Fall ist der Personenkreis „im Wesentlichen" bestimmt. Er ergibt sich durch Bezugnahme auf eine ganz konkrete, räumlich und zeitlich fixierte Veranstaltung. Demnach liegt eine personenbezogene **Allgemeinverfügung** i.S.d. § 35 S. 2, 1. Alt. VwVfG und damit ein VA vor.[354] Diesbezüglich kann die Behörde die sofortige Vollziehung anordnen (§ 80 Abs. 2 S. 1 Nr. 4 VwGO), um die aufschiebende Wirkung etwaiger Rechtsbehelfe (§ 80 Abs. 1 VwGO) auszuschließen. Das Verbot kann dann mit dieser Anordnung gem. § 41 Abs. 3 S. 2 VwVfG öffentlich bekanntgegeben werden.

---

350 Vgl. BVerwGE 12, 87, 89 f.[@]; 29, 208, 209; VGH Mannheim NVwZ 2003, 115; DÖV 1997, 255; Maurer § 9 Rdnr. 30; Kahl Jura 2001, 505, 511; Bader/Ronellenfitsch VwVfG § 35 Rdnr. 222 ff.; abweichend Ruffert in Erichsen/Ehlers § 21 Rdnr. 36.

351 BVerwGE 12, 87, 89 f.

352 VGH Mannheim DÖV 1997, 255; Bader/Ronellenfitsch VwVfG § 35 Rdnr. 227.1; kritisch Knack/Henneke VwVfG § 35 Rdnr. 129; zweifelnd auch VGH Mannheim NVwZ 2003, 115 (Aufenthaltsverbot für Personen der „Punk-Szene").

353 VGH Mannheim NVwZ 2004, 119; abweichend Burgi/Wienbracke NWVBl. 2004, 283, 284.

354 Vgl. OVG MV NordÖR 2007, 291; Maurer § 9 Rdnr. 30; Bader/Ronellenfitsch VwVfG § 35 Rdnr. 227.1.

b) Die sachbezogene Allgemeinverfügung

218 Allgemeinverfügung ist auch eine Regelung, die die **öffentlich-rechtliche Eigenschaft** einer Sache betrifft (§ 35 S. 2, 2. Fall VwVfG, auch dinglicher VA). Darunter fallen in erster Linie die Widmung einer Sache zur öffentlichen Sache und die Entwidmung, weil dadurch die öffentlich-rechtliche Eigenschaft der Sache begründet bzw. beendet wird.[355]

Die **Widmung** ist die Erklärung eines Staatsorgans, dass eine bestimmte Sache einem bestimmten öffentlichen Zweck dienen und deshalb (auch) öffentlich-rechtlichen Vorschriften unterliegen soll (z.B. Widmung zur öffentlichen Straße nach § 2 FStrG).[356]

Weitere Beispiele für die dingliche Allgemeinverfügung nach § 35 S. 2, 2. Fall VwVfG sind die (Um-)Benennung von Straßen,[357] die Widmung öffentlicher Einrichtungen (so sie nicht durch Satzung erfolgt),[358] die Zuteilung einer Hausnummer[359] und die Eintragung eines Gebäudes in die Denkmalliste.[360]

219 Unter § 35 S. 2, 2. Fall VwVfG fallen aber nur solche Regelungen, die den **sachenrechtlichen Zustand** der Sache betreffen. Nicht ausreichend ist, dass sich die Regelung überhaupt auf eine Sache bezieht.

So sind z.B. eine Baugenehmigung oder eine Abbruchverfügung keine dinglichen Allgemeinverfügungen, sondern VAe i.S.d. § 35 S. 1 VwVfG.

c) Die benutzungsbezogene Allgemeinverfügung

220 Auch die Regelung der **Benutzung einer öffentlichen Sache durch die Allgemeinheit** kann gem. § 35 S. 2, 3. Fall VwVfG durch Allgemeinverfügung erfolgen.

Beispiele: Benutzungsregelungen bei öffentlich-rechtlichen Einrichtungen (z.B. kommunale Badeanstalten, Museen, Bibliotheken). Allerdings werden diese in der Praxis häufig durch Satzung getroffen. Die Übergänge zur RechtsVO sind fließend.[361] Auch Beschränkungen der Benutzung (z.B. Verbote) können unter § 35 S. 2, 3. Fall VwVfG fallen.

221 Wichtigster Anwendungsfall sind **Verkehrszeichen** (§§ 39 ff. StVO). Soweit sie Gebote oder Verbote enthalten, sind sie **Allgemeinverfügungen** i.S.d. § 35 S. 2, 3. Fall VwVfG.[362] Die für die Allgemeinverfügung erforderliche Bestimmtheit der Regelung wird durch den Bezug zu einer konkreten Straße hergestellt, deren Benutzung geregelt wird.[363]

Vorschriftszeichen nach § 41 StVO enthalten konkrete Ge- bzw. Verbote, die jeder Verkehrsteilnehmer zu befolgen hat (§ 41 Abs. 1 StVO). Dasselbe gilt für **Richtzeichen** nach § 42 StVO, soweit sie Ge- oder Verbote enthalten (§ 42 Abs. 1 S. 2 StVO). **Gefahrenzeichen** nach § 40 StVO enthalten dagegen keine Regelung, sondern mahnen lediglich, sich auf die angekündigte Gefahr einzurichten. Sie sind daher keine VAe. Gleiches gilt für Verkehrsschilder, die bloße Hinweise enthalten (z.B. Wegweiser).

---

355 Kopp/Ramsauer VwVfG § 35 Rdnr. 164; Ruffert in Erichsen/Ehlers § 21 Rdnr. 37 m.w.N.

356 Vgl. dazu AS-Skript Besonderes Ordnungsrecht (2007), S. 45 ff.

357 OVG NRW NJW 1987, 2695; BayVGH BayVBl. 1988, 495.

358 Stelkens/Bonk/Sachs VwVfG § 35 Rdnr. 324

359 Stelkens/Bonk/Sachs VwVfG § 35 Rdnr. 327; Bader/Ronellenfitsch VwVfG § 35 Rdnr. 245.

360 OVG NRW NWVBl. 1992, 322; a.A. ThürOVG, Urt. v. 05.11.2003 – 1 KO 433/00.

361 Vgl. Burgi/Wienbracke NWVBl. 2002, 283, 284.

362 BVerwG NVwZ 2007, 340 f.; NJW 1997, 1021, 1022@; OVG Lüneburg NJW 2007, 1609, 1610; Stelkens/Bonk/Sachs § 35 Rdnr. 330; Kahl Jura 2001, 505, 511; Ehlers JZ 2011, 155; Schoch Jura 2011, 23, 26; a.A. die frühere Rspr. des BayVGH, z.B. BayVGH NJW 1979, 670; dazu Obermayer NJW 1980, 2387 f.

363 Maurer § 9 Rdnr. 34; Kopp/Ramsauer VwVfG § 35 Rdnr. 164.

Aus der VA-Qualität ergeben sich bei Verkehrszeichen verfahrensrechtlich und prozessual folgende **Besonderheiten**:

■ Soweit Verkehrszeichen Allgemeinverfügungen i.S.d. § 35 S. 2, 3. Fall VwVfG sind, **222** kann **Anfechtungsklage** gem. § 42 Abs. 1, 1. Fall VwGO erhoben werden, ggf. nach vorherigem Widerspruchsverfahren (§ 68 Abs. 1 VwGO).

■ Verkehrszeichen ersetzen Anordnungen von Polizeivollzugsbeamten (§ 36 StVO). Auf- **223** grund dieser Funktionsgleichheit haben Rechtsbehelfe gegen Verkehrszeichen analog § 80 Abs. 2 S. 1 Nr. 2 VwGO **keine aufschiebende Wirkung**.[364] Verkehrszeichen müssen daher trotz etwaiger Rechtsbehelfe zunächst beachtet werden. Auf die Rechtmäßigkeit des Verkehrszeichens kommt es nicht an, solange die Anordnung nicht nichtig ist.[365]

Beispiel: Das Abschleppen eines verbotswidrig abgestellten PKW kann als Ersatzvornahme oder Sicherstellung[366] rechtmäßig sein, selbst wenn die zugrunde liegende verkehrsrechtliche Anordnung ggf. rechtswidrig sein sollte.

■ Im Rahmen der **Klagebefugnis** (§ 42 Abs. 2 VwGO) kann jeder Verkehrsteilnehmer **224** geltend machen, in seiner allgemeinen Handlungsfreiheit (Art. 2 Abs. 1 GG) dadurch verletzt zu sein, dass die rechtssatzmäßigen Voraussetzungen für die (auch ihn treffende) Verkehrsbeschränkung nach § 45 StVO nicht gegeben seien.[367]

Beispiel: Der betroffene Verkehrsteilnehmer kann geltend machen, das Verkehrszeichen sei mangels Gefahrenlage gar nicht erforderlich (vgl. § 45 Abs. 9 StVO).[368] Die Gegenansicht verweist darauf, dass die Benutzung der Straße in aller Regel auf einer nicht einklagbaren staatlichen Leistung beruhe. Da es dem Staat freistehe, ob er eine Straße überhaupt baue, müsse er ebenso frei in der Ausgestaltung dieser Gewährung sein, ohne damit in das Grundrecht aus Art. 2 Abs. 1 GG einzugreifen.[369]

■ Die **Bekanntgabe** von Verkehrszeichen erfolgt nach § 45 Abs. 4 StVO. Für die Wirk- **225** samkeit (§ 43 Abs. 1 VwVfG) genügt es, wenn das Verkehrszeichen so aufgestellt ist, dass es für die Verkehrsteilnehmer ohne weiteres wahrnehmbar ist, unabhängig davon, ob der Betroffene das Verkehrszeichen auch tatsächlich wahrgenommen hat (sog. Sichtbarkeitsgrundsatz).[370]

Streitig ist lediglich, ob dies als öffentliche Bekanntgabe eines nicht schriftlichen VA gemäß § 41 Abs. 3 VwVfG einzuordnen ist oder ob die Spezialvorschrift des § 45 Abs. 4 StVO die allgemeinen Regeln des § 41 VwVfG insgesamt verdrängt (so die h.M.).[371]

■ Daraus hat die früher h.M. die Konsequenz gezogen, dass mit der Aufstellung die **226** (mangels Rechtsbehelfsbelehrung i.d.R. einjährige **Anfechtungsfrist**, §§ 58 Abs. 2, 70, 74 VwGO) für alle Verkehrsteilnehmer unabhängig von ihrer konkreten Betroffenheit zu laufen beginnt. Sinn und Zweck einer öffentlichen Bekanntgabe bestehe gerade darin, dass sie für und gegen jedermann wirke und zwar auch in die Zukunft ge-

---

364 BVerwG NJW 2008. 2867, 2868; Kopp/Schenke VwGO § 80 Rdnr. 64 m.w.N.

365 VGH Mannheim NVwZ-RR 1996, 149, 150; OLG Düsseldorf NWVBl. 1999, 316; OVG Hamburg NordÖR 2002, 469.

366 Vgl. dazu BGH NVwZ 2006, 964, 965.

367 BVerwG NJW 2004, 698; NJW 1997, 1021, 1022@; DVBl. 1995, 742, 745; DVBl. 1993, 612, 613@; VGH Kassel NJW 1999, 2057; OVG NRW NJW 1996, 3024, 3025; Beaucamp JA 2008, 612, 614; einschränkend OVG Hamburg NZV 2003, 351, 352.

368 Vgl. z.B. BVerwG NJW 2011, 246.

369 VGH Mannheim DÖV 1990, 981

370 BVerwG NJW 2008, 2867, 2868; NJW 1997, 1021, 1022@; VGH Kassel NJW 1999, 1651 f.; Becker JA 2000, 677, 679; Proppe JA 2000, 234, 240; Beaucamp JA 2008, 612, 613.

371 Vgl. Beaucamp JA 2008, 612, 613; Ehlers JZ 2011, 155, 156.

genüber erst später betroffenen Personen. Nach Ablauf eines Jahres sei das Verkehrszeichen für jedermann unanfechtbar.[372] Die Gegenansicht verweist darauf, dass der jeweilige Verkehrsteilnehmer zum Adressaten der verkehrsbehördlichen Anordnung erst werde, wenn er in die konkret geregelte örtliche Verkehrssituation gerate. Die Rechtsbehelfsfrist könne dementsprechend erst dann beginnen, wenn der Betroffene erstmals in den Sicht- und Wirkungsbereich des Verkehrszeichens gelangt.[373] Dafür spricht die Rechtsschutzgarantie des Art. 19 Abs. 4 GG. Würde die Frist für alle Verkehrsteilnehmer unabhängig von deren Möglichkeit der Kenntnisnahme zu laufen beginnen, würde der Rechtsschutz in unzumutbarer Weise erschwert.

„Liefe die Anfechtungsfrist für jedermann schon mit dem Aufstellen des Verkehrsschilds, könnte ein Verkehrsteilnehmer, der erstmals mehr als ein Jahr später mit dem Verkehrszeichen konfrontiert wird, keinen Rechtsschutz erlangen; denn bis zu diesem Zeitpunkt war er an der Einlegung eines Rechtsbehelfs mangels individueller Betroffenheit (§ 42 Abs. 2 VwGO) gehindert, danach würde ihm der Ablauf der einjährigen Anfechtungsfrist entgegengehalten."[374]

Art. 19 Abs. 4 GG zwingt jedoch nicht zu der Annahme, dass die Rechtsbehelfsfrist jedesmal neu zu laufen beginnt, wenn sich der Verkehrsteilnehmer demselben Verkehrszeichen gegenüber sieht. „Kommt der Verkehrsteilnehmer erneut an diese Stelle, hat das Verkehrszeichen für ihn nur eine erinnernde Funktion."[375]

V. Die Außenwirkung der Regelung

227 Verwaltungsakte sind nur solche Regelungen, die auf unmittelbare Rechtswirkung nach außen gerichtet sind. Das Merkmal der **Außenwirkung** dient zur Abgrenzung des VA von den lediglich verwaltungsintern wirkenden Maßnahmen.

1. Verwaltungsinterne Maßnahmen

Fall 11: Verkehrsberuhigte Zonen

Die kreisfreie Stadt S hat beschlossen, im gesamten Stadtbereich Tempo-30-Zonen einzurichten. Die Bezirksregierung B ist als Aufsichtsbehörde der Auffassung, dass für eine Reihe von Straßen die Voraussetzungen für die Einrichtung einer geschwindigkeitsbeschränkten Zone nicht erfüllt sind. Daher weist B die Stadt S an, u.a. die X-Straße aus der Anordnung zur Einrichtung der Tempo 30-Zone herauszunehmen.

1. Die Stadt S überlegt, ob sie gegen die Weisung zulässigerweise klagen kann.

2. K, der in der X-Straße wohnt, ist der Auffassung, dass die bisherigen Verkehrsverhältnisse unzumutbar sind. Da die Stadt S gegen die Anordnung der Bezirksregierung nicht vorgehen will, überlegt K, selbst Klage gegen die Weisung der B zu erheben.

---

372 VGH Mannheim JZ 2009, 738, 739; NVwZ-RR 2003, 311, 312; OVG Hamburg NordÖR 2004, 399; Schoch Jura 2003, 752, 755; Kopp/Ramsauer VwVfG § 35 Rdnr. 174; Stelkens/Bonk/Sachs VwVfG § 35 Rdnr. 333; ders. NJW 2010, 1184, 1186; Ehlers JZ 2011, 155.

373 BVerwG RÜ 2011, 51, 53; OVG Hamburg NordÖR 2003, 307, 208; OVG Lüneburg NJW 2007, 1609, 1610; VGH Kassel NZV 2008, 423, 424; Bader/Ronellenfitsch VwVfG § 35 Rdnr. 254; Bitter/Goos JZ 2009, 740 f.; Schoch Jura 2011, 23, 27; vgl. auch BVerfG RÜ 2009, 808. 809; Waldhoff JuS 2010, 91 f.; Muckel JA 2010, 394, 395.

374 BVerwG RÜ 2011, 51, 53; vgl. auch die verfassungsrechtlichen Bedenken von BVerfG RÜ 2009, 808, 809; dagegen Ehlers JZ 2011, 155, 157.

375 BVerwG RÜ 2011, 51, 54.

A. Klage der Stadt S

I. Der **Verwaltungsrechtsweg** ist gemäß § 40 Abs. 1 S. 1 VwGO für die Streitigkeit auf dem Gebiet des öffentlichen Straßenverkehrsrechts eröffnet.

II. Statthafte **Klageart** ist die **Anfechtungsklage** nach § 42 Abs. 1, 1. Fall VwGO, wenn die Weisung der B einen **VA** i.S.d. § 35 S. 1 VwVfG darstellt.

1. Es geht um die Maßnahme der Bezirksregierung auf dem Gebiet des öffentlichen Rechts.

2. Die Weisung enthält auch eine **Einzelfallregelung**, da sich aus ihr für die konkrete Gemeinde bestimmte Pflichten ergeben.

3. Die Regelung muss auf unmittelbare Rechtswirkung „nach außen" gerichtet   **228** sein. Eine solche **Außenwirkung** ist anzunehmen, wenn die beabsichtigten Rechtsfolgen gegenüber einer außerhalb der Verwaltung stehenden natürlichen oder juristischen Person eintreten sollen, indem deren Rechtsposition erweitert, eingeschränkt, festgestellt oder sonst regelnd in sie eingegriffen wird. An der Außenwirkung fehlt es, wenn die Maßnahme nur Rechtswirkungen innerhalb der staatlichen Verwaltung hat.[376]

Bei der Frage, ob **Weisungen** oder andere Anordnungen zwischen Verwaltungsträgern VAe darstellen, ist nach h.M. zu differenzieren:

a) Im Grundgesetz ist vorgesehen, dass in bestimmten Fällen der **Bund** den   **229** **Ländern** Weisungen erteilen kann (Art. 84 Abs. 5, Art. 85 Abs. 3 GG). Hierbei handelt es sich aber nicht um Verwaltungstätigkeit i.S.d. § 1 Abs. 4 VwVfG, sondern um Ausübung **verfassungsrechtlicher** Befugnisse (deswegen ist bei Streitigkeiten auch das BVerfG zuständig, Art. 93 Abs. 1 Nr. 3 GG). Die Bundesregierung bzw. das zuständige Ministerium handelt hier nicht als Behörde i.S.d. § 1 Abs. 4 VwVfG.

Im Rahmen der Bundesauftragsverwaltung (Art. 85 GG) fehlt es den Weisungen darüber hinaus auch an der Außenwirkung, weil in diesem Bereich die Landesbehörden lediglich den Status einer nachgeordneten Behörde besitzen.[377]

b) Anordnungen einer Bundesbehörde an eine **andere Bundesbehörde** bzw.   **230** einer Landesbehörde an eine **andere Landesbehörde** wirken nur intern, da beide Behörden derselben Körperschaft (Bund bzw. Land) angehören. Körperschaftsinterne Maßnahmen sind nicht auf Außenwirkung gerichtet und damit keine VAe.

Beispiel: Das Innenministerium weist die Bezirksregierung an, eine bestimmte Entscheidung zu treffen. – Entsprechendes gilt für die Fälle der sog. **Organleihe:** Die Weisung der Bezirksregierung an den Landrat als untere staatliche Verwaltungsbehörde ist mangels Außenwirkung kein VA (dazu AS-Skript Kommunalrecht).

---

376 Kopp/Ramsauer VwVfG § 35 Rdnr. 124; Stelkens/Bonk/Sachs § 35 Rdnr. 146; Ziekow VwVfG § 35 Rdnr. 40; Knack/Henneke § 35 Rdnr. 35 m.w.N.
377 Vgl. auch BVerfG DVBl. 1990, 763.

c) Maßnahmen staatlicher Verwaltungsorgane gegenüber kommunalen Körperschaften (z.B. der Gemeinde) haben Außenwirkung, wenn die Gemeinde in ihrem **eigenen Wirkungskreis** betroffen ist. Denn hier steht die Gemeinde dem Staat als Träger des Selbstverwaltungsrechtes (Art. 28 Abs. 2 GG) und damit als selbstständiger Rechtsträger gegenüber. Weisungen in **Selbstverwaltungsangelegenheiten** sind daher stets Verwaltungsakte.[378]

Beispiel: Weisung an die Gemeinde, das städtische Theater nicht mehr zu subventionieren oder ein Hallenbad zu schließen.

Im sog. **übertragenen Wirkungskreis**, in dem die Gemeinde an sich staatliche Aufgaben wahrnimmt, wird dagegen überwiegend die Außenwirkung verneint. Die Gemeinde werde hier, ähnlich einer staatlichen Behörde, praktisch nur als verlängerter Arm des Staates tätig. Weisungen hätten nur verwaltungsinterne Wirkung und seien daher **keine VAe**.[379]

Ein Teil der Lit. vertritt demgegenüber die Auffassung, dass Aufsichtsmaßnahmen auch im übertragenen Wirkungskreis **stets als VAe** zu qualifizieren seien, da sie die Gemeinden als selbstständige Körperschaften stets als Träger eigener, dem Außenrechtsbereich zuzuordnender Rechte und Pflichten betreffen.[380]

231

d) Auch das BVerwG differenziert neuerdings nicht mehr allein nach dem Aufgabenbereich der Gemeinde, sondern stellt auf das anzuwendende **materielle Recht** ab. Zwar fehle es fachaufsichtlichen Weisungen in der Regel an der Außenwirkung, insbes. wenn sich die Weisung auf die fachliche Erledigung der zugewiesenen staatlichen Aufgabe beschränkt. Ausnahmsweise können jedoch auch Weisungen im übertragenen Wirkungskreis Außenwirkung entfalten, wenn der Gemeinde nach dem materiellem Recht eine durch Art. 28 Abs. 2 GG geschützte Rechtsstellung zusteht. Denn dann verbleibe die Weisung nicht im staatlichen Innenbereich, sondern greife auf den rechtlich geschützten Bereich der Selbstverwaltungsangelegenheiten der Gemeinde über. Insoweit spiele das materielle Recht nicht erst bei der Klagebefugnis (§ 42 Abs. 2 VwGO), sondern schon bei den Tatbestandsmerkmalen des VA eine Rolle.[381]

Daher hat das BVerwG in einem vergleichbaren Fall die Außenwirkung bejaht. Durch die Weisung, bestimmte Straßen aus der Anordnung herauszunehmen, werde das gemeindliche Konzept zur geordneten städtebaulichen Entwicklung und damit die **Planungshoheit** betroffen. Örtliche Verkehrsplanungen gehörten aber zu den Selbstverwaltungsaufgaben der Gemeinde (vgl. auch § 5 Abs. 2 Nr. 3, § 9 Abs. 1 Nr. 11 BauGB).[382]

---

378 VGH Mannheim VBlBW 2004, 56; OVG NRW NuR 2006, 191, 192; NWVBl. 1995, 300, 301; Erichsen DVBl. 1985, 943, 947; Hufen § 14 Rdnr. 40; Redeker/v.Oertzen § 42 Rdnr. 50 m.w.N.

379 BVerwGE 52, 316, 317; BVerwG DVBl. 1978, 638; OVG Lüneburg NVwZ-RR 1997, 474; HessVGH NVwZ-RR 1990,4; Erichsen DVBl. 1985, 943, 947 f.; Ruffert in Erichsen/Ehlers § 21 Rdnr. 49; Franz JuS 2004, 937, 942 m.w.N.

380 Hufen § 14 Rdnr. 40; Schmidt-Jortzig JuS 1970, 488, 491; Schröder JuS 1986, 371, 375; Geiger JA 1993, 28, 28; Knemeyer JuS 2000, 521, 524 f.; Kahl Jura 2001, 505, 512; Schoch Jura 2006, 358, 363.

381 BVerwG DVBl. 1995, 744, 745@; ebenso VGH Mannheim DVBl. 1994, 348, 349; Kopp/Ramsauer VwVfG § 35 Rdnr. 155.

382 BVerwG DVBl. 1995, 744, 745@; vgl. auch das Einvernehmenserfordernis in § 45 Abs. 1 c S. 1 StVO.

Da derartige Weisungen generell auf die vom Selbstverwaltungsrecht umfasste **Planungshoheit** einwirken, ist die Weisung der Bezirksregierung darauf gerichtet, in den durch Art. 28 Abs. 2 GG geschützten Rechtskreis der Gemeinde einzugreifen. Sie entfaltet daher Außenwirkung. Gegen den damit vorliegenden VA kann die Stadt S eine Anfechtungsklage erheben.

III. Die Stadt S kann nach dem oben Gesagten geltend machen, in ihrem Recht auf Selbstverwaltung (Art. 28 Abs. 2 GG) verletzt zu sein, sodass auch die **Klagebefugnis** (§ 42 Abs. 2 VwGO) gegeben ist.

IV. Nach erfolglosem **Vorverfahren** (§ 68 Abs. 1 VwGO – vorbehaltlich landesrechtlicher Ausnahmen nach § 68 Abs. 1 S. 2 VwGO) ist daher eine Anfechtungsklage der Stadt S unter Einhaltung der **Klagefrist** (§ 74 Abs. 1 VwGO) zulässig.

B. **Klage des K**

I. Eine **Anfechtungsklage** des K (§ 42 Abs. 1, 1. Fall VwGO) kommt nur in Betracht, wenn die Weisung auch gegenüber K eine Regelung mit Außenwirkung und damit einen VA darstellt.

1. Gegenüber den Verkehrsteilnehmern und gegenüber K werden durch die Weisung (noch) keine Rechtsfolgen ausgelöst. Es handelt sich lediglich um die **Vorbereitung** einer straßenverkehrsrechtlichen Regelung.

2. Im Übrigen fehlt es auch an der Außenwirkung. Zwar wird durch die Weisung **232** die straßenverkehrsrechtliche Anordnung der Gemeinde beeinflusst. Insoweit handelt es sich gegenüber K jedoch allenfalls um eine mittelbare, **faktische Wirkung**. Ebenso wie bei der Regelung selbst ist es auch zur Begründung der Außenwirkung nicht ausreichend, dass sich die Maßnahme lediglich faktisch gegenüber außerhalb der Verwaltung stehenden Personen auswirken kann. Vielmehr muss die Maßnahme gerade auf eine Regelung mit Außenwirkung **gerichtet** sein, d.h. die Außenwirkung muss rechtlich beabsichtigt sein **(finales Element)**.[383]

Gegenüber K hat die Anordnung der Bezirksregierung **keine finale Außenwirkung**, da ihm gegenüber unmittelbar (noch) keine Rechtsfolgen gesetzt werden sollen.

Verwaltungsinterne Wirkung haben i.d.R. auch behördliche **Organisationsmaßnahmen** (z.B. Verlegung einer Behörde, Änderung des Zuständigkeitsbereichs von Behörden).[384] Nur wenn die organisatorische Maßnahme unmittelbar in Rechte des Bürgers eingreift, kann eine Regelung mit Außenwirkung und damit ein VA vorliegen (insbes. bei Schließung öffentlicher Einrichtungen, z.B. einer Schule,[385] einer Kindertagesstätte[386] oder eines Friedhofs[387]).

---

383 BVerwGE 60, 144, 145[@]; BVerwG NVwZ 2004, 349, 350; DVBl. 1995, 744, 745[@]; VG Darmstadt NJW 2004, 1471, 1472; VG Lüneburg NJW 2006, 1609, 1610; Maurer § 9 Rdnr. 24; Ruffert in Erichsen/Ehlers § 21 Rdnr. 44 m.w.N.

384 Kopp/Ramsauer VwVfG § 35 Rdnr. 148.

385 OVG NRW DVBl. 1995, 1366; DVBl. 1992, 448.

386 Erichsen, JK 98, VwVfG § 35/6; a.A. OVG Frankfurt NVwZ-RR 1997, 555.

387 OVG NRW NWVBl. 1993, 13.

3. Für die Qualifizierung als VA könnte jedoch es ausreichen, dass **gegenüber der Stadt** S eine Regelung mit Außenwirkung vorliegt.

233   a) Nach h.Lit. ist die Qualität einer Maßnahme **unteilbar**: Wenn eine Maßnahme ein VA ist, dann ist sie es gegenüber jedermann und nicht nur im Verhältnis zu bestimmten Personen.[388]

Nach dieser Auffassung ist es also unerheblich, ob durch den VA gerade dem Kläger gegenüber eine Regelung mit Außenwirkung erfolgt. Entscheidend ist allein, dass überhaupt gegenüber irgendjemandem eine Regelung getroffen wird, die in irgendeiner Beziehung Außenwirkung entfaltet. Die Wirkungen des VA auf die bestimmte Person seien nicht zur Bestimmung der Klageart, sondern erst für die Rechtsverletzung bzw. deren Möglichkeit (§§ 42 Abs. 2, 113 VwGO) von Bedeutung.

234   b) Die Rspr. stellt dagegen überwiegend darauf ab, dass die Rechtsnatur einer Maßnahme **teilbar** sei. Treffe die unmittelbare Rechtswirkung nicht jedermann, sondern nur einen bestimmten Kreis von Betroffenen, so sei die Entscheidung nur diesen gegenüber ein VA (sog. **relativer VA**).[389]

Für diese Auffassung spricht, dass der VA ein finaler Begriff ist. Erforderlich ist, dass die Maßnahme auf unmittelbare Rechtswirkung nach außen **gerichtet** ist (§ 35 S. 1 VwVfG). Aufgrund dieser Finalität muss der VA diese Eigenschaften – zumindest auch – gegenüber der Person aufweisen, die sich mit der Anfechtungsklage gegen ihn wendet. Da gegenüber K keine Regelung mit Außenwirkung vorliegt, ist die Maßnahme für ihn kein VA. Eine Anfechtungsklage wäre unzulässig.

Gegen die Auffassung des BVerwG wird zuweilen geltend gemacht, dass sie zur Konsequenz hätte, dass praktisch jeder VA mit Drittwirkung unterschiedlich zu beurteilen wäre. So wäre z.B. die Baugenehmigung dem Nachbarn gegenüber kein VA, da der Nachbar hierdurch nur faktisch in seinen Rechten betroffen wird. Dagegen zutreffend die Rspr.: „Anders als die hier angefochtene verkehrsrechtliche Anordnung stellt die Baugenehmigung nämlich – und zwar auch in Bezug auf etwaige Nachbarrechte – fest, dass das Bauvorhaben mit den öffentlich-rechtlichen Vorschriften vereinbar ist, und gibt die Bauausführung frei, ohne dass es dazu noch eines weiteren behördlichen Aktes bedarf. Insofern ist die Baugenehmigung, selbst wenn sie dem Nachbarn nicht amtlich mitgeteilt wird, auf unmittelbare Rechtswirkung auch ihm gegenüber gerichtet."[390]

II. Besitzt eine verwaltungsbehördliche Maßnahme, gegen die sich der Bürger zur Wehr setzen will, (ihm gegenüber) keine VA-Qualität, kommt als Klageart die **allgemeine Leistungsklage** in Betracht.

235   1. Die allgemeine Leistungsklage ist **statthaft**, wenn der Kläger eine (schlichte) Leistung der Verwaltung begehrt, die **nicht im Erlass eines VA** besteht.

Beispiele: Klage auf Herausgabe einer Sache, Geldzahlung, Widerruf und Unterlassung von ehrbeeinträchtigenden Äußerungen etc.

---

388 Vgl. Maurer § 21 Rdnr. 69; Langer DÖV 1987, 418, 422; Laubinger VerwArch 1986, 421, 431 m.w.N.; in diese Richtung auch BVerwG DVBl. 2003, 269; OVG NRW NVwZ-RR 2005, 58, 59.

389 BVerwG NVwZ 1994, 784[@]; NVwZ 1990, 260, 261; DVBl. 1986, 1003, 1004; VGH Mannheim NVwZ-RR 1996, 306; Wollenschläger/Schraml JA 1996, 477, 482; Huster Jura 1996, 371, 372 m.w.N.

390 BVerwG NVwZ 1994, 784[@].

K verlangt hier die Aufhebung der Weisung der Bezirksregierung. Da diese (ihm gegenüber) keinen VA darstellt, ist auch ihre Aufhebung als actus contrarius keine Regelung mit Außenwirkung. Die Leistungsklage ist daher statthaft.

2. Nach h.M. ist die allgemeine Leistungsklage zur Vermeidung einer Popularklage nur zulässig, wenn der Kläger geltend machen kann, in einem **subjektiven Recht** verletzt zu sein (§ 42 Abs. 2 VwGO gilt analog).[391]

    a) Bei **rein verwaltungsinternen** Maßnahmen ist dies i.d.R. zu verneinen, da der Bürger bzgl. der Gestaltung interner Vorgänge keine eigenen subjektiven Rechte hat. Der verwaltungsinterne Bereich unterliegt grds. nicht der Kontrolle durch die Gerichte.[392]   **236**

    b) Allerdings ist anerkannt, dass die Klagebefugnis für eine allgemeine Leistungsklage zu bejahen ist, wenn eine an sich verwaltungsinterne Maßnahme **faktische Außenwirkung** besitzt. Denn hier muss der Bürger gem. Art. 19 Abs. 4 GG die Möglichkeit haben, die ggf. rechtswidrige Beeinträchtigung seiner Rechte abzuwehren.[393]   **237**

    Beispiel: Der Bürger kann den Widerruf einer ehrverletzenden Tatsachenbehauptung verlangen, die in einem verwaltungsinternen Polizeibericht enthalten ist.[394]

    Im vorliegenden Fall lässt sich auch eine faktische Außenwirkung der Weisung nicht feststellen. Im Verhältnis zu K werden keinerlei Rechtswirkungen herbeigeführt. Für den Bürger sind allein die späteren verkehrsrechtlichen Anordnungen maßgebend.[395] K kann daher nicht geltend machen, (bereits) durch die Weisung in einem subjektiven Recht verletzt zu sein. Mangels Klagebefugnis wäre auch eine **Leistungsklage unzulässig**.

III. Auch eine **Feststellungsklage** scheidet in diesen Fällen aus. Ausschließlich verwaltungsinterne Maßnahmen begründen kein Rechtsverhältnis i.S.d. § 43 Abs. 1 VwGO.[396] Eine Klage des K gegen die Weisung der Bezirksregierung wäre daher unzulässig.   **238**

---

391 BVerwGE 60, 144, 150@; NJW 1996, 2046, 2048; BayVGH NVwZ 2004, 629; OVG NRW NVwZ 2003, 1526; Ehlers Jura 2006, 351, 355, Kopp/Schenke VwGO § 42 Rdnr. 62; vgl. AS-Skript VwGO (2009), Rdnr. 232.

392 BVerwGE 43, 220, 222; BayVerfGH NVwZ 1983, 150, 151; OVG Lüneburg NVwZ 1998, 94; VG Darmstadt NJW 2004, 1471, 1472; VG Lüneburg NJW 2006, 1609, 1610.

393 BVerwGE 60, 144, 147@; BVerwG NVwZ 1982, 103; NJW 1983, 899.

394 BVerwG NJW 1965, 1451.

395 Vgl. VG Lüneburg NJW 2006, 1609, 1610.

396 BVerwG NVwZ 2008, 1011; DVBl. 1981, 936, 939; BayVGH BayVBl. 1992, 469@; zu den Besonderheiten bei Organstreitigkeiten, insbes. beim sog. Kommunalverfassungsstreitverfahren vgl. AS-Skript Kommunalrecht.

2. Mehrstufige Verwaltungsakte

239 Vielfach bestimmt das Gesetz, dass ein VA der einen Behörde nur „mit Zustimmung" oder „im Einvernehmen" mit einer anderen Behörde ergehen darf. Ein solcher VA wird als **mehrstufiger VA** bezeichnet.[397]

Beispiel: Nach § 36 Abs. 1 S. 1 BauGB darf im bauaufsichtlichen Verfahren über die Zulässigkeit eines Bauvorhabens nach den §§ 31, 33, 34 und 35 BauGB von der Baugenehmigungsbehörde nur im Einvernehmen mit der Gemeinde entschieden werden.

240 Dem Bürger geht es in dieser Situation letztlich um den VA der Genehmigungsbehörde (z.B. die Baugenehmigung). Die Mitwirkung anderer Behörden beim Erlass des VA hat deshalb **i.d.R. nur verwaltungsinterne Bedeutung**. Etwas anderes gilt nur in seltenen Ausnahmefällen bei sog. **inkongruenter Prüfungskompetenz**, wenn die Mitwirkungsbehörde bestimmte Gesichtspunkte selbstständig und abschließend prüft.

Beispiel: Bei der Ernennung von Ausländern zu Beamten prüft das Bundesinnenministerium, ob ein dringendes dienstliches Bedürfnis besteht (§ 7 Abs. 3 BBG). Diese Entscheidung ist nicht nur unselbstständiger Teil der Ernennungsentscheidung, sondern ein eigenständiger VA.[398]

Gegenbeispiel: Das Einvernehmen der Gemeinde (§ 36 BauGB) ist mangels Außenwirkung kein VA, da es nur aus den Gründen nach §§ 31, 33, 34 und 35 BauGB versagt werden darf (§ 36 Abs. 2 S. 1 BauGB), also aus Gründen, die die Baugenehmigungsbehörde ohnehin prüfen muss (sog. kongruente Prüfungskompetenz).[399]

241 Ist die Mitwirkungshandlung mangels Außenwirkung kein VA ist, scheidet eine **Verpflichtungsklage** gegen die Mitwirkungsbehörde aus. Ebenso ist eine allgemeine **Leistungsklage** mangels Klagebefugnis (§ 42 Abs. 2 VwGO analog) unzulässig. Denn die Vorschriften über die Mitwirkung (z.B. § 36 BauGB) räumen dem Bürger keine subjektiven Rechte ein, die Mitwirkung ist für ihn eine **rein verwaltungsinterne Maßnahme**.

Deshalb kann z.B. die Versagung des Einvernehmens vom Bauherrn nicht mit Rechtsbehelfen angegriffen werden.[400] Ebenso wenig kann sich der Nachbar gegen die Erteilung des gemeindlichen Einvernehmens wenden. § 36 BauGB ist nicht nachbarschützend.[401] Die Ersetzung des (rechtswidrig) versagten Einvernehmens (§ 36 Abs. 2 S. 3 BauGB) hat dagegen im Hinblick auf Art. 28 Abs. 2 GG gegenüber der Gemeinde Außenwirkung und ist damit VA.[402] Allerdings ist die Ersetzungsentscheidung zumeist unselbständiger Teil der Baugenehmigung und kann deshalb nicht isoliert angefochten werden (§ 44 a VwGO).[403] Die Gemeinde muss vielmehr gegen die Baugenehmigung vorgehen. Im Rahmen dessen ist inzident zu prüfen, ob die Ersetzung des Einvernehmens rechtmäßig war.[404]

Der Bauherr ist deshalb darauf beschränkt, **Verpflichtungsklage gegen die Genehmigungsbehörde** zu erheben. In diesem Verfahren wird inzident geprüft, ob z.B. das Einvernehmen der Gemeinde zurecht oder zu Unrecht versagt worden ist.[405]

---

397   Maurer § 9 Rdnr. 28; Knack/Henneke VwVfG § 35 Rdnr. 57; Voßkuhle/Kaufhold JuS 2011, 34, 36.

398   HessVGH DVBl. 1981, 1069.

399   BVerwG NVwZ 1986, 556; BGH VersR 1990, 656; Knack/Henneke VwVfG § 35 Rdnr. 54; Kahl Jura 2001, 505, 512; Hellermann Jura 2002, 589, 591; Fehling Jura 2006, 369, 370 m.w.N.

400   Battis/Krautzberger/Löhr BauGB § 36 Rdnr. 5; Hellermann Jura 2002, 589, 592; a.A. Schwabe DVBl. 1997, 1322, 1323.

401   Ernst/Zinkahn/Bielenberg BauGB § 36 Rdnr. 28.

402   Hellermann Jura 2002, 589, 594; Fehling Jura 2006, 369, 371; Heinig/König JuS 2009, 1011, 1013 f.

403   Hellermann Jura 2002, 589, 594; Sikora JA 2005, 40, 43.

404   Sikora JA 2005, 40, 43.

405   BVerwG NVwZ-RR 2003, 719; NVwZ 1986, 556; Maurer § 9 Rdnr. 28; Fehling Jura 2006, 369, 371; zur Haftung vgl. BGH RÜ 2010, 810.

3. Maßnahmen in verwaltungsrechtlichen Sonderverhältnissen

Jeder Bürger, jede natürliche oder juristische Person, die sich auf deutschem Staats-   **242**
gebiet befindet oder hier ihren Sitz hat, steht in einem **allgemeinen Rechtsverhältnis**
zum Staat, welches herkömmlich als „allgemeines Gewaltverhältnis" bezeichnet wird. Es
umfasst die Pflicht, die Gesetze zu beachten, und gewährt die im Grundgesetz und in
anderen Gesetzen enthaltenen Rechte. In gewissen Fällen besteht zwischen dem Bürger und dem Staat aber ein weit engeres Rechtsverhältnis, das früher als **besonderes
Gewaltverhältnis** und heute überwiegend als **Sonderstatusverhältnis** bezeichnet
wird. Die wichtigsten Fälle sind:

- **Beamte** und **Richter** (Art. 33, 97, 98 GG),

- **Soldaten** und **Zivildienstleistende** (Art. 12 a, 17 a GG),

- **Schüler** (Art. 7 GG),

- **Strafgefangene**, Untersuchungshäftlinge und sonst zwangsweise untergebrachte
  Personen.

Die **Lehre vom besonderen Gewaltverhältnis** beruhte auf der Überlegung, dass auf-   **243**
grund der spezifischen Beziehung das Rechtsverhältnis des Bürgers zum Staat dem verwaltungsinternen und damit dem als rechtsfrei erachteten Bereich zugerechnet wurde.[406] Die Grundrechte sollten hier ebenso wenig anwendbar sein wie der Grundsatz
vom Vorbehalt des Gesetzes.

Diese Betrachtungsweise ist seit der sog. Strafgefangenenentscheidung des BVerfG[407]   **244**
überholt. Seither besteht Einigkeit, dass die Grundrechte, der Vorbehalt des Gesetzes
und der Rechtsschutz auch im besonderen Gewaltverhältnis gelten. Der Begriff des besonderen Gewaltverhältnisses ist funktionslos geworden, deshalb wird heute überwiegend von Sonderrechtsverhältnissen oder **Sonderstatusverhältnissen** gesprochen.
Allerdings gibt es immer wieder Tendenzen, die Figur des besonderen Gewaltverhältnisses für besondere Einschränkungsbefugnisse heranzuziehen.[408]

a) Rechtsschutz im Beamtenrecht

Fall 12: Umsetzung eines Beamten

B ist Oberamtsrat bei der Kreisverwaltung K und war dort bisher in der Ordnungsab-
teilung als Leiter des Sachgebiets Zivilschutz und Katastrophenschutz tätig. Als der
Leiter des Einwohnermeldeamtes in den Ruhestand trat, sollte B Nachfolger werden.
B lehnte dies mit der Begründung ab, im Vergleich zu der aktiv gestaltenden und mit
Außendienst verbundenen Tätigkeit im Katastrophenschutz sei die mehr auf Probleme der EDV und auf Aktenbearbeitung ausgerichtete Tätigkeit im Einwohnermeldeamt unterwertig. Als Leiter des Einwohnermeldeamtes könne er keine Leistungen er-
bringen, die ihm weitere Aufstiegsmöglichkeiten eröffneten.

---

406 Vgl. die Darstellung bei Maurer § 8 Rdnr. 27 ff.; Sachs NWVBl. 2004, 209 ff.

407 BVerfGE 33, 1; ebenso BVerfG NJW 2006, 2093, 204 zum Jugendstrafvollzug.

408 So z.B. im Sondervotum NJW 2003, 3117 ff. zu BVerfG NJW 2003, 3111 (Kopftuch-Entscheidung); zu der damit verbunde-
      nen Wiederbelebung des besonderen Gewaltverhältnisses Sachs NWVBl. 2004, 209 ff.

Der Landrat als Dienstvorgesetzter des B ordnete gleichwohl mit Zustimmung des Personalrats die Umsetzung des B in das Einwohnermeldeamt an und begründete dies damit, ein anderer erfahrener Beamter, dem man die Leitung des Einwohnermeldeamtes anvertrauen könne, stehe zur Zeit nicht zur Verfügung. Der Widerspruch des B wurde mit der Begründung zurückgewiesen, die Umsetzung sei kein VA, sondern eine innerdienstliche Weisung, gegen die ein Widerspruch nicht zulässig sei. Hätte eine verwaltungsgerichtliche Klage des B Aussicht auf Erfolg?

A. Zulässigkeit einer Klage

I. Der **Verwaltungsrechtsweg** ist gemäß § 54 Abs. 1 BeamtStG eröffnet, da eine beamtenrechtliche Streitigkeit vorliegt.

II. Der Klageart nach handelt es sich um eine **Anfechtungsklage** gem. § 42 Abs. 1, 1. Fall VwGO, wenn die Umsetzung ein VA i.S.d. § 35 VwVfG ist.

1. Die Anordnung betrifft die Aufgabenverteilung im Bereich der Verwaltung und richtet sich nach Beamtenrecht. Es handelt sich daher um die **Maßnahme einer Verwaltungsbehörde auf dem Gebiet des öffentlichen Rechts**.

2. Eine **Regelung** liegt insofern vor, als der Tätigkeitsbereich des B geändert wird. Die Verfügung beinhaltet das Gebot an B, nunmehr das Amt und die Aufgaben des Leiters des Einwohnermeldeamtes wahrzunehmen.

3. Ferner müsste diese Regelung **Außenwirkung** haben. Das ist der Fall, wenn ihre Rechtsfolgen gegenüber einer außerhalb der Verwaltung stehenden Person eintreten, nicht dagegen wenn nur eine verwaltungsinterne Regelung vorliegt. Schwierigkeiten in der Abgrenzung bestehen, wenn der von der Regelung Betroffene nicht klar und eindeutig ein außenstehender Bürger ist, sondern in einem engen Verhältnis zum Innenbereich des Staates steht, wie das beim Beamten der Fall ist. Die Differenzierung zwischen behördeninternen und behördenexternen Maßnahmen ist hier nur bedingt brauchbar, da der betroffene Beamte sowohl Träger eigener Rechte ist als auch zugleich in seiner Funktion als Amtsträger betroffen wird.

245

   a) Bei **Sonderstatusverhältnissen** (Beamte, Schüler etc.) unterschied die früher h.M. danach, ob die Maßnahme das (externe) Grundverhältnis zum Staat oder das (interne) Betriebsverhältnis betrifft. Zum **Grundverhältnis** in diesem Sinne gehörten z.B. alle Fragen, die den Bestand des Beamtenverhältnisses als solches betreffen (Ernennung, Entlassung), aber auch die Maßnahmen, durch die das Beamtenverhältnis inhaltlich verändert oder konkretisiert wird (z.B. Versetzung). Nur die das Grundverhältnis berührenden Regelungen haben VA-Charakter. Maßnahmen im **Betriebsverhältnis** (z.B. Anordnungen, die den inneren Dienstbetrieb regeln) wirken dagegen nur verwaltungsintern.[409]

---

409 OVG Hamburg NJW 1978, 2520; Ule VVDStRL 15, 133, 151.

b) Da die Abgrenzung zwischen Grund- und Betriebsverhältnis auf dem überholten „besonderen Gewaltverhältnis" beruht und auch brauchbare Abgrenzungskriterien fehlen, wird diese Unterscheidung heute überwiegend
so nicht mehr vorgenommen. Entscheidend ist vielmehr allein, ob die Maßnahme regelnd auf subjektive Rechte einer natürlichen Person gerichtet ist.
Im Beamtenrecht differenziert die h.M. daher danach, ob die Maßnahme

246

- die **persönliche Rechtsstellung** des Beamten oder

- seine bloße **Amtsstellung** betrifft.

VAe sind nur diejenigen Maßnahmen gegenüber einem Beamten, die sich
– über die Konkretisierung der Gehorsamspflicht hinaus – auf dessen Stellung als eine dem Dienstherrn mit **selbstständigen Rechten** gegenüber-
stehende **Rechtspersönlichkeit** erstrecken.

247

VAe sind danach z.B. die Ernennung, die Beförderung oder die Entlassung des Beamten,
die Gewährung von Geldleistungen (Beihilfe, Trennungsentschädigung u.Ä.), Urlaubs-
regelungen[410] und die Zuweisung einer Dienstwohnung.[411]

Behördenintern sind dagegen die an einen Beamten allein in seiner Eigenschaft als Amtsträger und **Glied der Verwaltung** gerichteten, auf organisa-
tionsinterne Wirkung zielenden Weisungen des Dienstherrn und die auf die
Art und Weise der dienstlichen Verrichtung bezogenen innerorganisatori-
schen Maßnahmen der Behörde, in deren Organisation der Beamte einge-
gliedert ist.[412]

248

Keine VAe, sondern nur verwaltungsinterne Regelungen sind z.B. alle Weisungen, die
die Organisation und Gestaltung der Arbeit betreffen, z.B. Weisung, die neuen Rechtschreibregeln anzuwenden,[413] Entzug der Dienstwaffe bei einem Polizisten,[414] Verbot
des Führens von Dienstfahrzeugen,[415] Anordnungen zum Erscheinungsbild im Dienst,
z.B. zur Gestaltung der Haar- und Barttracht[416] sowie die Anordnung, sich ärztlich unter-
suchen zu lassen.[417]

Besonders deutlich wird die Unterscheidung bei Veränderungen im **Tätigkeitsbereich** eines Beamten:

- **VAe** sind die **Versetzung** und die **Abordnung**, denn diese Maßnahmen
gehen über den behördeninternen Bereich hinaus, weil der Beamte auf
Dauer oder vorübergehend bei einer anderen Behörde tätig wird (vgl.
§§ 27, 28 BBG).

249

---

410 OVG NRW NWVBl. 2007, 182.

411 BVerwG DVBl. 2001, 726, 727.

412 So grundlegend BVerwGE 60, 144, 146@; ebenso BVerwG DVBl. 2006, 1187, 1188; DVBl. 1994, 1070; NJW 1991, 2980; OVG
Koblenz DVBl. 2002, 1647; OVG Lüneburg DVBl. 1990, 882, 883; Maurer § 9 Rdnr. 25; Knack/Henneke § 35 Rdnr. 41; Kahl
Jura 2001, 505, 513.

413 BVerwG NVwZ 2002, 610; dazu Hufen JuS 2002, 931.

414 VG Wiesbaden NVwZ-RR 2007, 528.

415 OVG NRW NWVBl. 2009, 480.

416 BVerwG DVBl. 2006, 1187, 1188; BayVGH BayVBl. 2003, 212; a.A. Finkelnburg/Dombert/Külpmann Rdnr. 1381.

417 BVerwG NVwZ 2001, 436; SächsOVG NVwZ 2006, 715 f.; Finkelburg/Dombert/Külpmann Rdnr. 1380; a.A. OVG Berlin
NVwZ-RR 2002, 762; OVG Koblenz DVBl. 2002, 1647, 1648; OVG Lüneburg NVwZ 1990, 1194.

250

■ **Kein VA** ist dagegen die **Umsetzung**, bei der nur der konkrete Tätigkeitsbereich des Beamten innerhalb derselben Behörde verändert wird. Die persönliche Rechtsstellung des Beamten wird hierdurch nicht betroffen, da er im Hinblick darauf, welche konkreten Aufgaben er innerhalb seiner Behörde erledigt, keine eigenen subjektiven Rechte hat. Vielmehr unterliegt er – im Rahmen seiner allgemeinen Amtsstellung – insoweit den Weisungen seiner Vorgesetzten (vgl. § 55 S. 2 BeamtStG).[418]

Erst recht liegt keine Außenwirkung vor, wenn ohne Änderung des konkreten Dienstpostens lediglich der **Aufgabenbereich** des Beamten verändert wird, ihm also nur einzelne Aufgaben zusätzlich übertragen oder entzogen werden.[419]

Im vorliegenden Fall bleibt B bei derselben Behörde, der Kreisverwaltung K. Ordnungsamt und Einwohnermeldeamt sind keine verschiedenen Behörden, sondern nur interne Untergliederungen innerhalb derselben Behörde. Also liegt eine bloße Umsetzung vor, die grds. keinen VA darstellt.

251

c) Früher wurde zuweilen angenommen, dass auch Maßnahmen ohne unmittelbare Außenwirkung als VAe zu qualifizieren seien, wenn sie **faktisch** in die individuelle Rechtssphäre des Beamten eingreifen.[420]

Das wurde beispielsweise angenommen, wenn der bisherige Tätigkeitsbereich im Vergleich zu dem neu übertragenen mit einem erhöhten Maß an Verantwortung und mit besonderem dienstlichen Ansehen verbunden war oder wenn dem Beamten im Verhältnis zu seinem Einstellungsamt unterwertige Arbeit übertragen wurde.

Diese faktische Außenwirkung genügt jedoch nach inzwischen überwiegend vertretener Ansicht nicht. Ein VA kann nur angenommen werden, wenn die Herbeiführung der Außenwirkung **bezweckt** ist. Nur wenn die Regelung **final** auf die Herbeiführung von Rechtswirkungen im Außenverhältnis gerichtet ist, handelt es sich um einen VA. Nicht die tatsächlichen Auswirkungen einer Maßnahme sind für ihre Rechtsnatur maßgebend, sondern allein ihr objektiver Sinngehalt.

„Danach handelt es sich bei Maßnahmen, die Beamten ein bestimmtes Erscheinungsbild im Dienst vorschreiben, auch dann nicht um VAe, wenn sie – wie Vorgaben für die Gestaltung der Haar- und Barttracht – in der privaten Lebenssphäre fortwirken. Denn ihr Regelungszweck besteht [nur] darin, die Modalitäten der Dienstausübung festzulegen."[421]

Da mit der Umsetzung des B eine Beeinträchtigung seiner Privatsphäre **nicht bezweckt** war, ist die Maßnahme kein VA und daher eine Anfechtungsklage gegen sie nicht statthaft.

Zwar kann eine Anordnung dadurch zum VA werden, dass über sie durch Widerspruchsbescheid entschieden wird (s.o. Rdnr. 170). Dies gilt aber nicht im Beamtenrecht, da hier gem. § 126 Abs. 2 BBG, § 54 Abs. 2 BeamtStG auch bei internen Maßnahmen ein Vorverfahren durchzuführen ist. Danach ändert sich durch den Erlass eines Widerspruchsbescheides nicht der Charakter interner beamtenrechtlicher Anordnungen.[422]

---

418 Vgl. BVerfG RÜ 2008, 458, 459; BVerwGE 60, 144, 146[@]; BVerwG DVBl. 1994, 1070, 1071; DVBl. 1992, 899, 900; SächsOVG DÖD 2004, 225; OVG NRW NWVBl. 2009, 480; OVG LSA DÖD 2009, 227, 228; Maurer § 9 Rdnr. 26.

419 BVerwG NVwZ 1997, 72[@]; DVBl. 1995, 1245.

420 BVerwGE 14, 84, 87; OVG NRW DÖV 1976, 425; OVG Lüneburg DÖV 1981, 107.

421 Beispielhaft BVerwG DVBl. 2006, 1187, 1188.

422 BVerwG DVBl. 2006, 1187, 1188; abweichend OVG Koblenz NJW 2003, 3793.

III. Rechtsschutzmöglichkeiten gegen Entscheidungen des Dienstherrn können je- **252** doch auch unabhängig vom Vorliegen eines VA gegeben sein. In Betracht kommt vor allem eine **allgemeine Leistungsklage**, wenn eine Leistung begehrt wird, die nicht im Erlass eines VA besteht. Da die Rückgängigmachung (der Folgen) der Umsetzung als actus contrarius wie die Umsetzung mangels Außenwirkung keinen VA darstellt, ist die Leistungsklage **statthaft**.[423]

IV. Analog § 42 Abs. 2 VwGO ist bei der Leistungsklage nach h.M. eine **Klagebefug-** **253** **nis** erforderlich.[424] Hier kann B geltend machen, die Umsetzung verletze ihn (faktisch) in seinen Rechten, die sich insbesondere aus der Fürsorgepflicht des Dienstherrn (§ 45 BeamtStG) ergeben.

Die faktische Außenwirkung einer Maßnahme reicht zwar nicht aus, um einen VA zu begründen, rechtfertigt es aber, die mögliche Rechtsverletzung mit der allgemeinen Leistungsklage abzuwehren.[425] **Gegenbeispiel:** Die Weisung, die neuen Rechtschreibregeln anzuwenden, ist eine rein organisatorische Entscheidung, die schon objektiv nicht geeignet ist, in die persönliche Rechtsstellung des Beamten einzugreifen.[426]

V. Das bei beamtenrechtlichen Klagen nach § 54 Abs. 2 BeamtStG (vorbehaltlich lan- **254** desrechtlicher Ausnahmen gem. § 54 Abs. 2 S. 3 BeamtStG[427]) generell (auch bei Leistungsklagen) erforderliche **Vorverfahren** ist erfolglos durchgeführt worden. Dass der Dienstherr den Widerspruch (unzutreffenderweise) als unzulässig angesehen hat, ist unerheblich. Ausreichend ist, dass der Widerspruch – aus welchen Gründen auch immer – erfolglos geblieben ist. Somit ist eine **Leistungsklage zulässig**.[428]

B. Begründetheit der Klage

Die Leistungsklage ist **begründet**, wenn B einen Anspruch auf Rückgängigmachung der Umsetzung hat. Ein solcher Anspruch ergibt sich aus der Fürsorgepflicht des Dienstherrn (§ 45 BeamtStG), wenn die **Umsetzung rechtswidrig** war.

Hierbei handelt es sich um einen Spezialfall des allgemeinen Folgenbeseitigungsanspruchs. Da die Umsetzung kein VA ist, kann sie gerichtlich nicht aufgehoben werden. Das Gericht kann der Behörde lediglich aufgeben, die rechtswidrige Umsetzung rückgängig zu machen.[429]

I. Die Maßnahme könnte schon deswegen rechtswidrig sein, weil es an einer beson- **255** deren **Rechtsgrundlage** für die Umsetzung fehlt. Entgegen der früher h.M. bedürfen auch Maßnahmen im Sonderstatusverhältnis einer gesetzlichen Ermächtigung, soweit es sich um eine wesentliche, insbes. grundrechtsrelevante Maßnahme handelt (s.o. Rdnr. 93). Art. 12 Abs. 1 GG schützt auch die berufliche Tätigkeit im öffentlichen Dienst[430], sodass die Umsetzung in den **Schutzbereich der Berufsfreiheit** eingreift und deshalb gem. Art. 12 Abs. 1 S. 2 GG einer gesetzlichen

423   Vgl. BVerwG DVBl. 2006, 1187, 1188; NVwZ 1997, 72[@]; NVwZ 1992, 1096; OVG LSA DVBl. 2009, 863.

424   BVerwG NJW 1996, 2046, 2048; Kopp/Schenke VwGO § 42 Rdnr. 62; näher AS-Skript VwGO (2009), Rdnr. 232.

425   BVerwGE 60, 144, 147[@]; BVerwG DVBl. 2006, 1187, 1188; NJW 1997, 1248, 1249; NVwZ 1997, 72[@]; DVBl. 1992, 1298, 1299; Erichsen DVBl. 1982, 95, 99; Schmidt-Aßmann DVBl. 1989, 533, 538.

426   BVerwG NVwZ 2002, 610 f. zum Soldatenrecht.

427   Vgl. z.B. Art. 15 Abs. 1 S. 1 Nr. 5 BayAGVwGO, § 104 Abs. 1 S. 1 LBG NRW.

428   Vgl. BVerwG NVwZ 1997, 72[@] m.w.N.

429   Vgl. OVG NRW NVwZ-RR 1988, 102; OVG LSA DÖD 2009, 227, 228.

430   BVerfGE 84, 133, 147; 111, 191, 213.

Grundlage bedarf. Das Recht des Dienstherrn zur Umsetzung ergibt sich aus dessen Organisationsgewalt, sodass sich die Umsetzung auf die gesetzlich normierte **Gehorsamspflicht** des Beamten (§ 35 S. 2 BeamtStG) zurückführen lässt. Eine darüber hinausgehende spezielle gesetzliche Regelung, wie bei Abordnung und Versetzung (vgl. z.B. §§ 27, 28 BBG), ist nicht erforderlich.[431]

II. In **formeller** Hinsicht bestehen keine Bedenken gegen die Umsetzung: Sie ist durch den zuständigen Dienstvorgesetzten angeordnet worden. Der Personalrat hat nach dem Personalvertretungsgesetz ordnungsgemäß mitgewirkt.

256 III. In **materiell-rechtlicher** Hinsicht steht dem Dienstherrn bei der Umsetzung und bei anderen Maßnahmen der Geschäftsverteilung ein weiter **Ermessensspielraum** zu. Der Dienstherr kann die Tätigkeit des Beamten grds. aus **jedem sachlichen Grund** verändern.[432]

257 1. **Ermessensgrenzen** ergeben sich allerdings aus dem statusrechtlichen Amt. Der Beamte hat gem. Art. 33 Abs. 5 GG einen Anspruch auf einen **amtsangemessenen Aufgabenbereich**, d.h. entsprechend seinem Amt im statusrechtlichen Sinne beschäftigt zu werden.[433]

Deshalb dürfen dem Beamten weder unterwertige Arbeiten oder Pseudobeschäftigungen zugewiesen noch Aufgaben übertragen werden, denen er nach seiner Vorbildung nicht gewachsen ist.[434]

Insoweit bestehen hier keine Bedenken, da ein Beamter bei der Kreisverwaltung nicht speziell für einen bestimmten Aufgabenbereich ernannt wird. Vielmehr gehört es zu seinem Amt (im statusrechtlichen Sinne), Aufgaben in verschiedenen Ämtern der Kreisverwaltung wahrzunehmen.

Weitere Gesichtspunkte, die das Ermessen einschränken, können sich aus einem besonderen Schutzbedürfnis des Beamten, z.B. im Hinblick auf den durch Art. 6 GG geschützten Bereich von Ehe und Familie ergeben.[435]

258 2. Darüber hinaus besteht grds. kein Anspruch des Beamten auf die Ausübung eines bestimmten Amtes im funktionellen Sinne. Besonderheiten des bisherigen Aufgabenbereichs, wie z.B. Vorgesetzten- und Leitungsfunktionen, bessere Beförderungsmöglichkeiten oder ein höheres gesellschaftliches Ansehen, kommt allein **keine ermessenseinschränkende** Wirkung zu.[436]

Damit liegt keine Verletzung der Fürsorgepflicht vor. Die Umsetzung ist rechtmäßig und die Leistungsklage **unbegründet**.

---

431 BVerfG NVwZ 2008, 547, 548; dazu Muckel JA 2008, 829, 830.

432 BVerwGE 60, 144, 150; 89, 199, 201; BVerfG NVwZ 2008, 547, 548; OVG NRW NWVBl. 2009, 480.

433 BVerwG NVwZ 2006, 1291, 1292 (Vivento)@; NVwZ 2009, 187, 188; NVwZ-RR 2009, 211, 213.

434 BVerwG NVwZ-RR 2009, 211, 213; NVwZ 2006, 1291, 1292@; DVBl. 1995, 1245, 1246.

435 BVerfG NVwZ 2008, 547, 548.

436 BVerfG NVwZ 2008, 547, 548; BVerwG DVBl. 1992, 899, 900; OVG Koblenz NVwZ 2001, 1316 m.w.N.

Ist die Umsetzung aufgrund von Ermessensfehlern **rechtswidrig**, so hat der Betroffene i.d.R. **keinen gebundenen Anspruch** auf Rückumsetzung, sondern nur auf ermessensfehlerfreie Entscheidung.[437] Wie die Umsetzung selbst steht auch die Rückumsetzung im Ermessen der Behörde. Die Behörde hat verschiedene Möglichkeiten, eine ermessensfehlerhafte Umsetzung zu beseitigen (z.B. durch eine nunmehr ermessensfehlerfreie Entscheidung über die Umsetzung oder durch eine Weiterumsetzung auf einen anderen Dienstposten). Etwas anderes gilt nur, wenn das Ermessen der Behörde im Sinne einer Rückumsetzung auf Null reduziert ist (z.B. aufgrund einer Zusage oder einer eingeschränkten Verwendungsmöglichkeit aus Fürsorgegründen).[438]

b) Rechtsschutz im Schulrecht

Im **Schulrecht** gilt für die VA-Qualität Entsprechendes wie im Beamtenrecht. Für die Außenwirkung und damit für die Einordnung als VA ist darauf abzustellen, ob die Maßnahme in die **persönliche Rechtsstellung** des Schülers eingreift (dann VA) oder nur der Regelung des **internen Schulbetriebes** dient: **259**

- ▣ Außenwirkung und damit **VA-Qualität** haben z.B. die Aufnahme in die Schule, die Verweisung oder Entlassung von der Schule, die (Nicht-)Versetzung, das Abschlusszeugnis (z.B. Abiturzeugnis) und die Verhängung von Ordnungsmaßnahmen.[439]

- ▣ Schulintern und damit **keine VAe** sind dagegen das Stellen von Hausaufgaben und Klassenarbeiten, erzieherische Verbote und Gebote zur Wahrung der Unterrichtsdisziplin (Auferlegung einer Strafarbeit), Umsetzung eines Schülers in eine Parallelklasse aus schulorganisatorischen Gründen u.Ä.[440]

Häufig fehlt es schulischen Maßnahmen bereits an der **Regelung**. Das gilt z.B. für erzieherische Maßnahmen, da hierdurch keine Rechtsfolgen herbeigeführt werden, sondern der Schüler lediglich im Hinblick auf die Einhaltung der „Spielregeln" ermahnt wird.[441] **260**

An einer Regelung fehlt es daher z.B. bei einer Eintragung ins Klassenbuch oder die Weisung, den Klassenraum zu säubern[442], umstritten für die Anordnung des Nachsitzens.[443]

Auch durch die Benotung einer Klassenarbeit werden keine Rechtsfolgen begründet, sondern Schüler und Eltern lediglich über den Leistungsstand informiert.[444] Dasselbe gilt für Einzelnoten im Versetzungszeugnis, es sei denn die Note ist versetzungsrelevant.[445] Bei Einzelnoten im Abschlusszeugnis wird dagegen überwiegend die Regelungswirkung und die VA-Qualität bejaht, soweit die Note die Chancen im Berufsleben beeinflusst (z.B. bei der Zulassung zum Studium, Wahl eines bestimmten Berufes).[446]

---

437 BVerwG NVwZ 1997, 72, 73@.

438 Vgl. OVG NRW NVwZ-RR 1988, 102, 103; VGH Kassel NVwZ-RR 1989, 258.

439 OVG Greifswald NJW 1997, 172; BayVGH DÖV 1990, 753, 754; Kopp/Ramsauer VwVfG § 35 Rdnr. 140.

440 Vgl. OVG Schleswig NVwZ 1993, 952; VGH Mannheim NVwZ 1984, 810; Kopp/Ramsauer VwVfG § 35 Rdnr. 141.

441 Stelkens/Bonk/Sachs VwVfG § 35 Rdnr. 202.

442 OVG Schleswig NJW 1993, 952.

443 VGH Mannheim NVwZ 1984, 808: VA; a.A. Stelkens/Bonk/Sachs VwVfG § 35 Rdnr. 202.

444 Maurer § 9 Rdnr. 9; Knack/Henneke § 35 Rdnr. 47 m.w.N.

445 Kopp/Ramsauer VwVfG § 35 Rdnr. 101; abweichend OVG NRW DVBl. 2001, 823, 824, das nicht danach unterscheidet, ob die Note versetzungsrelevant, sondern ob sie grundrechtsrelevant ist.

446 BVerwGE 73, 376, 377; BVerwG NVwZ 2006, 837 f.; OVG NRW DVBl. 2001, 823 (Englischnote im Berufsschulzeugnis); VGH Mannheim DVBl. 1989, 1262; VGH Kassel DVBl. 1974, 469 (Deutschnote im Abiturzeugnis); VG Braunschweig NVwZ-RR 2004, 576; Knack/Henneke VwVfG § 35 Rdnr. 47; Stelkens/Bonk/Sachs VwVfG § 35 Rdnr. 205.

Begriffsmerkmale des VA gemäß § 35 VwVfG

	Definition	Abgrenzung/Gegenbegriffe
hoheitliche Maßnahme	■ jedes Verhalten mit **Erklärungsgehalt** (auch konkludent), das kraft **hoheitlicher Gewalt** vorgenommen wird	■ Erklärungen im **Gleichordnungsverhältnis** (z.B. ör Vertrag, verwaltungsrechtliche Willenserklärung)
Behörde	■ jede Stelle, die **Aufgaben** der **öffentlichen Verwaltung** wahrnimmt (§ 1 Abs. 4 VwVfG), auch Beliehene	■ Handeln eines (nicht beliehenen) **Privaten** ■ Maßnahme der **Legislative** oder **Rechtsprechung** ← soweit nicht ausnahmsweise Exekutivaufgaben
öffentliches Recht	■ bei **verwaltungsrechtlicher Rechtsgrundlage** ■ eindeutig hoheitliche Handlungsform (sog. **formeller VA**)	■ **privatrechtliche** (z.B. fiskalische) Maßnahmen ■ **Regierungsakte** kraft Verfassungs- oder Völkerrecht
Regelung	■ wenn Maßnahme **unmittelbar** auf die Herbeiführung einer **Rechtsfolge** gerichtet ist **(final)**, insbes. ■ Verbot, Gebot (Verfügung) ■ Rechtsgewährung (z.B. Erlaubnis) ■ Rechtsversagung (Ablehnung) ■ Rechtsgestaltung (z.B. Widerruf) ■ Feststellung (z.B. gesetzeskonkretisierender VA) ■ dinglicher VA (z.B. Widmung) ■ **Zweitbescheid** (nach erneuter Sachprüfung) ■ **vorläufiger VA**	■ **schlichtes Verwaltungshandeln** ■ mit **Erklärungsgehalt** z.B. Auskünfte, Berichte, Warnungen, Mitteilungen ■ **tatsächliche Verrichtungen** Benutzung von Sachen, Dienstfahrten, Auszahlung von Geld, Schulunterricht, Anwendung von Verwaltungszwang ← **Regelung** ausnahmsweise (+), wenn dem Realakt (konkludente) Regelung vorgeschaltet z.B. Ermessensentscheidung über Auskunftserteilung, konkludentes Duldungsgebot bei Zwangsmaßnahmen (str.) ■ **Wiederholung** eines VA (ohne erneute Sachprüfung) ■ **vorbereitende Maßnahmen,** Verfahrenshandlungen

Begriffsmerkmale des VA gemäß § 35 VwVfG

Definition	Abgrenzung / Gegenbegriffe
Einzelfall	

■ eindeutig nach der Form **VA**
■ inhaltlich **Einzelfall** i.S.d. **§ 35 S. 1** **VwVfG**:
  ■ konkret individuell
  ■ abstrakt individuell
■ konkret generelle Regelung:
VA nur nach § 35 S. 2 VwVfG
(Allgemeinverfügung)
  ■ **1. Alt.:** Adressatenkreis bestimmt/bestimmbar
  feststehend, gattungsmäßig bestimmt, durch Bezug auf konkreten Fall
  ■ **2. Alt.:** sachbezogene Regelung der ör Eigenschaft einer Sache
  z.B. Widmung einer Straße
  ■ **3. Alt.:** Regelung der Benutzung einer öffentl. Sache durch die Allgemeinheit
  z.B. Gebots-/Verbotsverkehrszeichen
	■ **Rechtsnorm**
	  ■ wenn der Form nach eindeutig als Gesetz, RechtsVO, Satzung
	  ■ wenn (abstrakt) generelle Regelung
	
	Regelung betrifft praktisch jedermann

Außenwirkung	
■ auf Herbeiführung von Rechtsfolgen ggü. außerhalb der Verwaltung stehender Person gerichtet (final) **Problem:** partielle Außenwirkung? h.Lit.: Unteilbarkeit der Rechtsnatur, a.A. BVerwG: relativer VA	■ **verwaltungsinterne** Maßnahmen z.B. interner Behördenbetrieb, organisatorische Maßnahmen

Beamtenverhältnis

persönliche Rechtsstellung betroffen z.B. Ernennung, Versetzung, Abordnung	als Glied der **Verwaltung** betroffen z.B. interne Weisungen, Umsetzung, Aufgabenänderung

Schulverhältnis

Eingriff in die **persönliche** Rechtsstellung als Träger eigener Rechte Ordnungsmaßnahmen, Versetzung, Abschlusszeugnis, Einzelnoten soweit rechtserheblich (str.), Schulschließung	**interner** Schulbetrieb betroffen Klassenarbeiten, Hausaufgaben, pädagogische Maßnahmen, Bildung einer Schulklasse

Weisungen

wenn selbstständiger Status eines Verwaltungsträgers betroffen z.B. Selbstverwaltungsrecht der Gemeinde	im Verhältnis der vorgesetzten zur nachgeordneten Behörde

mehrstufiger VA

verbindliche Teilregelung bei inkongruenter Prüfungskompetenz	verwaltungsintern bei kongruenter Prüfungskompetenz

5. Abschnitt: Rechtmäßigkeit eines VA

261 Ein VA ist rechtmäßig, wenn er sämtlichen Vorgaben entspricht, die die Rechtsordnung an ihn stellt. Steht der VA nicht im Einklang mit dem geltenden Recht, so ist er **rechtswidrig** (fehlerhaft). Der VA ist nur rechtmäßig, wenn

■ er auf einer wirksamen **Ermächtigungsgrundlage** beruht,

■ die Zuständigkeits-, Verfahrens- und Formvorschriften eingehalten sind **(formelle Rechtmäßigkeit)** und

■ der VA inhaltlich mit dem geltenden Recht im Einklang steht **(materielle Rechtmäßigkeit)**.

Die einschlägige Ermächtigungsgrundlage sollte im Gutachten als grundlegende Rechtmäßigkeitsvoraussetzung i.d.R. vorab benannt werden, da sich hieraus je nach dem betroffenen Rechtsgebiet spezielle formelle und materielle Voraussetzungen ergeben können.[447]

Rechtmäßigkeit des VA		
Ermächtigungs-grundlage	**formelle Rechtmäßigkeit**	**materielle Rechtmäßigkeit**
■ für den **Inhalt** ■ für die **Handlungsform**	■ **Zuständigkeit** ■ **Verfahren** ■ **Form**	■ **besondere** inhaltliche Voraussetzungen ■ **allgemeine** Voraussetzungen ■ zulässige **Rechtsfolge**

262 Allerdings ist auch der rechtswidrige VA grundsätzlich **wirksam** und damit rechtsverbindlich (§ 43 Abs. 1 VwVfG). Der Bürger muss auch den rechtswidrigen VA befolgen, solange der VA nicht von der Behörde oder vom Verwaltungsgericht aufgehoben wird (§ 43 Abs. 2 VwVfG).

Beispiel: Das in einem Verkehrszeichen liegende Gebot oder Verbot (§ 41 StVO) ist auch dann uneingeschränkt zu befolgen, wenn die zugrunde liegende straßenverkehrsbehördliche Anordnung (§ 45 StVO) rechtswidrig ist.[448]

Unwirksam ist der VA nur, wenn er (ausnahmsweise) nichtig ist (§ 43 Abs. 3 VwVfG). Hierzu enthält § 44 Abs. 2 VwVfG **absolute Nichtigkeitsgründe**. Im Übrigen ist ein VA nach § 44 Abs. 1 VwVfG (nur) nichtig, soweit er an einem **besonders schwerwiegenden Fehler** leidet und dies bei verständiger Würdigung aller in Betracht kommenden Umstände **offensichtlich** ist (dazu unten 6. Abschnitt).

Beispiele: Nichtig ist ein VA z.B. bei evidenten Zuständigkeitsfehlern (Aufstellen eines Verkehrszeichens durch die Forstverwaltung)[449] oder bei widersprüchlichen Regelungen.[450]

---

447 Vgl. Schnapp/Henkenötter JuS 1998, 624, 626.
448 BayVGH NJOZ 2010, 2145, 2147.
449 BayObLG NVwZ 1984, 399.
450 OVG NRW NVwZ 1989, 379.

A. Die Ermächtigungsgrundlage

I. Erforderlichkeit der Ermächtigungsgrundlage

Nach dem Grundsatz vom **Vorbehalt des Gesetzes** ist eine Maßnahme der Verwaltung **263** nur rechtmäßig, wenn das Handeln in einer Rechtsnorm gestattet ist. **Belastende** Maßnahmen und alle Entscheidungen, die nach dem Rechtsstaats- und Demokratieprinzip **wesentlich** sind, müssen auf ein Gesetz rückführbar sein (s.o. Rdnr. 82). Soweit der Grundsatz vom Vorbehalt des Gesetzes reicht, ist das Verwaltungshandeln daher nur rechtmäßig, wenn es auf einer (wirksamen und ausreichenden) **Ermächtigungsgrundlage** (Befugnisnorm) beruht. Fehlt es an der erforderlichen Ermächtigungsgrundlage, ist das Handeln der Verwaltung ebenso rechtswidrig, wie wenn es gegen eine vorhandene Rechtsnorm verstößt.

So sind z.B. **Verwaltungsvorschriften** für belastende Maßnahmen und wesentliche Entscheidung kei- **264** ne ausreichend Rechtsgrundlage (s.o. Rdnr. 131). Entsprechendes gilt, wenn zwar eine satzungs- oder verordnungsrechtliche Ermächtigungsgrundlage vorhanden ist, die Materie aber so wesentlich ist, dass sie durch ein formelles Gesetz geregelt werden muss (sog. Parlamentsvorbehalt). Greift der Parlamentsvorbehalt ein, so ist eine untergesetzliche Ermächtigungsgrundlage für die behördliche Maßnahme nicht ausreichend. Die Maßnahme ist dann ebenso rechtswidrig, wie wenn eine gesetzliche Grundlage vollständig fehlt (s.o. Rdnr. 100). Allerdings kann das Fehlen einer (ausreichenden) Ermächtigungsgrundlage für einen Übergangszeitraum unbeachtlich sein, um eine sonst eintretende Funktionsfähigkeit staatlicher Einrichtungen zu vermeiden (sog. Chaosgedanke), s.o. Rdnr. 94 u. Rdnr. 101.

II. Die VA-Befugnis

Während über die Geltung des Vorbehaltes des Gesetzes für den **Inhalt** der Verwal- **265** tungstätigkeit bei belastenden und wesentlichen Maßnahmen weitgehend Einigkeit besteht, ist umstritten, ob und inwieweit sich der Vorbehalt des Gesetzes auch auf die Art und Weise des Vorgehens der Verwaltung, insbes. auf den Gebrauch der **Handlungsform des VA** erstreckt (sog. VA-Befugnis).

Teilweise wird darauf verwiesen, dass die Verwaltung grds. befugt sei, die öffentlich- **266** rechtlichen Rechte und Pflichten des Bürgers durch VA zu konkretisieren und festzustellen. Der Vorbehalt des Gesetzes beziehe sich nur auf den Inhalt, nicht auf die Form des Tätigwerdens der Verwaltung. Eine **spezifische Ermächtigung** für die **Handlungsform** des VA sei daher nicht erforderlich. Die Ermächtigung der Verwaltung zu hoheitlichen Maßnahmen impliziere die Befugnis zum Handeln durch Verwaltungsakt.[451]

Nach h.M.[452] muss eine Vorschrift, damit sie Ermächtigungsgrundlage für einen (belas- **267** tenden) VA sein kann, dagegen **zwei Voraussetzungen** erfüllen:

- Sie muss die materiellen Voraussetzungen für das Verwaltungshandeln (den **Tatbestand**) regeln, und

- sie muss die Befugnis zum Erlass eines VA vorsehen (die **Rechtsfolge**); sog. **VA-Befugnis** (Handlungsform-Vorbehalt).

---

451 Vgl. Maurer § 10 Rdnr. 5.
452 VGH Mannheim VBlBW 2010, 128; OVG NRW DVBl. 1993, 1321, 1322; OVG Lüneburg NJW 1996, 2947[@]; Bader/Ronellenfitsch VwVfG § 35 Rdnr. 63; Stelkens/Bonk/Sachs VwVfG § 35 Rdnr. 25 ff.; Schoch Jura 2010, 670, 672 f.

268

- Teilweise ist die VA-Befugnis im Gesetz **ausdrücklich** geregelt (z.B. § 49 a Abs. 1 S. 2 VwVfG („durch ... Verwaltungsakt").

- Fehlt es an einer ausdrücklichen Regelung, so kann sich durch **Auslegung** ergeben, dass die materielle Befugnisnorm konkludent zugleich zur Durchsetzung durch VA berechtigt.[453]

   Dies gilt vor allem, wenn das Gesetz Begriffe wie Anordnung, Verbot, Untersagung u.Ä. verwendet (vgl. z.B. § 15 VersG, § 35 Abs. 1 GewO, § 21 KrW-/AbfG).

- Im Übrigen ist in weiten Gebieten des Verwaltungsrechts die VA-Befugnis **gewohnheitsrechtlich anerkannt**, insbesondere im Polizei- und Ordnungsrecht einschließlich des Bau- und Gewerberechts, im Verwaltungsvollstreckungsrecht und im Abgabenrecht. In diesen unproblematischen Fällen braucht in der Klausur auch **nicht gesondert geprüft** zu werden, ob die Verwaltung im konkreten Fall durch VA handeln durfte.

- **Besonderheiten** gelten im Polizei- und Ordnungsrecht, soweit Vorschriften nur Verhaltensregeln enthalten. Gesetzliche Ge- und Verbote stellen als solche keine Befugnisnorm dar, denn sie ermächtigen nicht ohne Weiteres zum Erlass von Einzelakten. Besteht keine spezialgesetzliche Ermächtigungsgrundlage, so ist auf die ordnungs- bzw. polizeirechtliche Generalklausel als VA-Befugnis zurückzugreifen (sog. **unselbstständige Verfügung**) und dies in der Klausur kurz darzustellen.[454]

   Beispiel: Werden unter Verstoß gegen § 32 StVO Gegenstände auf der Straße liegen gelassen, die den Verkehr gefährden oder erschweren können, kann aufgrund der Generalklausel eine Beseitigungsverfügung erlassen werden.

- Zu unterschiedlichen Ergebnissen führen die in Rdnr. 267 genannten Auffassungen praktisch nur in den Fällen, in denen die Behörde **eigene Ansprüche** durch VA (sog. **Leistungsbescheid**) durchsetzen will.

Fall 13: Verkehrsunfall

B ist Beamter auf Lebenszeit bei der Bundespolizei. Als er in dienstlichem Auftrag mit einem Dienstwagen unterwegs war, verursachte er alkoholbedingt einen Unfall, durch den Reparaturkosten in Höhe von 3.100 € entstanden. Die zuständige Behörde versuchte zunächst, B zur Erstattung der Reparaturkosten zu veranlassen. B lehnte ab. Daraufhin erließ die Behörde gegen B einen Leistungsbescheid, in dem er zur Zahlung von 3.100 € verpflichtet wurde. Ist der Bescheid rechtmäßig?

Als belastender VA bedarf der Bescheid einer **Ermächtigungsgrundlage**. Hier kommt § 75 BBG in Betracht, wonach ein Beamter bei vorsätzlicher oder grob fahrlässiger Verletzung seiner Dienstpflichten zum Schadensersatz verpflichtet ist.

I. Die **materiellrechtlichen Voraussetzungen** des § 75 BBG sind erfüllt: B hat zumindest grob fahrlässig im alkoholisierten Zustand am Straßenverkehr teilgenommen und dadurch seine Dienstpflichten verletzt. Durch den von ihm verursachten Unfall

---

453 Vgl. BVerwGE 72, 265, 268; Stelkens/Bonk/Sachs VwVfG § 44 Rdnr. 60; Schoch Jura 2010, 670, 673.

454 Schoch Jura 2010, 670, 671.

ist dem Bund ein Schaden in Höhe von 3.100 € entstanden. B ist daher zum Schadensersatz verpflichtet.

II. Da die Behörde den Anspruch durch VA (Leistungsbescheid) geltend gemacht hat, muss weiterhin die **VA-Befugnis** gegeben sein.

1. § 75 BBG oder eine damit im Zusammenhang stehende Vorschrift enthält hierzu keine Regelung.

2. Die VA-Befugnis ergibt sich auch nicht aus dem Verwaltungsvollstreckungsgesetz des Bundes (VwVG). Das VwVG erfasst nach § 1 Abs. 2 nicht die Geldforderungen, die im Wege der verwaltungsgerichtlichen Leistungsklage geltend zu machen sind, wohl aber die durch Leistungsbescheid geltend gemachten Forderungen (§ 3 Abs. 2 lit. a VwVG). Hier geht es aber gerade um die Frage, ob überhaupt ein Leistungsbescheid ergehen darf.

3. Ob die Verwaltung auch ohne ausdrückliche oder konkludente VA-Befugnis **eigene Leistungsansprüche** durch VA durchsetzen darf, ist umstritten.

a) Nach h.Rspr. ist die Behörde im Rahmen eines **Über-** und **Unterordnungsverhältnisses** gewohnheitsrechtlich auch ohne besondere Ermächtigung befugt, Regelungen durch VA zu treffen. Der VA sei die typische Handlungsform zur Konkretisierung öffentlich-rechtlicher Pflichten und damit der Hoheitsverwaltung „immanent".[455]   **269**

Einen Sonderfall bildet die von der Rspr. in diesem Zusammenhang entwickelte sog. **Kehrseitentheorie:** Wird eine Leistung aufgrund eines VA gewährt, so kann die Leistung (z.B. wenn sie rechtsgrundlos erfolgt ist) auch durch VA zurückgefordert werden (in diesem Sinne ausdrücklich § 49 a Abs. 1 S. 2 VwVfG).[456]

b) Nach der Gegenmeinung sind Leistungsbescheide nur dann zulässig, wenn das **Gesetz** die Handlungsform des VA (ausdrücklich oder konkludent) vorsieht. Es widerspreche rechtsstaatlichen Erwägungen, wenn die Verwaltungsbehörde den Streit zwischen sich und dem Bürger, also in eigener Sache, durch VA entscheiden dürfe. Durch Erlass des VA werde der Bürger in eine nachteilige rechtliche Stellung gedrängt: Der VA zwinge ihn zur Gegenwehr und belaste ihn mit dem Risiko der Fristversäumnis und dem **Prozessrisiko**. Um die **Bestandskraft** des VA zu verhindern, müsse der Adressat Widerspruch bzw. Klage erheben. Sieht er davon ab, wird die im Leistungsbescheid getroffene Festsetzung, selbst wenn sie rechtswidrig sein sollte, verbindlich und kann ohne gerichtliche Hilfe nach dem VwVG zwangsweise durchgesetzt werden. Wegen dieser mit der **Titel- und Vollstreckungsfunktion** des VA verbundenen belastenden Wirkung bedürfe das Vorgehen durch VA mit Rücksicht auf Art. 20 Abs. 3 GG einer besonderen gesetzlichen Ermächtigung.[457]   **270**

---

455 BVerwGE 21, 270, 271; 28, 1, 2; 71, 354, 357[@]; OVG NRW NWVBl. 1996, 69; VGH Kassel NVwZ 1995, 1227, 1228; VGH Mannheim NVwZ 1989, 892; OVG Koblenz NVwZ 1989, 894; Siekmann Jura 1999, 485, 489; Rubel JA-Übbl. 1990, 86 ff.; Maurer § 10 Rdnr. 7.

456 Vgl. ThürOVG DVBl. 2010, 1042, 1043; Maurer § 10 Rdnr. 7.

457 Thür OVG RÜ 2011, 254, 258; OVG Lüneburg NJW 1996, 2947[@]; NVwZ 1989, 880; VGH Mannheim NVwZ 1990, 388; Bader/Ronellenfitsch VwVfG § 35 Rdnr. 64.1 u. 66.1; Schoch Jura 2010, 670, 672 f.

Da § 75 BBG den Erlass eines VA nicht, auch nicht stillschweigend vorsieht, ist der Leistungsbescheid nach dieser Auffassung mangels Ermächtigungsgrundlage **rechtswidrig**. Danach muss die Behörde, wie jeder Bürger auch, ihre Ansprüche mittels verwaltungsgerichtlicher Leistungsklage durchsetzen.

271 c) Richtig ist zwar, dass die **Handlungsform** des VA aufgrund der mit dem Erlass des VA verbundenen belastenden Wirkungen für den Bürger grundsätzlich dem **Vorbehalt des Gesetzes** unterfällt. Es würde jedoch die Effektivität des Verwaltungshandelns zu stark einschränken, wollte man stets eine ausdrückliche Regelung der VA-Befugnis fordern. Für die h.Rspr. spricht zudem, dass gerade im Beamtenrecht ebenso wie in anderen verwaltungsrechtlichen Sonderverhältnissen Einzelfallentscheidungen seit jeher durch VA getroffen werden. Das Vorgehen durch VA hat für den Bürger überdies nicht nur Nachteile, sondern **auch Vorteile**, da er vor dem Erlass des Bescheides angehört werden muss (§ 28 VwVfG), der Bescheid zu begründen ist (§ 39 VwVfG) und der VA ggf. vor einer gerichtlichen Auseinandersetzung im Widerspruchsverfahren (§ 68 VwGO) verwaltungsintern überprüft werden muss. Dogmatisch lässt sich das Ergebnis mit der Annahme einer **gewohnheitsrechtlichen Ermächtigung** rechtfertigen, die dem Vorbehalt des Gesetzes genügt.

Bei **feststellenden VAen** macht die Rspr. allerdings eine Einschränkung. Feststellende VAe bedürfen dann einer gesetzlichen Grundlage für die Handlungsform, „wenn ihr Inhalt etwas als Rechtens feststellt, dass der Betroffene erklärtermaßen für nicht Rechtens hält."[458]

Beispiel: Die Behörde stellt durch VA fest, dass ein von B geplantes Bauvorhaben genehmigungsbedürftig ist. Lässt B diesen VA bestandskräftig werden, kann er sich im späteren Genehmigungsverfahren nicht mehr darauf berufen, dass das Vorhaben nach der LBauO genehmigungsfrei ist.

Auch bei feststellenden VAen muss die VA-Befugnis nicht ausdrücklich im Gesetz geregelt sein, vielmehr genügt eine Grundlage, die im Wege der Auslegung ermittelt werden kann. So ergibt sich aus den Vorschriften über die Genehmigungsbedürftigkeit eines Vorhabens auch die Grundlage für einen VA, der die (umstrittene) Genehmigungspflicht feststellt.[459]

272 d) Voraussetzung für eine gewohnheitsrechtlich anerkannte VA-Befugnis ist stets, dass ein **Über-/Unterordnungsverhältnis** vorliegt, und zwar muss die Über-/Unterordnung **gerade in Bezug auf den konkreten Anspruch** bestehen, der durch VA geregelt werden soll.[460] Eine generelle Über-/Unterordnung wird nur im Beamten- und Soldatenverhältnis sowie vergleichbaren Rechtsverhältnissen angenommen.

273 Mangels hoheitlicher Über-/Unterordnung besteht daher **keine VA-Befugnis**

- bei **privatrechtlichen** Ansprüchen,

   Beispiel: Ist ein zinsloses Darlehen von der öffentlichen Hand in Anwendung der Zwei-Stufen-Theorie durch VA bewilligt und sodann auf der Grundlage eines zivilrechtlichen Darlehensvertrags ausgezahlt worden, so kann die Rückforderung des Darlehensbetrags nicht durch VA geltend gemacht werden.[461]

---

458 BVerwG NVwZ 1991, 267@; DVBl. 1986, 560; VG Potsdam DVBl. 2007, 1314, 1315; Schoch Jura 2010, 670, 675.
459 Vgl. VGH Kassel NVwZ 1993, 497, 498; VG Potsdam DVBl. 2007, 1314, 1315.
460 VGH Mannheim NVwZ 1990, 388 m.w.N.
461 BVerwG NJW 2006, 536.

- bei Ansprüchen im **Gleichordnungsverhältnis**,

    Deshalb besteht keine VA-Befugnis gegenüber Erben eines Beamten;[462] ebenso bei gleichgeordneten Hoheitsträgern[463] und Schadensersatzansprüchen aus einem Kanalbenutzungsverhältnis, da die Gemeinde hier Leistungen wie ein Privatmann erbringt.[464]

- zur Durchsetzung von **vertraglichen** Ansprüchen (§§ 54 ff. VwVfG).

    Hat sich die Behörde durch Abschluss eines ör Vertrages auf die Ebene der Gleichordnung begeben, darf sie im Nachhinein nicht einseitig hoheitlich durch VA handeln.[465]

Vorliegend geht es um Ansprüche aus dem Beamtenverhältnis. Dieses zählt wegen der generellen Weisungsgebundenheit des nachgeordneten Beamten (§ 62 Abs. 1 S. 2 BBG, § 35 S. 2 BeamtStG) zu den typischen Über-Unterordnungsverhältnissen. Da auch einer der vorgenannten Ausnahmefälle nicht eingreift, konnte die Behörde ihren Schadensersatzanspruch aus § 75 BBG durch VA (Leistungsbescheid) durchsetzen.

III. Da sonstige formelle oder materielle Bedenken nicht bestehen, ist der Leistungsbescheid **rechtmäßig**.

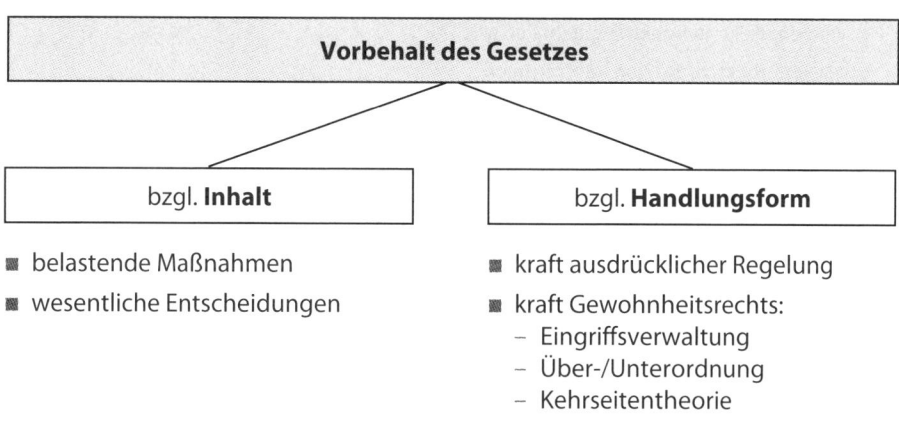

Legt das Gesetz eine bestimmte Handlungsform ausdrücklich fest (z.B. in § 49 a Abs. 1 S. 2 VwVfG), so muss die Behörde in der vorgesehenen Form (z.B. durch VA) handeln.[466] In den übrigen Fällen **kann** die Behörde durch VA handeln, **muss** es aber **nicht**. Sie hat grds. ein **Wahlrecht** zwischen verwaltungsgerichtlicher Leistungsklage und Geltendmachung durch VA. Zwar könnte die Durchsetzung durch VA einen einfacheren und schnelleren Weg darstellen, sodass das **Rechtsschutzbedürfnis** für die Leistungsklage zweifelhaft ist. Die h.Rspr. bejaht das Rechtsschutzbedürfnis gleichwohl i.d.R. damit, dass, wenn der Bürger nicht freiwillig zahlt, ohnehin mit der Anfechtung des VA zu rechnen sei. Werde das Gericht aber im Ergebnis in jedem Fall mit der Angelegenheit beschäftigt, sei es gerechtfertigt, dass auch der Hoheitsträger sogleich klagen kann.[467]

274

---

462 VGH Mannheim NVwZ 1989, 892; OVG NRW NJW 1985, 2483; Schoch Jura 2010, 670, 675.

463 OVG Koblenz NVwZ 1989, 894; BayVGH BayVBl. 2005, 183; Schoch Jura 2010, 670, 676 (für Geldforderungen).

464 VGH Mannheim NVwZ 1990, 388.

465 BVerwG NVwZ 1992, 769: OVG NRW NJW 1995, 3003, 3004; Maurer § 10 Rdnr. 6; Martens NVwZ 1993, 27, 29.

466 Schoch Jura 2010, 670, 672.

Beispiel: Im Beamtenrecht kann der Dienstherr einen Leistungsanspruch wahlweise durch Leistungsbescheid, Aufrechnung, Geltendmachung eines Zurückbehaltungsrechts oder im Wege der (Leistungs-) Klage geltend machen.[468] Demgegenüber wird in der Lit. zum Teil das Rechtsschutzbedürfnis für die Leistungsklage verneint, wenn der Behörde mit dem Leistungsbescheid ein einfacherer Weg zur Verfügung steht.[469]

III. Die Auswahl der Ermächtigungsgrundlage

Grundschema: Ermächtigungsgrundlage
▨ erforderlich nach dem Grundsatz vom **Vorbehalt des Gesetzes**
▪ belastende Maßnahmen
▪ wesentliche Entscheidungen
▨ Auswahl nach **Spezialitätsgrundsatz**
▪ spezielles Bundesrecht
▪ spezielles Landesrecht
▪ allgemeines Landesrecht
▨ **Wirksamkeit** der Ermächtigungsgrundlage
▪ Vereinbarkeit mit höherrangigem Recht
▪ ggf. untergesetzliche Norm ausreichend

In der Fallbearbeitung ergeben sich bei der Frage nach der Ermächtigungsgrundlage folgende Prüfungsschritte:

275 ▨ **Erforderlichkeit der Ermächtigungsgrundlage**

Ob eine Ermächtigungsgrundlage erforderlich ist, beurteilt sich nach dem Prinzip vom Vorbehalt des Gesetzes. Bejaht wird dies für belastende Maßnahmen und wesentliche Entscheidungen (s.o. Rdnr. 81 ff.).

Ist eine Ermächtigungsgrundlage erforderlich, aber nicht vorhanden, so führt dies grds. zur Rechtswidrigkeit des VA. Nur wenn ausnahmsweise das Fehlen einer gesetzlichen Grundlage im Interesse der Funktionsfähigkeit der Verwaltung für eine Übergangszeit hingenommen werden muss, kann der VA gleichwohl rechtmäßig sein. Für die Übergangszeit können Verwaltungsvorschriften dann u.U. gesetzesvertretenden Charakter haben (s.o. Rdnr. 264).

276 ▨ **Auswahl der Ermächtigungsgrundlage**

Bei der Frage nach der einschlägigen Ermächtigungsgrundlage ist gedanklich immer nach dem **Spezialitätsgrundsatz** vorzugehen. Spezialgesetze gehen den allgemeinen Gesetzen vor, wobei (wegen Art. 31 GG) **spezielle Bundesgesetze** (z.B. BImSchG) vor **speziellen Landesgesetzen** (z.B. LImSchG) zu prüfen sind. Sind Spezialregelungen nicht vorhanden, ist auf die **allgemeinen Gesetze** zurückzugreifen (PolG, VwVfG).

---

467 BVerwGE 29, 166, 172; OVG NRW DÖV 1983, 428; Kopp/Schenke VwGO Vorb § 40 Rdnr. 50.

468 VGH Kassel NVwZ 1995, 1227, 1228.

469 Maurer § 10 Rdnr. 7a.

Dabei ist die Ermächtigungsgrundlage **streng von der Zuständigkeitsregelung zu trennen**. Die Zuständigkeit der Behörde besagt nur, dass sie sich mit einer bestimmten Aufgabe befassen darf; erst die Ermächtigung bildet die Grundlage für eine Maßnahme gegenüber dem Bürger.[470] Dies gilt auch dann, wenn die Vorschriften vom Wortlaut ähnlich sind, aber teilweise auf verschiedenen Voraussetzungen beruhen.

§ 1 PolG des Landes L lautet: „Die Polizei hat die Aufgabe, Gefahren für die öffentliche Sicherheit oder Ordnung abzuwehren." In § 8 PolG des Landes L heißt es: „Die Polizei kann die notwendigen Maßnahmen treffen, um eine im einzelnen Fall bestehende Gefahr für die öffentliche Sicherheit oder Ordnung abzuwehren."

§ 1 begründet (nur) die **Zuständigkeit** für ein Tätigwerden der Polizei. Die Polizei ist zuständig, wenn sie (subjektiv) eine Gefahr abwehren will. § 8 deckt das polizeiliche Handeln als **Ermächtigungsgrundlage** nur, wenn tatsächlich eine Gefahr besteht (ggf. reicht eine Anscheinsgefahr oder ein Gefahrenverdacht).

▨ Wirksamkeit der Ermächtigungsgrundlage 277

Ist eine gesetzliche Vorschrift vorhanden, kann sie nur dann Ermächtigungsgrundlage sein, wenn sie **wirksam**, d.h. verfassungsgemäß ist.

Bei Zweifeln ist an dieser Stelle die **Verfassungsmäßigkeit** der Ermächtigungsgrundlage zu prüfen. Bestehen verfassungsrechtliche Bedenken, kann die Ermächtigungsgrundlage gleichwohl aufgrund **verfassungskonformer Auslegung** anzuwenden sein.

▪ Beruht der VA nicht unmittelbar auf einem Gesetz, sondern auf einer **RechtsVO** 278 oder einer **Satzung**, so ist an dieser Stelle auch zu prüfen, ob die RechtsVO oder Satzung ihrerseits wirksam ist (sog. 3-stufiger Aufbau):

Beispiel: Aufgrund einer Polizeiverordnung (ordnungsbehördlichen Verordnung) wird dem A durch Polizeiverfügung (Ordnungsverfügung) der Genuss von Alkohol in der Öffentlichkeit untersagt.[471]

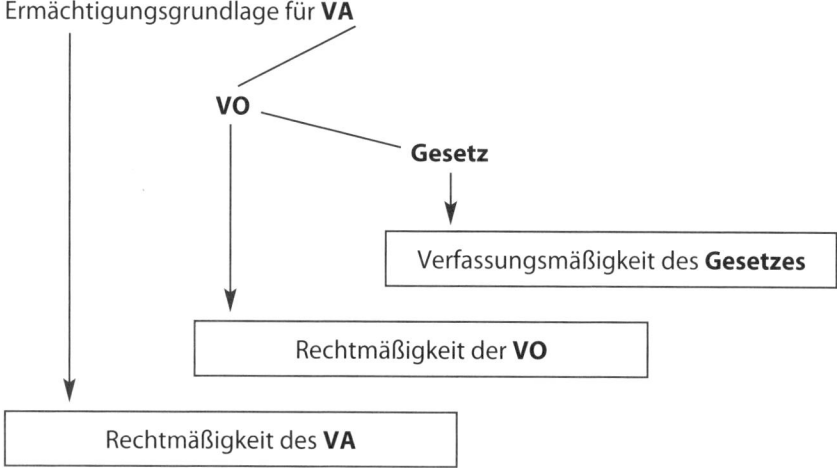

Dreistufiger Aufbau

Ermächtigungsgrundlage für **VA**

VO

Gesetz

Verfassungsmäßigkeit des **Gesetzes**

Rechtmäßigkeit der **VO**

Rechtmäßigkeit des **VA**

---

470 Vgl. VGH Mannheim NJW 2001, 1810; Wehr JuS 2006, 582, 583.

471 Vgl. VGH Mannheim RÜ 2009, 732 ff.

1. Stufe: Der **Einzelakt** ist nur rechtmäßig, wenn die Ermächtigungsgrundlage in der RechtsVO wirksam ist.

2. Stufe: Die Ermächtigungsgrundlage ist nur wirksam, wenn die **RechtsVO** rechtmäßig ist.

3. Stufe: Die RechtsVO kann nur wirksam sein, wenn das zum Erlass der RechtsVO ermächtigende **Gesetz** seinerseits wirksam (verfassungsgemäß) ist.

279 ▪ Ist Rechtsgrundlage für den VA eine untergesetzliche Rechtsnorm, so kann auch fraglich sein, ob die herangezogene Vorschrift dem Vorbehalt des Gesetzes genügt oder ob aufgrund des **Parlamentsvorbehalts** eine Regelung in einem formellen Gesetz erforderlich ist („Ermächtigungsgrundlage ausreichend?").

Ergibt sich, dass der Gesetzgeber aufgrund des Parlamentsvorbehalts die gesetzliche Regelung selbst hätte treffen müssen, so ist der VA grds. rechtswidrig, wenn die Regelung nur durch Rechts-VO oder Satzung erfolgt ist. Eine Ausnahme gilt auch hier, wenn der derzeitige Zustand im Interesse der Funktionsfähigkeit der Verwaltung für eine Übergangszeit hingenommen werden muss (s.o. Rdnr. 264).

280 ▪ **Voraussetzungen der Ermächtigungsgrundlage**

Beruht der VA auf einer wirksamen und ausreichenden Ermächtigungsgrundlage, so sind sodann die **formellen** und **materiellen** Rechtmäßigkeitsvoraussetzungen zu prüfen.

Die Prüfung der Ermächtigungsgrundlage zu Beginn der Rechtmäßigkeitsprüfung beantwortet nur die Frage, ob eine wirksame und ausreichende Ermächtigungsgrundlage vorhanden ist. Die sachliche Prüfung der Voraussetzungen der Ermächtigungsgrundlage (z.B. im Polizeirecht, ob tatsächlich eine Gefahr für die öffentliche Sicherheit besteht) erfolgt erst im Rahmen der materiellen Rechtmäßigkeit.[472]

Beispiel: Prüfung der Ermächtigungsgrundlage im Fallaufbau

281 I. Als belastende Maßnahme bedarf der VA einer **Ermächtigungsgrundlage**.

Soweit zweifelhaft:

„Fraglich ist, ob die Maßnahme nach dem Grundsatz vom Vorbehalt des Gesetzes einer Ermächtigungsgrundlage bedarf..."

Ermächtigungsgrundlage für die Verfügung könnte § ... sein.

Soweit Bedenken an der Wirksamkeit bestehen:

„Diese Vorschrift müsste wirksam sein ... Das setzt voraus, dass sie formell und materiell verfassungsgemäß ist. ..."

Wenn VA-Befugnis problematisch:

„Die Vorschrift müsste zum Erlass eines Verwaltungsaktes berechtigen ..."

II. **Formelle** Rechtmäßigkeit (Zuständigkeit, Verfahren, Form)

III. **Materielle** Rechtmäßigkeit,
insbes. Voraussetzungen der Ermächtigungsgrundlage

---

472 Vgl. Schnapp/Henkenötter JuS 1998, 624, 626; zum abweichenden „bayerischen Prüfungsaufbau" insb. im Polizeirecht (Unterscheidung zwischen Aufgabeneröffnung und Befugnis) Wehr JuS 2006, 582, 583.

B. Formelle Rechtmäßigkeit

I. Zuständigkeit

Die Aufgaben der öffentlichen Verwaltung werden jeweils einem bestimmten **Verwaltungsträger** zur Wahrnehmung zugewiesen. Verwaltungsträger sind der Staat (Bund und Länder) und die sonstigen **juristischen Personen des öffentlichen Rechts**, also Körperschaften, Anstalten und Stiftungen des öffentlichen Rechts (s.o. Rdnr. 10 ff.). **282**

Juristische Personen sind als gedachte Rechtsgebilde **nicht handlungsfähig**. Für sie handeln ihre **Organe**. Organe sind die organisatorisch verselbstständigten Einrichtungen eines Verwaltungsträgers, deren Handeln (durch natürliche Personen, den sog. Organ- oder Amtswaltern) dem Verwaltungsträger zugerechnet wird. Wichtigste Organe sind die **Behörden**, deren Aufgabe es ist, für den Verwaltungsträger nach außen (gegenüber dem Bürger) verwaltend tätig zu werden. **283**

Eine juristische Person des öffentlichen Rechts kann mehrere Organe haben, die nicht alle Behördeneigenschaft haben. So sind z.B. Organe der Gemeinde der Rat und der Bürgermeister. Der Rat ist das interne Willensbildungsorgan, der Bürgermeister Behörde im Außenverhältnis (s.o. Rdnr. 22).[473]

1. Bestimmung der Zuständigkeit

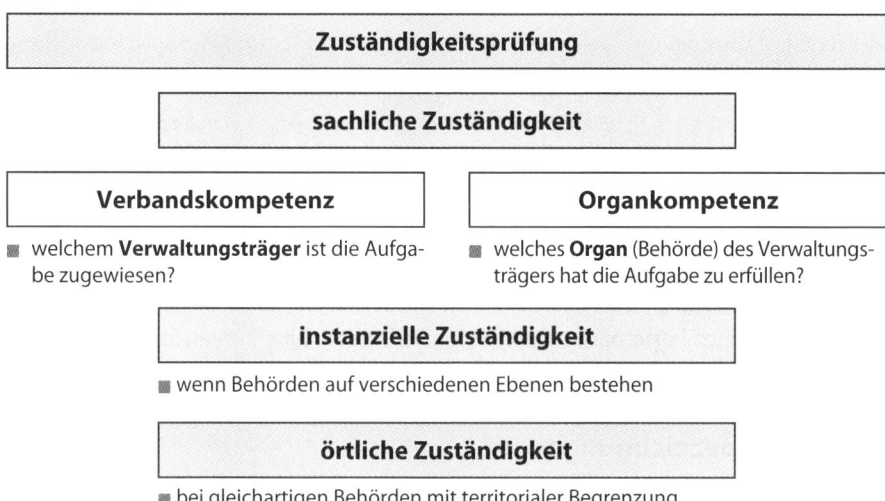

Zuständigkeitsprüfung

sachliche Zuständigkeit

Verbandskompetenz	**Organkompetenz**
▪ welchem **Verwaltungsträger** ist die Aufgabe zugewiesen?	▪ welches **Organ** (Behörde) des Verwaltungsträgers hat die Aufgabe zu erfüllen?

instanzielle Zuständigkeit

▪ wenn Behörden auf verschiedenen Ebenen bestehen

örtliche Zuständigkeit

▪ bei gleichartigen Behörden mit territorialer Begrenzung

a) Sachliche Zuständigkeit

Die Zuständigkeit knüpft in erster Linie an einen bestimmten **Aufgabenbereich** an (sog. **sachliche Zuständigkeit**). Dabei ist nach Verbandskompetenz und Organkompetenz zu unterscheiden:

aa) Da jedes Handeln letztlich einer juristischen Person zugerechnet werden muss, ist zunächst festzulegen, welcher Verwaltungsträger die Aufgaben wahrzunehmen hat (sog. **Verbandskompetenz**). **284**

---

473 Zu Ausnahmen vgl. AS-Skript Kommunalrecht.

Dabei ist von der Regelung in Art. 83 ff. GG auszugehen, wonach aufgrund des Bundesstaatsprinzips Verwaltungsträger entweder der Bund oder die Länder sind. Diese können die Verwaltungsaufgabe entweder selbst durch eigene Behörden wahrnehmen (**unmittelbare Staatsverwaltung**) oder die Aufgabe auf unterstaatliche Verwaltungsträger (z.B. Körperschaften oder Anstalten) übertragen (sog. **mittelbare Staatsverwaltung**). Wichtigster Fall ist die Zuweisung staatlicher Aufgaben an die Gemeinden, wobei allerdings eine Aufgabenübertragung durch den Bund unzulässig ist (Art. 84 Abs. 1 S. 7, Art. 85 Abs. 1 S. 2 GG).

285 **bb)** Ein Verwaltungsträger kann mehrere **Behörden** haben. Es muss deshalb bestimmt werden, welche Behörde die sachlich umschriebene Aufgabe konkret wahrzunehmen hat (sog. **Organkompetenz**).

> **Beispiel:** Der Erlass von Verwaltungsakten der Gemeinde erfolgt i.d.R. durch die Gemeindeverwaltung (Bürgermeister). Der Gemeinderat ist lediglich für die interne Willensbildung zuständig. Etwas anderes gilt z.B. bei der Umbenennung einer Straße. Da allein mit der Entscheidung des Rates über die Umbenennung die Regelung mit Außenwirkung getroffen ist, handelt es sich um einen VA des Rates.[474]

b) Instanzielle Zuständigkeit

286 Hat der Verwaltungsträger Behörden auf verschiedenen Ebenen, so ist die sog. **instanzielle Zuständigkeit** festzulegen.

> Als Beispiel dient die Landesfinanzverwaltung: **Oberste Behörde:** Landesfinanzministerium; **Mittelbehörde:** Oberfinanzdirektion; **untere Behörde:** Finanzamt.

287 In der Regel ist die Zuständigkeit der jeweils unteren Instanz zugewiesen. Die vorgesetzte Behörde darf dann nur ausnahmsweise bei einem **Selbsteintrittsrecht** tätig werden.

> **Beispiel:** Nach § 44 Abs. 1 S. 1 StVO sind zur Ausführung der StVO grds. zuständig die unteren Verwaltungsbehörden. Die obersten Landesbehörden und die höheren Verwaltungsbehörden können diesen Behörden Weisungen erteilen oder die erforderlichen Maßnahmen selbst treffen (§ 44 Abs. 1 S. 2 StVO).

c) Örtliche Zuständigkeit

288 Die **örtliche Zuständigkeit** muss festgelegt werden, wenn es mehrere gleichartige Behörden mit räumlich begrenztem Zuständigkeitsbereich gibt. Fehlen Spezialgesetze, so gilt hierfür § 3 VwVfG.

2. Funktionsbezeichnungen

289 Vielfach verwenden die Gesetze bei der Zuständigkeitsbestimmung bloße **Funktionsbezeichnungen**.

> So erwähnt z.B. § 36 BauGB die „Baugenehmigungsbehörde" und die „höhere Verwaltungsbehörde". Das sind keine wirklich vorhandenen Behörden. Das gleiche gilt für die „Ordnungsbehörde", „Straßenverkehrsbehörde", die „Aufsichtsbehörde" oder die „Widerspruchsbehörde". Umgekehrt werden tatsächlich vorhandenen Behörden wie der „Bezirksregierung" oder dem „Polizeipräsidenten" im Gesetz kaum direkt Zuständigkeiten zugewiesen.

> Die Funktionsbezeichnung ist hierbei nur Hilfsmittel zur Bestimmung der Zuständigkeit. Hinzukommen muss die Zuweisung der Funktion an eine tatsächlich existierende Behörde.

---

474 Vgl. VGH Mannheim NVwZ 1992, 196; OVG NRW NJW 1987, 2695; Zilkens NWVBl. 2001, 369, 370 m.w.N.

Beispiel: Nach § 44 Abs. 1 S. 1 StVO sind sachlich zuständig zur Ausführung der StVO grds. die Straßenverkehrsbehörden. Dies sind die nach Landesrecht zuständigen unteren Verwaltungsbehörden oder die Behörden, denen durch Landesrecht die Aufgaben der Straßenverkehrsbehörde zugewiesen sind. Erst aus der landesrechtlichen Verordnung ergibt sich daher die tatsächlich zuständige Behörde.

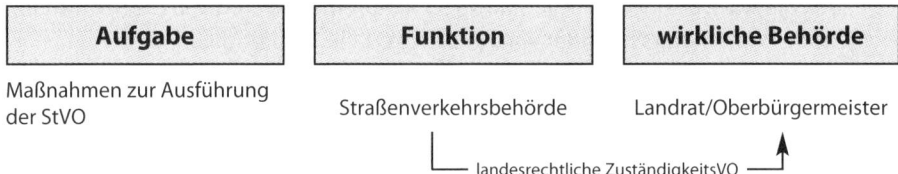

Aufgabe	Funktion	wirkliche Behörde
Maßnahmen zur Ausführung der StVO	Straßenverkehrsbehörde	Landrat/Oberbürgermeister

landesrechtliche ZuständigkeitsVO

3. Prüfung der Zuständigkeit – Zuständigkeitsfehler

Fall 14: Ausweisung eines Ausländers

Bei der Stadtverwaltung der kreisfreien Stadt S gibt es ein Ordnungsamt und ein Ausländeramt. Der in S studierende Ausländer A erhält eine Ausweisungsverfügung, die folgenden Briefkopf aufweist: „Oberbürgermeister der Stadt S – Ordnungsamt". Unterschrieben war die Verfügung von „R, Stadtverwaltungsrat". Daraufhin begibt sich A zur Stadtverwaltung, um die Sache mündlich zu erörtern. Als er die Verfügung am Eingang vorzeigt, wird er an R verwiesen. R erklärt, er könne sachlich kaum etwas zu der Verfügung sagen. Er befasse sich normalerweise nicht mit Ausländersachen sondern mit Verkehrsregelungen. Er habe die Verfügung anstelle eines erkrankten Kollegen unterschrieben. Bestehen unter dem Gesichtspunkt der Zuständigkeit Bedenken gegen die Rechtmäßigkeit der Verfügung?

Die Verfügung könnte wegen eines Zuständigkeitsfehlers rechtswidrig sein.

I. Sachliche Zuständigkeit

Eine Maßnahme ist von der sachlich zuständigen Behörde erlassen, wenn die Subsumtion unter die Zuständigkeitsvorschriften ergibt, dass **290**

- ▪ die in der Vorschrift beschriebene **Aufgabe** die erlassene Maßnahme umfasst (Vergleich: Aufgabe – Maßnahme) und

- ▪ die in der Vorschrift bezeichnete **Behörde** gehandelt hat (Vergleich: gesetzlich bestimmte Behörde – handelnde Behörde).

Für diese Prüfung ist es erforderlich, die in Betracht kommenden **Zuständigkeitsvorschriften** herauszufinden. Dabei ist von der Gesetzestechnik auszugehen, wonach Zuständigkeits- und Verfahrensvorschriften als Annexregelungen zu den materiellen Vorschriften erlassen werden. Das materielle Recht enthält meist auch Zuständigkeitsregelungen oder man findet sie in Ausführungsvorschriften. Ist dies nicht der Fall, ist auf allgemeine landesrechtliche Zuständigkeitsregeln zurückzugreifen (z.B. LOG, VwVfG).

Danach ist im vorliegenden Fall folgende **Vorüberlegung** zweckmäßig:

- ▪ Maßnahme: Ausweisungsverfügung gegenüber einem Ausländer

- ▪ geregelt in: §§ 53 ff. AufenthG

- ▪ Zuständigkeitsvorschrift: § 71 Abs. 1 AufenthG

Die Zuständigkeit der erlassenden Behörde folgt aus § 71 Abs. 1 AufenthG.

1. **Vergleich gesetzlich geregelte Aufgabe – erlassene Maßnahme**

§ 71 Abs. 1 AufenthG regelt „aufenthaltsrechtliche Maßnahmen". Darunter fällt auch die Ausweisung des A gemäß §§ 53 ff. AufenthG, durch den die Rechtmäßigkeit des Aufenthalts beendet wird (§ 51 Abs. 1 Nr. 5 AufenthG).

291

2. **Vergleich gesetzlich bestimmte Behörde – handelnde Behörde**

a) Nach § 71 Abs. 1 AufenthG ist zuständig die **Ausländerbehörde**. Dabei handelt es sich zunächst nur um eine **Funktionsbezeichnung**. Es ist nach einer weiteren Vorschrift zu suchen, die die Funktion „Ausländerbehörde" einer wirklichen Behörde zuordnet. Das AufenthG ist ein Bundesgesetz, das gem. Art. 83 GG von den Ländern als eigene Angelegenheit ausgeführt wird. Die zuständige Behörde wird daher i.d.R. durch **landesrechtliche Zuständigkeitsvorschriften** bestimmt (Art. 84 Abs. 1 S. 1 GG, Ausnahmen zugunsten des Bundes finden sich in Art. 84 Abs. 1 S. 2 ff. GG).

aa) Die **Verbandskompetenz** liegt im Ausländerrecht nach dem Landesrecht i.d.R. beim (Land-) Kreis bzw. bei der kreisfreien Stadt. Im vorliegenden Fall handelt es sich um eine kreisfreie Stadt.

bb) Die **Organkompetenz** richtet sich nach dem Verwaltungsaufbau des Landes. Allgemeine Behörde einer kreisfreien Stadt ist i.d.R. der Hauptverwaltungsbeamte (je nach Landesrecht der Bürgermeister bzw. Magistrat).

Die Zuständigkeitsvorschriften nennen zumeist nur den jeweiligen (unterstaatlichen) Verwaltungsträger (z.B. die Gemeinde). Die Organkompetenz richtet sich dann ergänzend nach dem jeweiligen Verbandsverfassungsrecht (insbes. der Gemeindeordnung). **Beispiel:** Nach § 2 Abs. 1 S. 1 BauGB ist die Gemeinde zuständig zum Erlass eines Bebauungsplanes, der nach § 10 Abs. 1 BauGB als Satzung ergeht. Nach der GO ist für den Erlass von Satzungen der Gemeinderat zuständig (vgl. z.B. § 41 Abs. 1 S. 2 lit. f. GO NRW).

Zuständig für den Erlass der Ausweisungsverfügung war somit der Oberbürgermeister der Stadt S als Ausländerbehörde i.S.d. § 71 Abs. 1 AufenthG.

292

b) Diese Behörde müsste auch gehandelt haben.

aa) Im vorliegenden Fall hat ein Beamter des **Ordnungsamts** gehandelt. Das Amt ist aber keine eigenständige Behörde, sondern nur eine Abteilung oder Dienststelle der Stadtverwaltung. Das Handeln eines Amtes bzw. eines Amtswalters wird als Handeln der Behörde angesehen, zu der das Amt gehört. Hat irgendeine Stelle der Stadtverwaltung gehandelt, so ist der (Ober-)Bürgermeister die handelnde Behörde. Daher hat die sachlich zuständige Behörde gehandelt.

bb) Da das Handeln der einzelnen Amtswalter der Behörde zugerechnet wird, ist es für die Rechtmäßigkeit unerheblich, ob das **richtige Amt** gehandelt hat. Zuständigkeitsvorschriften sind auf Behörden bezogen. Welches Amt (i.S.d. Abteilung einer Behörde) handelt, ist eine Frage der internen Geschäftsverteilung und berührt die Rechtmäßigkeit nicht.[475]

---

475 OVG Münster DVBl. 1974, 597; Maurer § 21 Rdnr. 36, 37 m.w.N.

cc) Ebenso ist unerheblich, ob der nach der internen Geschäftsverteilung **richtige Beamte** gehandelt hat. Es ist lediglich erforderlich, dass das Handeln des Beamten überhaupt der Behörde zugerechnet wird. Somit ist es im vorliegenden Fall irrelevant, ob R der richtige Vertreter des an sich „zuständigen" Beamten war. Die sachliche Zuständigkeit der erlassenden „Behörde" ist in jedem Fall zu bejahen.

II. **Örtlich** zuständig ist nach § 3 Abs. 1 Nr. 3 a VwVfG der Oberbürgermeister der Stadt S (Stadtverwaltung), da A in S studiert und sich deshalb in diesem Bezirk gewöhnlich aufhält. Unter dem Gesichtspunkt der Zuständigkeit ergeben sich daher keine Bedenken gegen die Rechtmäßigkeit der Verfügung.

Soweit im (Sonder-) Ordnungsrecht spezielle Regelungen für die örtliche Zuständigkeit bestehen (vgl. z.B. §§ 12, 4 OBG NRW), gehen diese der allgemeinen Regelung in § 3 VwVfG vor.

II. Das Verwaltungsverfahren

1. Anwendbarkeit des VwVfG

Die allgemeinen Regeln des Verwaltungsrechts sind im Wesentlichen in drei Gesetzen kodifiziert:[476]

293

- für den Bereich der Finanzverwaltung in der Abgabenordnung **(AO)**,

- für die Bereiche der Sozialverwaltung im **SGB X**,

- allgemein im Verwaltungsverfahrensgesetz **(VwVfG)**.

Der Anwendungsbereich des VwVfG ergibt sich aus §§ 1, 2, 9 VwVfG.

Grundschema: Anwendbarkeit des VwVfG
■ **Abgrenzung VwVfG – LVwVfG**
■ **öffentlich-rechtliche Verwaltungstätigkeit i.S.d. § 1 VwVfG**
■ **Ausschlussgründe gem. § 2 VwVfG**
■ **vorrangige Spezialgesetze**
■ **Verwaltungsverfahren i.S.d. § 9 VwVfG**

a) Zunächst ist zu klären, ob das VwVfG des **Bundes** oder das VwVfG des **Landes** einschlägig ist.

294

Die Abgrenzung ist i.d.R. **nicht erforderlich**, da die VwVfGe weitgehend wortlautidentisch sind. In der Klausur braucht dieser Punkt dann nicht näher geprüft zu werden. Durch die Zitierung muss jedoch deutlich werden, mit welchem Gesetz gearbeitet wird (VwVfG bzw. LVwVfG).

---

476 Zum Anwendungsbereich der Verwaltungsverfahrensgesetze ausführlich Ehlers Jura 2003, 30 ff.

Eine Differenzierung ist nur vorzunehmen, wenn Unterschiede bestehen, was z.B. bei der Ausschlussklausel des § 2 VwVfG und im Rahmen des § 45 Abs. 2 VwVfG der Fall ist (vgl. unten Rdnr. 339).

▪ Da **Bundesbehörden** nur Bundesrecht ausführen können, ist für diese stets das Bundes-VwVfG einschlägig (§ 1 Abs. 1 Nr. 1 VwVfG).

▪ Für **Landesbehörden** ordnet § 1 Abs. 1 Nr. 2 u. Abs. 2 VwVfG zwar in bestimmten Fällen die Anwendung des Bundes-VwVfG an, wenn die Länder Bundesrecht ausführen. In der Regel greift jedoch auch hier die Ausnahme nach § 1 Abs. 3 VwVfG, wonach das Bundes-VwVfG für Landesbehörden nicht gilt, wenn ein Landes-VwVfG existiert.

Die meisten Länder haben eigene vollständige Landes-VwVfGe erlassen (in Schleswig-Holstein Teil des LVwG). Berlin, Brandenburg, Niedersachsen, Rheinland-Pfalz, Sachsen und Sachsen-Anhalt haben auf eine Vollregelung verzichtet und sich auf einige abweichende Regelungen beschränkt und im Übrigen auf das Bundes-VwVfG verwiesen.[477]

Die Abgrenzung richtet sich daher grds. nach dem **Behördenprinzip**, d.h. es kommt nicht darauf an, ob Bundes- oder Landesrecht ausgeführt wird, sondern darauf, ob eine Bundesbehörde (dann Bundes-VwVfG) oder eine Landesbehörde tätig wird (dann LVwVfG).[478]

Beispiel: Wendet die Landesbehörde L das AufenthG, das StVG oder andere Bundesgesetze an, so ist das VwVfG des Landes anzuwenden.

295 **b)** Das VwVfG gilt nur für die **öffentlich-rechtliche Verwaltungstätigkeit einer Behörde** (§ 1 Abs. 1 VwVfG), ist also nicht anwendbar bei privatrechtlichem Handeln.

▪ Die **öffentlich-rechtliche** Rechtsnatur der Verwaltungstätigkeit bestimmt sich nach den allgemeinen Grundsätzen zur Abgrenzung zwischen öffentlichem und privatem Recht (s.o. Rdnr. 27 ff.).

Öffentlich-rechtlich ist vor allem der Bereich der Eingriffsverwaltung, der Leistungsverwaltung nur, wenn die Behörde sich hoheitlicher Handlungsformen bedient. Nicht in den Anwendungsbereich des VwVfG fällt dagegen die Fiskalverwaltung. Im Bereich des Verwaltungsprivatrechts wird dagegen u.U. der Rechtsgedanke einzelner Vorschriften des VwVfG herangezogen (s.o. Rdnr. 75).

▪ Unter **Behörde** ist nach § 1 Abs. 4 VwVfG jede Stelle zu verstehen, die Aufgaben der öffentlichen Verwaltung wahrnimmt. So ist z.B. das Bauamt Teil der Stadtverwaltung, die Behörde in diesem Sinne ist (s.o. Rdnr. 23 ff.).

In den Landes-VwVfGen findet sich die Behördendefinition überwiegend in § 1 Abs. 2 LVwVfG (z.B. Baden-Württtmberg, Brandenburg, Hamburg, Hessen, NRW), teilweise in § 1 Abs. 3 LVwVfG (z.B. Mecklenburg-Vorpommern), teilweise in § 2 LVwVfG (z.B. Rheinland-Pfalz).

c) In § 2 VwVfG finden sich eine Reihe von **Ausnahmen** vom Anwendungsbereich des VwVfG.

296 **aa)** Das Verhältnis zur **Abgabenordnung** (AO) wird durch § 2 Abs. 2 Nr. 1 VwVfG geregelt. Nach § 2 Abs. 2 Nr. 1 Bundes-VwVfG ist die Anwendbarkeit ausgeschlossen „für Verfahren der Bundes- oder Landesfinanzbehörden nach der Abgabenordnung". Nach § 1 AO gilt die Abgabenordnung für alle Steuern, die durch Bundesrecht oder EG-Recht geregelt sind, soweit sie durch Bundes- oder Landesfinanzbehörden verwaltet werden.

---

477 Zum Unterschied zwischen statischen und dynamischen Verweisungen Ehlers Jura 2003, 30, 31.

478 Vgl. Ehlers Jura 2003, 30, 31 m.w.N.

Landesrechtlich richtet sich zumeist auch die Erhebung von Kommunalabgaben nach der AO (z.B. Art. 13 Bay KAG, § 3 KAG BW, § 4 HessKAG, § 12 KAG NRW, § 3 SächsKAG).

Deshalb sind z.B. die §§ 54 ff. VwVfG auf abgabenrechtliche Verträge grds. nicht anwendbar. Die AO erwähnt den öffentlich-rechtlichen Vertrag nur beiläufig in § 78 Nr. 3 AO, ohne ihn näher zu regeln. Mangels Regelungslücke wird die analoge Anwendung der §§ 54 ff. VwVfG von der h.Rspr. gleichwohl verneint.[479]

bb) Die Abgrenzung zum **SGB X** erfolgt durch § 2 Abs. 2 Nr. 4 VwVfG für Verfahren nach dem Sozialgesetzbuch (im Landesrecht zumeist § 2 Abs. 2 Nr. 3 LVwVfG). **297**

Verfahren nach dem Sozialgesetzbuch sind z.B. Verfahren nach dem BAföG, WohnGG, SGB II (Grundsicherung für Arbeit Suchende, insbes. Arbeitslosengeld II), SGB III (Arbeitsförderung), SGB IV-VII (Sozialversicherungsrecht, insbes. gesetzliche Kranken-, Renten- und Unfallversicherung), SGB VIII (Kinder- und Jugendhilfe), SGB IX (Rehabilitation und Teilhabe behinderter Menschen), SGB XI (Pflegeversicherung), SGB XII (Sozialhilfe).

cc) § 2 Abs. 3 VwVfG nennt des Weiteren einige Rechtsbereiche, in denen das VwVfG nicht insgesamt, sondern nur **teilweise** nicht anwendbar ist, vgl. z.B. § 2 Abs. 3 Nr. 2 VwVfG bei Leistungs-, Eignungs- und ähnlichen Prüfungen (insbes. im Bereich der Schulen und Hochschulen). Vor allem gilt in diesem Bereich nicht die Anhörungs- und Begründungspflicht (§§ 28, 39 VwVfG).[480] **298**

Ein Anspruch auf Akteneinsicht in die Prüfungsunterlagen gem. § 29 VwVfG besteht demgegenüber gem. § 2 Abs. 2 Nr. 3 VwVfG auch in Prüfungsverfahren.

d) Für das Verhältnis des VwVfG zum **sonstigen Recht**, insbes. zum besonderen Verwaltungsrecht, gilt gemäß § 1 Abs. 1 VwVfG das **Subsidiaritätsprinzip**. Das VwVfG gilt nicht, soweit sich in einem anderen Gesetz inhaltsgleiche oder entgegenstehende Bestimmungen finden. **299**

Dies gilt nicht, wenn im Spezialgesetz seinerseits wieder eine Ausnahme gemacht wird oder sich durch Auslegung ergibt, dass das VwVfG nicht verdrängt werden soll. So besteht z.B. der Anspruch auf Akteneinsicht nach § 29 VwVfG neben dem Anspruch auf Informationszugang nach den IFG (vgl. ausdrücklich § 1 Abs. 3 IFG des Bundes).[481]

e) Schließlich ist nach § 9 VwVfG Voraussetzung für die Anwendbarkeit des VwVfG, dass ein **Verwaltungsverfahren** (im engeren Sinne) vorliegt, d.h. ein Verfahren, das **300**

- auf den **Erlass eines VA** oder

- den Abschluss eines **öffentlich-rechtlichen Vertrages** gerichtet ist.

Das VwVfG gilt daher nicht beim Erlass von Verwaltungsvorschriften, von Satzungen oder Rechtsverordnungen ebenso wenig für schlichtes Verwaltungshandeln.[482]

---

479 OVG NRW DÖV 1986, 889; VGH Kassel NVwZ 1997, 918, 920; a.A. BayVGH NVwZ 1989, 167, 168; allgemein Heun DÖV 1989, 1053, 1054.

480 Vgl. aber zur Begründungspflicht von Prüfungsentscheidungen BVerwG DVBl. 1996, 436; DVBl. 1993, 503, 504; OVG NRW DVBl. 1995, 1370 und unten Rdnr. 476.

481 Vgl. OVG NRW NWVBl. 2006, 296; Stelkens/Bonk/Sachs VwVfG § 29 Rdnr. 25; Raabe/Helle-Meyer NVwZ 2004, 641, 642 ff.; Schmitz/Jastrow NVwZ 2005, 984, 989; a.A. Stollmann NWVBl. 2002, 216, 217.

482 Überblick zum Verwaltungsverfahren, den verschiedenen Arten des Verwaltungsverfahrens und der Anwendbarkeit des VwVfG bei Bonk NVwZ 2001, 636 ff.; zum Anwendungsbereich der Verwaltungsverfahrensgesetze auch Ehlers Jura 2003, 30 ff.; zur Rspr. zum Verwaltungsverfahrensrecht Berg JZ 2005, 1039 ff.

Außerhalb eines Verwaltungsverfahrens besteht daher z.B. kein Anspruch aus § 29 VwVfG. Hier kann sich jedoch ein Anspruch aus dem UIG (Umweltinformationsgesetz) oder dem IFG (Informationsfreiheitsgesetz) ergeben (s.o. Rdnr. 190). Soweit diese nicht einschlägig sind bzw. kein allgemeines IFG auf Landesebene vorhanden ist, steht die Gewährung von Akteneinsicht außerhalb eines Verwaltungsverfahrens im **Ermessen** der Behörde. Einen Anspruch auf ermessensfehlerfreie Entscheidung hat aber nur derjenige, der an der Einsichtnahme ein berechtigtes Interesse hat.[483]

2. Arten des Verwaltungsverfahrens

Das VwVfG unterscheidet **vier Arten** des Verwaltungsverfahrens:

301 ▨ Das **nichtförmliche Verwaltungsverfahren** ist gemäß § 10 VwVfG der Regelfall: Es ist grundsätzlich an keine besonderen Formen gebunden; das Verfahren ist einfach, zweckmäßig und zügig durchzuführen.

302 ▨ Das **förmliche Verwaltungsverfahren** gemäß §§ 63 ff. VwVfG findet nur statt, wenn es durch Rechtsvorschrift angeordnet ist (§ 63 Abs. 1 VwVfG); vgl. z.B. § 10 BImSchG.

Auch im förmlichen Verfahren sind grds. die allgemeinen Vorschriften der §§ 9 ff. VwVfG anwendbar, es sei denn in den §§ 63 bis 71 VwVfG finden sich abweichende Regelungen. Wesentlich für das förmliche Verfahren ist, dass die Behörde vor der Entscheidung grds. eine **mündliche Verhandlung** durchzuführen hat (Einzelheiten in §§ 67, 68 VwVfG).

303 ▨ Für das **Planfeststellungsverfahren** (§§ 72 ff. VwVfG) sind wesentlich die Regelungen über das Anhörungsverfahren (§ 73 VwVfG) und den Planfeststellungsbeschluss (§ 74 VwVfG) als besondere Art des Verwaltungsaktes.

Planfeststellungsverfahren finden sich vor allem im Verkehrswegerecht, z.B. in § 17 FStrG, §§ 14 ff. WaStrG, §§ 8 ff. LuftVG. Die §§ 72 ff. VwVfG gelten nur insoweit, als in den Spezialgesetzen keine abweichenden Sonderregelungen enthalten sind.

304 ▨ Für das **Verfahren über eine einheitliche Stelle** finden sich Sondervorschriften in §§ 71 a ff. VwVfG.[484]

Diese besondere durch das 4. VwVfÄndG[485] Anfang 2009 eingeführte Verfahrensart entspricht dem von der EU-Dienstleistungsrichtlinie (2006/123/EG)[486] geforderten „einheitlichen Ansprechpartner" und ermöglicht dem Bürger, das gesamte Verwaltungsverfahren über eine einzige Stelle abzuwickeln, ohne sich an jede einzelne zuständige Behörde wenden zu müssen.[487] Die neue Verfahrensart muss – ähnlich wie beim Planfeststellungsverfahren – durch Rechtsvorschrift besonders angeordnet werden (§ 71 a Abs. 1 VwVfG, vgl. z.B. § 6 b GewO). Die Inanspruchnahme der einheitlichen Stelle ist freiwillig. Bestimmte, in den §§ 71 b ff. VwVfG geregelte Verfahrensvorschriften und Informationspflichten gelten für die zuständige Behörde grds. auch dann, wenn der Bürger den direkten Kontakt sucht (§ 71 a Abs. 2 VwVfG).

Ergänzend enthält das VwVfG in §§ 8 a bis 8 e besondere Vorschriften über die **Europäische Verwaltungszusammenarbeit**.[488] Auch diese Vorschriften dienen der Umsetzung der EU-Dienstleistungsrichtlinie und enthalten Regelungen über eine grenzüberschreitende Verwaltungszusammenarbeit, wenn ein Rechtsakt der EU die gegenseitige Hilfeleistung vorsieht (§§ 8 a, 8 e VwVfG).[489]

---

483 BayVGH NVwZ 1999, 889, 890; OVG NRW DVBl. 1999, 1053, 1054.

484 Vgl. dazu Röckinghausen NWVBl. 2009, 464 ff.

485 Viertes Gesetz zur Änderung verwaltungsverfahrensrechtlicher Vorschriften (4. VwVfÄndG) vom 11.12.2008 (BGBl. I 2418).

486 Richtlinie 2006/123/EG des Europäischen Parlaments und des Rates vom 12.12.2006 (ABl. EG L 376, S. 36).

487 Vgl. dazu Schmitz/Prell NVwZ 2009, 1 ff.; Ernst DVBl. 2009, 953 ff.; Lenders NWVBl. 2009, 457 ff.; Kahl NVwZ 2011, 449, 454.

488 Vgl. Art. 3 des Gesetzes vom 17.07.2009 (BGBl. I S. 2091, 2095 ff.), in Kraft getreten am 28.12.2009.

489 Vgl. Schmitz/Prell NVwZ 2009, 1121 ff.; Lenders/Paplocki NWVBl. 2010, 87 ff.

3. Die wesentlichen Verfahrensregeln des VwVfG

Die wesentlichen Verfahrensvorschriften finden sich in den §§ 20 ff. VwVfG.

Grundschema: Verfahrensregeln des VwVfG
▪ **Einleitung des Verfahrens, § 22 VwVfG**
▪ **Untersuchungsgrundsatz, § 24 VwVfG**
▪ **Ausschluss wegen Befangenheit, §§ 20, 21 VwVfG**
▪ **Akteneinsicht, § 29 VwVfG**
▪ **Anhörung, § 28 VwVfG**

a) Einleitung des Verfahrens

Über die Einleitung des Verfahrens entscheidet die Behörde gemäß § 22 S. 1 VwVfG nach pflichtgemäßem **Ermessen**. Ausnahmen gelten nach § 22 S. 2 VwVfG in positiver wie in negativer Hinsicht.   **305**

Nach Nr. 1 **muss** die Behörde das Verwaltungsverfahren einleiten, wenn gesetzlich bestimmt ist, dass sie von Amts wegen oder auf Antrag tätig werden muss. Nach Nr. 2 **darf** die Behörde **nicht** tätig werden, wenn bei einem antragsabhängigen Verfahren der erforderliche Antrag nicht vorliegt. Ein VA, der ohne den erforderlichen Antrag ergeht, ist rechtswidrig, aber gleichwohl wirksam.[490] Der Fehler kann jedoch gem. § 45 Abs. 1 Nr. 1 VwVfG geheilt werden, wobei der nachträgliche Antrag auch konkludent in der Erhebung des Widerspruchs oder der Klage liegen kann.[491]

§ 42 a VwVfG sieht vor, dass eine beantragte Genehmigung nach Ablauf einer für die Entscheidung festgelegten Frist als erteilt gilt **(Genehmigungsfiktion)**, wenn dies durch Rechtsvorschrift angeordnet und der Antrag hinreichend bestimmt ist. § 42 a VwVfG legt nur die allgemeinen Grundsätze fest, regelt aber nicht, in welchen Genehmigungsverfahren eine Genehmigungsfiktion gelten soll. Dies bleibt dem besonderen Verwaltungsrecht vorbehalten (vgl. z.B. § 6 a GewO). Im Fachgesetz können auch von der Regelentscheidungsfrist des § 42 a Abs. 2 S. 1 VwVfG (drei Monate) abweichende Entscheidungsfristen angeordnet werden.   **306**

Die Genehmigungsfiktion entfaltet die gleiche Wirkung wie ein ordnungsgemäß zustande gekommener VA. Die Regelungen über Nichtigkeit, Rücknahme und Widerruf eines VA (§§ 44, 48, 49 VwVfG) gelten daher entsprechend. Ebenso kann die Genehmigungsfiktion mit Widerspruch und Anfechtungsklage angefochten werden. Mangels Rechtsbehelfsbelehrung gilt hierfür grds. die Jahresfrist des § 58 Abs. 2 VwGO. Diese kann allerdings in der Bestätigung nach § 42 a Abs. 3 VwVfG nachgeholt werden.

b) Untersuchungsgrundsatz

Für das Verfahren gilt nach § 24 VwVfG der **Untersuchungsgrundsatz**, d.h. die Behörde muss den Sachverhalt von Amts wegen ermitteln. Sie hat alle bedeutsamen, auch die für die Beteiligten günstigen Umstände zu berücksichtigen, selbst wenn sie von den Beteiligten nicht vorgebracht worden sind. Nach § 26 Abs. 1 VwVfG bedient sich die Behörde   **307**

---

490 VG Frankfurt (Oder), Urt. v. 06.10.2008 – 5 K 392/908; Kopp/Ramsauer VwVfG § 22 Rdnr. 28.
491 Beaucamp JA 2007, 117, 118.

zur Aufklärung des Sachverhaltes der **Beweismittel**, die sie nach pflichtgemäßem Ermessen für erforderlich hält.[492] Sie kann insbes. Auskünfte einholen, Beteiligte anhören, Zeugen und Sachverständige vernehmen, schriftliche oder elektronische Äußerungen einholen, Urkunden und Akten beiziehen und den Augenschein einnehmen.[493]

Die Beteiligten sollen bei der Ermittlung des Sachverhalts mitwirken. Sie sollen insbesondere ihnen bekannte Tatsachen und Beweismittel angeben. Eine weitergehende Mitwirkungspflicht besteht nur, soweit sie durch Rechtsvorschrift besonders vorgesehen ist (§ 26 Abs. 2 VwVfG).

308 Gemäß § 25 VwVfG soll die Behörde Erklärungen und Anträge bzw. deren Berichtigung **anregen**, wenn diese offensichtlich nur versehentlich oder aus Unkenntnis unterblieben oder unrichtig abgegeben oder gestellt worden sind. Außerdem hat die Behörde den Beteiligten die erforderlichen **Auskünfte** über die ihnen zustehenden Rechte und die ihnen obliegenden Pflichten zu erteilen (§ 25 S. 2 VwVfG).

Für Verfahren über die einheitliche Stelle normiert § 71 c VwVfG spezielle Informationspflichten. § 71 d VwVfG betont die Pflicht zur gegenseitigen Unterstützung zwischen der einheitlichen Stelle und den zuständigen Behörden. Nach § 71 e VwVfG ist das Verfahren über die einheitliche Stelle auf Verlangen in elektronischer Form abzuwickeln.

c) Ausschluss bei Befangenheit

309 §§ 20, 21 VwVfG regeln den **Ausschluss** von Amtsträgern wegen **Befangenheit**. Automatisch **kraft Gesetzes** sind Amtsträger im Verwaltungsverfahren ausgeschlossen, die selbst beteiligt, Angehörige eines Beteiligten oder Vertreter eines Beteiligten sind oder in einem besonderen Näheverhältnis stehen (vgl. i.E. § 20 Abs. 1 Nr. 1–6 VwVfG).[494]

Ein Verstoß gegen § 20 VwVfG macht den VA grds. rechtswidrig, der Fehler kann aber nach § 46 VwVfG unbeachtlich sein.[495] Die Mitwirkung in eigener Sache (§ 20 Abs. 1 Nr. 1 VwVfG) kann unter den Voraussetzungen des § 44 Abs. 1 VwVfG zur Nichtigkeit des VA führen.[496] In den übrigen Fällen des § 20 Abs. 1 Nr. 2–6 VwVfG führt der Verstoß dagegen allein nicht zur Nichtigkeit, sondern nur zur Rechtswidrigkeit (vgl. § 44 Abs. 3 Nr. 2 VwVfG).

310 Im Übrigen kann ein Amtsträger wegen Besorgnis der Befangenheit nach § 21 VwVfG durch **Anordnung** des Behördenleiters von der Amtsausübung ausgeschlossen werden. **Besorgnis der Befangenheit** besteht, wenn ein Grund vorliegt, der geeignet ist, Misstrauen gegen eine unparteiische Amtsausübung zu rechtfertigen.

Die Anordnung des Behördenleiters bzw. deren Ablehnung kann von den Beteiligten gemäß § 44 a VwGO nicht isoliert, sondern nur zusammen mit der Entscheidung in der Hauptsache angegriffen werden.[497] Auch gegenüber dem betroffenen Beamten liegt mangels Außenwirkung kein VA vor.[498] Die Mitwirkung eines nach § 21 VwVfG befangenen Amtsträgers führt zur Rechtswidrigkeit des VA und zwar unabhängig davon, ob der betroffene Amtswalter einer entsprechenden Anordnung nicht Folge leistet oder ob, aus welchen Gründen auch immer, eine solche Anordnung rechtswidrig unterblieben ist. Der Fehler kann aber nach § 46 VwVfG unbeachtlich sein, wenn offensichtlich ist, dass er die Entscheidung in der Sache nicht beeinflusst hat, was insbes. bei gebundenen VAen der Fall ist.[499]

---

492 Zum Umfang der Aufklärung vgl. z.B. OVG MV, Beschl. v. 25.01.2010 – 3 L 89/06, DÖV 2011, 82 (nur LS).
493 Zur Sachverhaltsermittlung vgl. Peters JuS 1991, 54 ff.; Brühl JA 1992, 193 ff.
494 Vgl. VG Köln NWVBl. 2003, 37, 38; Komorowski NVwZ 2002, 1455 ff.
495 Kopp/Ramsauer VwVfG § 20 Rdnr. 69.
496 Kopp/Ramsauer VwVfG § 44 Rdnr. 54; Stelkens/Bonk/Sachs VwVfG § 44 Rdnr. 178.
497 BVerwG NJW 1979, 177; NJW 1982, 120; Redeker/vOertzen § 44 a Rdnr. 3; Neumann NVwZ 2000, 1244, 1245.
498 BVerwG DVBl. 1994, 1070.
499 Vgl. BGH NVwZ 2002, 509, 510; Kopp/Ramsauer VwVfG § 21 Rdnr. 29 m.w.N.

d) Akteneinsicht

Nach § 29 Abs. 1 S. 1 VwVfG hat die Behörde den Beteiligten Einsicht in die das Verfahren betreffenden Akten zu gestatten, soweit deren Kenntnis zur Geltendmachung oder Verteidigung ihre rechtlichen Interessen erforderlich ist.   **311**

Akteneinsicht verlangen kann nur, wer **Beteiligter** des Verwaltungsverfahrens gem. § 13 VwVfG ist. Ein am Verfahren **nicht beteiligter Dritter** hat keinen Anspruch nach § 29 VwVfG, aber einen Anspruch auf eine fehlerfreie Ermessensentscheidung, wenn er ein berechtigtes eigenes Interesse darlegen kann (von der Rspr. z.B. bejaht für den am Baugenehmigungsverfahren nicht beteiligten Nachbarn, der die Akteneinsicht zur Vorbereitung einer zivilgerichtlichen Klage gegen den Bauherrn benötigt).[500] Außerdem können für den Dritten Ansprüche nach den Informationsgesetzen (UIG, VIG, IFG) bestehen.

Ausschlussgründe regeln § 29 Abs. 1 S. 2 und Abs. 2 VwVfG. Insbesondere kann die Akteneinsicht abgelehnt werden, soweit das Bekanntwerden des Inhalts der Akten dem Wohle des Bundes oder eines Landes Nachteile bereiten würde oder soweit die Vorgänge, namentlich wegen entgegenstehender berechtigter Interessen der Beteiligten oder Dritter, geheimgehalten werden müssen.   **312**

Überwiegend wird angenommen, dass die Versagung der Akteneinsicht wegen § 44 a VwGO nicht isoliert angefochten werden kann.[501] Nach der Gegenansicht kann die Akteneinsicht mit der Verpflichtungsklage erstritten werden. Es sei nicht einzusehen, warum innerhalb eines Verwaltungsverfahrens höhere Anforderungen zu stellen seien als bei einem Informationsanspruch außerhalb eines Verwaltungsverfahrens, dessen isolierte Durchsetzung allgemein anerkannt sei.[502]

e) Anhörung

Die vorgenannten Verfahrensregeln spielen in der Klausur nur selten eine Rolle und brauchen daher i.d.R. nicht angesprochen zu werden. Große Relevanz im Examen und in der Praxis hat jedoch die **Anhörung nach § 28 VwVfG**. Bevor ein VA erlassen wird, der in Rechte eines Beteiligten eingreift, ist diesem gem. § 28 Abs. 1 VwVfG Gelegenheit zu geben, sich zu den für die Entscheidung erheblichen Tatsachen zu äußern.   **313**

Grundschema: Anhörung gem. § 28 VwVfG
I. Voraussetzungen
1. Erlass eines **VA**
2. am Verfahren **Beteiligter**
3. in die Rechte eines Beteiligten **eingreifend**
4. **Ausnahmen** nach § 28 Abs. 2 u. Abs. 3 VwVfG
II. Rechtsfolge
1. Gelegenheit zur **Stellungnahme**, sonst VA rechtswidrig
2. **Heilung** gem. § 45 Abs. 1 Nr. 3 u. Abs. 2 VwVfG
3. ggf. **Fehler unbeachtlich** nach § 46 VwVfG

---

500 OVG NRW NJW 1989, 544.
501 BVerwG NJW 1979, 177; Bader/Ronellenfitsch VwVfG § 29 Rdnr. 38; Gurlit DVBl. 2003, 1119, 1127.
502 Fehling/Kastner/Wahrendorf VwVfG § 29 Rdnr. 33; in einem Ausnahmefall auch VG Frankfurt NVwZ 2008, 1390.

aa) Voraussetzungen

314 Erforderlich ist zunächst, dass es um den **Erlass eines VA** geht. Keine Anhörungspflicht nach § 28 VwVfG besteht daher bei Maßnahmen, die keinen VA darstellen.[503]

So ist z.B. bei bloß vorbereitenden Maßnahmen (z.B. Anordnungen nach § 46 Abs. 3 FeV, s.o. Rdnr. 193) keine Anhörung erforderlich, ebenso bei bloßen Verfahrenshandlungen, wie der Anordnung der sofortigen Vollziehung (§ 80 Abs. 2 S. 1 Nr. 4 VwGO).[504] In der Lit. wird zunehmend in analoger Anwendung von § 28 VwVfG eine Pflicht zur Anhörung bejaht, wenn sich ein Realakt wie ein belastender VA negativ auf die Rechtsstellung des Betroffenen auswirken kann (funktionales Äquivalent).[505] Dagegen spricht jedoch, dass ein Verwaltungsverfahren nach § 9 VwVfG den Erlass eines VA voraussetzt. Bei Realakten kann sich eine Anhörungspflicht allenfalls aus allgemeinen Rechtsgrundsätzen ergeben.

315 Die Anhörungspflicht besteht nur gegenüber einem am Verfahren **Beteiligten**.[506] Wer in einem Verwaltungsverfahren Beteiligter ist, ist in § 13 VwVfG geregelt.

Beteiligte sind danach insbes. der Antragsteller und der Antragsgegner, sowie diejenigen, an die die Behörde den VA richten will oder gerichtet hat (§ 13 Abs. 1 Nr. 1 u. Nr. 2 VwVfG). Außerdem kann die Behörde diejenigen, deren rechtliche Interessen durch den Ausgang des Verfahrens berührt werden können, als Beteiligte hinzuziehen (§ 13 Abs. 2 S. 1 VwVfG), z.B. den Nachbarn im Baugenehmigungsverfahren des Bauherrn.

316 Entscheidende Voraussetzung ist, dass der VA **in Rechte eines Beteiligten eingreift**. Unproblematisch ist dies bei **belastenden** VAen, wenn also die bisherige Rechtsstellung des Beteiligten zu seinem Nachteil verändert wird.[507]

Beispiele: Entziehung der Fahrerlaubnis, Aufhebung eines Subventionsbescheides, Widerruf der Gaststättenerlaubnis, bauordnungsrechtliche Beseitigungsverfügung.

Umstritten ist, ob auch die **Ablehnung eines begünstigenden VA** (z.B. einer Baugenehmigung oder Gewerbeerlaubnis) zur Anhörung verpflichtet. In der Rspr. wird dies verneint, da durch die Ablehnung nicht in bestehende Rechte des Antragstellers eingegriffen, sondern lediglich ein Mehr an Rechten verweigert werde.[508] Die überwiegende Lit. hält auch in diesen Fällen die Anhörung für erforderlich, da das Unterbleiben einer Begünstigung für den Bürger ebenso schwerwiegend sein kann wie ein Eingriff.[509] Eine vermittelnde Ansicht nimmt schließlich eine Pflicht zur Anhörung bei der Ablehnung eines Antrages nur an, wenn der geltend gemachte Anspruch grundrechtlich fundiert ist. Die Ablehnung einer freiwilligen Leistung des Staates stelle dagegen keinen Eingriff dar.[510] Für die Rspr. spricht, dass ein „Eingriff" ohnehin nicht vorliegt, wenn der Anspruch tatsächlich nicht besteht. Lehnt die Behörde den Anspruch dagegen rechtswidrig ab, so handelt es sich nicht um ein formelles, sondern um ein materielles Problem.

317 § 28 Abs. 2 VwVfG lässt weitgehende **Ausnahmen** von der Anhörungspflicht zu. Danach kann von der Anhörung abgesehen werden, wenn sie nach den Umständen des Einzelfalls nicht geboten ist. Klausurwichtig sind vor allem folgende Fälle:

---

503 Vgl. VGH Kassel NVwZ 2003, 1000; BayVGH NVwZ 2003, 998; Stelkens/Bonk/Sachs VwVfG § 28 Rdnr. 25.

504 Schoch Jura 2006, 833, 835; str. vgl. AS-Skript VwGO (2009), Rdnr. 616 ff.

505 Kopp/Ramsauer VwVfG § 28 Rdnr. 4a; Knack/Henneke VwVfG § 28 Rdnr. 9; Schoch Jura 2006, 833, 835.

506 BVerwG NVwZ 2003, 354, 356; Schoch Jura 2006, 833, 836.

507 BVerwG DVBl. 1983, 271, 272@; Stelkens/Bonk/Sachs VwVfG § 28 Rdnr. 26; Kopp/Ramsauer VwVfG § 28 Rdnr. 25 m.w.N.

508 BVerwG DVBl. 1983, 271, 272@; VGH Mannheim NVwZ 1994, 919; zustimmend Stelkens/Bonk/Sachs § 28 Rdnr. 27; Bader/Ronellenfitsch VwVfG § 28 Rdnr. 13.

509 Pünder in Erichsen/Ehlers § 14 Rdnr. 28; Kopp/Ramsauer VwVfG § 28 Rdnr. 27.

510 Knack/Henneke VwVfG § 28 Rdnr. 8; Schoch Jura 2006, 833, 836.

- Nr. 1: wenn eine sofortige Entscheidung wegen **Gefahr im Verzug** oder im öffentlichen Interesse notwendig erscheint,

- Nr. 4: wenn die Behörde eine **Allgemeinverfügung** oder gleichartige VAe in größerer Zahl oder VAe mit Hilfe automatischer Einrichtungen erlassen will,

- Nr. 5: wenn **Maßnahmen in der Verwaltungsvollstreckung** getroffen werden sollen.

*Die in § 28 Abs. 2 VwVfG genannten Fälle sind **nicht abschließend** (vgl. „insbesondere"). Als weitere Gründe kommen vor allem solche in Betracht, die mit den gesetzlich genannten Gründen vergleichbar sind. Jedoch ist hierbei angesichts des rechtsstaatlichen Anspruchs auf rechtliches Gehör Zurückhaltung geboten.*

Unter § 28 Abs. 2 Nr. 1 VwVfG fallen vor allem **Eilentscheidungen** auf dem Gebiet des Polizei- und Ordnungsrechts. Gefahr im Verzug ist dann anzunehmen, wenn eine vorherige Anhörung die notwendigen Maßnahmen in unvertretbarem Maße verzögern würde, insbes. weil der mit der Maßnahme verfolgte Zweck **vereitelt** oder **wesentlich erschwert** würde. Dabei ist von einer ex-ante Sicht auszugehen.[511] Es genügt, dass die Behörde eine sofortige Entscheidung für notwendig halten durfte.[512] **318**

Da eine Anhörung formlos – insbesondere auch mündlich – möglich ist und dem Anzuhörenden eine u.U. sehr kurze Äußerungsfrist gesetzt werden kann, kann Gefahr im Verzug nur dann angenommen werden, wenn die Maßnahme selbst bei telefonischer Anhörung zu spät käme.[513]

Beim Verzicht auf die Anhörung ist der Grundsatz der Verhältnismäßigkeit zu beachten. So kann es im Einzelfall angebracht sein, zur sofortigen Abwehr einer Gefahr ohne Anhörung zunächst nur vorläufige Maßnahmen zu ergreifen und erst nach Anhörung die endgültige Regelung zu treffen. Die ohne Anhörung der Beteiligten ergehenden Entscheidungen, sind dann auf die Fragen zu beschränken, die keine Verzögerung dulden.[514]

Nach § 28 Abs. 2 Nr. 4 VwVfG kann von der Anhörung bei **Allgemeinverfügungen** und MassenVAen abgesehen werden. Die Ausnahme trägt vor allem verwaltungspraktischen Gesichtspunkten Rechnung. Voraussetzung für die Anwendbarkeit der Vorschrift ist jedoch, dass die VAe einen Sachverhalt betreffen, bei dem dem rechtlichen Gehör keine besondere Bedeutung zukommt. **319**

So ist § 28 Abs. 2 Nr. 4 VwVfG z.B. nicht anwendbar, wenn durch eine Allgemeinverfügung einzelne Bürger in besonderer Weise betroffen werden. **Beispiel:** Bei der Widmung einer Straße ist die Anhörung der Anlieger nicht nach § 28 Abs. 2 Nr. 4 VwVfG entbehrlich.[515]

Nach § 28 Abs. 2 Nr. 5 VwVfG ist die Anhörung entbehrlich bei Maßnahmen in der **Verwaltungsvollstreckung**. Dazu zählen vor allem die Androhung, Festsetzung und Anwendung von Zwangsmitteln, auch Maßnahmen im Wege des sofortigen Vollzugs (§ 6 Abs. 2 VwVG) und der unmittelbaren Ausführung. **Nicht** unter Nr. 5 fällt der **Kostenbescheid**, durch den nach der Vollstreckung die Kosten vom Pflichtigen angefordert werden. Hier handelt es sich nicht mehr um eine Maßnahme „in" der Verwaltungsvollstre- **320**

---

511 VG Köln, Urt. v. 07.10.2010 – 20 K 620/10.

512 BVerwG NVwZ 2005, 1435; NVwZ 2003, 986; Wolff/Decker VwVfG § 28 Rdnr. 16 u. 18; Ziekow VwVfG § 28 Rdnr. 7 m.w.N.

513 Thür OVG DVBl. 1996, 1446, 1447; Pünder in Erichsen/Ehlers § 14 Rdnr. 30.

514 Vgl. BVerwG NVwZ 1984, 577; VG Berlin NJW 2002, 1063, 1064; Wolff/Decker VwVfG § 28 Rdnr. 16.

515 Kopp/Ramsauer VwVfG § 28 Rdnr. 69; vgl. auch Schoch Jura 2006, 833, 839.

ckung, sondern nach Abschluss der Vollstreckung. Sinn der Ausnahme des § 28 Abs. 2 Nr. 5 VwVfG ist die Verhinderung einer Vollstreckungsvereitelung. Diese Gefahr besteht nach Abschluss der Vollstreckung bei Erlass eines Kostenbescheides nicht mehr.[516]

321 Zu beachten ist, dass allein das Vorliegen der Voraussetzungen des § 28 Abs. 2 VwVfG die Anhörung **nicht automatisch** entbehrlich macht (anders § 28 Abs. 3 VwVfG: „unterbleibt"). Vielmehr steht der Verzicht auf die Anhörung im **Ermessen** der Behörde (vgl. „kann"), d.h. die Behörde muss hierüber unter Abwägung aller Umstände eine ermessensfehlerfreie Entscheidung treffen. Insbesondere muss die Behörde prüfen, ob nicht gleichwohl besondere Umstände des Einzelfalles die Anhörung gebieten. Übt die Behörde dieses **Ermessen nicht** aus, ist die Anhörung trotz Vorliegens der Voraussetzungen des § 28 Abs. 2 VwVfG nicht entbehrlich und der gleichwohl ergangene VA grds. rechtswidrig.[517]

322 Umstritten ist, ob die Behörde darüber hinaus verpflichtet ist, die Entscheidung über den Verzicht auf die Anhörung besonders zu **begründen**. Da es sich bei der Entscheidung, von der Anhörung abzusehen, nicht um einen VA, sondern um eine bloße verfahrensleitende Entscheidung handelt, unterliegt sie unmittelbar nicht dem Begründungszwang nach § 39 VwVfG. Gleichwohl wird heute überwiegend angenommen, dass die Behörde im Hinblick auf Art. 19 Abs. 4 GG (analog § 39 VwVfG) die Gründe für ihre Entscheidung offenlegen muss.[518] Dafür spricht, dass nur dann der Bürger die Möglichkeit hat, zu überprüfen, ob das Absehen von der Anhörung ermessensfehlerfrei erfolgte.

Nach der Gegenansicht gilt die Begründungspflicht nur für das materielle Recht, nicht aber für das Verfahrensrecht.[519]

bb) Rechtsfolge

323 Ist die Anhörung erforderlich, so muss dem Betroffenen vor der Entscheidung nach § 28 Abs. 1 VwVfG **Gelegenheit** gegeben werden, sich zu den für die Entscheidung erheblichen **Tatsachen** zu äußern. Die Anhörung ist **formlos** möglich, kann also z.B. auch bei einem schriftlichen VA telefonisch erfolgen.[520] Die Behörde muss den beabsichtigten VA so konkret beschreiben, dass es für den Beteiligten hinreichend erkennbar ist, wozu er sich äußern soll.[521] Dagegen besteht kein Anspruch auf Rechtsausführungen oder ein Rechtsgespräch.[522] Die Behörde muss den Beteiligten daher vor Erlass des VA auch nicht ihre Rechtsauffassung mitteilen.[523]

324 Zu den **entscheidungserheblichen** Tatsachen i.S.d. § 28 VwVfG gehören allerdings die **maßgeblichen Rechtsvorschriften,** auf die die Behörde ihre Maßnahme stützen will und auf die sie deshalb hinzuweisen hat.[524] Entscheidungserheblich sind auch die Umstände, die für die **Ermessensausübung** der Behörde erheblich sind, wobei es für die

---

516 Vgl. OVG Koblenz DVBl. 1999, 216; OVG NRW OVGE 22, 307, 308.

517 BVerwG NVwZ 1984, 577; BGH NVwZ 2002, 509, 510; VGH Kassel NVwZ-RR 1989, 113, 114; Kopp/Ramsauer VwVfG § 28 Rdnr. 45; Schoch Jura 2006, 833, 838; abweichend Ehlers Verw 2004, 255, 263: intendiertes Ermessen.

518 OVG NRW NJW 1978, 1765; NVwZ 1982, 326; Kopp/Ramsauer VwVfG § 28 Rdnr. 45; Wolff/Decker VwVfG § 28 Rdnr. 14.

519 VGH Mannheim DÖV 1981, 971, 973; Knack/Henneke § 28 Rdnr. 23; offengelassen in BVerwG DVBl. 1983, 997, 999.

520 OVG Lüneburg NJW 2010, 2601, 2602.

521 OVG NRW DVBl. 2010, 1243.

522 Knack/Henneke VwVfG § 28 Rdnr. 17; Kopp/Ramsauer VwVfG § 28 Rdnr. 42; Schoch Jura 2006, 833, 837.

523 Bader/Ronellenfitsch VwVfG § 28 Rdnr. 16.1; Schoch Jura 2006, 833, 836 f.; a.A. Kopp/Ramsauer VwVfG § 28 Rdnr. 30.

524 Stelkens/Bonk/Sachs VwVfG § 28 Rdnr. 39; Knack/Henneke VwVfG § 28 Rdnr. 17.

Beurteilung der Erheblichkeit auf die rechtliche Einschätzung der anhörenden Behörde ankommt. Diese braucht die Anhörung also nur auf solche Tatsachen zu erstrecken, auf die es für die Entscheidung nach ihrer Beurteilung ankommt.[525]

Beispiel: Kommt es nach Ansicht der Behörde für den Erlass einer Abbruchverfügung allein auf den baufälligen Zustand der baulichen Anlage an, so muss dem Eigentümer nur bezüglich dieser Baufälligkeit Gelegenheit zur Stellungnahme gewährt werden. Wird eine Anhörung zu anderen Tatsachen nicht durchgeführt, ist § 28 VwVfG nicht verletzt.

Ein Verstoß gegen die Anhörungspflicht nach § 28 VwVfG führt grds. zur **Rechtswidrigkeit** des VA, der jedoch gem. § 45 Abs. 1 Nr. 3 VwVfG dadurch **geheilt** werden kann, dass die Anhörung nachgeholt wird (dazu Fall 15, Rdnr. 327 ff.). Ist eine Heilung nicht erfolgt, kann der Fehler gleichwohl nach § 46 VwVfG **unbeachtlich** sein (dazu Rdnr. 339 ff.).

325

f) Folgen formeller Fehler

Fall 15: Schnelle Entscheidung

B hat ohne Baugenehmigung und unter Verstoß gegen materielle Bauvorschriften im Naturschutzgebiet ein Wochenendhaus errichtet. Als die zuständige Bauaufsichtsbehörde des Landes L dies bemerkt, erlässt sie gegen B, ohne diesen zuvor angehört zu haben, eine Beseitigungsverfügung. Hiergegen hat B ordnungsgemäß Widerspruch erhoben, mit dem er geltend macht, dass in der näheren Umgebung weitere Bauten vorhanden seien, die die Behörde schon seit Jahren dulde. Es sei daher willkürlich, nur gegen seinen Bau einzuschreiten. Die Ausgangsbehörde lehnt die Abhilfe nach § 72 VwGO ab und legt den Widerspruch der zuständigen Widerspruchsbehörde zur Entscheidung vor. Diese weist den Widerspruch als unbegründet zurück und begründet dies insbes. damit, dass die in der Umgebung vorhandenen Bauten mit dem des B nicht vergleichbar seien. Dabei handele es sich um einfache Holzhütten mit geringer Grundfläche, während der Bau des B ein auch gehobenen Ansprüchen gerecht werdendes Wochenendhaus darstelle. B hat nunmehr fristgerecht Klage erhoben. Mit Erfolg?

§ 73 der Bauordnung des Landes L (LBauO) lautet: „Werden Anlagen im Widerspruch zu öffentlich-rechtlichen Vorschriften errichtet oder geändert, so kann die Bauaufsichtsbehörde die teilweise oder vollständige Beseitigung der Anlagen anordnen, wenn nicht auf andere Weise rechtmäßige Zustände hergestellt werden können."

Die LBauO enthält keine speziellen Verfahrensvorschriften. Die entscheidungserheblichen Vorschriften des VwVfG des Landes entsprechen denen des Bundes-VwVfG. Das Land hat von der Ermächtigung des § 68 Abs. 1 S. 2 VwGO für baurechtliche Angelegenheiten keinen Gebrauch gemacht.

A. Zulässigkeit der Klage

Es handelt sich um eine nach §§ 40 Abs. 1 S. 1, 42 Abs. 1, 1. Fall u. Abs. 2 VwGO zulässige **Anfechtungsklage** gegen die Beseitigungsverfügung als belastenden VA. Das nach § 68 Abs. 1 S. 1 VwGO – vorbehaltlich landesrechtlicher Ausnahmen (§ 68 Abs. 1 S. 2 VwGO – erforderliche Widerspruchsverfahren wurde erfolglos durchgeführt. Die Klagefrist (§ 74 Abs. 1 S. 1 VwGO) ist gewahrt.

---

[525] BVerwG DVBl. 1983, 271, 273; Schoch Jura 2006, 833, 837; Ziekow VwVfG § 28 Rdnr. 4; Wolff/Decker VwVfG § 28 Rdnr. 12; abweichend Kopp/Ramsauer VwVfG § 28 Rdnr. 33.

B. Begründetheit der Klage

Die Anfechtungsklage ist gemäß § 113 Abs. 1 S. 1 VwGO **begründet**, soweit

- der VA **rechtswidrig**

- und der Kläger dadurch in seinen **Rechten verletzt** ist.

Die Beseitigungsverfügung müsste **rechtswidrig** sein.

326   I. **Ermächtigungsgrundlage** für die Beseitigungsverfügung ist die landesrechtliche Vorschrift zum Einschreiten der Baubehörde bei baurechtswidrigen Zuständen, hier § 73 LBauO.[526]

II. **Formelle Rechtmäßigkeit**

1. Nach dem Sachverhalt hat die **zuständige** Bauaufsichtsbehörde gehandelt.

327   2. Der VA muss **verfahrensfehlerfrei** zustande gekommen sein. Bedenken bestehen nur im Hinblick auf die Anhörungspflicht nach § 28 Abs. 1 VwVfG.

a) Bei der Beseitungsverfügung handelt es sich um einen **VA, der in die Rechte des Adressaten B als Beteiligten** i.S.d. § 13 Abs. 1 Nr. 2 VwVfG eingreift.

b) Ein **Ausnahmefall** nach § 28 Abs. 2 VwVfG ist nicht ersichtlich. Angesichts der längeren Zeit des Zuwartens der Behörde ist insbes. keine Gefahr im Verzug i.S.d. Nr. 1 gegeben. Auch ein sonstiges öffentliches Interesse an einer sofortigen Entscheidung ist nicht vorhanden. Zwar lässt sich ein gewisses Bedürfnis nach Beschleunigung nicht bezweifeln. Dem hätte jedoch dadurch Rechnung getragen werden können, dass dem B für seine Stellungnahme eine kurze Frist gesetzt wird. Von der Anhörung des B durfte somit nicht nach § 28 Abs. 2 VwVfG abgesehen werden. Im Übrigen hat die Behörde diese Entscheidung auch nicht näher begründet.

c) Die damit gem. § 28 Abs. 1 VwVfG erforderliche **Gelegenheit zur Stellungnahme** ist dem B nicht gegeben worden, sodass die Beseitigungsverfügung wegen Verstoßes gegen § 28 Abs. 1 VwVfG rechtswidrig gewesen ist.

328   d) Der Verfahrensfehler könnte jedoch gem. § 45 Abs. 1 Nr. 3 VwVfG **geheilt** worden sein.

aa) Voraussetzung für eine Heilung nach § 45 VwVfG ist zunächst, dass **keine Nichtigkeit** gemäß § 44 VwVfG vorliegt. Das ist bei fehlender Anhörung regelmäßig nicht der Fall, insbesondere ist der Fehler nicht besonders schwerwiegend i.S.d. § 44 Abs. 1 VwVfG.[527]

Absolute Nichtigkeitsgründe finden sich für Verfahrensfehler in § 44 Abs. 2 Nr. 1–3 VwVfG. Für einige formelle Fehler ist ausdrücklich festgelegt, dass sie allein nicht zur Nichtigkeit führen (vgl. § 44 Abs. 3 VwVfG), z.B. der Verstoß gegen die örtliche Zuständigkeit.

---

526 Zum Landesrecht vgl. Art. 76 S. 1 BayBO, § 65 S. 1 BW LBO, § 79 S. 1 BauO Bln, § 74 Abs. 1 BbgBO, § 82 Abs. 1 Brem LBO, § 76 Abs. 1 S. 1 HBauO, § 72 Abs. 1 S. 1 HBO, § 80 Abs. 1 LBauO MV, § 89 Abs. 1 S. 2 Nr. 4 NBauO, § 61 Abs. 1 S. 2 BauO NRW, § 81 S. 1 LBauO RP, § 82 Abs. 1 LBO Saarl, § 80 S. 1 SächsBO, § 79 S. 1 BauO LSA, § 59 Abs. 2 S. 1 Nr. 4 LBO SH, § 77 S. 1 ThürBO.

527 Vgl. Knack/Henneke VwVfG § 45 Rdnr. 29; Stelkens/Bonk/Sachs VwVfG § 45 Rdnr. 72.

bb) **Heilung** tritt nur ein, wenn die unterbliebene Anhörung **nachgeholt** **329** worden ist. Das ist unproblematisch, wenn die Behörde, die den VA erlassen hat, dem Adressaten Gelegenheit gegeben hätte, nachträglich Stellung zu nehmen und die Ausgangsbehörde dies zum Anlass genommen hätte, ihre Entscheidung noch einmal ernsthaft zu überdenken.[528] Das ist hier nicht geschehen.

Eine Heilung des Anhörungsmangels könnte aber darin liegen, dass B **330** im **Widerspruchsverfahren** hat Stellung nehmen können.

Von der Frage der Heilung des Anhörungsfehlers im Widerspruchsverfahren streng zu trennen ist die Frage, inwieweit **im Widerspruchsverfahren** selbst eine **besondere Anhörung** stattzufinden hat. Nach § 71 VwGO soll eine Anhörung erfolgen, wenn die Aufhebung oder Änderung des VA erstmalig mit einer Beschwer verbunden ist. Damit ist die früher streitige Frage entschieden, dass auch der Widerspruchsführer selbst angehört werden „soll", wenn er durch den Widerspruchsbescheid oder Abhilfebescheid erstmalig beschwert sein kann, z.B. weil die Behörde den ursprünglichen VA zu seinen Ungunsten ändern will (sog. reformatio in peius).[529]

Teilweise wird für das Nachholen der Anhörung immer ein **gesondertes behördliches Verfahren** verlangt. Die bloße Stellungnahme im Wi- **331** derspruchsverfahren reiche nicht aus, da sonst die Verletzung der Anhörungspflicht in den meisten Fällen sanktionslos bliebe.[530]

Unproblematisch ist die Heilung im Widerspruchsverfahren aber auch nach dieser Ansicht, wenn Ausgangs- und Widerspruchsbehörde **identisch** sind (vgl. z.B. § 73 Abs. 1 S. 2 Nr. 2 und 3 u. S. 3 VwGO) und der Widerspruchsführer zum Verfahrensgegenstand Stellung nimmt.

Ganz überwiegend wird jedoch angenommen, dass es für die Heilung **332** ausreiche, wenn die Anhörung im Widerspruchsverfahren nachgeholt wird, sofern

■ der Betroffene die **Möglichkeit zur Stellungnahme** hat und

■ die Widerspruchsbehörde die Stellungnahme **zur Kenntnis nimmt**, sich damit auseinandersetzt und bei der Entscheidungsfindung in ihre Erwägungen miteinbezogen hat.[531]

Nicht ausreichend ist also die bloße Möglichkeit, Widerspruch erheben und diesen begründen zu können.[532] Ebenso reicht es nicht aus, wenn sich die Widerspruchsbehörde mit der Stellungnahme des Betroffenen überhaupt nicht auseinandersetzt oder wesentliche Ermessenserwägungen erst im Widerspruchsbescheid anstellt.[533]

Unproblematisch ist dies jedenfalls bei **gebundenen Entscheidun- 333 gen**.[534] Innerhalb der h.M. ist aber umstritten, ob auch bei **Ermessensakten** eine Heilung durch die Widerspruchsbehörde möglich ist. Über-

---

528 Vgl. Schoch Jura 2007, 28, 30.

529 BVerwG NVwZ 1999, 1218, 1219; Kopp/Schenke VwGO § 71 Rdnr. 2; Stelkens/Bonk/Sachs VwVfG § 45 Rdnr. 77.

530 OVG NRW DVBl. 1981, 689, 690; Ehlers Jura 1991, 208, 213; ders. Jura 1996, 617, 621.

531 OVG NRW DVBl. 2010, 1243; Wolff/Decker VwVfG § 28 Rdnr. 27; Bader/Ronellenfitsch VwVfG § 45 Rdnr. 42; Beaucamp JA 2007, 117, 118; Schoch Jura 2007, 28, 31 m.w.N.

532 Knack/Henneke VwVfG § 45 Rdnr. 33; Sodan DVBl. 1999, 729, 733; Schoch Jura 2007, 28, 31 m.w.N.

533 OVG NRW NWVBl. 1990, 281.

534 BVerwG NVwZ 1984, 577; OVG Lüneburg NVwZ 1987, 511; Pünder in Erichsen/Ehlers § 14 Rdnr. 60.

wiegend wird dies bejaht. Eine besondere Anhörung durch die Ausgangsbehörde sei nicht erforderlich, da die Widerspruchsbehörde eine umfassende Kontroll- und Entscheidungsbefugnis auch bzgl. der Zweckmäßigkeit habe (§ 68 Abs. 1 VwGO).[535]

Etwas anderes gilt allerdings auch nach dieser Auffassung dann, wenn die Frage der **Zweckmäßigkeit** durch die Widerspruchsbehörde nicht beurteilt werden darf (z.B. bei Ermessensentscheidungen im Selbstverwaltungsbereich). In diesen Fällen kann eine Heilung unstreitig nur durch die Ausgangsbehörde erfolgen.[536]

334 Nach der Gegenansicht muss bei Ermessensentscheidungen die Anhörung immer durch die **Ausgangsbehörde** nachgeholt werden. Auch wenn die Widerspruchsbehörde die Zweckmäßigkeit überprüfe, sei nicht ausgeschlossen, dass die Ausgangsbehörde möglicherweise eine dem Betroffenen günstigere Entscheidung treffen würde. „Ermessenskontrolle" sei etwas anderes als „Ermessensausübung". Die Anhörung durch die Widerspruchsbehörde könne daher nicht zur Heilung führen, da dem Betroffenen sonst eine Ermessensebene genommen würde.[537]

335 Das letztgenannte Argument kann jedoch im Hinblick auf **§ 72 VwGO** nicht überzeugen, da auch im Widerspruchsverfahren sich zunächst die Ausgangsbehörde mit dem Widerspruch auseinandersetzen muss. Dass dem Betroffenen eine Ermessensebene genommen wird, ist damit rechtlich ausgeschlossen. Allein das Argument, dass das Abhilfeverfahren in der Praxis häufig so abläuft, dass sich die Ausgangsbehörde gar nicht mehr im Einzelnen mit dem Widerspruch beschäftigt, kann insoweit keine Rolle spielen. Da die Ausgangsbehörde grds. verpflichtet ist, den angegriffenen VA nochmals ernsthaft zu überprüfen, führt dies allenfalls zu einem wesentlichen Verfahrensfehler, der nach § 79 Abs. 2 S. 2 VwGO u.U. die isolierte Anfechtung des Widerspruchsbescheides rechtfertigt. Der Verfahrensfehler der Ausgangsbehörde kann jedoch nicht die grundsätzliche Heilungsmöglichkeit ausschließen, da hierfür allein das Verhalten der Widerspruchsbehörde maßgeblich ist. Da die Widerspruchsbehörde eine umfassende Überprüfung der Recht- und Zweckmäßigkeit vorzunehmen hat (§ 68 Abs. 1 VwGO), ist sie auch zur Heilung des Anhörungsmangels befugt.

336 Vorliegend hat die Widerspruchsbehörde die Stellungnahme des B zur Kenntnis genommen und sich damit im Widerspruchsbescheid auseinandergesetzt. Dadurch ist die unterbliebene Anhörung nach § 45 Abs. 1 Nr. 3 VwVfG nachgeholt worden. Die Heilung bewirkt, dass der zunächst (formell) rechtswidrige VA ex tunc **rechtmäßig** wird.[538]

---

535 BVerwG (1. Senat) NVwZ 1983, 284; NVwZ 1984, 578, 579; Sodan DVBl. 1999, 729, 733; Kopp/Ramsauer VwVfG § 45 Rdnr. 41; Stelkens/Bonk/Sachs VwVfG § 45 Rdnr. 78; Wolff/Decker VwVfG § 28 Rdnr. 30; Ziekow VwVfG § 45 Rdnr. 11; Schoch Jura 2007, 28, 30.

536 Vgl. Ziekow VwVfG § 45 Rdnr. 11; Wolff/Decker VwVfG § 45 Rdnr. 30; Schoch Jura 2007, 28, 30.

537 BVerwG (3. Senat) DVBl. 1983, 271, 272@; DVBl. 1984, 530; Meyer NVwZ 1986, 513, 519; Odenthal NVwZ 1995, 668, 669; Schilling VerwArch 78 (1987), 45, 76; Knack/Henneke VwVfG § 45 Rdnr. 32 u. 44; Pünder in Erichsen/Ehlers § 14 Rdnr. 60.

538 Stelkens/Bonk/Sachs VwVfG § 45 Rdnr. 21; Ziekow VwVfG § 45 Rdnr. 4; Knack/Henneke VwVfG § 45 Rdnr. 15; a.A. Kopp/Ramsauer VwVfG § 45 Rdnr. 14; Schoch Jura 2007, 27, 31 m.w.N.: ex nunc.

Damit liegt kein relevanter Verfahrensfehler mehr vor.

3. Sofern nicht in der LBauO oder im allgemeinen Ordnungsrecht **Schriftform** vorgeschrieben ist, können Bauordnungsverfügungen nach § 37 Abs. 2 VwVfG grds. formfrei erlassen werden. Ergeht die Verfügung schriftlich, so ist sie gem. § 39 Abs. 1 VwVfG schriftlich zu **begründen**. Insoweit bestehen hier keine Bedenken.

Die Beseitigungsverfügung ist damit formell rechtmäßig.

III. **Materielle Rechtmäßigkeit**

1. Es müssten die **Voraussetzungen** der **Ermächtigungsgrundlage** erfüllt sein.   **337**
   Für eine Beseitigungsverfügung ist erforderlich, dass das Bauvorhaben formell und materiell illegal ist.[539]

   B hat ohne die nach der LBauO erforderliche Baugenehmigung (formelle Illegalität) und unter Verstoß gegen materielles Baurecht (materielle Illegalität) sein Wochenendhaus errichtet. Die Voraussetzungen für ein Einschreiten sind somit gegeben.

2. Das Einschreiten steht nach den genannten Vorschriften grds. im **Ermessen**   **338**
   der Behörde. Dabei verpflichtet der allgemeine Gleichheitssatz des Art 3 Abs. 1 GG die Verwaltung zu gleichmäßiger Ermessensausübung. Hauptfall der zu einem Ermessensfehler führenden Verletzung des Gleichbehandlungsgebotes sind Verstöße der Behörde gegen eine **Selbstbindung der Verwaltung** durch Verwaltungsvorschriften oder durch ein vorangegangenes tatsächliches Verhalten (s.u. Rdnr. 439). Der Gedanke der Selbstbindung verbietet es, willkürlich von einem Betroffenen den Abbruch seines baurechtswidrig errichteten Gebäudes zu verlangen, wenn die Behörde gegen dritte Personen unter gleichen Voraussetzungen untätig geblieben ist und weiter untätig bleibt.[540]

   Vorliegend sind die anderen Bauten mit dem des B aber schon nicht vergleichbar, sodass die Behörde nicht willkürlich gehandelt hat, wenn sie nur gegen B eingeschritten ist. Die Beseitigungsverfügung ist damit auch materiell rechtmäßig. Die Anfechtungsklage des B ist **unbegründet**.

   Die Behörde muss rechtswidrige Zustände nicht stets „flächendeckend" bekämpfen, sondern darf – etwa in Ermangelung ausreichender personeller und sachlicher Mittel – auch anlassbezogen vorgehen und sich auf die Regelung von Einzelfällen beschränken, sofern sie hierfür sachliche Gründe anführen kann. So hat es das BVerwG beispielsweise als rechtmäßig erachtet, wenn die Behörde einen geeigneten Fall als „Musterfall" auswählt, um erst nach einer gerichtlichen Bestätigung ihrer Rechtsauffassung gleichartige Fälle aufzugreifen. Ebenso ist es mit Art. 3 Abs. 1 GG vereinbar, wenn die Behörde zunächst nur Fälle aufgreift, in denen eine Verschlechterung des bestehenden Zustands droht.[541]

---

539 Vgl. AS-Skript Öffentliches Baurecht (2009), Rdnr. 318 f..

540 VGH Kassel DVBl. 2009, 732; NVwZ-RR 1992, 346; OVG NRW NWVBl. 1996, 66, 68; OVG Lüneburg OVGE 44, 380, 381; OVG Berlin NVwZ 1990, 176, 179; Erbguth/Stollmann JZ 1995, 1141, 1147; Bader/Ronellenfitsch VwVfG § 40 Rdnr. 61.

541 BVerwG DÖV 1992, 748; vgl. auch ThürOVG RÜ 2010, 533, 535.

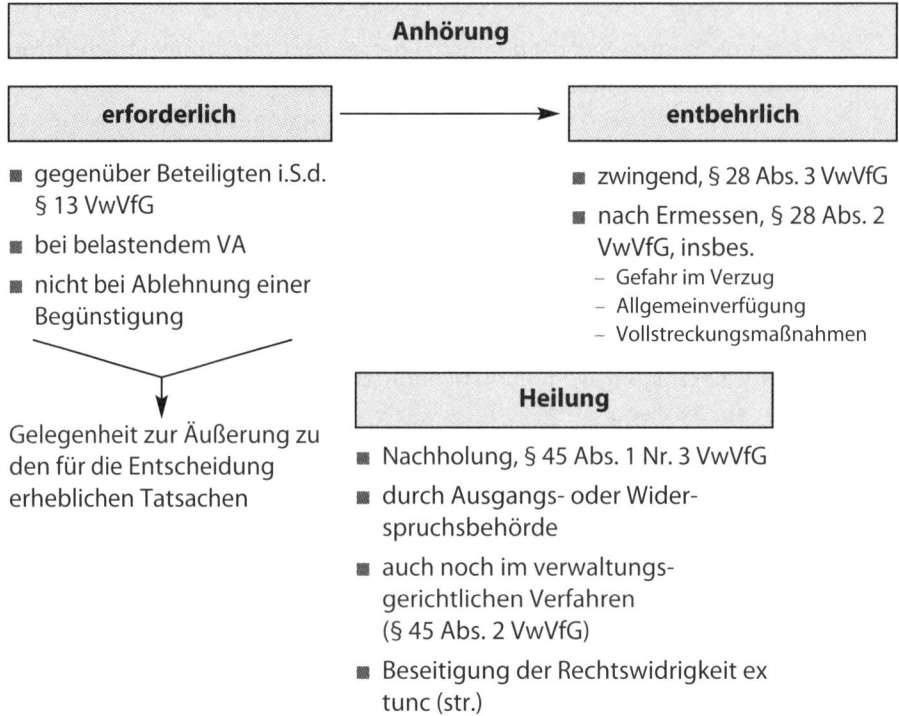

Fall 16: Heilung im Prozess (Abwandlung zu Fall 15)

Die Widerspruchsbehörde hat den Widerspruch als unbegründet zurückgewiesen, ohne sich mit der Stellungnahme des B näher auseinanderzusetzen. B hat daraufhin Klage erhoben und umfassend zur Sache Stellung genommen. Die Behörde verweist darauf, dass eine Anhörung des B nichts am Inhalt der Entscheidung geändert hätte, da die von B benannten Fälle ohnehin nicht mit dem vorliegenden Fall vergleichbar seien. Die Behörde habe sich bereits in der Vergangenheit entschlossen, konsequent gegen Schwarzbauten einzuschreiten. Deshalb hat die Behörde auch darauf verzichtet, die Anhörung während des gerichtlichen Verfahrens nachzuholen.

Die zulässige Anfechtungsklage ist begründet, soweit der angefochtene VA rechtswidrig und der Kläger dadurch in seinen Rechten verletzt ist (§ 113 Abs. 1 S. 1 VwGO). Die Verfügung könnte wegen eines formellen Fehlers rechtswidrig sein, da die nach § 28 Abs. 1 VwVfG erforderliche **Anhörung** nicht erfolgt ist.

I. Dieser Fehler könnte nach § 45 Abs. 1 Nr. 3, Abs. 2 VwVfG **geheilt** worden sein.

    1. Für eine Heilung **im Widerspruchsverfahren** ist erforderlich, dass die Widerspruchsbehörde die Stellungnahme des Betroffenen zur Kenntnis nimmt und sich damit auseinandersetzt. Dies ist hier nicht geschehen. Der Anhörungsfehler ist daher im Widerspruchsverfahren **nicht geheilt** worden.

    2. Die Heilung könnte im **gerichtlichen Verfahren** erfolgt sein.

a) Nach § 45 Abs. 2 VwVfG können Handlungen i.S.d. § 45 Abs. 1 VwVfG **bis zum** **339** **Abschluss der letzten Tatsacheninstanz** eines verwaltungsgerichtlichen Verfahrens nachgeholt werden.

Die Landes-VwVfGe enthalten überwiegend entsprechende Regelungen.

In **NRW** können Handlungen nach § 45 Abs. 1 VwVfG „nur bis zum Abschluss der ersten Instanz eines verwaltungsgerichtlichen Verfahrens" nachgeholt werden (§ 45 Abs. 2 VwVfG NRW). In NRW ist daher eine Heilung abweichend von den anderen Länder nur im erstinstanzlichen Verfahren, aber nicht mehr im Berufungsverfahren möglich.

In **Schleswig-Holstein** besteht die Besonderheit, dass eine Heilung im gerichtlichen Verfahren nicht möglich ist bei Verstößen, die bis zum Abschluss des Widerspruchsverfahrens gerügt worden sind (§ 114 Abs. 2 S. 2 LVwG).

aa) Teilweise werden gegen eine Heilung im gerichtlichen Verfahren **verfas-** **340** **sungsrechtliche Bedenken** erhoben. Nach gefestigter Rspr. des BVerfG beanspruchen die Grundrechte Geltung nicht nur für das materielle Recht, sondern auch für das Verfahrensrecht.[542]

So ist z.B. das atomrechtliche Verfahren so auszugestalten, dass eine Verletzung der in Art. 2 Abs. 2 GG genannten Rechtsgüter ausgeschlossen ist.

Bei Heilung im Prozess werde das VG in rechtsstaatswidriger Weise zu einem **„Reparaturbetrieb der Verwaltung"**. Die Verwaltung werde versuchen, die einmal getroffene Entscheidung unter allen Umständen zu halten, sodass eine Selbstkontrolle de facto nicht mehr stattfinde. Der Bürger werde so zur Erhebung einer höchstwahrscheinlich aussichtslosen Klage gezwungen. Verstöße gegen Verfahrensvorschriften dürften nicht folgenlos bleiben, sofern grundrechtlich geschützte Rechte betroffen sind. Hier müsse der Betroffene so gestellt werden, wie er ohne den Verfahrensfehler gestanden hätte. § 45 Abs. 2 VwVfG sei daher **verfassungskonform** dahin auszulegen, dass eine Heilung von Verfahrensfehlern nach § 45 Abs. 1 Nr. 2 (Begründung) und Nr. 3 (Anhörung) nach Erhebung der Klage ausgeschlossen sei.[543]

Teilweise wird § 45 Abs. 2 VwVfG, soweit er die Anhörung erfasst, wegen Verstoßes gegen Art. 19 Abs. 4 GG sogar für verfassungswidrig gehalten.[544]

bb) Dagegen spricht jedoch, dass der Bürger in seiner Rechtsverteidigung **341** auch durch eine Heilung im gerichtlichen Verfahren **nicht unzumutbar** beschränkt wird. Würde man eine Heilung im Prozess nicht zulassen, würde der Bürger zwar zunächst obsiegen. Die Behörde könnte dann jedoch den Verfahrensmangel außergerichtlich heilen und einen erneuten, inhaltlich gleichlautenden Bescheid erlassen, der in einem zweiten gerichtlichen Verfahren Bestand hätte. Damit wäre für den Bürger nichts gewonnen. Zwar besteht die Gefahr, dass die Behörde angesichts der weitreichenden Heilungsmöglichkeiten die Einhaltung der Verfahrensvorschriften weniger

---

542 Grundlegend BVerfGE 53, 30, 65 „Mülheim-Kärlich".

543 Vgl. Knack/Henneke VwVfG § 45 Rdnr. 45; Bonk NVwZ 2001, 636, 641; NVwZ 1997, 320, 325; Hufen, Fehler im Verwaltungsverfahren, Rdnr. 616 m.w.N.; differenzierend Sparwasser AnwBl. 2000, 658, 663.

544 Sodan DVBl. 1999, 729, 738; Bracher DVBl. 1997, 534, 536; Hatje DÖV 1997, 477, 484.

ernst nimmt. Durch die Heilung im Prozess wird der Bürger in der Sache jedoch nicht schlechter gestellt, als er bei von vornherein korrektem Verwaltungshandeln stünde. Insbesondere ist anerkannt, dass bei einer nachträglichen Heilung das Gericht die Kosten regelmäßig der Behörde auferlegen wird (Rechtsgedanke des § 155 Abs. 4 VwGO).[545]

In der Praxis ist es allerdings in vielen Verwaltungsbereichen zum Regelfall geworden, dass entgegen § 28 VwVfG von einer Anhörung der Beteiligten vor Erlass eines VA abgesehen wird in der Erwartung, dass dieser Mangel im Verlauf des Verfahrens geheilt wird.[546]

Eine Heilung der fehlenden Anhörung ist daher nach § 45 Abs. 2 VwVfG grds. auch noch im gerichtlichen Verfahren möglich.

342   b) Nach § 45 Abs. 2 VwVfG kann die Anhörung zwar noch während des verwaltungsgerichtlichen Verfahrens nachgeholt werden. Dabei wird teilweise angenommen, dass hierfür die schriftsätzliche Stellungnahme im gerichtlichen Verfahren ausreiche.[547] Überwiegend wird dagegen darauf hingewiesen, dass die Heilung stets ein **behördliches Verfahren** außerhalb des gerichtlichen Verfahrens voraussetzt.[548] Äußerungen und Stellungnahmen im gerichtlichen Verfahren stellen keine nachgeholte Anhörung i.S.d. § 45 Abs. 1 Nr. 3 VwVfG dar. Auch eine Anhörung durch das Gericht führt nicht zur Heilung.[549] Dem Bürger muss vielmehr **außerprozessual** die Möglichkeit zur Stellungnahme eingeräumt werden. Er muss so gestellt werden, wie er bei fehlerfreiem Verfahren gestanden hätte **(Grundsatz der realen Fehlerheilung)**.[550] Die Behörde muss die Stellungnahme des Bürgers zur Kenntnis nehmen, den VA daraufhin noch einmal überprüfen und dem Betroffenen mitteilen, dass sie auch unter Berücksichtigung des (zusätzlichen) Vorbringens an ihrer Entscheidung festhält.[551]

Deshalb ist eine Heilung nach **Erledigung** des VA (z.B. aus Anlass einer Fortsetzungsfeststellungsklage) nicht mehr möglich. Denn in diesem Verfahrensstadium kann die Nachholung nicht mehr zu einer Änderung des VA führen.[552]

Vorliegend hat die Behörde darauf verzichtet, den Kläger während des gerichtlichen Verfahrens gesondert anzuhören. Daher ist der Anhörungsmangel auch während des gerichtlichen Verfahrens nicht geheilt worden. Der VA ist formell rechtswidrig.

---

545 OVG Lüneburg DVBl. 2002, 715, 716; Schmitz/Olbertz NVwZ 1999, 126, 129; Schmitz/Wessendorf NVwZ 1996, 955, 958; Ziekow VwVfG § 45 Rdnr. 19.

546 Vgl. Stelkens/Bonk/Sachs VwVfG § 28 Rdnr. 66 ff.

547 OVG Lüneburg NVwZ-RR 2002, 822; BayVGH BayVBl. 2004, 149, 150; BayVBl. 2005, 308, 311; wohl auch OVG NRW DVBl. 2010, 1243, 1244, wenn die Behörde zu erkennen gibt, dass sie unter Berücksichtigung seines Vorbringens erneut prüft, ob sie an ihrer Verfügung festhält.

548 VG Berlin NJW 2002, 1063, 1064; Kopp/Ramsauer VwVfG § 45 Rdnr. 27; Ziekow VwVfG § 45 Rdnr. 13; Kallerhoff NWVBl. 2008, 334, 338; Hufen JuS 1999, 313, 317; Kaltenborn VA 2001, 33, 36: Heilung nicht „vor" Gericht und auch nicht „durch" das Gericht.

549 Kopp/Ramsauer VwVfG § 45 Rdnr. 27 u. 42; Ziekow VwVfG § 45 Rdnr. 11; Schoch Jura 2007, 28, 32.

550 Grundlegend Hufen, Fehler im Verwaltungsverfahren, Rdnr. 598 f.; Schoch Jura 2007, 28, 29.

551 Bracher DVBl. 1997, 534, 536, der allerdings der Auffassung ist, § 45 Abs. 2 VwVfG sei wegen Verstoßes gegen Art. 19 Abs. 4 GG verfassungswidrig. Nach Hufen JuS 1999, 313, 318 soll außerdem erforderlich sein, dass die Behörde das Ergebnis der Heilung in den laufenden Prozess einbringt.

552 VGH Mannheim, Urt. v. 27.02.2006 – 6 S 1508/04; VG Köln, Urt. v. 07.10.2010 – 20 K 620/10; a.A. ohne Begründung VG Aachen, Urt. v. 23.08.2006 – 6 K 3852/04.

Geht es in der Klausur um die Erfolgsaussichten einer noch zu erhebenden Klage, ist zu prüfen, ob eine Heilung im Widerspruchsverfahren erfolgt ist. Ist dies nicht der Fall, ist nach Feststellung des formellen Fehlers darauf hinzuweisen, dass nach § 45 Abs. 2 VwVfG eine Heilung auch noch während des verwaltungsgerichtlichen Verfahrens möglich ist.

Ist dagegen nach dem Sachverhalt der Verwaltungsprozess bereits abgeschlossen (Fallfrage: Wie wird das Gericht entscheiden?), muss der Bearbeiter prüfen, ob eine Heilung erfolgt ist. Ist dies weder im Widerspruchsverfahren noch während des gerichtlichen Verfahrens der Fall, sind die Voraussetzungen des § 45 VwVfG zu verneinen. Der VA bleibt rechtswidrig und ist – vorbehaltlich des § 46 VwVfG – nach § 113 Abs. 1 S. 1 VwGO aufzuheben.[553]

II. Die fehlende Anhörung könnte jedoch nach **§ 46 VwVfG unbeachtlich** sein.

1. Voraussetzung ist danach, dass ein VA unter Verletzung von Vorschriften über das **343** **Verfahren**, die **Form** oder die **örtliche Zuständigkeit** zustande gekommen ist. Im vorliegenden Fall liegt ein Verstoß gegen die Anhörungspflicht nach § 28 VwVfG vor, der als Verfahrensfehler von § 46 VwVfG erfasst wird.[554]

   Verfahrensfehler i.S.d. § 46 VwVfG sind z.B. auch Verstöße gegen die Befangenheitsvorschriften (§§ 20, 21 VwVfG), die Amtsermittlungspflicht (§§ 24, 26 VwVfG) und die Hinweispflicht (§ 25 VwVfG).

   Keine Anwendung findet § 46 VwVfG bei sog. **„absoluten Verfahrensvorschriften"**. Dies sind solche Vorschriften, die dem Betroffenen eine vom Ausgang des Verfahrens unabhängige, selbstständig durchsetzbare Verfahrensposition einräumen.[555] Das wird z.B. bei zwingenden europarechtlichen Verfahrensvorschriften angenommen.[556] Einen Sonderfall regelt § 4 Abs. 1 des Umwelt-Rechtsbehelfsgesetzes[557], der u.a. bei unterbliebener Umweltverträglichkeitsprüfung eine den § 46 VwVfG verdrängende Spezialregelung enthält.

   Nicht erfasst werden von § 46 VwVfG Fehler in der **Verbandskompetenz**, der **sachlichen**[558] oder der **instanziellen Zuständigkeit**.[559] Allerdings führt ein Verstoß gegen Vorschriften über die instanzielle Zuständigkeit beim Bürger i.d.R. nicht zu einer Rechtsverletzung, da diese keine Schutzfunktion zugunsten Einzelner entfalten, sondern ausschließlich den Zweck verfolgen, Verwaltungsvorgänge in sinnvoller Weise dafür kompetenten Behörden zuzuordnen.[560]

2. Der VA darf **nicht** nach § 44 VwVfG **nichtig** sein. Anhaltspunkte sind hier nicht ersichtlich.

3. Nach § 46 VwVfG ist der Mangel unbeachtlich, „wenn offensichtlich ist, dass die **344** Verletzung die Entscheidung in der Sache nicht beeinflusst hat". Es muss offensichtlich an der **Kausalität** des Fehlers für den Inhalt der Entscheidung fehlen. **Offensichtlichkeit** ist gegeben, wenn die fehlende Kausalität klar erkennbar ist, gleichsam „ins Auge springt". Erforderlich ist, dass **jede Möglichkeit ausgeschlossen** ist, dass bei Einhaltung der Vorschrift die Entscheidung anders ausgefallen wäre.[561]

---

[553] Vgl. Hufen JuS 1999, 313, 319.

[554] OVG NRW DVBl. 1981, 689, 691; OVG Hamburg NVwZ-RR 1990, 440; Kopp/Ramsauer VwVfG § 46 Rdnr. 17.

[555] Kopp/Ramsauer VwVfG § 46 Rdnr. 18; Wolff/Decker VwVfG § 46 Rdnr. 9; Pünder in Erichsen/Ehlers § 14 Rdnr. 65.

[556] Kopp/Ramsauer VwVfG § 46 Rdnr. 20; vgl. auch Ziekow NVwZ 2005, 263, 266; andererseits Dolde NVwZ 2006. 857, 861.

[557] URBG vom 07.12.2006 (BGBl. I S. 2816).

[558] BVerwG NJW 2005, 2330, 2333; OVG Hamburg NordÖR 1999, 412; Ziekow NVwZ 2005, 263, 264.

[559] Knack/Henneke VwVfG § 46 Rdnr. 22.

[560] VGH Mannheim VBlBW 1992, 304,

[561] Vgl. VG Berlin NJW 2002, 1063, 1064; Knack/Henneke VwVfG § 46 Rdnr. 33 u. 35; Kopp/Ramsauer VwVfG § 46 Rdnr. 27; Bader/Ronellenfitsch VwVfG § 46 Rdnr. 42; Ziekow NVwZ 2005, 263, 264; Beaucamp JA 2007, 117, 120; a.A. Stelkens DVBl. 2010, 1078, 1080 f., der für eine ex-post-Betrachtung eintritt.

345

a) Unproblematisch fehlt die Kausalität bei **gebundenen Entscheidungen** (oder bei solchen, bei denen das Ermessen auf Null reduziert ist), wenn der VA in der Sache inhaltlich richtig ist.

> **Beispiel:** F ist nachgewiesenermaßen ungeeignet zum Führen von Kraftfahrzeugen. Nach § 3 StVG hat die zuständige Fahrerlaubnisbehörde die Fahrerlaubnis zu entziehen (gebundene Entscheidung). Auch wenn die Entziehung von der örtlich unzuständigen Behörde verfügt wird, ändert dies materiell nichts am Inhalt der Entscheidung. Der Zuständigkeitsfehler ist daher nach § 46 VwVfG unbeachtlich.

346

b) Bei **Ermessensentscheidungen** kann dies nicht generell festgestellt werden. An der Kausalität des Fehlers für die Entscheidung fehlt es hier nur dann, wenn die Behörde bei Vermeidung des Fehlers im Ergebnis dieselbe – materiell rechtmäßige – Entscheidung getroffen hätte.[562] Wenn dagegen die **Möglichkeit** besteht, dass ohne den Fehler die Entscheidung in der Sache anders ausgefallen wäre, führt der Verfahrensfehler zur Aufhebung des VA. In der Regel wird § 46 VwVfG daher nur bei einfach strukturierten Ermessensentscheidungen eingreifen.[563]

Hier war die Beseitigungsverfügung materiell rechtmäßig. Die Behörde hatte sich entschieden, konsequent gegen sog. Schwarzbauten einzuschreiten. Da die von B benannten Fälle mit dem vorliegenden Fall nicht vergleichbar sind, hätte die Stellungnahme des B ohnehin keinen Einfluss auf den Inhalt der Verfügung gehabt. Damit ist offensichtlich, dass der Verstoß gegen § 28 VwVfG die Entscheidung in der Sache nicht beeinflusst hat.

347

c) Die Lit. fordert zum Teil eine **verfassungskonforme Auslegung** des § 46 VwVfG, da die Vorschrift den Grundrechtsschutz durch Verfahrensgestaltung einschränke. Der grundsätzliche Aufhebungsanspruch bei rechtswidrigem Verwaltungshandeln sei Ausdruck von Art. 19 Abs. 4 GG und Folge der Gesetzesbindung der Verwaltung (Art. 20 Abs. 3 GG). § 46 VwVfG wolle nur die Aufhebung des VA bei sofort notwendigem Neuerlass verhindern (Gedanke des Rechtsmissbrauchs). Allein die Behauptung der Behörde, sie hätte in jedem Fall so und nicht anders entschieden, könne nicht ausreichen. Es müsse vielmehr **offensichtlich** sein, dass der Fehler das Entscheidungsergebnis **tatsächlich nicht beeinflusst** hat. Dies sei i.d.R. nur bei rechtlicher Alternativlosigkeit der Fall. Bei Ermessensentscheidungen seien besonders strenge Anforderungen an die fehlende Offensichtlichkeit zu stellen.[564]

Auch nach dieser Auffassung wären die Voraussetzungen des § 46 VwVfG hier (wohl) erfüllt. Aufgrund der konsequenten Verwaltungspraxis hätte die Stellungnahme des B tatsächlich keinen Einfluss auf den Erlass der Beseitigungsverfügung gehabt. Der formelle Fehler ist deshalb unbeachtlich, mit den Worten des § 46 VwVfG: Der Kläger kann allein deshalb die Aufhebung des VA nicht beanspruchen. Die Klage des B ist daher auch in der Abwandlung **unbegründet**.

---

562 Kopp/Ramsauer VwVfG § 46 Rdnr. 26; Knack/Hennke VwVfG § 46 Rdnr. 29 ff.; Stelkens/Bonk/Sachs VwVfG § 46 Rdnr. 73 ff.; Hufen JuS 1999, 313, 318; Sodan DVBl. 1999, 729, 734.

563 So Beaucamp JA 2007, 117, 120.

564 Vgl. Hufen JuS 1999, 313, 318; Bonk NVwZ 2001, 636, 641; Ziekow VwVfG § 46 Rdnr. 2; zu weitergehenden verfassungsrechtlichen Bedenken vgl. Sodan DVBl. 1999, 729, 738; Fehling/Kastner/Wahrendorf VwVfG § 46 Rdnr. 9 f.

Während früher teilweise angenommen wurde, dass § 46 VwVfG die Frage der Rechtmäßigkeit des VA **348** selbst betreffe, geht die heute h.M. vom Fortbestand der Rechtswidrigkeit aus.[565] Unterschiedlich werden jedoch die Rechtsfolgen des § 46 interpretiert. Teilweise wird die subjektive Rechtsverletzung verneint: Sei der formelle Rechtsverstoß nach § 46 VwVfG unbeachtlich, könne der Kläger nicht in seinen Rechten verletzt sein.[566] Überwiegend wird § 46 VwVfG dagegen so interpretiert, dass er, ohne die Rechtswidrigkeit und die subjektive Rechtsverletzung infrage zu stellen, dem Betroffenen lediglich seinen Aufhebungsanspruch versagt.[567] Diese Auffassung wird dem Wortlaut des § 46 VwVfG („kann nicht … beansprucht werden") am ehesten gerecht.

Konsequenz: Der VA bleibt – anders als im Fall des § 45 VwVfG – rechtswidrig und kann daher nicht nur unter den engen Voraussetzungen des § 49 VwVfG, sondern nach § 48 VwVfG aufgehoben werden.[568]

Prüfungsfolge bei formellen Fehlern
■ Erforderlichkeit z.B. § 28 Abs. 1 VwVfG (Anhörung), § 39 Abs. 1 VwVfG (Begründung)
■ Entbehrlichkeit z.B. § 28 Abs. 2 u. Abs. 3 VwVfG (Anhörung), § 39 Abs. 2 VwVfG (Begründung)
■ keine Nichtigkeit, § 44 VwVfG
■ Heilung, § 45 VwVfG
■ Unbeachtlichkeit, § 46 VwVfG

Aufbauhinweis: **349**

Die Darstellung des § 46 VwVfG in der Klausur erfolgt üblicherweise im Anschluss an § 45 VwVfG. Das gilt insbes. bei gebundenen Entscheidungen, bei denen die offensichtlich fehlende Kausalität ohne Weiteres festgestellt werden kann.

„Der formelle Fehler könnte jedoch gemäß § 46 VwVfG unbeachtlich sein. Danach kann die Aufhebung eines Verwaltungsaktes, der nicht nach § 44 VwVfG nichtig ist, wegen eines Verfahrensfehlers nicht verlangt werden, wenn offensichtlich ist, dass die Verletzung die Entscheidung in der Sache nicht beeinflusst hat. Dies ist insbes. der Fall, wenn es sich, wie hier, um einen gebundenen Verwaltungsakt handelt. …"

Bei Ermessensentscheidungen kann es dagegen sinnvoll sein, im formellen Teil des Gutachtens zunächst nur die §§ 28, 45 VwVfG zu behandeln. Diese Prüfung ist mit dem Ergebnis abzuschließen, dass der VA wegen eines Verfahrensfehlers rechtswidrig ist. Im Anschluss daran kann ein kurzer Hinweis auf § 46 VwVfG erfolgen:

„Ob der Fehler nach § 46 VwVfG unbeachtlich ist, kann an dieser Stelle noch dahinstehen, da § 46 VwVfG nicht die Frage der Rechtswidrigkeit bzw. Rechtmäßigkeit des VA betrifft, sondern nur einen etwaigen Aufhebungsanspruch des Betroffenen ausschließt."

Ergibt sich bei der anschließenden materiellen Prüfung, dass der VA im Übrigen rechtmäßig ist, also nur der zuvor festgestellte formelle Fehler vorliegt, ist abschließend auf § 46 VwVfG einzugehen.[569]

---

565 Vgl. ausführlich Schnapp/Henkenötter JuS 1998, 624, 627; Schnapp/Cordewener JuS 1999, 147, 151.

566 Badura in Erichsen/Ehlers (12. Aufl.) § 38 Rdnr. 35; Krebs DVBl. 1984, 109, 111.

567 Hufen JuS 1999, 313, 319; Schnapp/Henkenötter JuS 1998, 624, 627; Schnapp/Cordewener JuS 1999, 147, 151; Beaucamp JA 2007, 117, 119; Ziekow VwVfG § 46 Rdnr. 11; Pünder in Erichsen/Ehlers § 14 Rdnr. 66 m.w.N.

568 Knack/Henneke VwVfG § 46 Rdnr. 41; Ziekow VwVfG § 46 Rdnr. 14; abweichend Hufen, Fehler im Verwaltungsverfahren Rdnr. 632 m.w.N.; einschränkend Wolff/Decker VwVfG § 46 Rdnr. 18: ggf. Ermessensfehler, wenn die Behörde den VA zurücknimmt, obwohl sich der Fehler auf das Ergebnis nicht ausgewirkt hat.

569 Vgl. Beaucamp JA 2007, 117, 120.

„Der VA ist daher nur wegen des oben festgestellten Verfahrensfehlers rechtswidrig. Diesbezüglich könnte der Aufhebungsanspruch jedoch nach § 46 VwVfG ausgeschlossen sein. Voraussetzungen des § 46 VwVfG sind …"

Allerdings wird auch vorgeschlagen, § 46 VwVfG vor § 45 VwVfG zu prüfen, da heilungsbedürftig nur solche Fehler seien, die nicht schon nach § 46 VwVfG unbeachtlich sind.[570] Dagegen spricht jedoch, dass durch die Heilung nach § 45 VwVfG die Rechtswidrigkeit beseitigt wird, während § 46 VwVfG die Rechtswidrigkeit unberührt lässt (s.o.). Ist der VA nach § 45 VwVfG schon nicht rechtswidrig, stellt sich im Gutachten die Frage nach der Unbeachtlichkeit des Fehlers nach § 46 VwVfG gar nicht mehr.[571] Ist eine Heilung möglich, aber noch nicht erfolgt, so ist § 46 VwVfG neben § 45 VwVfG anwendbar.[572] Im Verwaltungsprozess wird dagegen die Frage der Heilung dahinstehen können, wenn der Fehler jedenfalls nach § 46 VwVfG unbeachtlich ist, da die Klage dann in jedem Fall unbegründet ist.[573]

III. Die Form des VA

1. Die Form im eigentlichen Sinne

350   Eine bestimmte Form ist für den VA nicht vorgeschrieben. Ein VA kann daher grundsätzlich schriftlich, elektronisch, mündlich oder in anderer Weise (konkludent) erlassen werden, § 37 Abs. 2 VwVfG. Jedoch gibt es in Spezialvorschriften zahlreiche Formerfordernisse.

Beispiele: Erteilung der Fahrerlaubnis durch Aushändigung des Führerscheins (§ 4 Abs. 2 FeV), Ernennung zum Beamten durch Aushändigung einer Urkunde (§ 10 Abs. 2 BBG, § 8 Abs. 2 BeamtStG), Schriftform bei ausländerrechtlichen Maßnahmen (§ 77 AufenthG).

*Das Erfordernis einer **Rechtsbehelfsbelehrung** (vgl. §§ 58, 59 VwGO) gehört nicht zur Form in diesem Sinne. Ihr Fehlen oder ihre Unrichtigkeit führt nicht zur Rechtswidrigkeit des VA, sondern nur dazu, dass die Monatsfrist für den Rechtsbehelf nach §§ 70, 74 VwGO nicht zu laufen beginnt. Stattdessen gilt die Jahresfrist des § 58 Abs. 2 VwGO.*

351   Ein mündlicher VA ist schriftlich oder elektronisch **zu bestätigen**, wenn hieran ein berechtigtes Interesse besteht und der Betroffene dies unverzüglich verlangt. Entsprechendes gilt für elektronische VAe (§ 37 Abs. 2 S. 2 u. 3 VwVfG). Die **Bestätigung** ist **kein VA**, sondern eine schlichthoheitliche Maßnahme. Sie enthält keine eigenständige Regelung, sondern wiederholt nur den Inhalt des ursprünglichen VA.[574]

Gegenbeispiel: Weicht die Bestätigung inhaltlich von dem ursprünglichen VA ab, ohne dass es sich um ein offensichtliches Versehen i.S.d. § 42 VwVfG handelt, ist die „Bestätigung" als selbstständiger neuer VA anzusehen, dessen Rechtmäßigkeit sich nach §§ 48, 49 VwVfG beurteilt (abweichende Bestätigung als Aufhebung des ursprünglichen VA).[575]

---

570 Hufen JuS 1999, 313, 317 und 319.

571 Knack/Henneke VwVfG § 45 Rdnr. 14.

572 Wolff/Decker VwVfG § 46 Rdnr. 4.

573 Zur verwaltungsgerichtlichen Praxis vgl. Meier NVwZ 1998, 688, 690; Preusche JuS 1997, 639, 640.

574 Kopp/Ramsauer VwVfG § 37 Rdnr. 23; Knack/Henneke VwVfG § 37 Rdnr. 50.

575 Stelkens/Bonk/Sachs VwVfG § 37 Rdnr. 87; Knack/Henneke VwVfG § 37 Rdnr. 50; Kopp/Ramsauer VwVfG § 37 Rdnr. 23; a.A. Meyer/Borgs VwVfG § 37 Rdnr. 17: kein VA mangels Finalität des Handelns.

2. Der elektronische VA

Nach § 37 Abs. 2 VwVfG kann ein VA auch elektronisch erlassen werden.[576] Der Begriff des **elektronischen VA** wird im VwVfG nicht definiert,[577] entscheidend ist, dass der VA elektronisch erzeugt und als Datei gespeichert wird.[578] Bereits die Datei ist dann das für den Rechtsverkehr maßgebliche Original, unabhängig davon ob die Übermittlung per E-Mail, auf Diskette, CD-ROM oder sonstigen Speichermedien erfolgt. Ihr Ausdruck gibt lediglich den Inhalt der Entscheidung wieder, ohne selbst Rechtswirkungen zu erzeugen.[579]

352

Der elektronische VA ist abzugrenzen vom **automatisch hergestellten VA** (vgl. dazu §§ 28 Abs. 2 Nr. 4, 37 Abs. 5, 39 Abs. 2 Nr. 3 VwVfG). Beim automatisierten VA wird lediglich der Inhalt ganz oder teilweise durch EDV-Anlagen ermittelt, die durch bestimmte Programme gesteuert werden. Der VA wird aber nicht als Datei, sondern in traditioneller Weise übermittelt.[580]

Kein elektronischer VA ist das Telefax, auch wenn es unmittelbar aus dem Computer versandt wird (sog. Computerfax), da dieses dem Empfänger nicht als Datei übermittelt, sondern dort bestimmungsgemäß ausgedruckt werden soll.[581]

■ Soweit **keine besonderen Formvorschriften** bestehen, kann der VA als Datei z.B. per einfacher E-Mail übermittelt werden. Dies wird in diversen Vorschriften durch das Begriffspaar „schriftlich oder elektronisch" klargestellt.

353

Vgl. allgemein § 37 Abs. 2 VwVfG, § 33 Abs. 2 SGB X, § 119 Abs. 2 AO und in einer Reihe spezialgesetzlicher Vorschriften.

■ Ist gesetzlich **Schriftform** vorgeschrieben, kann diese nur durch ein mit einer **qualifizierten elektronischen Signatur** verbundenes elektronisches Dokument ersetzt werden (§ 3 a Abs. 2 VwVfG).

354

Nach § 2 Nr. 1 SigG sind **elektronische Signaturen** „Daten in elektronischer Form, die anderen elektronischen Daten beigefügt oder logisch mit ihnen verknüpft sind und die zur Authentifizierung dienen." **Qualifizierte elektronische Signaturen** setzen weiter voraus, dass sie auf einem sog. qualifizierten Zertifikat beruhen und dadurch ausschließlich einer bestimmten Person zugeordnet sind (vgl. die Einzelheiten in § 2 Nr. 2 u. Nr. 3 SigG).[582]

Die Signatur wird in der Praxis dadurch erzeugt, dass aus einer Datei zunächst nach einem bestimmten Rechenverfahren ein sog. **Hash-Wert** (eine Art Quersumme) errechnet wird, den der Absender mit seinem geheimen Signaturschlüssel verschlüsselt und den Daten beifügt. Der Empfänger berechnet dann nach dem gleichen Rechenverfahren den Hash-Wert und entschlüsselt den beigefügten Hash-Wert des Absenders mit dessen öffentlichem Schlüssel (sog. Signaturprüfschlüssel). Wenn die beiden Hash-Werte identisch sind, ist damit nach dem derzeitigen Stand der Technik gewährleistet, dass die Datei tatsächlich mit dem privaten Schlüssel des Absenders signiert und während der Übermittlung nicht verändert wurde.[583]

---

576 Eingeführt durch das Dritte Gesetz zur Änderung verwaltungsverfahrensrechtlicher Vorschriften (3. VwVfÄndG) vom 21.08.2002 (BGBl. I S. 3322); dazu Schmitz/Schlatmann NVwZ 2002, 1281 ff.; Roßnagel NJW 2003, 469 ff.

577 Vgl. Knack/Henneke VwVfG § 37 Rdnr. 44; Stein DVP 2006, 441, 442 m.w.N.

578 Vgl. die Gesetzesbegründung in BT-Drs. 14/9000, S. 26 und Schliesky NVwZ 2003, 1322, 1324; Kintz NVwZ 2004, 1429, 1430; Dietlein/Heinemann NWVBl. 2005, 53, 55.

579 Vgl. Schmitz/Schlatmann NVwZ 2002, 1286; Rosendahl DVBl. 2001, 335; Knack/Henneke VwVfG § 37 Rdnr. 45.

580 Maurer § 18 Rdnr. 19.

581 BVerwG NJW 2006, 1989, 1990; BGH NJW 2006, 2263, 2265; Wunsch JuS 2003, 276, 278; Heß NJW 2002, 2417, 2420; Dästner NJW 2001, 3469, 3470; Stein DVP 2006, 441, 442.

582 Zu den unterschiedlichen Formen der Signatur vgl. Roßnagel DÖV 2001, 221 ff.; ders. NJW 2003, 469 ff.

583 Vgl. ausführlich Boente/Riehm Jura 2001, 793, 796.

355 ◼ Für bestimmte VAe, für die gesetzlich die Schriftform vorgeschrieben ist, können nach § 37 Abs. 4 VwVfG **höhere Anforderungen** an die dauerhafte Überprüfbarkeit der elektronischen Signatur vorgeschrieben werden (vgl. z.B. § 69 Abs. 2 VwVfG).

356 ◼ In Einzelfällen ist die **elektronische Form ausgeschlossen** (vgl. § 3 a Abs. 2 VwVfG: „soweit nicht durch Rechtsvorschrift etwas anderes bestimmt ist").

> **Beispiele:** Beamtenernennung (§ 10 Abs. 2 BBG, § 8 Abs. 2 BeamtSt); Staatsangehörigkeitsurkunden (§ 38 a StAG). Außerdem ist in bestimmten Rechtsgebieten die elektronische Form bereichsspezifisch ausgeschlossen (vgl. z.B. § 3 a KrW-/AbfG; § 17 Abs. 1 AtG).

357 Für elektronische VAe gelten im Übrigen dieselben **inhaltlichen Anforderungen** wie für schriftliche VAe (vgl. §§ 37 Abs. 3, 39 Abs. 1 VwVfG). Für die **Bekanntgabe** elektronischer VAe gilt nach § 41 Abs. 2 S. 2 VwVfG – wie bei schriftlichen, durch die Post übermittelten VAen – grds. eine 3-Tage-Fiktion.[584]

> Dabei ist allerdings zu beachten, dass § 41 Abs. 2 S. 2 VwVfG nicht nur elektronische Dokumente i.S.d. § 3 a VwVfG erfasst, sondern alle Bescheide die **„elektronisch übermittelt"** werden. Hierzu gehört auch die Übermittlung per Telefax, sodass auch ein per Telefax übermittelter VA nach § 41 Abs. 2 S. 2 VwVfG erst am dritten Tag nach der Absendung als zugegangen gilt.[585] Allerdings sehen die LVwVfGe in Brandenburg und Mecklenburg-Vorpommern die Widerlegung der Zugangsvermutung vor, wenn ein elektronisch übermittelter VA zu einem früheren Zeitpunkt zugegangen ist.

358 Nach § 3 a Abs. 1 VwVfG ist die **Übermittlung elektronischer Dokumente**, und damit elektronischer Verwaltungsakte nur zulässig, soweit der Empfänger hierfür einen **Zugang eröffnet** hat (z.B. durch Verfügbarkeit eines elektronischen Postfachs). Der Empfänger eröffnet seinen Zugang durch entsprechende Widmung. Dies kann ausdrücklich oder konkludent erfolgen. Im Einzelfall ist hier die Verkehrsanschauung maßgebend, die sich mit der Verbreitung elektronischer Kommunikationsmittel fortentwickelt.

> **Behörden**, Unternehmen und Rechtsanwälte, die auf ihren Briefköpfen im Verkehr mit dem Bürger oder der Verwaltung eine E-Mail-Adresse angeben, erklären damit konkludent ihre Bereitschaft, Eingänge auf diesem Weg anzunehmen. Sie haben durch organisatorische Maßnahmen sicherzustellen, dass z.B. E-Mail-Postfächer regelmäßig abgefragt werden. Gegenteiliges müssen sie ausdrücklich erklären, z.B. durch Hinweise auf dem Briefkopf oder auf ihrer Internetseite.[586]

> Beim **Bürger** reicht die bloße Angabe einer E-Mail-Adresse auf dem Briefkopf dagegen nach der Verkehrsanschauung noch nicht aus, um daraus allgemein auf die Bereitschaft zum Empfang von rechtlich verbindlichen Erklärungen zu schließen. Bei ihm kann i.d.R. von der Eröffnung eines Zugangs nur ausgegangen werden, wenn er dies gegenüber der Behörde ausdrücklich erklärt hat.[587]

Wird das Verwaltungsverfahren über eine **einheitliche Stelle** (§ 71 a VwVfG) geführt, so muss das Verfahren auf Verlangen des Bürgers in elektronischer Form abgewickelt werden (§ 71 e VwVfG).

---

584 Zu Zugangsfragen bei elektronischen Dokumenten vgl. Dietlein/Heinemann NWVBl. 2005, 53, 55.

585 Knack/Henneke VwVfG § 41 Rdnr. 37 u. 41; Schlatmann DVBl. 2002, 1005, 1013; Schmitz/Schlatmann NVwZ 2002, 1281, 1288; Stein DVP 2006, 441, 442 f.; anders noch OVG Lüneburg NJW 2002, 1969 zur früheren Rechtslage.

586 Schlatmann DVBl. 2002, 1005, 1009; Roßnagel NJW 2003, 469, 472; Kintz NVwZ 2004, 1429, 1431; vgl. auch § 3 a Abs. 1 S. 2 VwVfG NRW: „Bei Behörden erfolgt die Eröffnung des Zugangs durch Bekanntmachung über die Homepage.".

587 Gesetzesbegründung in BT-Drs. 14/9000, S. 31; Kintz NVwZ 2004, 1429, 1431; Dietlein/Heinemann NWVBl. 2005, 53, 55.

3. Die Begründung des VA gemäß § 39 VwVfG

Fall 17: Versetzung ohne Begründung

Bundesbeamter B ist seit mehr als 10 Jahren als Oberregierungsrat in X tätig. Zu Beginn des Jahres kam es zu Auseinandersetzungen zwischen B und dem Behördenleiter. Im Februar erhielt B daraufhin nach vorheriger Anhörung eine Verfügung, wonach er mit Wirkung zum 1. Juli zu einer 100 km entfernten Behörde versetzt werde. B legt dagegen Widerspruch ein und beanstandet vor allem, dass die Versetzung nicht begründet sei. Der Widerspruch wird von der vorgesetzten Behörde zurückgewiesen. Die Angelegenheit sei mit dem Personalrat ausführlich erörtert worden und dieser habe zugestimmt. Einer weiteren Begründung bedürfe es daher nicht. B hält dies nach wie vor nicht für ausreichend. Zu Recht?

Rechtsgrundlage für die Versetzungsverfügung ist § 28 BBG.

I. In formeller Hinsicht hat die **zuständige Behörde** gehandelt. B ist gem. § 28 Abs. 1 VwVfG ordnungsgemäß **angehört** worden. Eine bestimmte **Form** ist für die Versetzung nicht vorgeschrieben, sodass die allgemeine Regelung in § 37 Abs. 2 VwVfG eingreift. Hier ist die Versetzung – wie in der Praxis wegen der besonderen Bedeutung üblich – schriftlich verfügt worden. **359**

II. Zur Form des VA im weiteren Sinne zählt auch das Erfordernis einer **Begründung**. **360**

1. Nach § 39 Abs. 1 VwVfG ist ein **schriftlicher** oder schriftlich bestätigter VA grds. schriftlich zu begründen. Entsprechendes gilt für elektronische oder elektronisch bestätigte Verwaltungsakte.

2. Da im vorliegenden Fall keiner der **Ausnahmetatbestände** des § 39 Abs. 2 VwVfG eingreift, war für die Versetzungsverfügung gegenüber B nach § 39 Abs. 1 VwVfG eine Begründung erforderlich.

   Eine Begründung ist nicht erforderlich, soweit die Behörde einem Antrag entspricht oder einer Erklärung folgt und der VA nicht in Rechte eines anderen eingreift (§ 39 Abs. 2 Nr. 1 VwVfG), soweit dem Betroffenen die Auffassung der Behörde über die Sach- und Rechtslage bereits bekannt oder für ihn auch ohne Begründung ohne Weiteres erkennbar ist (Nr. 2), wenn bei gleichartigen VAen in größerer Zahl oder durch EDV erstellten VAen die Begründung nach den Umständen des Einzelfalls nicht geboten ist (Nr. 3), wenn eine Rechtsvorschrift eine Ausnahme macht (Nr. 4), wenn eine Allgemeinverfügung öffentlich bekannt gegeben wird (Nr. 5). Die Ausnahmen nach § 39 Abs. 2 VwVfG sind **abschließend**. Die Behörde hat Ermessen, ob sie von einem Ausnahmetatbestand Gebrauch macht.[588]

III. Zum **Umfang** der Begründung bestimmt § 39 Abs. 1 S. 2 VwVfG, dass die für die Entscheidung der Behörde wesentlichen tatsächlichen und rechtlichen Gründe mitzuteilen sind. Die Begründung von Ermessensentscheidungen soll außerdem die Gesichtspunkte erkennen lassen, von denen die Behörde bei der Ausübung ihres Ermessens ausgegangen ist (§ 39 Abs. 1 S. 3 VwVfG). Als Soll-Vorschrift ist die Regelung so zu verstehen, dass die Behörde im Normalfall verpflichtet ist, dem Betroffenen die Beweggründe für die Ausübung des Ermessens mitzuteilen.[589] **361**

---

588 Schoch Jura 2005, 757, 759 m.w.N.
589 BayVGH NJW 2011, 326, 328.

362 1. **Inhalt und Umfang** der nach § 39 Abs. 1 VwVfG erforderlichen Begründung lassen sich nicht abstrakt bestimmen, sondern ergeben sich aus den Besonderheiten des jeweiligen Rechtsgebietes und den Umständen des **Einzelfalles**.

Die Begründung darf sich nicht in formelhaften, allgemeinen, nichtssagenden Darlegungen erschöpfen. Ebensowenig genügt die Wiedergabe des Gesetzeswortlauts oder die bloße Wiedergabe des Sachverhaltes. Die Begründung muss so ausführlich sein, dass sie dem Bürger die Möglichkeit gibt, sich inhaltlich mit ihr auseinanderzusetzen.[590] Versteht sich das Ergebnis allerdings von selbst, so bedarf es nach der Rspr. auch keiner, das Selbstverständliche darstellenden Begründung.[591]

363 2. Für die formelle Rechtmäßigkeit ist nicht maßgeblich, ob die Begründung **zutreffend** ist, sondern allein, dass diejenigen Tatsachen und rechtlichen Erwägungen angegeben werden, die nach Ansicht der Behörde den VA rechtfertigen. Erforderlich ist also nur **irgendeine** Begründung, also nicht unbedingt die richtige. Ob die Begründung den VA sachlich rechtfertigt, ist vielmehr eine Frage der materiellen Rechtmäßigkeit.[592] Da die Versetzungsverfügung **überhaupt keine Begründung** enthielt, verstieß sie gegen § 39 Abs. 1 VwVfG und war daher rechtswidrig.

364 IV. Es könnte jedoch **Heilung** nach § 45 Abs. 1 Nr. 2 VwVfG eingetreten sein, wonach die Begründung auch noch im verwaltungsgerichtlichen Verfahren nachgeholt werden kann (§ 45 Abs. 2 VwVfG). Darunter fällt nicht nur das Nachholen bei gänzlichem Fehlen einer Begründung, sondern auch die Ergänzung einer zunächst unvollständigen Begründung.[593]

365 1. § 45 Abs. 1 Nr. 2 VwVfG bestimmt nicht, **welche Behörde** für die Nachholung **zuständig** ist. Wie bei der Heilung eines Anhörungsmangels (s.o. Rdnr. 331 ff.) war auch hier früher streitig, ob nur die Ausgangsbehörde oder auch die Widerspruchsbehörde die Begründung nachholen kann. Heute wird überwiegend die Zuständigkeit beider Behörden anerkannt. Da gemäß § 73 Abs. 3 S. 1 VwGO der Widerspruchsbescheid zwingend zu begründen ist, führt dies praktisch stets zur Heilung nach § 45 Abs. 1 Nr. 2 VwVfG, wenn ein Widerspruchsverfahren durchgeführt wird.[594]

Bedeutung hat § 45 Abs. 1 Nr. 2 VwVfG daher vor allem in den Ländern, in denen das Vorverfahren in bestimmten Bereichen oder allgemein (befristet) abgeschafft worden ist.

366 2. Fraglich ist jedoch, ob die Begründung hier **ordnungsgemäß nachgeholt** worden ist. Im Widerspruchsbescheid wird lediglich auf die Erörterungen mit dem Personalrat verwiesen. Dieser Hinweis enthält nicht die tatsächlichen und rechtlichen Gründe für die Versetzung. Dass diese Gründe möglicherweise dem Personalrat mitgeteilt worden sind, reicht nicht aus, weil die Begründung nach § 39 VwVfG gegenüber dem Adressaten des VA zu erfolgen hat. Somit ist der Begründungsmangel nicht nach § 45 Abs. 1 Nr. 2 VwVfG geheilt worden.

---

590 BVerwG NJW 1998, 2233, 2234; DVBl. 1988, 1225; Kopp/Ramsauer VwVfG § 39 Rdnr. 19.

591 BVerwG NJW 1998, 2233, 2234; BayVGH NJW 2011, 326, 328 zum sog. intendierten Ermessen (s.u. Rdnr. 428).

592 Kopp/Ramsauer VwVfG § 39 Rdnr. 2; Stelkens/Bonk/Sachs VwVfG § 39 Rdnr. 30; Schoch Jura 2005, 757.

593 OVG Lüneburg DVBl. 2002, 715; Knack/Henneke § 45 Rdnr. 24 u. 26; Kopp/Ramsauer VwVfG § 45 Rdnr. 18.

594 Vgl. BVerwGE 58, 37, 43; Kopp/Ramsauer VwVfG § 45 Rdnr. 40 u. 41; Knack/Henneke VwVfG § 45 Rdnr. 44; Pünder in Erichsen/Ehlers § 14 Rdnr. 60.

V. Der Fehler könnte allerdings nach § 46 VwVfG **unbeachtlich** sein.   **367**

1. Bei der Begründungspflicht nach § 39 VwVfG handelt es sich um eine **Formvorschrift** i.S.d. § 46 VwVfG.[595]

2. Der Fehler ist nach § 46 VwVfG nur dann unbeachtlich, wenn offensichtlich ist, dass die Verletzung der Formvorschrift die Entscheidung in der Sache nicht beeinflusst hat. Ob die Versetzung hier auch aus **materiellrechtlichen** Gründen, wie z.B. Ermessensfehlern, rechtswidrig ist, kann jedoch nicht näher untersucht werden, weil die Gründe für die Versetzung gerade nicht bekannt sind. Daher kann die von § 46 VwVfG geforderte **Offensichtlichkeit** nicht festgestellt werden (dazu oben Rdnr. 344 ff.). Der Verstoß gegen § 39 VwVfG ist daher beachtlich.

Die Versetzungsverfügung ist und bleibt rechtswidrig.

4. Nachschieben von Gründen

> **Fall 18: Verschiedene Gründe**
>
> Das Gewerbeamt der Kreisverwaltung K hat in formell einwandfreier Weise die dem G ein Jahr zuvor erteilte Gaststättenerlaubnis nach vorheriger Anhörung mit der Begründung zurückgenommen, G habe bei seinem Antrag auf Erteilung der Erlaubnis verschwiegen, dass er wegen Abgabe verfälschter Lebensmittel bestraft worden sei. Im Anfechtungsprozess stellt sich heraus, dass G zwar zunächst bestraft, dagegen aber Berufung eingelegt hatte und rechtskräftig freigesprochen worden war. Vor der mündlichen Verhandlung über die Anfechtungsklage wird bekannt, dass gegen G kurz vor Erlass der Rücknahmeverfügung zwei weitere Strafverfahren wegen Verstoßes gegen lebensmittelrechtliche Vorschriften eingeleitet worden sind; in einem Verfahren ist bereits ein rechtskräftiger Strafbefehl ergangen. Wie ist die Rechtslage?

Für die **Begründetheit** der – zulässigen – Anfechtungsklage ist entscheidend, ob die Rücknahme der Gaststättenerlaubnis **rechtmäßig** ist (§ 113 Abs. 1 S. 1 VwGO).

I. Nach dem Sachverhalt ist die Rücknahme **formell** ordnungsgemäß erfolgt. Es hat die **zuständige Behörde** gehandelt. Die nach § 28 Abs. 1 VwVfG gebotene **Anhörung** ist durchgeführt worden. Die Verfügung enthielt auch eine dem § 39 Abs. 1 VwVfG entsprechende **Begründung**.

II. In **materieller** Hinsicht bedarf die Rücknahme einer **Ermächtigungsgrundlage**.

1. Nach § 15 Abs. 1 GaststG ist die Gaststättenerlaubnis zurückzunehmen, wenn be-   **368** kannt wird, dass **bei ihrer Erteilung** Versagungsgründe nach § 4 Abs. 1 Nr. 1 GaststG vorlagen, d.h. wenn der Antragsteller die erforderliche **Zuverlässigkeit** nicht besaß. Die Behörde ist davon ausgegangen, dass G wegen Abgabe verfälschter Lebensmittel bestraft worden war. Nachdem insoweit ein Freispruch er-

---

595 Kopp/Ramsauer VwVfG § 46 Rdnr. 17; Wolff/Decker VwVfG § 46 Rdnr. 7; Schoch Jura 2005, 757, 760.

folgt ist, kann weder im Verwaltungsverfahren noch im Verwaltungsprozess aus den dem Strafverfahren zugrunde liegenden Vorgängen auf Unzuverlässigkeit geschlossen werden. Somit ergibt sich aus dem von der Behörde geltend gemachten Gesichtspunkt kein Rücknahmegrund nach § 15 Abs. 1 GaststG.

369 2. Nach § 15 Abs. 2 GaststG ist die Erlaubnis zu widerrufen, wenn **nachträglich** Tatsachen eintreten, die die Versagung der Erlaubnis nach § 4 Abs. 1 Nr. 1 GaststG (wegen Unzuverlässigkeit) rechtfertigen würden. Als derartige Tatsachen kommen hier die zwischenzeitlich bekanntgewordenen neuen Straftaten in Betracht.

> **Beachte:** Nach der Änderung des Art. 74 Abs. 1 Nr. 11 GG durch die sog. Föderalismusreform gehört das Gaststättenrecht nicht mehr zur konkurrierenden Gesetzgebungskompetenz des Bundes, sondern zur ausschließlichen Kompetenz der Länder.[596] Das bisherige GaststG gilt nach Art. 125 a Abs. 1 GG als Bundesrecht fort. Es kann allerdings durch Landesrecht ersetzt werden (vgl. z.B. Bbg GastG, Thür GastG).

370 a) Fraglich ist jedoch, ob diese Gesichtspunkte in dem laufenden Verwaltungsprozess von der Behörde überhaupt noch **geltend gemacht** werden können.

　　aa) § 45 Abs. 1 Nr. 2 u. Abs. 2 VwVfG trifft insoweit keine Regelung, denn dort geht es nur um die Heilung eines Verstoßes gegen das **formelle Begründungserfordernis** des § 39 VwVfG, nicht dagegen um die Frage, ob bei formell einwandfreier Begründung deren inhaltliche Änderung im Prozess möglich ist.[597]

　　bb) Unzweifelhaft **zulässig** ist es, dass die Behörde jederzeit, auch im Prozess, ihre für den VA gegebene Begründung **präzisiert**, ergänzt und vertieft, mit der Folge, dass diese Gesichtspunkte als Gründe für die Sachprüfung heranzuziehen sind.[598] Vorliegend geht es aber nicht um eine solche bloße Konkretisierung, sondern um die Einführung einer ganz neuen Begründung.

371 b) Ob die Behörde die Gründe, die sie zunächst zur Rechtfertigung des VA herangezogen hat, die sich aber im Prozess als unrichtig erwiesen haben, ganz oder teilweise durch andere Gründe **auswechseln** darf (sog. **Nachschieben von Gründen**), war lange Zeit umstritten.

> ***Zur Terminologie:*** *Enthält ein VA nicht die nach § 39 VwVfG erforderliche Begründung, so kann dieses formelle Erfordernis gemäß § 45 Abs. 1 Nr. 2 VwVfG **nachgeholt** werden (s.o.). Bei dem Begründungserfordernis nach § 39 VwVfG handelt es sich jedoch um ein rein formelles Erfordernis. § 39 VwVfG fordert lediglich das Vorliegen (irgendeiner) Begründung, nicht dagegen das Vorliegen der richtigen Begründung. Letzteres ist vielmehr eine Frage der materiellen Rechtmäßigkeit, um die es beim sog. **Nachschieben** von Gründen geht.[599]*

---

596 Vgl. Gesetz zur Änderung des Grundgesetzes vom 28.08.2006 (BGBl. I S. 2034).

597 Stelkens/Bonk/Sachs VwVfG § 45 Rdnr. 45; Knack/Henneke VwVfG § 45 Rdnr. 27; Bader/Ronellenfitsch VwVfG § 45 Rdnr. 34; Beaucamp JA 2007, 117, 118; Schübler-Pfister JuS 2010, 976, 977.

598 BVerwG DVBl. 1982, 198, 199; Kopp/Ramsauer VwVfG § 45 Rdnr. 19; Löhnig JA 1998, 700, 701 m.w.N.

599 Zur Unterscheidung vgl. OVG Lüneburg DVBl. 2002, 715; Schübler-Pfister JuS 2010, 976, 977.

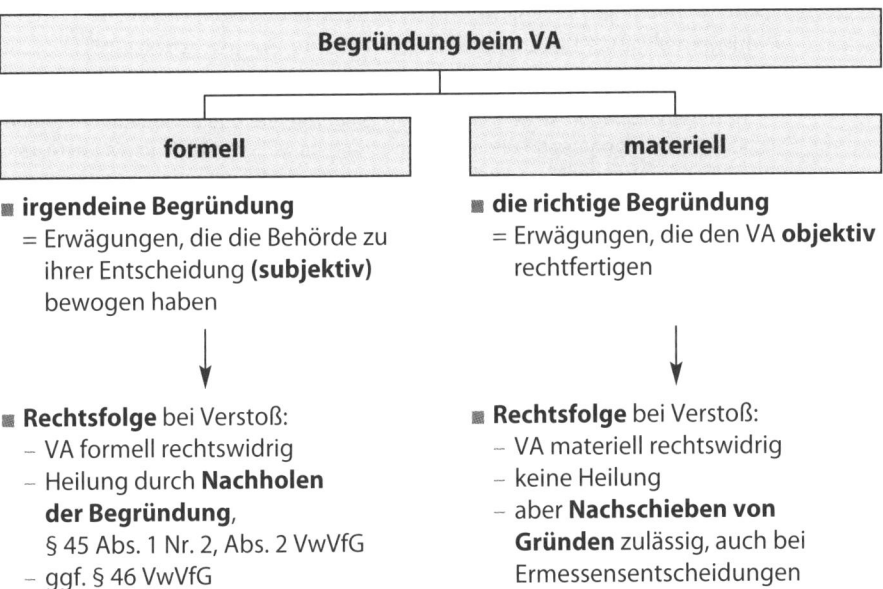

aa) Während früher ein Nachschieben von Gründen im Prozess zum Teil für un- **372**
zulässig gehalten wurde,[600] knüpft die heute ganz h.M. an den **Amtsermitt-
lungs- und Untersuchungsgrundsatz** des § 86 Abs. 1 VwGO an. Da das
Verwaltungsgericht von Amts wegen alle tatsächlichen und rechtlichen Gesichtspunkte zu ermitteln und zu berücksichtigen hat, unabhängig davon,
zu welchem Zeitpunkt sie geltend gemacht werden, müsse auch die Behörde befugt sein, von sich aus neue Gründe vorzubringen.

Bestätigt wird dies durch § 114 S. 2 VwGO, wonach die Behörde ihre Ermes- **373**
senserwägungen hinsichtlich des Verwaltungsaktes noch im verwaltungsgerichtlichen Verfahren ergänzen kann. Daraus könnte zwar geschlossen
werden, dass der Gesetzgeber nur das Nachschieben von Ermessenserwägungen, nicht aber generell der Begründung zulassen wollte.[601] Gegen
eine solche einschränkende Interpretation spricht jedoch, dass **prozessual**
kein Unterschied zwischen allgemeinen Erwägungen und Ermessenserwägungen besteht. In beiden Fällen ist es sinnvoll, die neuen Gründe im Prozess zu berücksichtigen. Wäre dies nicht möglich, so würde die Behörde
zum Erlass eines gleichlautenden VA lediglich mit abweichender Begründung gezwungen, den der Betroffene erneut anfechten müsste. § 114 S. 2
VwGO ist daher so zu verstehen, dass er prozessual „sogar" das Nachschieben von Ermessenserwägungen zulässt. Dies entspricht auch der Gesetzesbegründung, wonach lediglich die Rspr. des BVerwG klargestellt werden
sollte. Daher war für gebundene Entscheidungen eine gesonderte Regelung nicht erforderlich.[602]

---

600   Meyer/Borgs VwVfG § 45 Rdnr. 30; Rupp, Nachschieben von Gründen (1987), S. 45 ff.
601   Vgl. Pofalla BRAK-Mitteilungen 1996, 133, 136.
602   Vgl. Schmitz/Wessendorf NVwZ 1996, 955, 957 und BT-Drs. 13/1433, S. 13; 13/3993, S. 21; 13/5098, S. 24.

374 Ein Nachschieben von Gründen ist daher sowohl bei gebundenen Entscheidungen als auch bei Ermessensentscheidungen grds. **zulässig.**[603]

§ 114 S. 2 VwGO bewirkt lediglich, dass einem materiell zulässigen Nachschieben von Ermessenserwägungen keine prozessualen Hindernisse entgegenstehen. Die neuen Ermessenserwägungen sind ohne Klageänderung im weiteren Verfahren zu berücksichtigen. Gegenstand der Klage ist dann der angefochtene VA in seiner durch die Ergänzung geänderten Fassung; eines erneuten Vorverfahrens bedarf es nicht.[604] § 114 S. 2 VwGO hat deshalb **nur prozessuale Bedeutung**, beantwortet aber nicht die Frage, unter welchen Voraussetzungen eine solche Ermessensergänzung materiell zulässig ist. Dies bestimmt sich allein nach dem einschlägigen materiellen Recht sowie dem Verwaltungsverfahrensrecht.[605]

375 bb) Auch nach h.M. ist ein Nachschieben jedoch nicht uneingeschränkt zulässig. **Einschränkungen** ergeben sich in verfahrensrechtlicher, materiellrechtlicher und prozessualer Hinsicht:

- **Verfahrensrechtlich** darf das Nachschieben von Gründen nicht zur **Umgehung von § 45 VwVfG** führen.

- **Materiellrechtlich** darf das Nachschieben von Gründen nicht zu einer **Wesensänderung** des VA führen.

- **Prozessual** darf das Nachschieben von Gründen nicht dazu führen, dass der Kläger in seiner **Rechtsverteidigung beeinträchtigt** wird.

376 Um eine Umgehung von § 45 VwVfG zu verhindern, ist ein völliges Auswechseln der bisherigen Begründung oder eine **erstmalige** Begründung im Prozess nicht zulässig.[606] Eine derartige Heilung ist nach § 45 VwVfG nur **außerhalb** des gerichtlichen Verfahrens möglich.

377 **Materiellrechtlich** darf das Nachschieben von Gründen nicht zu einer **Wesensänderung** des VA führen.[607] Denn die Wesensänderung ist die Grenze, an der das bloße Nachschieben von Gründen aufhört und die Umdeutung (§ 47 VwVfG) beginnt. Das Wesen eines VA ergibt sich vor allem aus dem Rechts- und Sachgebiet, auf dem er ergeht (z.B. Baugenehmigung, Prüfungsentscheidung, Ausweisung). Auch die Neufassung des § 114 S. 2 VwGO gestattet keine Wesensänderung des VA.[608]

378 Während die Lit. bei **Ermessensentscheidungen** früher stets eine unzulässige Wesensänderung annahm, hat der Gesetzgeber durch § 114 S. 2 VwGO ausdrücklich klargestellt, dass die Verwaltungsbehörde ihre Ermessenserwägungen im verwaltungsgerichtlichen Verfahren ergänzen darf. Im Hinblick auf den Wortlaut des § 114 S. 2 VwGO ("ergänzen") ist es jedoch auch

---

603 BVerwG NVwZ 1999, 425, 428[@]; NVwZ 1993, 976, 977; DVBl. 1990, 1350, 1351; DVBl. 1982, 548, 549; Knack/Henneke § 45 Rdnr. 27; Maurer § 10 Rdnr. 40; Schenke JuS 2000, 230, 231; Brischke DVBl. 2002, 429, 430.

604 BVerwG NVwZ 1999, 425, 428[@]; Clausing JuS 2000, 59, 60; Schenke JuS 2000, 230, 234; Bader JuS 2006, 199, 200.

605 BVerwG NVwZ 1999, 425, 428[@]; VGH Mannheim DVBl. 2003, 465, 469; OVG Lüneburg DVBl. 2002, 715, 716; Brischke DVBl. 2002, 429, 431; Ehlers Jura 2004, 177, 181; Bader JuS 2006, 199, 200; Bader/Ronellenfitsch VwVfG § 45 Rdnr. 37.

606 Vgl. BVerwG NJW 1999, 2912; OVG NRW, Beschl. v. 09.12.2008 – 13 A 1570/07; VG München NVwZ 1998, 1325, 1326; Schoch/Gerhardt VwGO § 114 Rdnr. 12 e; Decker JA 1999, 154, 155; Bader JuS 2006, 199, 201 f.

607 OVG NRW, Urt. v. 09.12.2008 – 13 A 1570/07; VGH Mannheim DVBl. 2003, 465, 469; BayVGH BayVBl. 1992, 401, 402.

608 BVerwG NVwZ-RR 2010, 550; NVwZ 1999, 425, 428[@]; Bader NVwZ 1999, 120, 121; Schenke JuS 2000, 230, 233.

weiterhin **unzulässig**, die Ermessensentscheidung im Prozess **erstmalig** zu begründen (z.B. weil die Behörde sich zunächst irrtümlich für gebunden gehalten hat).[609] Ebenso ist das **vollständige** Auswechseln von Ermessenserwägungen unzulässig, z.B. weil die Behörde die ursprüngliche Entscheidung auf die falsche Ermessensgrundlage gestützt hat und die neue (richtige) Rechtsgrundlage ganz andere Erwägungen verlangt.[610] Eine bloße **Ergänzung** von Ermessenserwägungen kann dagegen im Hinblick auf § 114 S. 2 VwGO nicht als Wesensänderung gewertet werden.[611]

Außerhalb des Anwendungsbereichs des § 114 S. 2 VwGO ist im Nachschieben von Ermessenserwägungen der Erlass eines neuen VA zu sehen. Denn die Ermessenserwägungen sind nicht nur Bestandteile der „Rechtfertigung", sondern der getroffenen (Ermessens-)Entscheidung, also des „Spruchs" (der Regelung) selbst.[612] Der neue VA kann – anders als im Rahmen des § 114 S. 2 VwGO – nur im Wege der Klageänderung (§ 91 VwGO) zum Gegenstand des laufenden Prozesses gemacht werden.[613]

Prozessual darf das Nachschieben von Gründen nicht dazu führen, dass der Kläger in seiner **Rechtsverteidigung beeinträchtigt** wird.[614] Das heißt insbes., dass dem Kläger die Möglichkeit der Stellungnahme zu den neuen von der Verwaltung vorgetragenen Gründen gegeben werden muss. Diese Einschränkung ist letztlich nichts anderes als eine spezielle Ausprägung des Verbots der Überraschungsentscheidung (vgl. § 108 Abs. 2 VwGO) und damit des Anspruchs auf rechtliches Gehör (Art. 103 Abs. 1 GG).

379

Die (teilweise) Abschaffung des Widerspruchsverfahrens in einigen Ländern (z.B. Bayern, Hessen, Niedersachsen und NRW) ändert an der grundsätzlichen Zulässigkeit des Nachschiebens von Gründen nichts.[615]

c) Nach der **ursprünglichen Begründung** handelte es sich um eine Rücknahme nach § 15 Abs. 1 GaststG, nach den neuen **nachgeschobenen Gründen** um den Fall des § 15 Abs. 2 GaststG. Beide Fälle liegen ähnlich, weil es um Tatsachen i.S.d. § 4 Abs. 1 Nr. 1 GaststG geht. Sowohl die Rücknahme nach § 15 Abs. 1 als auch der Widerruf nach § 15 Abs. 2 GaststG sind gebundene VAe (anders § 15 Abs. 3 GaststG). Es besteht also nicht das Bedenken, dass die Auswechslung der Gründe zu neuen, wesentlich anderen Erwägungen zwingt.

380

Die nachträgliche Angabe einer anderen Rechtsgrundlage begründet allein **keine Wesensänderung**.[616] Verfahrensrechtlich und prozessual ergeben sich keine Bedenken, insbes. wird die Rechtsverteidigung des Klägers nicht beeinträchtigt. Demnach ist im vorliegenden Fall das **Nachschieben von Gründen**

---

609 BVerwG NVwZ-RR 2010, 550; NJW 1999, 2912; Bader JuS 2006, 199, 201.

610 BVerwG NVwZ-RR 2010, 550; VGH Mannheim DVBl. 2003, 465, 469; OVG NRW NVwZ 2001, 1424; Schoch/Gerhardt VwGO § 114 Rdnr. 12 e; Püttner/Guckelberger JuS 2001, 218, 222; Brischke DVBl. 2002, 429, 431.

611 BVerwG NVwZ 1999, 425, 428@; VGH Kassel NJW 1999, 3650, 3651; OVG Koblenz NVwZ-RR 1998, 315, 316, Clausing JuS 2000, 59, 60; abweichend Bader NVwZ 1999, 120, 122: nur unwesentliche Korrekturen.

612 BVerwG DVBl. 1990, 1350, 1351; dazu Brischke DVBl. 2002, 429, 431 m.w.N.

613 Zu den prozessualen Konsequenzen eines unzulässigen Nachschiebens von Ermessenserwägungen vgl. BVerwG NJW 1999, 2912 f.; VG München NVwZ 1998, 1325, 1326; Decker JA 1999, 154, 156; Brischke DVBl. 2002, 429, 432.

614 BVerwG NJW 1998, 2233, 2234; OVG NRW, Beschl. v. 09.12.2008 – 13 A 1570/07; VGH Mannheim DVBl. 2003, 465, 469; Schoch/Gerhardt VwGO § 113 Rdnr. 21; Brischke DVBl. 2002, 429, 430 m.w.N.

615 BVerwG NVwZ-RR 2010, 550.

616 BVerwG NVwZ 1993, 976, 977; Brischke DVBl. 2002, 429, 430; Bader/Ronellenfitsch VwVfG § 45 Rdnr. 38.

zulässig. Die Behörde darf die neuen Straftaten des K in den Prozess einführen. Dies kann durch Einreichung eines Schriftsatzes oder durch entsprechende Erklärung zu Protokoll in der mündlichen Verhandlung geschehen.[617]

381 d) Ob der VA sich danach als **rechtmäßig** erweist und die Anfechtungsklage unbegründet ist, richtet sich im Übrigen nach dem einschlägigen materiellen Recht.

382 aa) Ein VA ist nur dann rechtmäßig, wenn die ihn rechtfertigenden Gründe bereits **bei Erlass** des VA, spätestens bei Erlass des Widerspruchsbescheides **vorgelegen** haben (also im entscheidungserheblichen Zeitpunkt). Die nachgeschobenen Gründe können den VA daher nur rechtfertigen, wenn die Gründe nicht erst später entstanden sind. Nachträgliche Gründe können allenfalls den Erlass eines neuen VA rechtfertigen.[618]

Dies gilt auch im Falle einer Ergänzung von Ermessensentscheidungen im verwaltungsgerichtlichen Verfahren gemäß § 114 S. 2 VwGO, da diese nicht zu einer Änderung des Streitgegenstandes und nicht zu einer Einbeziehung nachfolgender Umstände führen darf.[619] Umstritten ist allerdings, ob ein Nachschieben von Ermessensgründen auch noch nach Erledigung des VA im Rahmen der Fortsetzungsfeststellungsklage zulässig ist.[620]

383 bb) Die nachgeschobenen Gründe müssen den VA **rechtfertigen**, d.h. sie müssen Voraussetzungen und Rechtsfolge der Ermächtigungsgrundlage ausfüllen. Die **Voraussetzungen** ergeben sich hier aus § 15 Abs. 2 i.V.m. § 4 Abs. 1 Nr. 1 GaststG. Dann müsste G **unzuverlässig** sein. Unzuverlässig ist ein Gewerbetreibender, wenn er nach dem Gesamteindruck seines Verhaltens nicht die Gewähr dafür bietet, dass er sein Gewerbe künftig ordnungsgemäß betreibt.[621]

Dies ist nach § 4 Abs. 1 Nr. 1 GaststG insbes. der Fall bei Nichtbeachtung der Vorschriften des Lebensmittelsrechts. Mehrfache Verstöße innerhalb einer relativ kurzen Zeit führen bei einem Gastwirt zur Unzuverlässigkeit, zumal wenn er durch ein früheres Verfahren gewarnt sein muss.

cc) Wie festgestellt, normiert § 15 Abs. 2 GaststG die zwingende **Rechtsfolge**, dass ein Widerruf erfolgen **muss**. Somit ist der angefochtene VA rechtmäßig und die Anfechtungsklage unbegründet.

---

617 BVerwG NVwZ 2000, 1186; Meier NVwZ 1998, 688, 691; Bader NVwZ 1999, 120, 124; Brischke DVBl. 2002, 429, 433 m.w.N.

618 BVerwG NVwZ 1999, 425, 426@; VGH Mannheim DVBl. 2003, 465, 469; OVG NRW NVwZ 2001, 1424; Löhnig JA 1998, 700, 701; Schenke JuS 2000, 230, 231; Brischke DVBl. 2002, 429, 430; Beaucamp JA 2007, 117, 118; Bader JuS 2006, 199, 201.

619 BVerwG NVwZ 1999, 425, 426@.

620 Verneinend OVG NRW NVwZ 2001, 1424; Eyermann/Rennert VwGO § 114 Rdnr. 86; a.A. ohne Begründung Schoch/Gerhardt VwGO § 114 Rdnr. 12d.

621 BVerwG NVwZ 1997, 278, 280; DVBl. 1982, 694, 695; Tettinger/Wank GewO § 35 Rdnr. 26 ff.; Landmann/Rohmer/Marcks GewO § 35 Rdnr. 28 ff.

C. Materielle Rechtmäßigkeit

Damit der VA (materiell) rechtmäßig ist, müssen

384

- die **tatbestandlichen Voraussetzungen** der Ermächtigungsgrundlage vorliegen,

- der VA muss an den **richtigen Adressaten** gerichtet sein,

- der VA muss den **allgemeinen Rechtmäßigkeitsanforderungen** entsprechen

- und die Behörde muss eine **zulässige Rechtsfolge** gewählt haben.

I. Die Voraussetzungen der Ermächtigungsgrundlage

Die materiellen Voraussetzungen ergeben sich in erster Linie aus **Spezialgesetzen**. Ergänzend gelten die allgemeinen Vorschriften, insbes. des VwVfG. Konkretisiert werden die in der Regel abstrakt gehaltenen Voraussetzungen vor allem durch die Rechtsprechung.

385

Beispiele:

- Nach § 3 Abs. 1 StVG hat die Behörde die Fahrerlaubnis zu entziehen, wenn sich der Inhaber als ungeeignet oder nicht befähigt zum Führen von Kraftfahrzeugen erweist. **Ungeeignet** ist, wer nicht die notwendigen körperlichen und geistigen Anforderungen erfüllt oder erheblich oder wiederholt gegen verkehrsrechtliche Vorschriften oder Strafgesetze verstoßen hat (vgl. § 2 Abs. 4 StVG, § 46 Abs. 1 S. 2 FeV). Die Einzelheiten regeln die verschiedenen Anhänge zur FeV.

- Eine Untersagungsverfügung nach § 35 Abs. 1 GewO verlangt Tatsachen, welche die **Unzuverlässigkeit** des Gewerbetreibenden dartun. Dies wird angenommen, wenn der Gewerbetreibende nach dem Gesamteindruck seines Verhaltens nicht die Gewähr dafür bietet, dass er sein Gewerbe künftig ordnungsgemäß betreiben wird.[622]

- Voraussetzung für eine Verfügung zur **Gefahrenabwehr** im Polizeirecht ist das Vorliegen einer Gefahr für die öffentliche Sicherheit. Schutzgüter der öffentlichen Sicherheit sind nach der Rspr. vor allem die geschriebene Rechtsordnung, die Individualrechtsgüter des Einzelnen sowie der Staat und die Funktionsfähigkeit seiner Einrichtungen.[623]

- Eine **Baugenehmigung** ist nach der LBauO zu erteilen, wenn dem Bauvorhaben keine öffentlich-rechtlichen (baurechtlichen) Vorschriften entgegenstehen. Dies sind vor allem solche des Bauplanungsrechts (BauGB) und des Bauordnungsrechts (LBauO).

- Die Voraussetzungen für eine **immissionsschutzrechtliche Genehmigung** ergeben sich aus § 6 BImSchG. Danach müssen nicht nur die immissionsschutzrechtlichen Vorschriften (§ 6 Abs. 1 Nr. 1 BImSchG), sondern auch andere öffentlich-rechtliche Vorschriften, z.B. des Baurechts, eingehalten werden (§ 6 Abs. 1 Nr. 2 BImSchG).

Die **tatbestandlichen Voraussetzungen** der Ermächtigungsgrundlage regeln das „Ob" des VA. Sie können entweder positiv normiert sein oder sich negativ aus Versagungstatbeständen ergeben.

Beispiele: Ein Versammlungsverbot nach § 15 Abs. 1 VersG setzt (positiv) eine unmittelbare Gefahr für die öffentliche Sicherheit oder Ordnung voraus. Die Gaststättenerlaubnis (§ 2 GaststG) ist zu erteilen, wenn (negativ) keine Versagungsgründe i.S.d. § 4 GaststG vorliegen.

---

622 BVerwG NVwZ 1997, 278, 280.
623 Vgl. z.B. Schoch Jura 2003, 177, 178 ff. m.w.N.

II. Richtiger Adressat

386 An welche Person ein VA zu richten ist, ist teilweise bereits in der Ermächtigungsgrundlage festgelegt (z.B. § 35 GewO „Gewerbetreibender" oder § 20 BImSchG „Betreiber der Anlage"). Darüber hinaus finden sich spezielle Adressatenregelungen z.B. in der LBauO (z.B. der Bauherr oder der Bauleiter). Nach dem allgemeinen Polizei- und Ordnungsrecht kommen als Adressaten einer Verfügung der sog. Verhaltensstörer, der Zustandsstörer und ggf. der Notstandspflichtige in Betracht.

Außer im Polizei- und Ordnungsrecht braucht die Frage des richtigen Adressaten im Allgemeinen in der Klausur nicht problematisiert zu werden. Etwas anderes gilt nur in atypischen Einzelfällen, z.B. bei der Inanspruchnahme einer Gesellschaft neben oder anstelle der Gesellschafter.[624]

III. Allgemeine Rechtmäßigkeitsvoraussetzungen

387 Neben den besonderen Rechtmäßigkeitsvoraussetzungen, die sich aus der Ermächtigungsgrundlage des VA ergeben, gibt es eine Reihe von Anforderungen, die grds. bei allen VAen zu beachten sind. Diese **allgemeinen Anforderungen**, insbes.

- **Bestimmtheit** des VA,
- **Möglichkeit** der Maßnahme,
- **Verhältnismäßigkeit**,

sind entweder spezialgesetzlich normiert (z.B. § 15 BPolG), finden sich im VwVfG (z.B. § 37 Abs. 1 VwVfG) oder gelten als allgemeine Grundsätze des Verwaltungsrechts.

1. Die Bestimmtheit des VA

388 Bereits aus dem Rechtsstaatsprinzip ergibt sich das Erfordernis der Klarheit und Bestimmtheit staatlichen Handelns. Für VAe wird dieser Grundsatz in § 37 Abs. 1 VwVfG noch einmal ausdrücklich konkretisiert. **Bestimmtheit** bedeutet dabei, dass aus dem VA erkennbar sein muss,

- **wer** (erlassende Behörde)
- **von wem** (Adressat)
- **was** (Inhalt) verlangt.[625]

a) Erlassende Behörde

389 Ein schriftlicher oder elektronischer VA muss die **erlassende Behörde** erkennen lassen (§ 37 Abs. 3 VwVfG). Ist dies nicht der Fall, so ist der VA nicht nur rechtswidrig, sondern zwingend nichtig (§ 44 Abs. 2 Nr. 1 VwVfG).

Wird die Behörde nicht mit ihrer korrekten organisationsrechtlichen Bezeichnung („Bürgermeister der Stadt S") benannt, sondern lediglich die juristische Person und die handelnde behördeninterne Dienststelle („Stadt S – Ordnungsamt"), so ist dies unschädlich, wenn der Verwaltungsträger nur über eine einzige Behörde verfügt.[626]

---

624 Vgl. z.B. OVG NRW RÜ 2009, 332, 333 f. zur Inanspruchnahme einer BGB-Gesellschaft.

625 Bader/Ronellenfitsch VwVfG § 37 Rdnr. 11 ff.

626 OVG NRW, Beschl. v. 07.10.2009 – 15 A 3141/07; Stelkens/Bonk/Sachs VwVfG § 37 Rdnr. 9.

b) Adressat

Aus dem VA muss sich des Weiteren mit der erforderlichen Klarheit ergeben, an wen er sich richtet. Grds. muss der VA den **Adressaten** mit Namen und Adresse bezeichnen. Ausreichend kann jedoch auch eine Bezeichnung der Betroffenen nach allgemeinen Merkmalen sein (z.B. bei einer Allgemeinverfügung nach § 35 S. 2 VwVfG: „alle Hauseigentümer in der Stadt S"). **390**

Auch wenn der Adressat nicht namentlich benannt ist, reicht es aus, dass er aus der Begründung des VA oder nach den Umständen, unter denen er ergeht, bestimmt werden kann.[627] Allerdings müssen in jedem Fall hinreichend konkretisierende Merkmale benannt werden. Zu unbestimmt dürfte daher eine Allgemeinverfügung sein, die sich an Personen richtet, „die der sog. Punk-Szene zuzuordnen sind".[628] Ebenfalls zu unbestimmt ist die Nennung einer „Familie" als Adressatin einer Ordnungsverfügung.[629]

c) Inhalt

Bei der Beurteilung der **inhaltlichen Bestimmtheit** (§ 37 Abs. 1 VwVfG) ist auf Sinn und Zweck dieses Erfordernisses abzustellen. **391**

„Das Erfordernis hinreichender inhaltlicher Bestimmtheit eines Verwaltungsaktes bedeutet, dass aus der getroffenen Regelung, d.h. aus dem Entscheidungssatz im Zusammenhang mit den Gründen und sonstigen bekannten oder ohne weiteres erkennbaren Umständen für die Beteiligten, insbesondere für den Adressaten, die Regelung, die den Zweck, Sinn und Inhalt des Verwaltungsaktes ausmacht, so vollständig, klar und unzweideutig erkennbar sein muss, dass diese ihr Verhalten danach richten können."[630]

aa) Der Betroffene muss dem Bescheid entnehmen können, **was von ihm verlangt wird**; er darf nicht in die Gefahr geraten, sich anzustrengen und trotzdem die Regelung des VA zu verfehlen. Außerdem muss ein vollstreckbarer VA geeignete Grundlage für Maßnahmen zu seiner zwangsweisen Durchsetzung sein, er muss also einen **eindeutigen Vollstreckungstitel** darstellen.[631] Bei nicht vollstreckbaren VAen (z.B. Erlaubnissen, feststellenden VAen) müssen Behörde und Bürger ihr künftiges Verhalten danach ausrichten können. **392**

Beispiel: Das Verbot, im Straßenraum zum Zwecke des Alkoholgenusses zu verweilen, „wenn dessen Auswirkungen geeignet sind, Dritte erheblich zu belästigen", ist zu unbestimmt, da es unter den Vorbehalt einer weiteren Sachverhaltsfeststellung gestellt wird. „Vom Normadressaten sind daher die Grenzen nicht auszumachen, ab wann bzw. unter welchen Voraussetzungen das Verweilen zum Alkoholgenuss geeignet ist, sich belästigend auf Dritte auszuwirken."[632]

In der Regel genügt es, wenn die Behörde den Zweck und das Ziel des VA hinreichend bestimmt;[633] die Angabe eines bestimmten Mittels ist nur erforderlich, wenn dies gesetzlich vorgeschrieben ist (so insbes. im Ordnungsrecht, z.B. § 21 OBG NRW)[634] oder wenn nur durch das Mittel ein ausreichendes Maß an Klarheit erreicht werden kann.[635]

---

627 VGH Mannheim VBlBW 1990, 257.
628 Von VGH Mannheim NVwZ 2003, 115, 116 offen gelassen.
629 VG Düsseldorf NVwZ-RR 2010, 841, 843.
630 OVG NRW NVwZ 1993, 1000[@].
631 BVerwG NVwZ 2009, 52, 53; OVG NRW NWVBl. 2009, 229, 230; VG Düsseldorf NVwZ-RR 2010, 841, 843.
632 VGH Mannheim RÜ 2009, 732, 735 zu einer entsprechenden Regelung in einer Polizeiverordnung.
633 OVG Lüneburg, Beschl. v. 09.03.2011 – 7 LA 50/10; Kopp/Ramsauer VwVfG § 37 Rdnr. 16.
634 OVG NRW NWVBl. 2009, 229, 230.
635 HessVGH NVwZ 1995, 922, 923; NVwZ 1992, 1101, 1103; OVG NRW NVwZ 1993, 1000, 1001[@].

393 **bb)** Der von § 37 Abs. 1 VwVfG geforderte **Grad an Bestimmtheit** lässt sich nicht abstrakt festlegen. Vielmehr ist auf die Umstände des Einzelfalls und des jeweils anzuwendenden materiellen Rechts abzustellen sowie darauf, welcher Grad an Bestimmtheit bei Erlass des VA möglich und für den Vollzug erforderlich ist.[636] Ausreichend ist, dass sich der Inhalt mittels **Auslegung** (§ 133 BGB analog) ermitteln lässt. Maßgebend ist, wie der Empfänger die Erklärung unter Berücksichtigung der ihm erkennbaren Umstände bei objektiver Würdigung verstehen muss.[637]

Beispiele: Eine Baugenehmigung muss Inhalt, Reichweite und Umfang der genehmigten Nutzung eindeutig erkennen lassen, damit der Bauherr die legale Nutzung und der Nachbar die sich daraus ergebenden Beeinträchtigungen zweifelsfrei feststellen können.[638] Zu unbestimmt ist ein Verbot, an Prostituierte vermietete Räume als Bordell zu nutzen, da nicht klar ist, ob die Prostituierten ausziehen müssen oder lediglich die Prostitution in den gemieteten Räumen zu unterlassen haben.[639] Zu unbestimmt ist auch die Verfügung, bei einer Striptease-Vorführung „sexuelle Kontakte zu unterlassen";[640] „einen ordnungsgemäßen Zustand herzustellen";[641] den Lärm einer Anlage „durch ausreichende Schalldämmung zu beschränken" bzw. eine Anlage „geräuscharm" zu betreiben, wenn nicht gleichzeitig der Lärmwert in Dezibel angegeben wird.[642]

394 Die Unbestimmtheit macht den VA rechtswidrig und wegen der Schwere des Fehlers gemäß § 44 Abs. 1 VwVfG in der Regel **nichtig**. Ist der VA mangels Bestimmtheit unverständlich, so bleibt unklar, welche Rechtsfolgen konkret herbeigeführt werden sollen. Dies widerspricht wesentlichen Prinzipien des Rechtsstaatsprinzips und stellt daher einen besonders schwerwiegenden Fehler dar.

Der schwerwiegende Fehler eines VA, der in seiner Unbestimmtheit liegt, ist auch immer offensichtlich, weil bei der Frage, was denn durch den VA geregelt sein soll, das Ergebnis lauten muss, dass dies mangels Bestimmtheit nicht feststellbar ist.[643]

2. Möglichkeit der Maßnahme

Fall 19: Abbruch eines vermieteten Wochenendhauses

Bauunternehmer U ist Eigentümer eines Grundstücks in einer landschaftlich reizvollen Gegend. Er bemüht sich darum, dort eine Wochenendhaussiedlung zu bauen. Jedoch wird der Bebauungsplan nicht erlassen, auch Baugenehmigungen werden nicht erteilt. Währenddessen hat U ohne Baugenehmigung ein Musterhaus errichtet. Als feststeht, dass das Projekt endgültig gescheitert ist, richtet die zuständige Baubehörde in formell ordnungsgemäßer Weise an U eine Beseitigungsverfügung. U verweist darauf, dass er das Wochenendhaus zwischenzeitlich für 10 Jahre fest an M vermietet hat; M habe das Haus möbliert und sei auch schon eingezogen. Hätte eine Klage (ggf. nach erfolglosem Vorverfahren) Aussicht auf Erfolg?

---

636 Vgl. z.B. OVG NRW, Beschl. v. 03.11.2009 – 13 B 715/09; OVG Lüneburg NdsVBl. 2009, 202, 203.

637 BVerwG NVwZ 2010, 133, 134; OVG NRW, Beschl. v. 30.10.2009 – 13 B 736/09; BayVGH NJW 2004, 2768; VGH Mannheim NJW 2003, 2550; Knack/Henneke VwVfG § 37 Rdnr. 14; Kopp/Ramsauer VwVfG § 37 Rdnr. 8.

638 OVG NRW NWVBl. 2005, 410 („Mehrzwecknutzung" zu unbestimmt).

639 OVG Kassel NVwZ 1995, 922, 923.

640 BayVGH GewArch 1978, 159. Weitere Beispiele aus der Rspr. bei Knack/Henneke VwVfG § 37 Rdnr. 26.

641 PrOVGE 77, 457.

642 OVG NRW NWVBl. 1997, 11; Knack/Henneke VwVfG § 37 Rdnr. 26.

643 OVG NRW NVwZ 1986, 580, 581; ebenso Kopp/Ramsauer VwVfG § 44 Rdnr. 26; vgl. auch BVerwG DVBl. 1993, 611; einschränkend OVG NRW NVwZ 1989, 1086.

Gegen die Zulässigkeit der Anfechtungsklage bestehen keine Bedenken (vgl. §§ 40, 42, 68 ff. VwGO). Für die Begründetheit kommt es gemäß § 113 Abs. 1 S. 1 VwGO darauf an, ob die Beseitigungsverfügung **rechtmäßig** ist.

I. **Ermächtigungsgrundlage** ist die Vorschrift der LBauO zum Einschreiten der Baubehörde bei baurechtswidrigen Zuständen (s.o. Rdnr. 326).

II. Da formelle Bedenken (Zuständigkeit, Verfahren, Form) nicht bestehen, kommt es entscheidend auf die **materielle Rechtmäßigkeit** der Verfügung an. Eine Beseitigungsverfügung setzt formelle und materielle Illegalität (Baurechtswidrigkeit) voraus.[644] U hat das Musterhaus ohne Baugenehmigung errichtet, das auch materiell nach §§ 29 ff., 35 Abs. 2 u. Abs. 3 BauGB nicht hätte errichtet werden dürfen. Die Voraussetzungen einer Beseitigungsverfügung liegen danach vor.

III. Rechtswidrig könnte die Verfügung aber deshalb sein, weil sie von U etwas **Unmögliches** verlangt. Der VA muss für den Adressaten stets ausführbar sein. Dabei ist wie im Zivilrecht zwischen der tatsächlichen und der rechtlichen Unmöglichkeit zu unterscheiden:

1. Ein VA, den aus **tatsächlichen** Gründen niemand ausführen kann **(objektive Unmöglichkeit)**, ist gemäß § 44 Abs. 2 Nr. 4 VwVfG nichtig. Ein solcher Fall liegt hier nicht vor. Es ist tatsächlich ohne Weiteres möglich, einen Dritten zu beauftragen, der das Wochenendhaus beseitigt. **395**

   Ein VA, den ein anderer, aber nicht der Adressat der Verfügung ausführen kann **(subjektives Unvermögen)**, ist dagegen i.d.R. nicht nichtig, sondern allenfalls rechtswidrig.[645] So wäre es z.B. unverhältnismäßig weil ungeeignet, einem Obdachlosen unter Zwangsgeldandrohung aufzugeben, sich innerhalb einer bestimmten Frist eine Wohnung zu beschaffen, wenn an dem Ort erwiesenermaßen Wohnungsnot herrscht.[646] **Wirtschaftliches Unvermögen** hat dagegen i.d.R. keine Auswirkungen auf die Rechtmäßigkeit des VA, da es dem Adressaten grds. zumutbar ist, einen Kredit aufzunehmen.

2. Die Beseitigung könnte dem U jedoch wegen der Vermietung des Hauses an M **rechtlich unmöglich** sein.

   a) Von den Fällen rechtlicher Unmöglichkeit behandelt **§ 44 Abs. 2 Nr. 5 VwVfG** den Sonderfall, dass der VA die Begehung einer rechtswidrigen Tat verlangt, die einen Straf- oder Bußgeldtatbestand verwirklicht. Dies ist hier nicht der Fall. Die Verfügung muss so ausgelegt werden, dass der Abbruch unter Vermeidung rechtswidrigen Handelns, also erst nach dem Auszug des M, vollzogen wird. **396**

   b) Es könnte ein sonstiger Fall **rechtlicher Unmöglichkeit** vorliegen, da die Behörde von U etwas verlangt, wozu er privatrechtlich nicht befugt ist. Da U das Haus an M vermietet und die illegale Errichtung keinen Einfluss auf die Gültigkeit des Mietvertrages hat, würde U gegen seine Verpflichtung zur Gebrauchsgewährung aus § 535 Abs. 1 S. 1 BGB verstoßen, wenn er das Haus abreißen lassen würde. Auch wäre ein Abbruch ohne Zustimmung des M gemäß § 858 BGB **397**

---

644 Vgl. AS-Skript Öffentliches Baurecht (2009), Rdnr. 318 f.

645 OVG NRW NWVBl. 2004, 389.

646 Drews/Wacke/Vogel/Martens § 25, 5 b, S. 418: Verfügung nur dahingehend, sich ernsthaft um eine Wohnung zu bemühen.

verbotene Eigenmacht. Allerdings lassen sich diese rechtlichen Hindernisse ausräumen.

398   aa) Zunächst ist es denkbar, dass der Dritte auf die Geltendmachung seiner Rechte verzichtet und der Störungsbeseitigung **zustimmt**. So könnte im vorliegenden Fall M ausziehen und Schadensersatzansprüche gegen U geltend machen.

399   bb) Der durch den VA in Anspruch Genommene könnte dem Dritten dessen **Berechtigung entziehen**, z.B. durch Kündigung. Das kann ihm auch im VA aufgegeben werden. Im vorliegenden Fall scheidet dies aus, weil der Mietvertrag auf 10 Jahre befristet ist und die Voraussetzungen für eine außerordentliche Kündigung nicht vorliegen.

400   cc) Lässt sich das Recht des Dritten nicht auf zivilrechtlichem Wege beseitigen, so kann die Behörde gegen den Dritten ggf. eine **Duldungsverfügung** erlassen. Die Duldungsverfügung ist nach denselben Vorschriften rechtmäßig, nach denen der HauptVA gerechtfertigt ist.[647]

Beispiele: Gegen Eigentümer E ergeht eine Beseitigungsverfügung, wobei sich die Zustandshaftung des E aus seinem Eigentum ergibt. Gegen Mieter M ergeht eine Duldungsverfügung, da er als Inhaber der tatsächlichen Gewalt ebenfalls ordnungspflichtig ist.[648]

Eine Duldungsverfügung an den/die Mitberechtigten ist auch in folgenden Fällen erforderlich: Beseitigung einer mehreren Miteigentümern gehörenden Anlage, wenn nur ein Miteigentümer in Anspruch genommen wird oder bei einer Verfügung an den Pächter, Veränderungen am Pachtgrundstück vorzunehmen.

Eine Duldungsanordnung ist dagegen **nicht erforderlich**, wenn der Dritte aus dem HauptVA selbst kraft Rechtsnachfolge verpflichtet ist. **Beispiel:** Gegenüber E ist eine Beseitigungsanordnung erlassen worden. Danach hat E geheiratet und seiner Ehefrau F Mitbesitz am Gebäude eingeräumt. – Die Pflicht der F zur Duldung ergibt sich unmittelbar aus der (Teil-) Rechtsnachfolge in die Ordnungsverfügung. Denn der von E abgeleitete Mitbesitz der F ist mit der Beseitigungsanordnung belastet. Die Anordnung kann daher gegen E ohne weitere Duldungsverfügung durchgesetzt werden.[649]

Ist M als Inhaber der tatsächlichen Gewalt durch Duldungsverfügung unanfechtbar verpflichtet, die Beseitigung zu dulden, so ist dessen Durchführung für U nicht mehr rechtlich unmöglich. Das Hindernis aus der Berechtigung des Dritten ist damit ausgeräumt.[650]

401   c) Folgerichtig müsste das **Fehlen** der Duldungsverfügung eigentlich zur Rechtswidrigkeit der Beseitigungsverfügung führen. Da das Hindernis jedoch ausgeräumt werden kann, berührt das Fehlen der Duldungsverfügung nicht die Rechtmäßigkeit des HauptVA, sondern nur seine **Durchsetzbarkeit**.[651]

---

647   BayVGH NVwZ-RR 2006, 389.

648   BVerwGE 40, 101, 103; HessVGH DVBl. 1996, 573, 574@; OVG Lüneburg NJW 1994, 3309; VGH Mannheim NVwZ 1993, 1215, 1216; OVG Greifswald, Beschl. v. 25.01.2010 – 3 L 89/06; Maurer § 10 Rdnr. 19.

649   BayVGH NJW 1997, 961, 962.

650   Vgl. BayVGH NVwZ-RR 2006, 389; Bader/Ronellenfitsch VwVfG § 44 Rdnr. 53.

651   BVerwGE 40, 101, 103; OVG NRW NWVBl. 1996, 66, 68; HessVGH DVBl. 1996, 573, 574@; a.A. Schnapp/Henkenötter JuS 1998, 624, 629: VA rechtswidrig; anders auch Maurer § 10 Rdnr. 19: schwebend unwirksam.

402

Hierfür sprechen vor allem praktische Erwägungen: Für den Nebenberechtigten stellt sich das Problem erst, wenn die Beseitigungsverfügung ergangen ist. Dann wird er sich überlegen müssen, wie er sich verhält. Es ist durchaus denkbar, dass er durch Zustimmung die Beseitigung ermöglicht, sodass eine Duldungsverfügung gegen ihn nicht erforderlich ist.

Deswegen ist eine Duldungsverfügung auch nur rechtmäßig, wenn die Gefahr besteht, dass der Dritte den Vollzug der Beseitigungsverfügung verhindert. Sie ist daher rechtswidrig, wenn der Dritte dem Vollzug der Verfügung zugestimmt hat oder ihm offensichtlich kein den Vollzug hinderndes Recht zusteht.[652] Umstritten ist dagegen, ob die Rechtmäßigkeit der Beseitigungsverfügung zugleich Rechtmäßigkeitsvoraussetzung der Duldungsanordnung ist.[653] Dafür spricht, dass die Duldungsanordnung in ihrem Bestand gerade von dem Haupt-VA abhängt.

Somit ist die gegen U ergangene Beseitigungsverfügung nicht wegen rechtlicher Unmöglichkeit rechtswidrig. Eine Anfechtungsklage dagegen hat keine Aussicht auf Erfolg.

Rechtswidrigkeit tritt aber ein, wenn U durch Zwangsmittel zur Vornahme des Abbruchs gezwungen werden sollte, ohne dass M mit dem Abbruch einverstanden oder gegen ihn eine Duldungsverfügung ergangen ist. Für die Rechtmäßigkeit einer Zwangsgeldandrohung genügt es aber, wenn im Zeitpunkt des Widerspruchsbescheides eine Duldungsverfügung gegen den Nebenberechtigten vorliegt (arg. e. § 79 Abs. 1 Nr. 1 VwGO).[654]

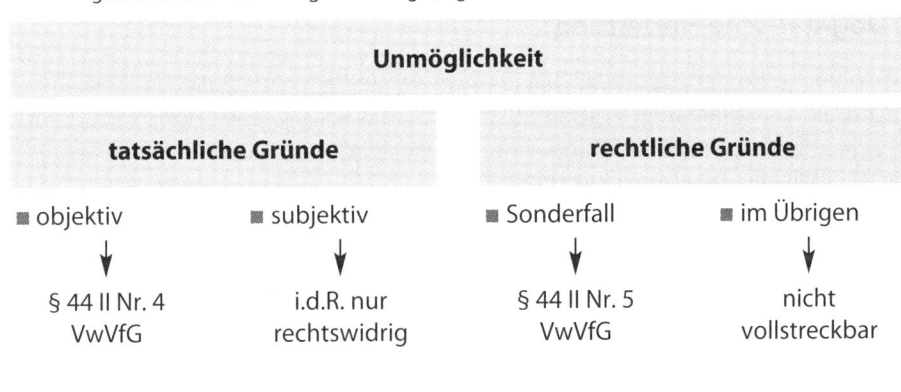

---

652 OVG Koblenz DÖV 2004, 305.

653 So VGH Mannheim NVwZ 1993, 1215, 1216; OVG Berlin LKV 2005, 515.

654 HessVGH DVBl. 1996, 573, 574@; VGH Mannheim NVwZ-RR 1998, 553; a.A. Dünchheim NWVBl. 2004, 202, 204: nur Bedeutung für die Zulässigkeit der Zwangsmittelfestsetzung.

3. Der Grundsatz der Verhältnismäßigkeit

a) Grundlagen

403 Jedes staatliche Handeln, und damit auch der VA, unterliegt dem Grundsatz der Verhältnismäßigkeit. Hierbei handelt es sich um ein allgemeines Rechtsprinzip (Übermaßverbot, „nicht mit Kanonen auf Spatzen schießen"). Der Grundsatz erfordert, dass eine Maßnahme zur Verfolgung eines legitimen Zwecks **geeignet** und **erforderlich** ist und die Belastung des Adressaten in einem **angemessenen Verhältnis** zu den mit der Maßnahme verfolgten Interessen steht.[655]

404 Vielfach ist der Verhältnismäßigkeitsgrundsatz **spezialgesetzlich** ausdrücklich geregelt (z.B. § 15 BPolG; § 9 Abs. 2 VwVG), gilt aber nach einhelliger Auffassung für das gesamte öffentliche Recht **unmittelbar kraft Verfassungsrechts**.[656] Besondere Bedeutung hat die Verhältnismäßigkeit als wichtigste verfassungsrechtliche Anforderung für Grundrechtsbeschränkungen.

Vgl. vor allem die besondere Ausprägung des Grundsatzes der Verhältnismäßigkeit bei der sog. Drei-Stufen-Theorie für Beschränkungen der Berufsfreiheit (Art. 12 GG)[657] und beim Wechselwirkungsgedanken im Rahmen des Art. 5 Abs. 2 GG.[658]

b) Dogmatische Herleitung

405 Die dogmatische Herleitung des Grundsatzes der Verhältnismäßigkeit im Einzelnen ist umstritten. Als Grundlagen werden z.B. genannt: das Rechtsstaatsprinzip (Art. 20 Abs. 3 GG), die Abwehrfunktion der Grundrechte, die Wesensgehaltsgarantie (Art. 19 Abs. 2 GG) oder das Willkürverbot (Art. 3 Abs. 1 GG).[659]

Nach der Rspr. ergibt sich die Herleitung „aus dem Wesen der Grundrechte selbst, die als Ausdruck des allgemeinen Freiheitsanspruchs des Bürgers gegenüber dem Staat von der öffentlichen Gewalt jeweils nur soweit beschränkt werden dürfen, als es zum Schutz öffentlicher Interessen unerlässlich ist".[660]

Die Lit. unterscheidet zum Teil zwischen dem Übermaßverbot, das lediglich im Grundrechtsbereich gelte, und ähnlichen Rechtsgedanken in anderen Bereichen. Der Grundsatz der Verhältnismäßigkeit habe zwar rechtsstaatliche Wurzeln, sei jedoch im Grundrechtsbereich anzusiedeln, und zwar im Bereich der **Grundrechte als Abwehrrechte**. Daher sei er außerhalb des grundrechtlichen Abwehrbereichs nicht anwendbar.[661]

Bedeutung hat dies vor allem im Staatsorganisationsrecht, insbes. bei der Abgrenzung von Kompetenzen zwischen Hoheitsträgern, z.B. im Rahmen der kommunalen Selbstverwaltung (Art. 28 Abs. 2 GG). Dort wird teilweise angenommen, dass Beschränkungen der Selbstverwaltungsgarantie des Art. 28 Abs. 2 S. 1 GG nicht am Grundsatz der Verhältnismäßigkeit, sondern an einem spezifischen verfassungsrechtlichen Aufgabenverteilungsprinzip zu messen seien.[662]

---

655 Vgl. z.B. BVerfG NVwZ 2005, 203, 204; BVerwG DVBl. 2006, 1187, 1189; RÜ 2011, 332, 336.

656 Ossenbühl Jura 1997, 617, 620; Kluth JA 1999, 606, 608.

657 Vgl. dazu AS-Skript Grundrechte (2011), Rdnr. 339 ff.

658 Vgl. AS-Skript Grundrechte (2011), Rdnr. 216.

659 Vgl. Krebs Jura 2001, 228, 231 ff.; Voßkuhle JuS 2007, 429, 430; Reuter Jura 2009, 511, 512.

660 Grundlegend BVerfGE 16, 194, 201 f.; 19, 342, 348; guter Überblick bei Arnauld JZ 2000, 276 ff.

661 Vgl. Krebs Jura 2001, 228 ff.; Voßkuhle JuS 2007, 429, 430; a.A. Arnauld JZ 2000, 276, 280: Das Übermaßverbot gilt im Bereich der Freiheitsrechte, aber auch in allen ebenso strukturierten Normkomplexen; vgl. auch Reuter Jura 2009, 511, 512.

662 Vgl. Rennert JuS 2008, 29, 34 und ausführlich AS-Skript Kommunalrecht.

c) Bedeutung der Verhältnismäßigkeitsprüfung

Bedeutung hat der Grundsatz der Verhältnismäßigkeit vor allem bei **Ermessensent-** **406** **scheidungen**. Jede unverhältnismäßige Maßnahme stellt zugleich eine Überschreitung der Ermessensgrenzen dar (sog. Ermessensüberschreitung).[663]

Bei **gebundenen Entscheidungen** hatte der Grundsatz der Verhältnismäßigkeit dage- **407** gen nach der früheren Rspr. keine eigenständige Bedeutung. Bedenken im Hinblick auf die Verhältnismäßigkeit wurden hier bereits bei der Wirksamkeit der gesetzlichen Er- mächtigungsgrundlage erörtert. Ergab die Prüfung, dass die zwingende Rechtsfolge in bestimmten Fällen unverhältnismäßig ist, so war das Gesetz entweder verfassungswid- rig und damit nichtig, oder es war verfassungskonform so auszulegen, dass das Gesetz die insoweit problematischen Fälle nicht dieser Rechtsfolge unterwirft.[664]

Beispiel: Nach § 15 Abs. 2 GaststG ist die Gaststättenerlaubnis zu widerrufen, wenn der Gastwirt nach- träglich „unzuverlässig" i.S.d. § 4 Abs. 1 Nr. 1 GaststG wird. Da es sich hierbei um eine gebundene Ent- scheidung handelt („ist zu widerrufen") ist der Verhältnismäßigkeitsgrundsatz bereits bei der Ausle- gung des Merkmals der Unzuverlässigkeit zu berücksichtigen.[665]

In der Rspr. zeichnet sich hier allerdings ein Wandel ab. Zunehmend wird darauf abge- stellt, dass – bei entsprechenden Anhaltspunkten – **auch bei gebundenen Verwal- tungsentscheidungen** zu prüfen ist, ob die vorgesehene Rechtsfolge dem Grundsatz der Verhältnismäßigkeit entspricht.[666]

Richtig ist daran, dass in Ausnahmefällen auch eine den gesetzlichen Anforderungen **408** entsprechende gebundene Entscheidung gegen den Grundsatz der Verhältnismäßig- keit verstoßen kann, ohne dass damit zugleich die Wirksamkeit der Ermächtigungs- grundlage infrage gestellt werden muss. Dies sollte allerdings nicht dazu führen, die Verhältnismäßigkeit schematahaft bei jeder gebundenen Entscheidung zu prüfen. Im Regelfall stellen die (engen) Tatbestandsvoraussetzungen der Norm sicher, dass die An- wendung der Vorschrift im Einzelfall verhältnismäßig ist.[667] Eine gesonderte Prüfung der Verhältnismäßigkeit ist nur angezeigt, wenn sich Anhaltspunkte ergeben, dass die Maßnahme **ausnahmsweise aufgrund der konkreten Umstände des Einzelfalls** un- verhältnismäßig sein könnte. Dies gilt insbesondere bei Vorschriften, die aufgrund ihrer typisierenden Betrachtung zwangsläufig nicht jeden im Einzelfall erheblichen Aspekt mit dem ihm gebührenden Gewicht erfassen können.

So ist z.B. anerkannt, dass es auch bei einer zwingenden Ausweisung nach § 53 AufenthG grds. einer einzelfallbezogenen Verhältnismäßigkeitsprüfung bedarf. „Zwar entspricht das System der Abstufung von zwingender Ausweisung, Regel- und Ermessensausweisung sowie des besonderen Ausweisungs- schutzes für bestimmte Ausländer (vgl. § 56 Abs. 1 Sätze 1 und 2 AufenthG) grundsätzlich den Anforde- rungen an die Verhältnismäßigkeit von Ausweisungen. ... entbindet die Anwendung des Stufensystems der §§ 53 ff. AufenthG aber nicht davon, im Rahmen der gesetzlichen Vorschriften auch die Umstände des Einzelfalls zu prüfen, da nur diese Prüfung sicherstellen kann, dass die Verhältnismäßigkeit bezogen auf die Lebenssituation des betroffenen Ausländers gewahrt bleibt."[668]

---

663 Knack/Henneke VwVfG § 40 Rdnr. 73 ff.; Bader/Ronellenfitsch VwVfG § 40 Rdnr. 94; und unten Rdnr. 432.

664 Proppe JA 2006, 451, 458.

665 Michel/Kienzle/Pauly GaststG § 15 Rdnr. 13 u. 14; Boerner apf 2006, 28, 30.

666 BVerwG NJW 2009, 2905, 2906; OVG NRW NWVBl. 2009, 435; OVG NRW, Beschl. v. 18.06.2008 – 19 B 870/08; ebenso schon BVerwG DÖV 1991, 651.

667 Vgl. z.B. BVerwG DVBl. 1994, 523 u. 527; kritisch Grupp/Stelkens DVBl. 2005, 133, 137.

668 So OVG NRW NWVBl. 2009, 435; ebenso OVG Hamburg InfAuslR 2009, 279, 284.

d) Elemente der Verhältnismäßigkeitsprüfung

Der Grundsatz der Verhältnismäßigkeit erfordert, dass eine Maßnahme **zur Verfolgung eines legitimen Zwecks geeignet, erforderlich und angemessen** ist.[669]

Grundschema: Verhältnismäßigkeit
■ **legitimer Zweck**
■ **Geeignetheit**
■ **Erforderlichkeit**
■ **Angemessenheit**

aa) Legitimer Zweck

409 Ausgangspunkt der Prüfung ist der Zweck, der mit der Maßnahme verfolgt wird. Verhältnismäßig kann eine Maßnahme nur sein, wenn mit ihr ein **legitimer Zweck** verfolgt wird. Legitim ist grds. jedes öffentliche Interesse, das verfassungsrechtlich nicht ausgeschlossen ist.[670]

*In der Falllösung kann es sinnvoll sein, im ersten Schritt den **Zweck der Maßnahme** isoliert herauszuarbeiten.[671] Dies dient zum einen der Klarstellung des eigenen Prüfungsprogramms. Zum anderen können einige Zwecke schon für sich rechtswidrig sein (z.B. eine unzulässige Diskriminierung i.S.d. Art. 3 Abs. 1 GG beinhalten), für andere Zwecke kann ein verfassungsrechtlicher Schutzauftrag bestehen, der sie besonders förderungswürdig macht. Ist der Zweck unproblematisch zulässig, so kann aufbaumäßig auf einen eigenen Prüfungspunkt verzichtet und der Zweck im Rahmen der Geeignetheitsprüfung aufgegriffen werden.[672]*

410 Im Hinblick auf den Zweck der Maßnahme erfolgt sodann eine **Aufgliederung in dreifacher Hinsicht**:

Geeignetheit	■ Mit Hilfe der Maßnahme muss der gewünschte Erfolg zumindest gefördert werden.
Erforderlichkeit	■ Zur Verfolgung des Zwecks darf kein anderes gleich wirksames, aber weniger belastendes Mittel zur Verfügung stehen.
Angemessenheit	■ Die Maßnahme darf nicht zu einem Nachteil führen, der zu dem erstrebten Erfolg erkennbar außer Verhältnis steht.

---

669 Vgl. z.B. BVerfG RÜ 2010, 42, 45 f.; NVwZ 2005, 203, 204; BVerwG DVBl. 2006, 1187, 1189; Voßkuhle JuS 2007, 429, 430.

670 BVerfG RÜ 2010, 42, 45.

671 Vgl. Voßkuhle JuS 2007, 429, 430; Reuter Jura 2009, 511, 513; Zilkens JuS 2009, 350, 354.

672 Vgl. VA Aachen RÜ 2011, 324, 237

bb) Geeignetheit

Die Maßnahme ist geeignet, wenn mit ihrer Hilfe der gewünschte Erfolg **zumindest ge-** **411** **fördert** werden kann (er muss also nicht unbedingt erreicht werden).

Beispiele: Zweck einer bauordnungsrechtlichen Verfügung ist die Herbeiführung eines baurechtskonformen Zustandes. Eine Verfügung ist daher rechtswidrig, wenn sie nicht geeignet ist, rechtmäßige Zustände herbeizuführen. Dies ist z.B. der Fall, wenn die Behörde nach Feststellung illegaler Um- und Erweiterungsbaumaßnahmen an einem sog. Schwarzbau nur den Teilrückbau, nicht aber den vollständigen Abbruch anordnet.[673]

Die Verpflichtung von Polizeivollzugsbeamten, im Dienst die vorgeschriebene Uniform zu tragen, ist vor allem durch das Erfordernis gerechtfertigt, die Legitimation der Beamten für polizeiliche Maßnahmen äußerlich kundzutun. Die Vorgabe einer bestimmten Haarlänge ist für sich genommen weder geeignet noch erforderlich, um die Legitimationsfunktion der Uniform zu gewährleisten. Allerdings soll die Uniform auch die Neutralität ihrer Träger zum Ausdruck bringen. Der Dienstherr darf daher Erscheinungsformen untersagen, die geeignet sind, die Neutralitätsfunktion der Uniform infrage zu stellen. Hiervon kann bei langen Haaren nicht generell ausgegangen werden. Die Vorgabe einer „Hemdkragenlänge" für die Haartracht von Polizeivollzugsbeamten ist daher unverhältnismäßig.[674]

Bei Gesetzen billigt das BVerfG der Legislative einen **Prognosespielraum** zu. Wegen **412** des nach dem Gewaltenteilungsprinzips erforderlichen Handlungsspielraums des Gesetzgebers dürfe das BVerfG seine Einschätzung nicht an die Stelle der des Gesetzgebers setzen. Zu prüfen sei daher nur, ob das Gesetz zum erstrebten Zweck „objektiv untauglich" bzw. „schlechthin ungeeignet" sei.[675] Die **Verwaltung** ist demgegenüber an die gesetzlichen Vorgaben gebunden (Art. 20 Abs. 3 GG). Ihr steht ein solcher Prognose- bzw. Wertungsspielraum **nicht** zu. Das Gericht kann die Geeignetheit der Maßnahme daher in vollem Umfang überprüfen.[676]

cc) Erforderlichkeit

Von mehreren geeigneten Maßnahmen ist diejenige zu wählen, die den Einzelnen und **413** die Allgemeinheit voraussichtlich am wenigsten belastet (Erforderlichkeit, auch Notwendigkeit, Prinzip des mildesten Mittels). Die Maßnahme ist nicht erforderlich, wenn die Behörde zur Verfolgung des Zwecks **ein anderes gleich wirksames, aber weniger belastendes Mittel** hätte wählen können.

Beispiel: Ein Versammlungsverbot nach § 15 Abs. 1 VersG ist nicht erforderlich, wenn mildere Mittel (z.B. Erteilung von Auflagen) zur Abwehr der Gefahr ausreichen.[677]

Zweckmäßigerweise prüft man daher folgende Gesichtspunkte:

- **Welche Nachteile** bringt die Maßnahme für den Betroffenen und die Allgemeinheit mit sich?

- Gibt es **andere Mittel** (Maßnahmen), die zur Erreichung des von der Behörde verfolgten Zwecks gleich geeignet sind?

  Es sind also Handlungsalternativen zu suchen. Im Hinblick auf jede dieser Handlungsalternativen ist sodann festzustellen, welche Nachteile sie für den Betroffenen und die Allgemeinheit herbeiführt.

---

673 OVG NRW BauR 2006, 90.

674 BVerwG DVBl. 2006, 1187, 1189 f.

675 Vgl. z.B. BVerfGE 56, 74, 78 f.; 65, 1, 55 f.; Michael JuS 2001, 655, 656; Voßkuhle JuS 2007, 429, 430.

676 Voßkuhle JuS 2007, 429, 430; Reuter Jura 2009, 511, 515.

677 Vgl. BVerfG NVwZ 1998, 834, 835; NJW 2001, 1409.

■ Sodann sind die von der gewählten Maßnahme herbeigeführten Nachteile mit den Nachteilen der anderen Mittel (Handlungsalternativen) zu **vergleichen**. Sind die Nachteile auch nur einer Handlungsalternative eindeutig geringer, so ist die von der Behörde gewählte Maßnahme nicht erforderlich und der Grundsatz der Verhältnismäßigkeit ist verletzt.

dd) Angemessenheit

414   Eine Maßnahme darf nicht zu einem Nachteil führen, der zu dem erstrebten Erfolg er**kennbar außer Verhältnis** steht (Angemessenheit, auch Verhältnismäßigkeit im engeren Sinne). Hierbei lassen sich folgende Prüfungsschritte vornehmen:

■ Wie gewichtig ist der mit der Maßnahme verfolgte **Zweck**?

■ Welche **Nachteile** bringt die Maßnahme für den Betroffenen und die Allgemeinheit mit sich?

■ Die Nachteile, die durch die Maßnahme abgewendet werden sollen, müssen mit den Nachteilen verglichen werden, die die Maßnahme mit sich bringt. Es ist also eine **Abwägung** der betroffenen Rechtsgüter erforderlich.[678]

415   Unverhältnismäßig (unangemessen) ist eine Maßnahme aber nur dann, wenn sie zu Nachteilen führt, die **„erkennbar außer Verhältnis"** zu dem erstrebten Erfolg stehen, d.h. wenn der durch die Maßnahme herbeigeführte Nachteil deutlich größer ist als der Nachteil, der durch sie abgewendet werden soll.

Beispiele: Ist ein Haus einsturzgefährdet, so ist weder eine Abbruchverfügung noch das Gebot zur Reparatur unangemessen, und zwar unabhängig davon, welche Werte dadurch vernichtet werden bzw. welche Kosten dadurch entstehen. Denn der durch die Verfügung herbeigeführte Vermögensschaden ist geringer zu bewerten als der dadurch abzuwendende Schaden, den Personen an Leib und Leben erleiden können. Dagegen ist eine Abbruchverfügung unverhältnismäßig, wenn sie darauf beruht, dass der Bauherr den erforderlichen Grenzabstand lediglich um 6 cm unterschritten hat. Solche geringfügigen Abweichungen ergeben sich bei Bauten häufig und bringen weder dem Bauherrn Vorteile noch dem Nachbarn spürbare Nachteile.[679]

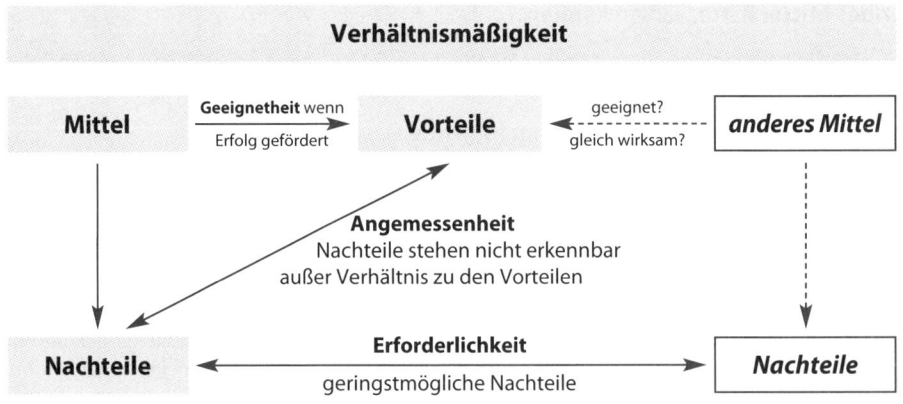

678 Zur Prüfung der Angemessenheit vgl. Reuter Jura 2009, 511, 512.
679 OVG Lüneburg BRS 40 Nr. 226.

e) Aufbauhinweis

Im **Fallaufbau** kann die Prüfung, ob ein VA verhältnismäßig ist, in unterschiedlicher **416** Weise erfolgen: Die Verhältnismäßigkeit wird

- entweder als **gesonderter Prüfungspunkt** oder

- als **Ermessensgrenze** auf der Rechtsfolgenseite geprüft.

Der erstgenannte Aufbau sollte vor allem dann gewählt werden, wenn im Gesetz Verhältnismäßigkeit und Ermessen ausdrücklich in verschiedenen Vorschriften geregelt sind (vgl. z.B. §§ 15, 16 BPolG). Ansonsten ist es regelmäßig angebracht, auf die Verhältnismäßigkeit erst im Rahmen des Ermessens einzugehen. Soweit bei gebundenen Entscheidungen der Grundsatz der Verhältnismäßigkeit zu beachten ist (s.o. Rdnr. 407 ff.), kann dies nur im Rahmen eines eigenständigen Prüfungspunktes im Rahmen der allgemeinen Rechtmäßigkeitsvoraussetzungen erfolgen.

Fall 20: Fahrtenbuchauflage nach falschem Parken

Ein Pkw, dessen Halter E ist, war eines Abends auf dem Bürgersteig derart schräg abgestellt, dass zwischen dem Fahrzeug und der Hauswand ein Zwischenraum von nur 40 cm blieb. E bestritt, das Fahrzeug dort abgestellt zu haben, verweigerte aber die Auskunft über die Person, die zum fraglichen Zeitpunkt das Fahrzeug benutzt hatte. Das Bußgeldverfahren musste daraufhin eingestellt werden. Die Straßenverkehrsbehörde hat nunmehr gegen E eine Verfügung erlassen, wonach E verpflichtet wird, 18 Monate lang ein Fahrtenbuch zu führen. Ist die Verfügung rechtmäßig?

Ermächtigungsgrundlage für die Fahrtenbuchauflage ist § 31 a Abs. 1 S. 1 StVZO. Bedenken bestehen nur hinsichtlich der materiellen Rechtmäßigkeit.

I. Dann müsste bei einer Zuwiderhandlung gegen Verkehrsvorschriften die Feststel- **417** lung des Fahrzeugführers nicht möglich gewesen sein. Dies ist hier im Hinblick auf den Verstoß gegen §§ 12, 1 Abs. 2 StVO der Fall. Die **Voraussetzungen** des § 31 a Abs. 1 S. 1 StVZO sind somit gegeben.

Die Feststellung des Fahrzeugführers ist i.S. des § 31 a StVZO nicht möglich, wenn die Behörde nach den Umständen des Einzelfalls nicht in der Lage war, den Täter zu ermitteln, obwohl sie alle angemessenen und zumutbaren Maßnahmen ergriffen hat.[680] Dazu gehört grds. die unverzügliche Benachrichtigung des Halters von der mit seinem Fahrzeug begangenen Zuwiderhandlung, damit dieser an der Aufklärung des Verkehrsverstoßes mitwirken kann.[681]

Beispiel: War die Feststellung des Fahrzeugführers bei einer Verkehrsordnungswidrigkeit wegen fehlender Mitwirkung des Fahrzeughalters unmöglich, steht es der Anordnung einer Fahrtenbuchauflage nicht entgegen, wenn sich der Fahrzeughalter auf ein Aussage- oder Zeugnisverweigerungsrecht beruft.[682] „Ein ‚doppeltes Recht' nach einem Verkehrsverstoß einerseits im Ordnungswidrigkeitsverfahren die Aussage zu verweigern und zugleich trotz fehlender Mitwirkung bei der Feststellung des Fahrzeugführers auch von einer Fahrtenbuchauflage verschont zu bleiben, besteht nicht. Ein solches ‚Recht' widerspräche dem Zweck des § 31 a StVZO, nämlich der Sicherheit und Ordnung des Straßenverkehrs zu dienen."[683]

---

680 OVG NRW NWVBl. 2006 193; OVG Lüneburg NJW 2008, 167; VGH Mannheim NJW 2011, 628; Hentschel/Dauer StVZO § 31 a Rdnr. 6; Zilkens JuS 2009, 350, 353.

681 VGH Mannheim DAR 2009, 597, 598; OVG NRW NWVBl. 2006, 193; VGH Kassel NJW 2005, 2411.

682 BVerwG BayVBl. 1996,156, 157; VGH Mannheim VBlBW 2009, 356, 357 m.w.N.

683 So BayVGH, Beschl. v. 20.07.2009 – 11 ZB 08.3246; BayVGH, Beschl. v. 28.01.2009 – 11 CS 08.2202; ebenso VGH Mannheim VBlBW 2009, 356; ebenso OVG Lüneburg, Beschl. v. 10.01.2011 2 S 1457/09 – 12 LA 167/09 bei Fahrtenbuchauflage für PKW eines Rechtsanwalts.

418 II. Der Rechtsfolge nach **„kann"** die Behörde die Führung eines Fahrtenbuches verlangen; die Behörde hat also Ermessen. Das Ermessen wird begrenzt durch den Grundsatz der **Verhältnismäßigkeit**. Jede unverhältnismäßige Maßnahme stellt eine Überschreitung der Ermessensgrenzen dar (sog. Ermessensüberschreitung).[684] Da das Straßenverkehrsrecht keine spezielle Regelung enthält, ist auf den allgemeinen Grundsatz der Verhältnismäßigkeit abzustellen.

Soweit sich im landesrechtlichen Ordnungsrecht eine Normierung des Verhältnismäßigkeitsgrundsatzes findet (z.B. § 15 OBG NRW), ist diese einschlägig (Straßenverkehrsrecht als Sonder-Ordnungsrecht). Im Ergebnis besteht kein Zweifel, dass sich die Fahrtenbuchauflage im Rahmen der Verhältnismäßigkeit halten muss.[685]

Der **Grundsatz der Verhältnismäßigkeit** erfordert, dass eine Maßnahme zur Verfolgung eines legitimen Zwecks geeignet, erforderlich und angemessen ist .

419 1. Primärer **Zweck** der Fahrtenbuchauflage ist es, in Zukunft den Verantwortlichen festzustellen, der mit dem Fahrzeug Verkehrsübertretungen begangen hat. Ferner sollen Verkehrsverstöße mit dem Fahrzeug verhindert werden, indem dem jeweiligen Fahrer die Hoffnung genommen wird, bei Verkehrsverstößen unerkannt zu bleiben. Dieser Zweck ist im Hinblick auf die Sicherheit und Ordnung des Straßenverkehrs legitim.

420 2. **Geeignet** ist die Maßnahme, wenn mit ihrer Hilfe der gewünschte Erfolg zumindest gefördert werden kann. Durch die mit der Fahrtenbuchauflage verbundenen Angaben (§ 31 a Abs. 2 StVZO) wird eindeutig dokumentiert, wer zu welchem Zeitpunkt mit dem Fahrzeug gefahren ist. Die Fahrtenbuchauflage gegenüber E ist damit geeignet, den verfolgten Zweck zu fördern.

421 3. Die Maßnahme muss des Weiteren **erforderlich** sein. Erforderlich ist die Maßnahme, wenn der Behörde zur Erreichung des verfolgten Zwecks kein anderes gleich wirksames, aber weniger belastendes Mittel zur Verfügung steht.

a) Der **Nachteil**, der dem Betroffenen durch die Fahrtenbuchauflage auferlegt wird, besteht darin, dass er für jede einzelne Fahrt die Angaben nach § 31 a Abs. 2 StVZO machen muss. Das Fahrtenbuch muss jederzeit zur Prüfung ausgehändigt werden und noch sechs Monate nach Ablauf der Zeit, für die es geführt werden muss, aufbewahrt werden (§ 31 a Abs. 3 StVZO).

b) Da nach § 31 a StVZO eine bestimmte Dauer nicht zwingend vorgeschrieben ist, kommt als anderes, **weniger belastendes Mittel** eine Auflage mit kürzerer Laufzeit in Betracht. Die Bemessung der Dauer hat sich maßgeblich an dem Gewicht des Verkehrsverstoßes zu orientieren. Bei geringen Verstößen kann grds. davon ausgegangen werden, dass der oben genannte Zweck bei einer Dauer von sechs Monaten bis zu einem Jahr ausreichend und effektiv gefördert werden kann.[686]

---

684 Schoch Jura 2004, 462, 466; Zilkens JuS 2009, 350, 354.

685 Vgl. Hentschel StVZO § 31 a Rdnr. 8; Zilkens JuS 2009, 350, 354.

686 Vgl. VGH Mannheim NJW 2011, 628, 630: ein Jahr bei erheblicher Geschwindigkeitsüberschreitung; VGH Mannheim NZV 2002, 431: zwei Jahre bei Rotlichtverstoß; vgl. auch BayVGH NJW 2011, 326, 328: jedenfalls ein Jahr.

c) Da somit ein anderes, gleich geeignetes, aber weniger belastendes Mittel besteht, muss die Fahrtenbuchauflage für die Dauer von 18 Monaten als nicht erforderlich angesehen werden. Sie ist schon deshalb unverhältnismäßig.

Anlass zu einer längerfristigen Fahrtenbuchauflage kann vor allem dann bestehen, wenn der Verkehrsverstoß eine Straftat darstellt oder mit einem Fahrverbot zu ahnden ist.[687] Nicht erforderlich ist eine Fahrtenbuchauflage auch für Fahrzeuge, die ohnehin mit einem Fahrtenschreiber ausgestattet sind.[688]

4. **Angemessen** ist die Maßnahme nur, wenn sie nicht zu Nachteilen führt, die erkennbar außer Verhältnis zu dem erstrebten Erfolg stehen.   **422**

a) Wie bedeutsam der von der Behörde verfolgte **Zweck** ist, richtet sich in erster Linie danach, welche Verkehrsverstöße voraussichtlich festzustellen und zu verhindern sind. Das kann wiederum nur aufgrund der begangenen Taten beurteilt werden. Der vorliegende Verkehrsverstoß (falsches Parken) war nur geringfügig; durch ihn ist niemand zu Schaden gekommen oder auch nur gefährdet worden.

b) Der von der Maßnahme herbeigeführte **Nachteil** besteht darin, dass E damit belastet wird, ein Fahrtenbuch führen zu müssen. Der Eingriff ist erheblich, und zwar selbst dann, wenn die Auflage z.B. nur für einige Monate angeordnet würde.

c) Vergleicht man die dem E durch die Maßnahme auferlegte erhebliche Belastung mit der abzuwehrenden geringfügigen Gefahr, so ist hier die Belastung deutlich größer als der Vorteil für die Allgemeinheit. Der Eingriff ist damit im Vergleich zu dem damit bezweckten Erfolg **unangemessen**.

Wird nur ein einmaliger, unwesentlicher Verstoß festgestellt, der sich weder verkehrsgefährdend auswirken kann, noch Rückschlüsse auf die charakterliche Unzuverlässigkeit des Kraftfahrers zulässt, ist die Fahrtenbuchauflage daher nicht gerechtfertigt.[689] Dagegen ist die Tatsache, dass der Halter bislang noch nicht mit Verkehrsverstößen in Erscheinung getreten ist, für die Verhältnismäßigkeit grds. unerheblich.[690]

Somit ist die Fahrtenbuchauflage unverhältnismäßig, die Behörde hat im Rahmen ihres Ermessens eine unzulässige Rechtsfolge gewählt. Die Anordnung ist rechtswidrig.

Verhältnismäßig ist die Anordnung einer Fahrtenbuchauflage dagegen grds. bereits bei der Begehung eines mit einem Punkt bewerteten Verkehrsverstoßes (vgl. Anlage 13 zur FeV), ohne dass es auf die besonderen Umstände des Einzelfalls, namentlich die Gefährlichkeit des Verkehrsverstoßes ankommt.[691]

---

687 BayVGH NJW 2011, 326, 327.
688 SächsOVG NJW 2011, 471, 472.
689 BVerwG DVBl. 1996, 164, 165@.
690 BayVGH NJOZ 2010, 2145, 2147.
691 BVerwG NZV 2000, 386; OVG NRW NJW 1999, 3279, 3280@; BayVGH NJW 2011, 326, 328.

IV. Ermessen

1. Bedeutung der Ermessensentscheidung

a) Liegen die Voraussetzungen für den VA vor, so ist auf der Rechtsfolgenseite danach zu unterscheiden, ob die Behörde zu einem bestimmten Verhalten verpflichtet ist (die Behörde **muss** handeln) oder ob der Behörde ein Entscheidungsspielraum (Ermessen) zugewiesen ist (die Behörde **kann** handeln).

423 ◼ Muss die Verwaltung handeln, so ist die vom Gesetz vorgeschriebene Rechtsfolge zwingend zu treffen (sog. **gebundene Entscheidungen**).

Beispiele: Die Baugenehmigung ist zu erteilen, wenn dem Vorhaben öffentlich-rechtliche (Bau-) Vorschriften nicht entgegenstehen (vgl. z.B. Art. 68 BayBO, § 58 LBO BW, § 75 BauO NRW). – Eine Beamtenernennung ist zurückzunehmen, wenn einer der in § 12 Abs. 1 BeamtStG genannten Gründe vorliegt. – Die Fahrerlaubnis ist zu entziehen, wenn ihr Inhaber ungeeignet zum Führen von Kraftfahrzeugen ist (§ 3 Abs. 1 StVG). – Die Gaststättenerlaubnis muss unter den Voraussetzungen des § 15 Abs. 1 und Abs. 2 GaststG zurückgenommen bzw. widerrufen werden.

424 ◼ Bei **Ermessensentscheidungen** gilt dagegen das Opportunitätsprinzip, aufgrund dessen der Verwaltung bei ihrer Entscheidungsbildung ein Zweckmäßigkeitsspielraum zugebilligt wird.

◼ Ermessen kann eingeräumt werden durch die ausdrückliche Verwendung des Wortes „Ermessen", durch die Formulierung **„kann"** (vgl. z.B. §§ 48, 49 VwVfG), **„darf"**, „ist befugt" oder ähnliche Begriffe. Ermessen ist in der Regel außerdem dann anzunehmen, wenn der Behörde eine Handlungsermächtigung erteilt wird, ohne dass das Gesetz dafür nähere Voraussetzungen aufstellt (z.B. Erteilung einer Sondernutzungserlaubnis gemäß § 8 FStrG).

425 ◼ Ein Fall **gebundener Verwaltung** liegt hingegen vor, wenn das Gesetz Formulierungen wie **„muss"**, **„ist** (zu erteilen)", „darf nicht" o.Ä. verwendet.

Ausnahmsweise begründet auch das Wort „kann" kein Ermessen, sondern hat nur die Bedeutung, dass der Behörde eine bestimmte Aufgabe zugewiesen ist (Kompetenzzuweisung), die bei Vorliegen der gesetzlichen Voraussetzungen wahrgenommen werden muss. So wird z.B. „kann" in § 35 Abs. 2 BauGB im Hinblick auf Art. 14 GG verfassungskonform dahingehend interpretiert, dass das Bauvorhaben zuzulassen ist, wenn öffentliche Belange nicht entgegenstehen.[692]

426 ◼ Eine Zwischenstellung nehmen die Regelungen ein, nach denen die Behörde unter bestimmten Voraussetzungen tätig werden **„soll"** (vgl. z.B. §§ 20 Abs. 2, 25 Abs. 2 BImSchG). Hier geht der Gesetzgeber davon aus, dass die Behörde in der Regel verpflichtet ist, die betreffende Maßnahme zu ergreifen und nur in atypischen Fällen davon absehen darf.[693] Entsprechendes gilt für gesetzliche Vorschriften mit **Regelbeispielen**.

Die genannte Unterscheidung wird besonders deutlich im Rahmen der **Ausweisungstatbestände** im AufenthG:

– **Zwingende Ausweisung** (§ 53 AufenthG): In Fällen schwerer Kriminalität ist der Ausländer zwingend auszuweisen.

---

692 BVerwGE 18, 247, 250; Ernst/Zinkahn/Bielenberg BauGB § 35 Rdnr. 73 m.w.N.
693 Schoch Jura 2010, 358, 359.

– **Regel-Ausweisung** (§ 54 AufenthG): Der Ausländer wird bei mittelschwerer Kriminalität, bei Sicherheitsgefährdung und bei Rauschgiftdelikten grds. ausgewiesen, es sei denn, es liegen besondere atypische Umstände des Einzelfalles vor.

– **Ermessens-Ausweisung** (§ 55 AufenthG): Im Übrigen wird über die Ausweisung unter Berücksichtigung aller Umstände des Einzelfalles nach pflichtgemäßem Ermessen entschieden.

Den Soll-Vorschriften im Ergebnis ähnlich sind die Vorschriften, die ein sog. **inten-** **427** **diertes Ermessen** beinhalten. Liegen die Voraussetzungen der Vorschrift vor, so ist wegen des vom Gesetz verfolgten Zwecks in der Regel nur eine (bestimmte) Entscheidung zulässig.

Nach Ansicht der Rspr. ist das Ermessen „intendiert", wenn die Richtung der Ermessensbetätigung vom Gesetz vorgegeben ist, bei „der also ein bestimmtes Ergebnis dem Gesetz näher steht, sozusagen im Grundsatz gewollt ist und davon nur ausnahmsweise abgesehen werden darf. Bei einer solchen Konstellation gilt nämlich, dass es für die eine Ausnahme ablehnende Ermessensentscheidung keiner Abwägung des Für und Wider bedarf."[694] Dies wird z.B. in den Fällen des § 49 Abs. 2 Nr. 2 und Abs. 3 VwVfG[695] und bei bauordnungsrechtlichen Verfügungen[696] bejaht. Die Lit. kritisiert hieran, dass das intendierte Ermessen dem Grundsatz der Normklarheit widerspricht, es verwische die Grenze zwischen „Soll" und „Kann". Außerdem sei dem Gesetz die Unterscheidung zwischen typischen und atypischen Fällen nicht zu entnehmen.[697]

b) Das Ermessen gehört zur Rechtsfolgenseite der Norm, ist also **stets Rechtsfolgeermessen.**[698]

aa) Das bedeutet, dass Ermessenserwägungen nur zulässig sind, wenn die **Vorausset-** **428** **zungen** der das Ermessen einräumenden Norm **erfüllt** sind. Ob diese vorliegen, ist eine reine Rechtsfrage, die vom Gericht uneingeschränkt überprüft wird. Ist nur eine der erforderlichen Voraussetzungen nicht erfüllt, darf die Behörde nicht tätig werden; eine Ermessensausübung kommt gar nicht in Betracht.

Beispiel: Nach § 11 Abs. 1 Nr. 1 BBG darf zum Beamten auf Lebenszeit nur ernannt werden, wer die in § 7 BBG bezeichneten Voraussetzungen erfüllt. Liegen diese nicht vor, darf der Betroffene nicht ernannt werden. Ein Antrag ist zwingend abzulehnen. Ermessen besteht insoweit nicht.

bb) Liegen hingegen die Voraussetzungen vor, ist der Behörde dadurch, dass der Erlass **429** der Maßnahme in ihr Ermessen gestellt ist, ein **Handlungsspielraum** eingeräumt, von dem sie unter Berücksichtigung der Besonderheiten des Einzelfalls und aufgrund von Zweckmäßigkeitsüberlegungen Gebrauch machen darf. Innerhalb des Ermessens ist seiner Art nach im Wesentlichen folgende Unterscheidung vorzunehmen:

■ Soweit Ermessen bei der Entscheidung besteht, **„ob"** überhaupt gehandelt wird, spricht man von **Entschließungsermessen.**[699]

■ Das Ermessen im Hinblick auf die Auswahl des konkreten Mittels (**„wie"**) wird als **Auswahlermessen** bezeichnet.[700]

---

694 Vgl. BVerwGE 72, 1, 6; BVerwG NJW 1998, 2233, 2234[@]; Thür OVG ThürVBl. 1999, 161; BayVGH NVwZ 2001, 931; Knack/Henneke VwVfG § 40 Rdnr. 37; kritisch Schoch Jura 2010, 358, 360.

695 Vgl. dazu näher bei der Aufhebung von Subventionsbescheiden im AS-Skript Verwaltungsrecht AT 2 (2010), Rdnr. 54.

696 OVG Berlin LKV 2000, 545, 546; ThürOVG LKV 2002, 185, 187; vgl. Schoch Jura 2010, 358, 361.

697 Vgl. Borowski DVBl. 2000, 149, 157; Peters DÖV 2001, 749, 757 f.; Erbguth JuS 2002, 333 f.; Beaucamp JA 2006, 74, 77; Voßkuhle JuS 2008, 117; Schoch Jura 2004, 462, 465; ders. Jura 2010, 358, 362.

698 Lemke JA 2000, 150, 150; Schoch Jura 2004, 462, 463 m.w.N.

699 Schoch Jura 2004, 462, 463 m.w.N.

700 Knack/Henneke VwVfG § 40 Rdnr. 31; Schoch Jura 2004, 462, 463 m.w.N.

So steht es im Polizeirecht zum einen im (Entschließungs-) Ermessen der Behörde, **ob** sie überhaupt einschreitet, um eine Gefahr für die öffentliche Sicherheit abzuwehren. Hat sich die Behörde zum Einschreiten entschlossen, steht es darüber hinaus in ihrem (Auswahl-) Ermessen, **welche** von mehreren gleichermaßen rechtmäßigen Maßnahmen **gegenüber wem** (bei mehreren Störern) getroffen wird. Entschließungs- und Auswahlermessen können, müssen aber nicht gleichzeitig gegeben sein.

2. Die Ermessensfehler

430 Gem. § 40 VwVfG ist das Ermessen entsprechend dem Zweck der Ermächtigung auszuüben und die gesetzlichen Grenzen des Ermessens einzuhalten. Wichtigste **prozessuale Konsequenz** bei Ermessensentscheidungen ist die Einschränkung der gerichtlichen Prüfungskompetenz. Das Gericht darf nur die Rechtmäßigkeit des VA überprüfen (§ 113 Abs. 1 S. 1 u. Abs. 5 S. 1 VwGO), nicht dessen Zweckmäßigkeit.

Eine **Zweckmäßigkeitskontrolle** findet nur im Verwaltungsverfahren statt. So muss die Widerspruchsbehörde gem. § 68 Abs. 1 VwGO die Rechtmäßigkeit **und** die Zweckmäßigkeit überprüfen. Die Widerspruchsbehörde darf sich daher nicht auf die Prüfung von Ermessensfehlern beschränken, sondern muss eigenes Ermessen ausüben.

Das Gericht muss deshalb den Ermessensvorrang der Behörde beachten und darf insbes. **kein eigenes Ermessen** ausüben. **Die gerichtliche Überprüfung ist vielmehr auf Ermessensfehler i.S.d. § 114 S. 1 VwGO beschränkt.**

Diese eingeschränkte Prüfungskompetenz ist verfassungsrechtlich unbedenklich, insbes. auch im Hinblick auf Art. 19 Abs. 4, 20 Abs. 3 GG (Rechtsstaatsprinzip). Zuweilen wurde zwar eine möglichst umfassende gerichtliche Kontrolle der Verwaltung gefordert, insbes. wurde Ermessen bei grundrechtsbeschränkenden VAen für verfassungswidrig gehalten. Heute ist jedoch allgemein anerkannt, dass Effektivität und Flexibilität des Verwaltungshandelns in bestimmten Fällen einen Ermessensspielraum zwingend erfordern. Soweit Ermessensermächtigungen „nach Inhalt, Gegenstand, Zweck und Ausmaß" hinreichend bestimmt und begrenzt werden, bestehen daher keine verfassungsrechtlichen Bedenken.[701]

431 Ein **Ermessensfehler** liegt vor, wenn die Behörde

- die gesetzlichen Grenzen des Ermessens überschreitet **(Ermessensüberschreitung)**,

- ihr Ermessen überhaupt nicht ausgeübt hat **(Ermessensunterschreitung)**

- oder von dem Ermessen in einer dem Zweck der Ermächtigung nicht entsprechenden Weise Gebrauch gemacht hat **(Ermessensfehlgebrauch)**.

In der Literatur finden sich zahlreiche Versuche, die möglichen Ermessensfehler zu systematisieren. Überwiegend wird die klassische Dreiteilung (Ermessensüberschreitung, Ermessensunterschreitung und Ermessensfehlgebrauch) vorgenommen[702], während teilweise nach dem Wortlaut des § 40 VwVfG bzw. § 114 VwGO nur eine Zweiteilung oder sogar eine Ein-Fehler-Lehre vertreten wird.[703]

Ausgangspunkt in der Klausur sollte stets der Wortlaut des § 40 VwVfG bzw. § 114 VwGO sein. Dabei ist § 40 VwVfG einschlägig, wenn es um eine nur materiell-rechtliche Prüfung geht (also insbes. die Situation im Verwaltungsverfahren: „Ist die Maßnahme rechtmäßig?"), während § 114 VwGO bei der prozessualen Prüfung anzuwenden ist („Hat die Klage Aussicht auf Erfolg?").

---

701 Vgl. BVerfGE 8, 274, 326; Beaucamp JA 2006, 74, 75 m.w.N.

702 Vgl. Knack/Henneke VwVfG § 40 Rdnr. 48 ff.; Proppe JA 1997, 418, 419; Lemke JA 2000, 150, 150; Schoch Jura 2004, 462, 465 f.; Beaucamp JA 2006, 74, 75; Voßkuhle JuS 2008, 117, 118.

703 Vgl. ausführlich Alexy JZ 1986, 701 ff.; Schoch Jura 2004, 462 ff.

a) Ermessensüberschreitung

Eine **Ermessensüberschreitung** liegt vor, wenn die Behörde eine im Gesetz – abstrakt – **432** **nicht zugelassene Rechtsfolge** wählt.

Beispiel: Nach § 11 Abs. 3 VwVG beträgt die Höhe des Zwangsgeldes mindestes drei Deutsche Mark (jetzt 1,53 €) und höchstens zweitausend Deutsche Mark (jetzt 1.022,58 €). Die Höhe im Einzelfall steht im Ermessen der Behörde. Wird ein Zwangsgeld i.H.v. 2.000 € festgesetzt, liegt ein Fall der Ermessensüberschreitung vor.

Die gesetzlichen Grenzen des Ermessens können sich ergeben

▨ aus der das Ermessen einräumenden **Norm** selbst (s.o.),

▨ aus anderen Rechtsvorschriften, vor allem aus den **Grundrechten**, aus sonstigem Verfassungsrecht (z.B. Rechtsstaatsprinzip), aus dem Unionsrecht und

▨ insbesondere aus dem Grundsatz der **Verhältnismäßigkeit** (s.o. Rdnr. 406).

Auch wenn die Verhältnismäßigkeit als Ermessensgrenze geprüft wird, handelt es sich um eine Rechtsfrage und nicht um eine Ermessensfrage, sodass die Beachtung des Grundsatzes der Verhältnismäßigkeit verwaltungsgerichtlich voll nachprüfbar ist.[704]

b) Ermessensunterschreitung   **433**

Der Ermessensüberschreitung steht die sog. **Ermessensunterschreitung** gleich (auch Ermessensausfall, Ermessensnichtgebrauch). Räumt das Gesetz der Behörde Ermessen ein, so ist sie **verpflichtet**, von diesem Ermessen auch Gebrauch zu machen. Fehlt es an einer Ermessensausübung oder schöpft die Verwaltung deren Möglichkeiten nicht aus, so ist die Entscheidung ebenso rechtswidrig, wie wenn die Behörde die Grenzen des Ermessens nicht beachtet.[705]

Umstritten ist lediglich, ob es sich hierbei überhaupt um einen eigenständigen Ermessensfehler handelt oder um einen schlichten Rechtsanwendungsfehler.

Ein solcher Nichtgebrauch des Ermessens kann darauf beruhen, dass   **434**

▨ die Behörde fälschlicherweise die **Voraussetzungen** der Ermessensnorm **verneint** hat und daher zu einer Prüfung der Rechtsfolgenseite gar nicht mehr gekommen ist,

Beispiel: Die Behörde nimmt irrtümlich an, die Abweichung vom Bebauungsplan sei städtebaulich nicht vertretbar und verneint deswegen die Voraussetzungen des § 31 Abs. 2 BauGB, obwohl diese objektiv gegeben sind.

▨ die Behörde sich irrig für **gebunden** gehalten hat, insbes. den Ermessensspielraum überhaupt nicht erkannt hat,

Beispiel: Die Behörde meint, rechtswidrige Verwaltungsakte müssten generell aufgehoben werden, obwohl ihr nach § 48 VwVfG grds. Ermessen zusteht.

▨ die Behörde bei der Anwendung von **Verwaltungsvorschriften** übersehen hat, dass ein **atypischer Fall** vorliegt und deshalb von den Verwaltungsvorschriften abgewichen werden konnte (s.o. Rdnr. 153).

---

704 BVerwGE 30, 313, 317; Achterberg/Püttner/Würtenberger, Besonderes. Verwaltungsrecht II, Kap. 7 § 21 Rdnr. 251; Schenke in Steiner, Besonderes Verwaltungsrecht II, Rdnr. 201; Brischke DVBl. 2002, 429, 434.

705 BVerwGE 31, 212, 213; 48, 81, 84; BVerwG NVwZ 1986, 553; Proppe JA 1997, 418, 419; Maurer § 7 Rdnr. 21 m.w.N.

c) Ermessensfehlgebrauch

435 Die praktisch wichtigste Fallgruppe des Ermessensfehlers besteht darin, dass die Behörde bei der Entscheidung nicht entsprechend dem Zweck der Ermächtigung handelt **(Ermessensfehlgebrauch)**. Beim Ermessensfehlgebrauch ist nicht das Ergebnis, sondern der gedankliche Weg, auf dem die Behörde zu ihrer Entscheidung gelangt ist, fehlerhaft. Deshalb lässt sich dieser Fehler nicht einfach durch Subsumtion des Sachverhaltes unter das Gesetz feststellen, insbesondere also nicht durch einen einfachen Vergleich zwischen der im VA angeordneten und der gesetzlich vorgesehenen Rechtsfolge, sondern der Fehler ergibt sich aus der **Begründung des VA** oder aus anderen **Begleitumständen**.

aa) Sachfremde Erwägungen

436 Ein Ermessensfehlgebrauch ist insbes. anzunehmen, wenn die Behörde sachfremde Erwägungen angestellt hat. Welche Erwägungen sachgemäß sind, kann sich aus der Ermessensnorm selbst, aus anderen Vorschriften sowie aus der Eigenart des Sach- und Rechtsgebiets ergeben, dem das Handeln der Behörde zuzurechnen ist.

Beispiel: Bei behördlich **festgesetzten Märkten** und **Volksfesten** darf der Veranstalter aus sachlich gerechtfertigten Gründen, insbesondere wenn der zur Verfügung stehende Platz nicht ausreicht, einzelne Aussteller, Anbieter oder Besucher von der Teilnahme ausschließen (§ 70 Abs. 3 GewO). Anerkannte Kriterien für die Auswahl sind z.B. das Prioritätsprinzip, die Zuverlässigkeit des Bewerbers, die Attraktivität des Angebots, die Anwendung eines rollierenden Systems oder eines Losverfahrens.[706] Auch die Auswahl nach Bekanntheit und Bewährung der Bewerber stellt grds. einen sachlichen Grund dar. Ein Ermessensfehler liegt aber vor, wenn der Veranstalter ausschließlich bekannte und bewährte Bewerber berücksichtigt, da hierdurch Neubewerber keine Chance auf eine zeitnahe Zulassung haben.[707]

Stets **sachfremd** sind persönliche Motive (Freundschaft, Abneigung etc.). Dagegen sind politische und wirtschaftliche Erwägungen nicht generell unzulässig, denn die Behörde darf nach Zweckmäßigkeit entscheiden, und dabei können diese Gesichtspunkte durchaus eine Rolle spielen. Auch fiskalische Erwägungen sind nicht von vornherein ausgeschlossen, denn auch bei hoheitlichen Maßnahmen ist es vielfach geboten, die entstehenden finanziellen Nachteile zu berücksichtigen.[708] Fiskalische Erwägungen sind z.B. zulässig bei der Rückforderung rechtswidrig gewährter Subventionen, dagegen unzulässig bei einer Polizeiverfügung.

bb) Tatsachenfehler

437 Die Behörde muss **alle wesentlichen Gesichtspunkte** bei ihrer Entscheidung berücksichtigen und daher den entscheidungsrelevanten Sachverhalt richtig und vollständig ermitteln (vgl. § 24 VwVfG). Die Ermessensentscheidung ist daher fehlerhaft, wenn die Behörde bei ihren Erwägungen von unzutreffenden oder unvollständigen tatsächlichen Feststellungen ausgeht,[709] wobei allerdings umstritten ist, ob ein Ermessensfehlgebrauch oder eine Ermessensunterschreitung vorliegt.[710]

---

706 BVerwG NVwZ-RR 2006, 786; OVG Lüneburg NVwZ-RR 2006, 177; Selmer JuS 2006, 472, 473; Braun NVwZ 2009, 747, 750.

707 BVerwG DVBl. 1984, 1071[@]; OVG Lüneburg NJW 2003, 531, 532; Guckelberger Jura 2007, 598, 606.

708 Vgl. Maurer § 7 Rdnr. 22; v.Mutius Jura 1987, 92, 99.

709 OVG MV, Urt. v. 27.03.2009 – 2 L 218/06; OVG NRW NWVBl. 1996, 138, 139; Bader JuS 2006, 199, 200.

710 Vgl. Kopp/Ramsauer VwVfG § 40 Rdnr. 62; Knack/Henneke VwVfG § 40 Rdnr. 52: Ermessensfehlgebrauch.

cc) Strukturelle Mängel in der Begründung

Nach § 39 Abs. 1 S. 3 VwVfG soll die Begründung von Ermessensentscheidungen auch **438** die Gesichtspunkte erkennen lassen, von denen die Behörde bei der Ausübung ihres Ermessens ausgegangen ist. Eine Verletzung der Begründungspflicht stellt zwar keinen materiellen, sondern einen formellen Fehler dar, jedoch kann das Fehlen einer Begründung ein **Indiz** für einen Ermessensfehler sein.[711] Die Begründung darf nicht unlogisch sein und keine widersprüchlichen Ausführungen enthalten. Sie darf keine wesentlichen Gesichtspunkte außer Acht lassen, muss also alle nach Lage des Einzelfalles wesentlichen Abwägungsgesichtspunkte enthalten.[712]

Etwas anderes gilt allerdings in den Fällen des sog. **intendierten Ermessens** (s.o. Rdnr. 427): „Liegt ein vom Regelfall abweichender Sachverhalt nicht vor, versteht sich das Ergebnis der Abwägung von selbst. Versteht sich aber das Ergebnis von selbst, so bedarf es insoweit nach § 39 Abs. 1 S. 3 VwVfG auch keiner das Selbstverständliche darstellenden Begründung."[713] Die Behörde muss in diesem Fall nur die Tatsachen darlegen, die zeigen, dass ein Regelfall vorliegt.[714]

dd) Verstoß gegen den Gleichbehandlungsgrundsatz des Art. 3 Abs. 1 GG

Besondere Bedeutung bei Ermessensentscheidungen hat der allgemeine Gleichheits- **439** grundsatz des Art. 3 Abs. 1 GG.[715] Hauptfälle der zu einem Ermessensfehler führenden Verletzung des Art. 3 Abs. 1 GG sind Verstöße gegen das Willkürverbot (oben Rdnr. 338) und der Verstoß der Behörde gegen eine **Selbstbindung** durch Behördenpraxis oder durch Verwaltungsvorschriften.[716] Umstritten ist lediglich, ob dogmatisch eine Ermessensüberschreitung oder ein Ermessensfehlgebrauch vorliegt.[717]

Beispiele: Sind in einem Gebiet im Laufe der Jahre zahlreiche Wochenendhäuser ohne Baugenehmigung entstanden, so darf sich die Behörde nicht einen Eigentümer wahllos herausgreifen und gegen ihn eine Beseitigungsverfügung erlassen. Sie braucht zwar nicht gegen alle gleichzeitig vorzugehen, muss ihr Vorgehen aber an einem bestimmten Konzept ausrichten (s.o. Rdnr. 338). – Hat die Behörde in ständiger Praxis unter bestimmten Voraussetzungen eine Subvention gewährt, so kann sich daraus ein Anspruch auf Erlass eines Subventionsbescheides in vergleichbaren Fällen ergeben (s.o. Rdnr. 141 ff.).

Gegenbeispiel: Hat die Behörde dem K über einen längeren Zeitraum im Ermessen stehende Subventionen gewährt und wird die Förderung abgebrochen, so stellt dies allein noch keinen Verstoß gegen Art. 3 Abs. 1 GG dar, wenn auch in anderen vergleichbaren Fällen keine Subventionierung mehr erfolgt. Denn Art. 3 Abs. 1 GG begründet nur einen Anspruch auf Gleichbehandlung verschiedener Rechtssubjekte im Hinblick auf eine eingeführte Verwaltungspraxis, nicht dagegen darauf, dass ein- und demselben Rechtssubjekt bei vergleichbaren Sachverhalten gleichmäßige Begünstigungen gewährt werden. Hier kann sich ein Anspruch nur aus dem Grundsatz des Vertrauensschutzes als Bestandteil des Rechtsstaatsprinzips (Art. 20 Abs. 3 GG) ergeben. Allein die Tatsache einer jahrelang gewährten Subvention begründet aber kein schutzwürdiges Vertrauen in die Weitergewährung, sofern nicht besondere Umstände hinzutreten.[718]

---

711 BSG DVBl. 1994, 1246, 1247; Proppe JA 1997, 418, 422; Schoch Jura 2005, 757, 758; Bader JuS 2006, 199, 200.

712 BVerwG NVwZ 2010, 844, 845; OVG MV, Urt. v. 27.03.2009 – 2 L 218/06.

713 BVerwG NJW 1998, 2233, 2234; BayVGH NJW 2011, 326, 328; Borowski DVBl. 2000, 149, 159; kritisch Erbguth JuS 2002, 333, 334; Beaucamp JA 2006, 74, 77.

714 Stelkens/Bonk/Sachs VwVfG § 39 Rdnr. 70; Schoch Jura 2010, 358, 362; vgl. auch OVG Lüneburg, Urt. v. 10.02.2011 – 12 LB 318/08 zur Begründung im atypischen Einzelfall.

715 Ausführlich Bader/Ronellenfitsch VwVfG § 40 Rdnr. 57 ff.

716 Vgl. OVG Lüneburg NJW 2010, 2905; Schoch Jura 2004, 462, 467; Bader/Ronellenfitsch VwVfG § 40 Rdnr. 64 ff.

717 Vgl. Voßkuhle JuS 2008, 117, 118.

718 Vgl. BVerwG NVwZ 2006, 1184, 1188@; DVBl. 1998, 142, 144; VGH Mannheim NJW 2004, 624; OVG Berlin JZ 2005, 672, 673; OVG NRW NWVBl. 2010, 150, 151; abweichend OVG Berlin DVBl. 2003, 1333, 1334; näher oben Rdnr. 148.

Fall 21: Drei Ausländer – drei Fehler

In der Großstadt S halten sich die aus dem außereuropäischen Ausland stammenden A, B und C auf. Der seit 1998 im Bundesgebiet lebende A, Inhaber eines Teppichgeschäftes, erhält vom Ausländeramt der Stadt eine Ausweisungsverfügung mit der Begründung, er besitze zwar eine Niederlassungserlaubnis, habe jedoch durch übertriebene Werbeanpreisungen mehrfach gegen das Gesetz gegen den unlauteren Wettbewerb (UWG) verstoßen. Sein Aufenthalt beeinträchtige daher erhebliche Interessen der Bundesrepublik Deutschland.

B ist wegen vorsätzlicher Körperverletzung zu einer Geldstrafe verurteilt worden. Er wird von der zuständigen Ausländerbehörde ausgewiesen mit der Begründung, wer sich strafbar gemacht habe, könne nicht in der Bundesrepublik bleiben; dabei könnten auch andere Gesichtspunkte wie die bisherige gute Führung des B keine Berücksichtigung finden.

Bei C ist die nach §§ 7, 36 Abs. 2 AufenthG zum Zwecke des Familiennachzugs erteilte Aufenthaltserlaubnis abgelaufen. Sein Antrag auf Verlängerung wird trotz Vorliegens einer außergewöhnlichen Härte mit der Begründung abgelehnt, C nehme nach Feierabend an einer Ausbildung als Bautechniker teil. Das sei unvereinbar damit, dass er als Bauhilfsarbeiter nach Deutschland gekommen sei und ebenso wie die anderen ausländischen Arbeitnehmer nur zu dem Zweck in Deutschland sei, diejenigen Arbeiten zu verrichten, für die sich keine deutschen Arbeitskräfte finden.

Sind die behördlichen Maßnahmen rechtmäßig?

A. Als Rechtsgrundlage für die **Ausweisung** des A kommt § 55 AufenthG in Betracht. Danach **kann** ein Ausländer ausgewiesen werden, wenn sein Aufenthalt die öffentliche Sicherheit und Ordnung oder sonstige erhebliche Interessen der Bundesrepublik Deutschland beeinträchtigt.

440   Da A eine Niederlassungserlaubnis (§ 9 AufenthG) besitzt und sich bereits seit mehr als fünf Jahren im Bundesgebiet aufhält, genießt A **besonderen Ausweisungsschutz** (§ 56 Abs. 1 S. 1 Nr. 1 AufenthG). Daher kann A nur aus **schwerwiegenden Gründen** der öffentlichen Sicherheit und Ordnung ausgewiesen werden (§ 56 Abs. 1 S. 2 AufenthG). Diese liegen in der Regel in den Fällen der § 53 AufenthG und in einigen Fällen der §§ 53, 54 AufenthG vor (§ 56 Abs. 1 S. 3 AufenthG), die bei A ersichtlich nicht gegeben sind. Im Übrigen ist ein schwerwiegender Grund nur anzunehmen, wenn aufgrund des (widerrechtlichen) Verhaltens des Ausländers das öffentliche Interesse an der Erhaltung von Sicherheit und Ordnung im Vergleich zu dem vom Gesetz bezweckten Schutz des Ausländers ein **deutliches Übergewicht** hat.[719] Auch wenn A hier gegen Vorschriften des Wettbewerbsrechtes verstoßen hat, kann darin kein besonders schwerwiegender Verstoß gesehen werden. Die **Ausweisung** ist daher schon mangels tatbestandlicher Voraussetzungen **rechtswidrig**.

In diesem Fall ist auf die **Rechtsfolge** (Ermessen) nicht einzugehen. Das in § 55 Abs. 1 AufenthG vorgesehene Ermessen kommt nicht zum Zuge, da schon die Voraussetzungen der Norm nicht vorliegen.

---

719 BVerwG NVwZ 2009, 727, 728; NVwZ 1997, 1119, 1120; NVwZ 1997, 297, 298.

B. Die Rechtmäßigkeit der gegenüber B erlassenen **Ausweisungsverfügung** richtet sich ebenfalls nach § 55 Abs. 1 AufenthG.

Eine zwingende Ausweisung gem. § 53 AufenthG oder eine Regelausweisung nach § 54 Nr. 1 AufenthG scheiden aus, da B nur zu einer Geldstrafe und nicht zu einer Freiheits- oder Jugendstrafe verurteilt worden ist.

I. **Voraussetzung** ist, dass der weitere Aufenthalt des B die öffentliche Sicherheit und Ordnung oder sonstige erhebliche Interessen der Bundesrepublik Deutschland beeinträchtigt. Dies ist gem. § 55 Abs. 2 Nr. 2 AufenthG insbesondere der Fall, wenn der Ausländer einen nicht nur vereinzelten oder geringfügigen Verstoß gegen Rechtsvorschriften begangen hat. **441**

Hier ist B wegen einer vorsätzliche Körperverletzung verurteilt worden, die eine nicht unerhebliche Straftat darstellt. Die Voraussetzungen des § 55 Abs. 1 AufenthG liegen damit vor.

II. Nach der Vorschrift **„kann"** der Ausländer ausgewiesen werden, die Behörde hat also **Ermessen**. Eine im Ermessen stehende Entscheidung ist **rechtswidrig**, wenn ein **Ermessensfehler** vorliegt (§ 40 VwVfG, § 114 S. 1 VwGO). **442**

Nach § 40 VwVfG, § 114 S. 1 VwGO hat sich die Ermessensausübung stets am Gesetzeszweck auszurichten. Missverständlich und unrichtig ist daher die bisweilen zu findende Formulierung vom **freien Ermessen***. Es gibt kein „freies", sondern stets nur ein „pflichtgemäßes", d.h. gesetzlich gebundenes Ermessen.*[720]

Im vorliegenden Fall hat die Behörde den B mit der Begründung ausgewiesen, wer sich strafbar gemacht hat, könne nicht in der Bundesrepublik Deutschland bleiben. Bei dieser Begründung hat die Behörde verkannt, dass ihr nach § 55 Abs. 1 AufenthG **Ermessen** zusteht, von dem sie in der Weise Gebrauch machen muss, dass sie die für und gegen die Ausweisung sprechenden Gesichtspunkte aufzeigt und eine Abwägung vornimmt. § 55 Abs. 3 AufenthG stellt dabei ausdrücklich klar, dass bei der Entscheidung auch die Dauer des rechtmäßigen Aufenthaltes des Ausländers und dessen schutzwürdigen persönlichen, wirtschaftlichen und sonstigen Bindungen im Bundesgebiet zu berücksichtigen sind. Dies hat die Behörde hier nicht getan. Ihre Entscheidung ist daher wegen **Ermessensnichtgebrauch** (Ermessensunterschreitung, Ermessensausfall) rechtswidrig.

C. Rechtmäßigkeit der Ablehnung der **Aufenthaltserlaubnis** an C

I. Die Verlängerung der Aufenthaltserlaubnis des C richtet sich nach §§ 7, 8, 36 Abs. 2 AufenthG. Danach **kann** die Aufenthaltserlaubnis erteilt bzw. verlängert werden, wenn dies zur Vermeidung einer außergewöhnlichen Härte erforderlich ist. Diese Voraussetzung lag nach dem Sachverhalt vor, sodass die Entscheidung im Ermessen der Behörde stand.

II. Die Ablehnung könnte **ermessensfehlerhaft** sein. Ein **Ermessensfehler** liegt gemäß § 40 VwVfG, § 114 S. 1 VwGO insbesondere vor, wenn die Behörde bei der Entscheidung nicht entsprechend dem Zweck der Ermächtigung handelt (sog. **Ermessensfehlgebrauch**). **443**

---

720 Voßkuhle JuS 2008, 117, 118.

Beim Familiennachzug soll dem besonderen Schutzbedürfnis der familiären Lebensgemeinschaft (vgl. Art. 6 GG) Rechnung getragen werden. Zweck der Aufenthaltserlaubnis ist es in diesen Fällen daher nicht, der Bundesrepublik Arbeitskräfte für Arbeiten zuzuführen, für die sich keine deutschen Arbeitnehmer finden lassen. Die Behörde hat die Verlängerung der Aufenthaltserlaubnis des C daher mit Erwägungen abgelehnt, die vom Normzweck des § 36 Abs. 2 AufenthG nicht mehr gedeckt sind.

Etwas anderes gilt bei Einreise und Aufenthalt zum Zwecke der Erwerbstätigkeit (sog. **Arbeitsmigration**). Hier darf der Aufenthaltstitel nur mit Zustimmung der Bundesagentur für Arbeit erteilt werden, die voraussetzt, dass für die Beschäftigung deutsche Arbeitnehmer sowie ihnen gleichgestellte Ausländer (insbes. EU-Ausländer) nicht zur Verfügung stehen (§ 39 Abs. 2 Nr. 1 b AufenthG). Im Falle des Familiennachzugs wird der Betroffene beim Arbeitsmarktzugang dagegen dem Ausländer gleichgestellt, zu dem der Nachzug erfolgt (§ 29 Abs. 5 AufenthG).

Somit ist die Ablehnung der Verlängerung der Aufenthaltserlaubnis wegen **Ermessensfehlgebrauchs** rechtswidrig. Die Behörde muss nochmals, und zwar ermessensfehlerfrei entscheiden.

Die Behörde kann daher mit anderer, sachgerechter Begründung durchaus zum selben Ergebnis gelangen. § 114 S. 2 VwGO gestattet es der Behörde sogar, ihre Ermessenserwägungen noch im Verwaltungsprozess zu ergänzen (s.o. Rdnr. 372 f.).

Überprüfung von Ermessensentscheidungen

1. Vorliegen der **Tatbestandsvoraussetzungen** der Norm
   –> wenn (–) VA rechtswidrig, Rechtsfolge irrelevant

2. **Rechtsfolge**: Ermessen?
   - Vorliegen einer Ermessensnorm
     „kann", „darf", „ist befugt"
   - **Ermessensfehler?**

Überschreitung	**Fehlgebrauch**	**Unterschreitung**
Überschreitung der **gesetzlichen Grenzen** des Ermessens, insbes. Verhältnismäßigkeit	von dem Ermessen in einer dem **Zweck der Ermächtigung** nicht entsprechenden Weise Gebrauch gemacht	**Nichtgebrauch** des Ermessens

3. Ermessensreduzierung auf Null

Fall 22: Nachbarstreit

B hat auf seinem Grundstück unmittelbar an die Grenze zu seinem Nachbarn N unter Verstoß gegen nachbarschützende Vorschriften eine Garage gebaut. Als N feststellt, dass B hierfür keine Baugenehmigung besitzt, wendet er sich an die Baubehörde und verlangt die Beseitigung des rechtswidrig errichteten Bauwerks. Die Behörde lehnt dies ab unter Hinweis darauf, dass B das zulässige Maß nur geringfügig überschritten habe, sodass ihm möglicherweise im Wege des Dispenses noch nachträglich eine Baugenehmigung erteilt werden könne. Im Übrigen wolle sich die Behörde aus dem Nachbarstreit heraushalten. Es bleibe N unbenommen, auf zivilrechtlichem Wege gegen B vorzugehen. N überlegt, ob er einen Anspruch auf Einschreiten hat.

§ 61 LBauO lautet: „Die zuständigen Behörden haben darüber zu wachen, dass die öffentlich-rechtlichen Vorschriften eingehalten werden. Sie haben in Wahrnehmung dieser Aufgaben nach pflichtgemäßem Ermessen die erforderlichen Maßnahmen zu treffen."

Ein **Anspruch auf Einschreiten** könnte sich aus der behördlichen **Ermächtigungs- 444 grundlage**, hier § 61 S. 2 LBauO, ergeben.[721]

I. Da diese Vorschrift an sich nur Befugnisse der Behörde regelt, ist schon fraglich, ob sich daraus überhaupt ein **Anspruch** für den Bürger ergeben kann.

    1. Eine solche **Anspruchsqualität** ist zu bejahen, wenn die Norm zugleich ein **sub- 445 jektives Recht** für den Bürger enthält, d.h. zumindest auch dem Schutz der Rechte des Dritten zu dienen bestimmt ist, nicht dagegen, wenn die Norm ausschließlich öffentliche Interessen verfolgt (Schutznormtheorie).[722]

    2. Die Eingriffsnormen der Behörde dienen in erster Linie der Durchsetzung öffent- 446 licher Interessen (vgl. z.B. „**öffentliche** Sicherheit"). Zum Schutz der öffentlichen Sicherheit gehören aber auch die Individualrechte des Einzelnen. Ausnahmsweise haben die Eingriffsnormen daher Anspruchsqualität, wenn es um den Schutz solcher Rechte geht, also wenn die Vorschriften des materiellen Baurechts, gegen die das illegale Vorhaben verstößt, **nachbarschützenden** Charakter haben.

    Hier ist die Garage unter Verletzung nachbarschützender Vorschriften errichtet worden. Die behördliche Eingriffsgrundlage kann damit **Anspruchsgrundlage** für N sein.

II. Die **Voraussetzungen** der Anspruchsgrundlage (Ermächtigungsgrundlage) sind er- 447 füllt, da B gegen Baurechtsvorschriften verstoßen hat. Die für eine Beseitigungsverfügung erforderliche formelle und materielle Illegalität ist nach dem Sachverhalt gegeben.

III. Der **Rechtsfolge** nach steht ein Einschreiten nach § 61 S. 2 LBauO ausdrücklich im Ermessen der Behörde.

---

721 Zum Landesrecht vgl. oben Rdnr. 326
722 Vgl. z.B. OVG NRW NWVBl. 2006, 145, 146; NWVBl. 2006, 107, 108; Schoch Jura 2004, 317, 324 m.w.N.

448 1. Soweit die Behörde nach Ermessen zu entscheiden hat, steht dem Bürger grundsätzlich **kein strikter Rechtsanspruch** auf Erlass des VA zu. Er hat vielmehr nur einen **Anspruch auf ermessensfehlerfreie Entscheidung** über den Erlass des VA.[723]

*Auch ein solcher Anspruch ist **nicht generell** gegeben, sondern nur, wenn der Antrag berechtigterweise gestellt wurde und es sich bei der Ermessensnorm um ein **subjektives Recht** des Antragstellers handelt.*[724]

So hat der Nachbar einen Anspruch auf ermessensfehlerfreie Entscheidung der Bauaufsichtsbehörde nur, wenn der Bauherr gegen **nachbarschützende Vorschriften** verstoßen hat, nicht dagegen, wenn allein im öffentlichen Interesse stehende Baugestaltungsvorschriften verletzt sind. **Beispiel:** Dem Bauherrn B ist eine Baugenehmigung erteilt worden. Nachbar N ist der Ansicht, dass für das Vorhaben eine immissionsschutzrechtliche Genehmigung erforderlich ist.

Nach h.M. gibt es grds. keinen Drittschutz gegen ein falsches Genehmigungsverfahren, da ein Anspruch auf Durchführung eines bestimmten Verfahrens i.d.R. nicht besteht.[725] Eine Ausnahme hat die Rspr. im Atomrecht gemacht, da der Betroffene bei Verwirklichung des Vorhabens ohne das objektiv-rechtlich erforderliche Genehmigungsverfahren seine materiellen Rechte nicht ausreichend geltend machen kann (vorgezogener Grundrechtsschutz durch Verfahrensrecht).[726] Auch § 4 Umwelt-Rechtsbehelfsgesetz (URBG)[727] sieht ein Anfechtungsrecht bei bestimmten Verfahrensfehlern im Umweltrecht ausdrücklich vor (insbes. bei unterbliebener Umweltverträglichkeitsprüfung). Im Übrigen kann der Nachbar zur Wahrung seiner Rechte unabhängig von dem gewählten Verwaltungsverfahren einen öffentlich-rechtlichen Abwehranspruch nur geltend machen, soweit das Vorhaben ihn tatsächlich in seinen **materiellen subjektiven Rechten** verletzt.[728]

Beispiele: Ungeachtet dessen, dass die Behörde bereits bei formeller Illegalität einschreiten kann, hat der Nachbar keinen Anspruch auf Einschreiten bei bloßem Fehlen einer Baugenehmigung, wenn das Vorhaben materiellrechtlich nachbarschützende Vorschriften nicht verletzt.[729] Auch kann ein Bauvorhaben den Nachbarn nicht allein deshalb in seinen subjektiven Rechten verletzen, weil es ohne vorherige, objektiv-rechtlich erforderliche Bebauungsplanung verwirklicht werden soll.[730] Denn ein Anspruch auf Bauleitplanung besteht grds. nicht (§ 1 Abs. 3 S. 2 BauGB).

449 2. Hat die Behörde grds. Ermessen, ist es ausnahmsweise aber möglich, dass im konkreten Fall alle Entscheidungen bis auf eine ermessensfehlerhaft sind (sog. **Ermessensreduzierung auf Null**). In diesem Fall wandelt sich der Anspruch auf ermessensfehlerfreie Entscheidung um in einen Anspruch auf Erlass des VA selbst.[731]

450 3. Ein unmittelbarer Anspruch des N auf Erlass einer Beseitigungsverfügung besteht daher nur, wenn eine **Ermessensreduzierung** vorliegt.

---

723 Schoch Jura 2004, 462, 468.

724 Vgl. dazu BVerwGE 39, 235 ff.; OVG NRW NWVBl. 2006, 107, 108; OVG Greifswald UPR 2004, 80; v.Mutius Jura 1987, 92, 100; Bader/Ronellenfitsch VwVfG § 40 Rdnr. 75 ff.

725 OVG NRW NVwZ 2004, 408; NVwZ 2003, 361; Ortloff NVwZ 2005, 1381, 1384.

726 Vgl. BVerwGE 85, 386, 377.

727 Gesetz vom 07.12.2006 (BGBl. I S. 2816); dazu Koch NVwZ 2007, 369 ff.; Ziekow NVwZ 2007, 259 ff.; Kment NVwZ 2007, 274 ff.; Ewer NVwZ 2007, 267 ff.; Schrödter NVwZ 2009, 157 ff.

728 OVG NRW NWVBl. 2006, 229; NWVBl. 2004, 382, 383; OVG NRW NVwZ-RR 2004, 408; VG Minden NWVBl. 2003, 154 m.w.N.

729 SächsOVG NVwZ 1997, 922; OVG Berlin BauR 2004, 987.

730 OVG NRW NWVBl. 2006, 229.

731 VGH Kassel NVwZ 1995, 394, 395; Maurer § 7 Rdnr. 24; Schoch Jura 2004, 462, 468; Beaucamp JA 2006, 74, 75.

a) Wann eine solche Ermessensreduzierung anzunehmen ist, lässt sich nicht allgemein feststellen, sondern ist stets eine **Frage des Einzelfalls**, die insbes. unter Berücksichtigung des betroffenen Rechtsgebietes und der betroffenen Rechte zu beantworten ist.

Beispiele: 451

- im **Ordnungsrecht:** Ermessensreduzierung bei hoher Intensität der Störung oder Gefährdung der öffentlichen Sicherheit, z.B. bei Beeinträchtigung hochrangiger Rechtsgüter wie Leben und Gesundheit;[732]

- im **Straßenrecht:** Die Sondernutzungserlaubnis (vgl. § 8 FStrG: Ermessen) zur Aufstellung von Wahlplakaten muss in Wahlkampfzeiten erteilt werden (wegen Art. 21 Abs. 1, 38 Abs. 1 GG);[733]

- im **Beamtenrecht:** Ermessensreduzierung bei Einstellung und Beförderung, wenn ein Bewerber eindeutig am besten qualifiziert ist;

- **allgemein:** Bei Selbstbindung der Verwaltung (durch tatsächliche Übung oder Verwaltungsvorschriften) gebietet Art. 3 Abs. 1 GG grds. eine Gleichbehandlung.

Beachte aber: *Eine bestehende Verwaltungspraxis begründet keine Selbstbindung der Verwaltung, wenn die Behörde sie für die Zukunft aus willkürfreien Erwägungen generell aufgibt und durch eine andere, ebenfalls rechtmäßige Verwaltungspraxis ersetzt.*[734]

b) Im Baurecht wird teilweise davon ausgegangen, dass sich bei Verletzung nachbarschützender Vorschriften in der **Regel** eine Ermessensreduzierung ergebe. Wenn die bauordnungsrechtlichen Eingriffsnormen Nachbarschutz bezweckten, so bewirke dies auch eine zweckbestimmte, finale Ausrichtung des der Behörde eingeräumten Ermessens zur Durchsetzung des Nachbarschutzes. Nur im atypischen Ausnahmefall solle die Behörde von einem Einschreiten absehen dürfen.[735] 452

c) Die h.M. geht demgegenüber davon aus, dass es auch im Baurecht nur im **Ausnahmefall** zu einer Ermessensreduzierung kommt, vor allem bei „hoher Intensität der Störung oder Gefährdung" oder „in besonders schweren Gefahrensfällen".[736] 453

Besonders umstritten sind die Fälle, in denen die Behörde zunächst eine (rechtswidrige) Baugenehmigung erteilt hat, die später (durch gerichtliche oder behördliche Aufhebung) wegfällt. Hier wird überwiegend eine Ermessensreduzierung und damit eine Pflicht der Behörde zum Einschreiten angenommen (Gesichtspunkt der Folgenbeseitigungslast).[737]

d) Gegen die erstgenannte Meinung spricht, dass das Gesetz nicht zwischen objektiv-rechtlichen Verstößen und Verstößen gegen nachbarschützende Vorschriften unterscheidet, sondern der Behörde generell ein Ermessen einräumt, das nur in Ausnahmefällen reduziert wird.

---

732 Vgl. z.B. OVG NRW NWVBl. 2006, 145, 147.

733 OVG Saarland LKRZ 2009, 313, 314.

734 BVerwG NVwZ 2006, 1184, 1188 ff.@; OVG NRW, Beschl. v. 27.09.2005 – 8 A 2947/03.

735 OVG NRW RÜ 2009, 737, 740; Mampel DVBl. 1999, 1403, 1405; Martini DVBl. 2001, 1488, 1492.

736 BVerwGE 11, 95, 97; BVerwG BayVBl. 1997, 23, 24; Geiger JA 1992, 315 m.w.N.; offen gelassen von BVerwG NVwZ 1998, 395.

737 Vgl. AS-Skript Öffentliches Baurecht (2009), Rdnr. 418.

Die dafür erforderliche Intensität der Störung liegt hier jedoch nicht vor, da B nur in unerheblichem Umfang das zulässige Maß überschritten hat.

Gegenbeispiel: Ermessensreduzierung zugunsten der Gemeinde bei einem Verstoß gegen ihre durch Art. 28 Abs. 2 GG geschützte Planungshoheit.[738]

Dem N steht daher kein unmittelbarer Anspruch auf Einschreiten der Behörde zu, sondern grds. nur ein Anspruch auf **ermessensfehlerfreie Entscheidung**.

454 IV. Der Anspruch des N könnte durch Erfüllung **erloschen** sein, wenn die Behörde bereits ermessensfehlerfrei entschieden hat. Die Entscheidung der Behörde könnte hier ermessensfehlerhaft sein, und zwar könnte ein **Ermessensfehlgebrauch** vorliegen.

1. Die Behörde hat ihr Nichteinschreiten einerseits damit begründet, dass N gegen B zivilrechtlich vorgehen könne. Nach allgemeiner Auffassung verdrängt ein möglicher Zivilrechtsschutz jedoch nicht den Anspruch aus einem subjektiv öffentlichen Recht, da sich diese Rechte in Tatbestand, Rechtsfolge und Rechtscharakter unterscheiden.[739] Zivilrechtliche Abwehrmöglichkeiten können zwar das Ermessen der Behörde beeinflussen, der Anspruch auf ermessensfehlerfreie Entscheidung über ein hoheitliches Einschreiten wird dadurch aber nicht ausgeschlossen.[740] Diese Erwägung der Behörde ist daher **sachwidrig** und damit ermessensfehlerhaft.

455 2. Andererseits hat sich die Behörde **sachgemäß** auch auf die nur unerhebliche Überschreitung des Baumaßes bezogen, der Verweis auf den Zivilrechtsweg ist dagegen sachwidrig. Begründet die Behörde ihre Ermessensausübung in mehrfacher Weise, so kommt es für die Frage eines Ermessensfehlers darauf an, ob die jeweilige Begründung für die Entscheidung **tragend** gewesen ist (arg. e. § 39 Abs. 1 S. 2 VwVfG). Gibt die Behörde mehrere, selbstständig tragende Begründungen, so genügt es, dass eine davon ermessensfehlerfrei ist. Etwas anderes gilt nur dann, wenn nach dem Willen der Behörde nur alle Gründe zusammen die Entscheidung rechtfertigen sollten.[741]

Davon kann hier nicht ausgegangen werden. Vielmehr trägt der Hinweis auf die nur geringfügige Überschreitung die Entscheidung selbstständig. Der Hinweis auf die zivilgerichtliche Durchsetzung hat keine tragende, sondern nur ergänzende Bedeutung. Die Ablehnung durch die Behörde war bzgl. der baurechtlichen Erwägung ermessensfehlerfrei. Der Anspruch des N auf ermessensfehlerfreie Entscheidung ist damit erloschen.

---

738 BayVGH NVwZ-RR 2005, 56, 57.

739 Vgl. BVerwGE 11, 331, 332; 50, 282, 289; OVG Berlin NJW 1983, 777 m.w.N.

740 Vgl. BayVGH NVwZ-RR 2004, 224, 226 zum Rechtsschutzbedürfnis bei entsprechender Klage; vgl. auch OVG NRW BauR 2004, 62 zum Verhältnis von privatem zu öffentlichem Nachbarrecht.

741 BVerwG DVBl. 2001, 726, 729.

Anhang: Prozessuale Durchsetzung

Ansprüche auf Erlass eines begünstigenden VA werden im Wege der **Verpflichtungs-** **456** **klage** (§ 42 Abs. 1, 2. Fall VwGO) durchgesetzt. Die Verpflichtungsklage ist gem. § 113 Abs. 5 S. 1 VwGO begründet, wenn die Ablehnung oder Unterlassung des VA **rechtswidrig** ist, der Kläger dadurch in seinen **Rechten verletzt** ist und die Sache **spruchreif** ist. Diese Voraussetzungen sind immer dann gegeben, wenn der Bürger einen **Anspruch** auf den Erlass des VA hat.[742]

- Ist die Sache spruchreif, so spricht das Gericht die Verpflichtung der Behörde aus, den beantragten VA zu erlassen, § 113 Abs. 5 S. 1 VwGO (sog. **Verpflichtungsurteil**).

- Fehlt die Spruchreife, so verpflichtet das Gericht die Behörde, den Kläger unter Beachtung der Rechtsauffassung des Gerichts (erneut) zu bescheiden (sog. **Bescheidungsurteil**, § 113 Abs. 5 S. 2 VwGO).

Spruchreif ist die Sache nur, wenn alle rechtlichen und tatsächlichen Voraussetzungen **457** für den VA geklärt sind, sodass feststeht, ob der VA zu erlassen oder abzulehnen ist. Grundsätzlich ist das Verwaltungsgericht verpflichtet, die Sache spruchreif zu machen, d.h. alle rechtlichen und tatsächlichen Fragen selbst aufzuklären und zu entscheiden. Dies folgt aus dem Amtsermittlungsgrundsatz gemäß § 86 VwGO.[743]

Wird z.B. ein Anspruch auf Erteilung einer Baugenehmigung geltend gemacht, so muss das Gericht klären, ob dem Vorhaben öffentlich-rechtliche (Bau-)Vorschriften entgegen stehen, z.B. muss das Verwaltungsgericht klären, ob das Baugrundstück zum Innenbereich (§ 34 BauGB) oder zum Außenbereich (§ 35 BauGB) gehört.

Die Verpflichtung zur Herbeiführung der Spruchreife hat aber mit Rücksicht auf den **458** Grundsatz der Gewaltenteilung dort ihre Grenzen, wo das Gericht mit seiner Entscheidung Verwaltungstätigkeit ausüben müsste. Das ist der Fall, wenn noch ein **Ermessensspielraum** besteht, weil hier das Gericht die behördliche Entscheidung nur auf Ermessensfehler überprüfen (§ 114 S. 1 VwGO), aber nicht sein Ermessen an die Stelle des Ermessens der Behörde setzen darf.

Beispiel: Ist für ein Bauvorhaben ein Dispens erforderlich, so steht dieser im Ermessen der Behörde (vgl. § 31 Abs. 2 BauGB). Dieses Ermessen muss die Behörde ausüben.

Hat der Bürger „nur" einen Anspruch auf ermessensfehlerfreie Entscheidung und ist die bisherige Entscheidung der Behörde mit Ermessensfehlern behaftet, ergeht daher ein **Bescheidungsurteil** (§ 113 Abs. 5 S. 2 VwGO). Die Behörde wird verpflichtet, den Kläger unter Beachtung der Rechtsauffassung des Gerichts (neu) zu bescheiden. Ist die Ablehnung der Behörde dagegen ermessensfehlerfrei erfolgt, so wird die Klage als unbegründet abgewiesen.

Dasselbe gilt, wenn die Behörde durch Ergänzung ihrer Ermessenserwägungen im gerichtlichen Verfahren (§ 114 S. 2 VwGO) die ursprünglich fehlerhafte Entscheidung in der Weise „heilt", dass sie aufgrund der nachgeschobenen Gründen nunmehr als ermessensfehlerfrei zu qualifizieren ist. Die Klage wird dann unbegründet.

---

742 Vgl. AS-Skript VwGO (2009), Rdnr. 190 f.
743 BVerwG NVwZ 1999, 65, 66; NVwZ 1998, 861; OVG NRW NWVBl. 2008, 26, 27.

V. Unbestimmte Rechtsbegriffe und Beurteilungsspielraum

1. Unterscheidung zwischen Ermessen und Beurteilungsspielraum

459 Beim Ermessen geht es um den Entscheidungsspielraum der Behörde im Bereich der Rechtsfolge (**„Rechtsfolgeermessen"**). Hiervon streng zu unterscheiden ist die Frage, ob ein solcher Spielraum auch auf der **Tatbestandsseite**, also den Voraussetzungen einer Norm, bestehen kann. Dies betrifft die sog. **unbestimmten Rechtsbegriffe**, die in besonderem Maße der Auslegung und Konkretisierung bedürfen, bevor sie im Einzelfall Anwendung finden können.[744]

Beispiele:

- Die Fahrerlaubnis ist zu entziehen, wenn der Betroffene zum Führen von Kraftfahrzeugen „ungeeignet" ist (§ 3 Abs. 1 StVG).

- Die Ausübung eines Gewerbes ist zu untersagen, wenn der Gewerbetreibende „unzuverlässig" ist (§ 35 Abs. 1 GewO).

- Ein Beamter auf Probe kann entlassen werden, wenn er sich in der Probezeit nicht „bewährt" hat (§ 23 Abs. 3 Nr. 2 BeamtStG).

460 Früher wurde zwar zuweilen die Auffassung vertreten, zwischen dem Handlungsermessen und einem im Bereich der Voraussetzungen der Norm eingeräumten Spielraum bestehe eine so weitgehende Strukturgleichheit, dass ein grundsätzlicher Unterschied nicht gerechtfertigt sei.[745] Dagegen ist jedoch einzuwenden, dass bei Tatbestandsvoraussetzungen die für das Ermessen typischen **Zweckmäßigkeitserwägungen** grundsätzlich nicht zulässig sind: Ein Gewerbetreibender ist entweder unzuverlässig oder er ist es nicht. Die Behörde ist gehalten, die richtige Entscheidung zu treffen. Ob das eine oder das andere der Fall ist, mag zwar schwierig zu entscheiden sein. Es ist aber im Hinblick auf Art. 19 Abs. 4 GG nicht zulässig, diese Frage einfach nach Zweckmäßigkeit zu bejahen oder zu verneinen. **Ermessen ist demnach stets der Rechtsfolgenseite** einer Norm zuzuordnen. Die Regeln über die eingeschränkte Kontrolle des Ermessens auf der Rechtsfolgenseite gelten daher nicht für die Auslegung und Anwendung unbestimmter Rechtsbegriffe auf der Tatbestandsseite.[746]

2. Gerichtliche Kontrolldichte

461 Die **rechtliche Problematik** unbestimmter Rechtsbegriffe liegt in der richtigen Aufgabenverteilung zwischen Verwaltung und Rechtsprechung sowie in der für den Rechtsschutz des Bürgers nach Art. 19 Abs. 4 GG wichtigen Frage der **Kontrolldichte** bei der Überprüfung der Verwaltung durch die Gerichte.

- Bejaht man einen Entscheidungsspielraum der Behörde, so darf das VG nur prüfen, ob die äußeren Grenzen verletzt sind, ob sachfremde Erwägungen zugrunde liegen usw. Lässt sich das nicht feststellen, behält die behördliche Entscheidung Bestand. Praktisch hat in Zweifelsfällen dann die Verwaltungsbehörde das letzte Wort.

---

744 Vgl. Schoch Jura 2004, 612, 613.

745 Schmidt-Eichstaedt AöR 98 (1973), 173, 176; Soell, Das Ermessen der Eingriffsverwaltung, S. 207; Martens JuS 1987, 103, 107; Herdegen JZ 1991, 747, 751 m.w.N.

746 BVerfG NJW 1991, 2005, 2006®; BVerwG NJW 1999, 2056; DVBl. 1995, 1353, 1360.

■ Wird der Behörde kein Spielraum zugebilligt, so prüft das VG z.B. selbst, ob der Betroffene ungeeignet ist oder sich bewährt hat. Das VG kann deshalb im Zweifelsfall zu einem anderen Ergebnis als die Behörde gelangen. Praktisch hat dann das Gericht das letzte Wort.

Ob auf der Tatbestandsseite Spielräume bestehen können, ist durch Auslegung des einfachen Rechts unter Berücksichtigung insbesondere der Grundrechte zu ermitteln. Von der Rechtsprechung werden Entscheidungsspielräume auf der Tatbestandsseite im Hinblick auf Art. 19 Abs. 4 GG nur im Ausnahmefall anerkannt, grds. nehmen die Gerichte die **Letztentscheidungskompetenz** für sich in Anspruch. **462**

In der Lit. wird darauf hingewiesen, dass die von den deutschen Verwaltungsgerichten geübte Praxis in Europa fast einzigartig ist. Außer in Österreich wird in keinem anderen Land die Letztentscheidungskompetenz von den Gerichten derart weitgehend in Anspruch genommen wie in Deutschland.[747]

3. Lehre vom Beurteilungsspielraum

Dass auch bei den tatbestandlichen Voraussetzungen für eine behördliche Maßnahme ein beschränkt überprüfbarer Entscheidungsspielraum (sog. **Beurteilungsspielraum**) gegeben sein kann, ist inzwischen allgemein anerkannt. **463**

Erstmals wurde dieser Begriff von Bachof[748] verwendet. Mit abweichender Terminologie, aber sachlich in die gleiche Richtung gehend wurde durch Ule die sog. Vertretbarkeitslehre entwickelt.[749] Danach ist, soweit in Grenzfällen verschiedene Lösungen denkbar sind, die von der Verwaltungsbehörde getroffene Entscheidung als rechtmäßig anzusehen, wenn sie sich im Rahmen des Vertretbaren bewegt. Zu einer ähnlichen Lösung kommt auch Wolff, der der Behörde bei der Interpretation von unbestimmten Rechtsbegriffen eine Einschätzungsprärogative zubilligen will.[750]

a) Die **Lehre vom Beurteilungsspielraum** beruht auf der Erwägung, dass es Fälle gibt, in denen der Gesetzgeber keine so eindeutige Regelung vorgenommen hat oder nach der Natur der Sache gar nicht vornehmen konnte, dass sich mit hinreichender Sicherheit feststellen ließe, welche Entscheidung richtig ist. **464**

„Unbestimmte Rechtsbegriffe können wegen hoher Komplexität oder besonderer Dynamik der geregelten Materie so vage und ihre Konkretisierung im Nachvollzug der Verwaltungsentscheidung so schwierig sein, dass die gerichtliche Kontrolle an die Funktionsgrenzen der Rechtsprechung stößt."[751]

b) Verfassungsrechtlich ist der Gebrauch unbestimmter Rechtsbegriffe zwar nicht ganz unbedenklich. Insbesondere der Grundsatz vom Vorbehalt des Gesetzes fordert, dass das Verwaltungshandeln durch die gesetzliche Ermächtigungsgrundlage hinreichend bestimmt wird. Das hindert den Gesetzgeber jedoch nicht, bestimmte Voraussetzungen generalklauselartig zu regeln, solange sich durch Auslegung eine zuverlässige Grundlage für die Rechtsanwendung finden lässt.[752] In einem solchen Fall verstößt die Annahme eines Beurteilungsspielraums ebensowenig gegen das Rechtsschutzgebot des Art. 19 Abs. 4 GG, wie dies bei der Einräumung von Ermessen der Fall ist.[753] **465**

---

747 Dolde NVwZ 2006, 857, 858; Stelkens DVBl. 2010, 1078, 1085.

748 Bachof JZ 1955, 97.

749 Ule, Zur Anwendung unbestimmter Rechtsbegriffe im Verwaltungsrecht, Gedächtnisschrift W. Jellinek, 1955, 309 ff.; ders. VerwArch. 76, 1, 9 ff.

750 Wolff/Bachof, Verwaltungsrecht I, 9. Aufl., S. 191 ff.

751 BVerfG NJW 1991, 2005, 2006@; in diesem Sinne auch BVerfG DVBl. 1992, 145, 147.

752 v.Mutius Jura 1987, 92, 95.

753 Schoch Jura 2004, 612, 616.

Die verwaltungsgerichtliche Überprüfung kann „nicht weiter reichen als die materiell-rechtliche Bindung (der Verwaltung). Der lückenlose Rechtsschutz, den Art. 19 Abs. 4 GG gewährt, schließt daher normativ eröffnete Gestaltungs-, Ermessens- und Beurteilungsspielräume der Verwaltung nicht von vornherein aus."[754] „Sind mehrere rechtmäßige Entscheidungen denkbar, so verlangt Art. 19 Abs. 4 GG nicht, dass die Auswahl unter ihnen letztverbindlich vom Gericht getroffen wird."[755]

c) Umstritten ist jedoch, in **welchen Fällen** und in **welchem Umfang** ein solcher Beurteilungsspielraum anzuerkennen ist.

466 **aa)** Teilweise wird bei unbestimmten Rechtsbegriffen **generell** ein Beurteilungsspielraum gefordert. Eine vollständige Überprüfung würde zu einer zu starken Einengung der Verwaltung führen. Die Forderung nach einer Minderung der gerichtlichen Kontrolldichte ist jedoch in erster Linie rechtspolitischer Natur und beachtet zu wenig die Rechtsschutzgarantie in Art. 19 Abs. 4 GG. Danach müssen auch unbestimmte Rechtsbegriffe grds. gerichtlich **unbeschränkt überprüfbar** sein.[756]

Das gilt z.B. bei Begriffen wie: Gefahr für die öffentliche Sicherheit oder Ordnung i.S.d. polizeilichen Generalklausel, Ungeeignetheit (§ 3 StVG), Unzuverlässigkeit (z.B. § 4 GaststG, § 35 GewO). In all diesen Fällen entscheidet das Gericht letztverbindlich, ob die Gefahr tatsächlich vorliegt oder ob der Betroffene ungeeignet oder unzuverlässig ist.[757]

467 **bb) Ausnahmen** gelten nur, wenn der einschlägigen Rechtsvorschrift entweder ausdrücklich oder zumindest durch Auslegung die Entscheidung des Gesetzgebers zu entnehmen ist, dass die Verwaltung ermächtigt ist, über das Vorliegen der tatbestandlichen Voraussetzungen eines unbestimmten Rechtsbegriffs abschließend zu entscheiden **(normative Ermächtigungslehre)**.[758]

(1) Ausdrücklich normierte gesetzliche Beurteilungsspielräume finden sich äußerst selten.

Vgl. z.B. § 71 Abs. 5 Satz 2 GWB: „Die Würdigung der gesamtwirtschaftlichen Lage und Entwicklung ist hierbei der Nachprüfung des Gerichts entzogen."

(2) Eine erhebliche Rolle spielen hingegen Vorschriften, bei denen sich ein Beurteilungsspielraum durch die **Auslegung** der relevanten Vorschriften ergibt.[759]

„Im Bereich der gebundenen Verwaltung können sich Kontrollrestriktionen insbesondere dann ergeben, wenn Entscheidungen in unwiederholbaren Situationen, wie etwa bei bestimmten Prüfungsentscheidungen, oder auf der Grundlage unvertretbarer Wertungen, so etwa bei dienstlichen Beurteilungen, oder durch pluralistisch zusammengefasste weisungsunabhängige Gremien zu treffen waren. Einen behördlichen Beurteilungsspielraum hat das Gericht auch dann zu respektieren, soweit die Behörde auf Schätzungen oder Prognosen zurückgreifen darf oder muss."[760]

---

754 BVerfG NVwZ 1993, 666, 669@.

755 BVerwG DVBl. 1982, 29, 31; ebenso BVerwG NJW 2007, 2790, 2793.

756 BVerfG NVwZ 1993, 666, 669; NJW 1991, 2005, 2006@; NJW 1991, 2008, 2010; BVerwG NJW 2007, 2790, 2792; DVBl. 1996, 811, 812; Maurer § 7 Rdnr. 33; Kopp/Schenke VwGO § 114 Rdnr. 24 m.w.N.

757 Vgl. BVerwG DVBl. 2005, 115, 116 m.w.N.

758 BVerfG NVwZ 2010, 435, 439; BVerwG NJW 2007, 2790, 2792; DVBl. 1996, 811, 812; Schneider/Jürgens JA 2001, 481, 487; Beaucamp JA 2002, 314, 315 f.; Voßkuhle JuS 2008, 117, 118.

759 Vgl. BVerfG NVwZ 2010, 435, 439; Wimmer JZ 2010, 433, 439.

760 BVerwG DVBl. 2004, 1040, 1042.

Ein **gerichtlich nur eingeschränkt überprüfbarer Beurteilungsspielraum** wird daher **468** bejaht, bei

- **Prüfungsentscheidungen,**[761] prüfungsähnlichen Entscheidungen und beamtenrechtlichen Beurteilungen[762]

- **prognostischen Entscheidungen** und Risikobewertungen (z.B. im Umweltrecht), bei denen der Gesetzgeber im Hinblick auf die Einschätzung künftiger Entwicklungen der Verwaltung die Letztverantwortung zugewiesen hat;[763]

- Entscheidungen, die weitgehend von einer **persönlichen Wertung** abhängen und vom Gesetz einem **weisungsfreien, pluralistisch besetzten Gremium** übertragen sind.[764]

  Beispiel: Die Beurteilung einer Weinprüfungskommission, ob ein Wein in Aussehen, Geruch und Geschmack frei von Fehlern ist, kann vom Gericht nur eingeschränkt überprüft werden.[765] Dagegen ist die Frage der Jugendgefährdung bei der Indizierung jugendgefährdender Medien durch die Bundesprüfstelle gem. §§ 18, 19 JuSchG gerichtlich voll überprüfbar.[766] Umstritten ist lediglich, ob der Bundesprüfstelle bei der Abwägung mit entgegenstehenden Belangen (z.B. mit der Kunstfreiheit nach Art. 5 Abs. 3 GG) ein (eingeschränkter) Beurteilungsspielraum verbleibt.[767]

Nicht ausreichend für die Zuerkennung eines Beurteilungsspielraums ist dagegen allein **469** die besondere Sachkunde oder Erfahrung der Behörde, die Komplexität des Sachverhaltes oder schwierige fachliche Bewertungen, da diese Gesichtspunkte durch vom Gericht hinzugezogene Sachverständige ebenfalls überprüft werden können.[768]

Beispiele: Kein Beurteilungsspielraum bei Körentscheidungen nach dem TierzuchtG[769] ebenso nicht bei der Kalkulation von Gebühren[770] oder bei der Prüfung der Zuverlässigkeit eines Gewerbetreibenden.[771]

Umstritten ist dies bei dem im Umweltrecht gebräuchlichen Begriff des „Stands der Technik" (vgl. z.B. § 5 Abs. 1 Nr. 2 BImSchG). Für einen Beurteilungsspielraum könnte sprechen, dass dieser Begriff an wertende Begriffselemente anknüpft. Das BVerwG lehnt einen Beurteilungsspielraum dagegen ab: „Allein die Tatsache, dass z.B. die Genehmigungsvoraussetzungen im Bereich des Immissionsschutzrechts wertende Elemente enthalten, rechtfertigt danach nicht die Annahme eines exekutivistischen Beurteilungsspielraums, der einer Gerichtskontrolle entzogen ist."[772]

---

761 BVerfG NJW 1991, 2005; NJW 1991, 2008@; BVerwG NVwZ 2004, 1375, 1376.

762 BVerwG NVwZ 1999, 75, 76 (Bewährung eines Probebeamten); BVerwGE 61, 176, 185 (Verfassungstreue eines Beamten); BVerfG DVBl. 2002, 1203 f.; BVerwG DVBl. 2006, 641; DVBl. 1999, 921 (dienstliche Beurteilung eines Beamten).

763 BVerfG NVwZ 2010, 435 (Überschreitung der CO_2-Kapazitäten für Berechtigungen nach dem TEHG), BVerwG NVwZ 2010, 321 (nachteilige Auswirkungen auf internationale Beziehungen i.S.d. § 3 IFG); BVerwG NVwZ 2009, 653, 655 (Marktanalyse nach dem Telekommunikationsgesetz); BVerwG JZ 1995, 510, 511 (Zulassung militärischer Tiefflüge); OVG NRW DVBl. 2008, 1454, 1456 (öffentliches Verkehrsbedürfnis nach § 13 PBefG); OVG Berlin NVwZ 1995, 1023, 1024 (Risikobewertung bei gentechnischen Genehmigungen); allgemein Voßkuhle JuS 2008, 117, 118; Wimmer JZ 2010, 433, 435.

764 BVerwGE 39, 197, 203 ff.; 62, 330, 331 (Bewertung von Weizensorten); 72, 185 (Zulassung zur Börse); VGH Kassel NJW 1998, 1426 (Zuerkennung eines Filmprädikats); BVerwG NJW 2007, 2790, 2792 (Weinprüfungskommission).

765 BVerwG NJW 2007, 2790, 2792 abweichend von BVerwG DVBl. 1994, 784.

766 BVerfG NJW 1991, 1471, 1474@; BVerwG NJW 1999, 75, 76@.

767 Bejahend BVerwG NJW 1999, 75, 77@; NJW 1997, 602, 603; dagegen Maurer § 7 Rdnr. 45; Beaucamp JA 2002, 314, 318; Schoch Jura 2004, 612, 618.

768 BVerfG NVwZ 1993, 666, 669 ff.@; BVerwG DVBl. 1994, 784, 785; DVBl. 2004, 1040, 1042; vgl. ausführlich zu den verschiedenen Fallgruppen Beaucamp JA 2002, 314, 316 ff.

769 BVerwG NVwZ 1991, 568.

770 BVerwG DVBl. 2004, 1040, 1042.

771 BVerwG DVBl. 2005, 115, 116.

772 BVerwGE 55, 250, 253; OVG NRW DVBl. 1976, 790, 793; vgl. auch Seibel Baurecht 2004, 1245, 1246 f.

4. Die gerichtliche Kontrolle von Prüfungsentscheidungen

Fall 23: Missglücktes Examen

A unterzog sich der staatlichen Pflichtfachprüfung vor dem Justizprüfungsamt bei dem Oberlandesgericht in X. In den Klausuren hatte er überwiegend knapp ausreichende Leistungen erbracht, eine Klausur aus dem BGB war mit mangelhaft bewertet worden. Die mündliche Prüfung fand vor einem aus 3 Prüfern bestehenden Prüfungsausschuss statt; an ihr nahmen 6 Kandidaten teil. Im BGB und Strafrecht erzielte A jeweils ein knappes ausreichend. Im öffentlich-rechtlichen Teil, der ca. 1 Stunde dauerte, wurde A gleich zu Beginn gefragt, ob Ermessensentscheidungen verwaltungsgerichtlich überprüfbar seien, was A verneinte. Auf die Anschlussfrage, ob er schon einmal von Ermessensfehlern gehört habe und was das sei, erklärte er: Davon habe er wohl schon einmal gehört. Auf Zusatzfragen zu derselben Problematik schwieg er. Später entwickelte sich eine längere Diskussion über Probleme des Beurteilungsspielraums, in die sich A nicht einschaltete; ausdrücklich gefragt wurde er nicht mehr. Dieser Teil der Prüfung wurde bei A mit mangelhaft bewertet, was zu einer Punktzahl führte, die für das Bestehen der Prüfung nicht mehr ausreichte. Der Prüfungsausschuss erklärte deshalb die Prüfung für nicht bestanden. Bei Einsichtnahme in seine Prüfungsunterlagen stellt A fest, dass der Erstkorrektor seiner BGB-Klausur Professor für Strafrecht an der Universität X ist und bisher immer nur als Prüfer im Strafrecht tätig war. Ferner war das nach der Prüfungsordnung vorgeschriebene Protokoll für den öffentlich-rechtlichen Teil der Prüfung nicht auffindbar. Außerdem meint A, bei der mündlichen Prüfung im Öffentlichen Recht sei er zu kurz gekommen. Auch könne man keinesfalls aus der Unkenntnis eines bestimmten Problemkreises (hier: Ermessen und Beurteilungsspielraum) auf Unkenntnisse im Öffentlichen Recht insgesamt schließen. A bittet um ein Gutachten über die Rechtmäßigkeit der Prüfungsentscheidung.

Rechtsgrundlage für die Prüfungsentscheidung ist das Juristenausbildungsgesetz des Landes. Danach ist die Prüfungsentscheidung nur rechtmäßig, wenn auch die Bewertungen der einzelnen Prüfungsleistungen rechtmäßig sind.[773]

470 I. Bei dieser Überprüfung ist allerdings zu beachten, dass **Prüfungsentscheidungen** eine der Fallgruppen darstellen, in denen der Verwaltung ausnahmsweise ein nur beschränkt kontrollierbarer Beurteilungsspielraum zusteht. Zu dieser Fallgruppe gehören im Wesentlichen **Prüfungsentscheidungen**, prüfungsähnliche Entscheidungen und **beamtenrechtliche Beurteilungen**:

■ **Prüfungsentscheidungen**

Erfasst werden hiervon Prüfungen aller Art, nicht nur im Bereich der Schule und Universität, sondern z.B. auch Fahrprüfungen. Nach h.M. gelten dieselben Grundsätze auch bei standardisierten Leistungstests (Multiple-Choice-Verfahren). Prüfungsspezifische Wertungen, die nur einer beschränkten gerichtlichen Kontrolle unterliegen, müssen auch hier getroffen werden. Sie sind nur zeitlich vorgelagert und nicht einzelfallbezogen. Ihren Ausdruck finden sie z.B. in der Formulierung der Prüfungsfragen und Antwort-Alternativen.[774]

---

773 Zur Rspr. zu juristischen Prüfungen vgl. Zimmerling/Brehm NVwZ 2009, 358 ff.
774 BVerfG NJW 1991, 2008, 2010; BVerwG DVBl. 2006, 250 ff.; OVG NRW NWVBl. 2009, 222, 223.

Das BVerfG hat den Beurteilungsspielraum bei Prüfungsentscheidungen wie folgt begründet: **471**
„Staatsprüfungen, die den Zugang zu akademischen Berufen beschränken, erfordern schwierige Bewertungen, die mit Rücksicht auf die Chancengleichheit aller Berufsbewerber (Art. 3 Abs. 1 GG) im Gesamtzusammenhang des Prüfungsverfahrens getroffen werden müssen und sich nicht ohne Weiteres in nachfolgenden Verwaltungsstreitverfahren einzelner Kandidaten isoliert nachvollziehen lassen. Daraus ergibt sich ein prüfungsrechtlicher Bewertungsspielraum. Prüfungsnoten (dürfen) nicht isoliert gesehen werden, sondern (sind) in einem Bezugssystem zu finden, das durch die persönlichen Erfahrungen und Vorstellungen der Prüfer beeinflusst wird. Da sich andererseits die komplexen Erwägungen, die einer Prüfungsentscheidung zugrunde liegen, nicht regelhaft erfassen lassen, würde die gerichtliche Kontrolle insoweit zu einer Verzerrung der Maßstäbe führen."[775]

■ **prüfungsähnliche Entscheidungen**, z.B. Versetzung in eine höhere Schulklasse, **472**
Beurteilung der Sonderschulbedürftigkeit etc.,[776] und

■ **beamtenrechtliche Beurteilungen**, **473**

z.B. bei der beamtenrechtlichen Ernennung die Eignung, Befähigung und fachliche Leistung (§ 9 BeamtStG), die Verfassungstreue (§ 7 Abs. 1 Nr. 2 BeamtStG), bei Entlassungen die Frage der Bewährung (§ 23 Abs. 3 Nr. 2 BeamtStG) und generell bei dienstlichen Beurteilungen.[777]

„Die Entscheidung des Dienstherrn darüber, ob und in welchem Grad ein Beamter die für sein Amt und für seine Laufbahn erforderliche Befähigung und fachliche Leistung aufweist, ist ein von der Rechtsordnung dem Dienstherrn vorbehaltener Akt wertender Erkenntnis."[778]

II. Allerdings hat das BVerfG klargestellt, dass sich bei Prüfungsentscheidungen der **474**
vom Gericht nur eingeschränkt überprüfbare Beurteilungsspielraum lediglich auf **prüfungsspezifische Wertungen** beziehen darf, also nicht auf fachliche Fragen, die den Gegenstand der Prüfung bilden.[779] Die Entscheidung der Prüfungsbehörde ist daher grds. gerichtlich voll nachprüfbar. Lediglich bei prüfungsspezifischen Wertungen ist dem Prüfer ein **„Bewertungsspielraum"** eröffnet.

Beispiele: Eine prüfungsspezifische Wertungsfrage ist z.B. die Entscheidung über den Schwierigkeitsgrad der gestellten Aufgabe und ihr Bewertungsmaßstab.[780] Den Gerichten bleibt hier im Allgemeinen nur die Kontrolle, ob die Entscheidung so aus dem Rahmen fällt, dass sie Fachkundigen unhaltbar erscheint.[781] Ein Bewertungsspielraum besteht darüber hinaus bei der Benotung[782] (auch beim Abweichen von der rechnerischen Gesamtnote),[783] der Auswahl der Prüfungsaufgaben und deren Gewichtung,[784] der Würdigung der Qualität der Darstellung, der Gewichtung der Stärken und Schwächen der Bearbeitung sowie der Bedeutung eines Mangels.[785]

---

775 BVerfG NJW 1991, 2005, 2007; NVwZ 1995, 469, 470; vgl. auch BVerwG NVwZ 2004, 1375, 1376; allgemein Beaucamp/Seifert NVwZ 2008, 261, 263 f.

776 Vgl. BVerwGE 8, 272; OVG Lüneburg OVGE 24, 327; VGH Mannheim DVBl. 1993, 53; Schulze-Fielitz JZ 1993, 772; Maurer § 7 Rdnr. 38; Schoch Jura 2004, 612, 616; Bader/Ronellenfitsch VwVfG § 40 Rdnr. 108.2.

777 BVerfG DVBl. 2002, 1203; BVerwG DVBl. 2006, 641; DVBl. 1999, 921; NVwZ 1999, 75; NVwZ 1998, 1302; DVBl. 1993, 956; Riotte/Kunz NWVBl. 2002, 8 ff.; Beaucamp JA 2002, 314, 320; Schoch Jura 2004, 612, 616; Battis BBG § 9 Rdnr. 5.

778 Zusammenfassend BVerwG DVBl. 2006, 641.

779 BVerfG NJW 1991, 2005 ff.; NJW 1991, 2008 ff.; BVerwG NVwZ 1998, 738; NVwZ 1993, 677; OVG NRW NVwZ 2008, 1037; NVwZ 1995, 800, 801; anders die früher h.M. BVerwG DVBl. 1989, 1196; NVwZ 1990, 65; zusammenfassend Schoch Jura 2004, 612, 616; Staufer/Steinebach Jura 2010, 454, 456 f.

780 BVerwG NVwZ 2004, 1375, 1377; Zimmerling/Brehm NVwZ 2009, 358, 364.

781 BVerfG NJW 1991, 2008, 2011; BVerwG NVwZ 2004, 1375, 1377.

782 BVerwG NVwZ 2004, 1375, 1377.

783 BVerwG NJW 1996, 942; HessVGH NVwZ 2009, 63 f.; OVG NRW NVwZ 2008, 1037 f.

784 HessVGH DVBl. 2010, 1256; OVG NRW, Beschl. v. 21.04.2009 – 6 A 2213/06; Zimmerling/Brehm NVwZ 2009, 358, 364.

785 BVerwG NVwZ 2004, 1375, 1377; NVwZ 1998, 738; NJW 1995, 977; OVG NRW DVBl. 1992, 105; Muckel JuS 1992, 201, 202; Hösch JuS 1997, 602, 603; Zimmerling/Brehm NVwZ 2009, 358, 364; Staufer/Steinebach Jura 2010, 454, 457.

Kein Beurteilungsspielraum besteht dagegen hinsichtlich der Frage, ob der Prüfungsstoff noch zulässig ist[786] oder ob eine Prüfungsfrage im Antwort-Wahl-Verfahren (multiple-choice) geeignet ist.[787] Ebenso wenig besteht ein Bewertungsspielraum des Prüfers hinsichtlich der Anforderungen an das Bestehen der Prüfung.[788] Diese Fragen sind verwaltungsgerichtlich voll überprüfbar.

475 III. Soweit der Behörde ein Beurteilungsspielraum zukommt, ist die verwaltungsgerichtliche Prüfung auf das Vorliegen von **Beurteilungsfehlern** beschränkt. Die Überprüfung erfolgt hierbei ähnlich wie bei Ermessensentscheidungen, jedoch ist der der Behörde eingeräumte Spielraum in der Regel enger. Beurteilungsfehler können sich insbesondere aus folgenden Gesichtspunkten ergeben:[789]

- Fehlen einer **nachvollziehbaren Begründung**,
- Verstoß gegen **Verfahrensvorschriften**,
- **unzutreffender** oder **unvollständig ermittelter Sachverhalt**,
- **sachfremde Erwägungen**,
- sonstige Verstöße gegen das **Willkürverbot**,
- Missachtung **allgemeingültiger Bewertungsgrundsätze**.

476 1. Die effektive Wahrnehmung des zum Schutz der Grundrechte gewährleisteten Rechtsschutzes (Art. 19 Abs. 4 GG) setzt voraus, dass der Prüfer die tragenden Erwägungen darlegt, die zur Bewertung der Prüfungsleistung geführt haben. Nur aufgrund einer solchen **Begründung** wird der Prüfling in die Lage versetzt, seine Rechte sachgemäß zu verfolgen. Zwar ist die allgemeine Regelung in § 39 VwVfG nach § 2 Abs. 3 Nr. 2 VwVfG nicht anwendbar (anders teilweise im Landesrecht), die Begründungspflicht ergibt sich jedoch unmittelbar aus Art. 12 und Art. 19 Abs. 4 GG (Grundrechtsschutz durch Verfahren).[790]

Bei mündlichen Prüfungen reicht zunächst eine kurze mündliche Begründung. Eine nach Form und Inhalt qualifizierte Begründung ist erst erforderlich, wenn der Prüfling dies verlangt, insbes. durch substantiierte Darlegung etwaiger Bewertungsfehler.[791]

Die Begründung darf im nachfolgenden Gerichtsverfahren nachgebessert und ergänzt werden. Allerdings muss der Prüfling hierzu Gelegenheit zur Stellungnahme erhalten.[792]

477 2. Des Weiteren müssen die Vorschriften über das **Prüfungsverfahren** eingehalten sein.

Die Verfahrensvorschriften ergeben sich in erster Linie aus der jeweiligen Prüfungsordnung, subsidiär aus dem VwVfG (vgl. aber § 2 Abs. 3 Nr. 2 VwVfG). Zum ordnungsgemäßen Prüfungsverfahren zählt auch die **Unbefangenheit** der Prüfer (§ 21 VwVfG)[793] und im weiteren Sinne auch die **Prüfungsfähigkeit** des Kandidaten.[794]

---

786 BVerwG NJW 1998, 323, 327; VGH Mannheim DVBl. 1995, 1356, 1357.

787 BVerwG DVBl. 2006, 250 ff.

788 OVG Saarlouis NVwZ 2001, 942, 943 f.

789 BVerfG NVwZ 2010, 435, 438; NJW 1991, 2005, 2007@; BVerwG NJW 2007, 2790, 2794; NVwZ 2004, 1375, 1377; OVG NRW NVwZ 2008, 1037; Kopp/Schenke VwGO § 114 Rdnr. 31; Schoch Jura 2004, 612, 618; Voßkuhle JuS 2008, 117, 118.

790 BVerwG NVwZ 2001, 922 f.; NJW 1998, 3657, 3658; DVBl. 1993, 503, 504; Beaucamp/Seifert NVwZ 2008, 261, 262.

791 BVerwG NVwZ 2006, 478, 479; NJW 1998, 323, 326; NJW 1998, 3657; NJW 1996, 2670 ff.; Zimmerling/Brehm NVwZ 2009, 358, 364.

792 BVerwG NVwZ-RR 2000, 503; NVwZ 2001, 922 f.; Staufer/Steinebach Jura 2010, 454, 458.

793 BVerwG NVwZ 2000, 915; DVBl. 1999, 790; VGH Mannheim NVwZ 2002, 235; Kotulla/Birkemeyer NWVBl. 2002, 120, 122; Birnbaum NVwZ 2006, 286, 293; Beaucamp/Seifert NVwZ 2008, 261, 262.

794 OVG NRW NWVBl. 2005, 187; NVwZ-RR 2004, 497: Prüfungsangst i.d.R. unbeachtlich.

Beispiele: Verfahrensfehlerhaft ist ein Stichentscheid, wenn die Beurteilungen der eingereichten Arbeit extrem divergieren.[795] Bei geringfügigen Abweichungen ist es indes zulässig, die Benotung durch die Bildung eines Mittelwertes festzulegen.[796] Auch ist es verfahrensrechtlich nicht zu beanstanden, wenn eine nach der Prüfungsordnung in Maschinenschrift abzuliefernde Hausarbeit nicht bewertet wird, weil diese entgegen den ausdrücklichen schriftlichen Weisungen in digitaler Form abgeliefert wird.[797]

Bei Verfahrensfehlern trifft den Prüfling allerdings eine **Rügepflicht**. Zum einen soll verhindert werden, dass der Kandidat die Prüfung gleichwohl durchführt und das Ergebnis abwartet und sich so ggf. eine zusätzliche Prüfungschance verschafft. Zum anderen soll die Prüfungsbehörde die Möglichkeit erhalten die Angelegenheit zeitnah zu überprüfen und ggf. den Mangel noch rechtzeitig zu beseitigen.[798] **478**

Die Rügepflicht besteht z.B. bei Prüfungsunfähigkeit wegen Krankheit, Lärmstörungen, unzureichender Befragung in der mündlichen Prüfung, Befangenheit etc.[799]

3. Die Entscheidung muss von **zutreffend** und **vollständig** ermittelten **Tatsachen** ausgehen.[800] **479**

Beispiele: Der Prüfer irrt sich über die Aufgabenstellung, verwechselt die Arbeiten der Prüflinge oder nimmt einen Teil der Prüfungsarbeit gar nicht zur Kenntnis.[801] In der mündlichen Prüfung muss der Prüfer dem Prüfungsgeschehen seine ungeteilte Aufmerksamkeit widmen und darf weder schlafen noch sich mit prüfungsfremder Literatur beschäftigen.[802]

4. Der Entscheidung dürfen **keine sachfremden Erwägungen** zugrunde liegen.[803] **480**

So dürfen die Anforderungen an das Bestehen einer Prüfung nicht von der Arbeitsmarktlage abhängig gemacht werden. Im juristischen Examen ist es jedoch nicht sachfremd, wenn bei der Bewertung ein schlechter Sprachstil negativ berücksichtigt wird.[804]

5. Aus dem **Willkürverbot** des Art. 3 Abs. 1 GG folgt, dass die **Chancengleichheit** gewährleistet sein muss. **481**

a) Dieser Grundsatz gebietet, im Prüfungsverfahren möglichst **gleichmäßige Voraussetzungen** für alle Bewerber zu schaffen und damit allen Prüflingen gleiche Erfolgsaussichten einzuräumen.[805]

Daran fehlt es z.B. bei der Zusage eines bestimmten Prüfungsstoffes vor der mündlichen Prüfung;[806] bei fachlichen Mängeln der Prüfungsaufgabe (z.B. Widersprüchlichkeit oder Unlösbarkeit)[807] oder bei überzogenen Prüfungsanforderungen.[808]

---

795 OVG NRW NJW 2002, 3346, 3348.

796 BVerwG NVwZ 2004, 1375, 1376; zur Zulässigkeit von Stichentscheiden vgl. Eschen JuS 2005, 684 ff.

797 VG Hamburg v. 19.04.2002 – 3 VG 1536/2002 – unveröffentlicht.

798 BVerwG NVwZ 2006, 478; NVwZ 1999, 188, 189; DVBl. 1993, 1310, 1311; OVG NRW NVwZ-RR 2009, 809; VGH Mannheim DVBl. 2003, 341; Birnbaum NVwZ 2006, 286 ff.

799 Vgl. Brehm/Zimmerling NVwZ 2000, 875, 877; Birnbaum NVwZ 2006, 286 ff.; Beaucamp/Seifert NVwZ 2008, 261, 263.

800 BVerwG NVwZ 1998, 636; Beaucamp/Seifert NVwZ 2008, 261, 264; vgl. auch BVerfG NVwZ 2010, 435, 440 f.

801 BVerwG NVwZ 1998, 636.

802 OVG NRW NWVBl. 1992, 63.

803 BVerfG NVwZ 1995, 469, 470; BVerwG NJW 1996, 942, 943; Beaucamp/Seifert NVwZ 2008, 261, 264.

804 OVG NRW DVBl. 1995, 800, 803.

805 BVerfG NJW 1991, 2005, 2007@; BerlVerfGH NVwZ 2004, 1351; BVerwG DVBl. 1999, 1594, 1595; DVBl. 1996, 997, 998.

806 VGH Mannheim NVwZ 1987, 1013.

807 Vgl. BVerwG DVBl. 2006, 250, 251; DVBl. 1996, 1381, 1382; BerlVerfGH NVwZ 2004, 1351.

808 HessVGH LKRZ 2010, 471, 473 ff.

Einen Verstoß gegen die Chancengleichheit stellt auch die Verunsicherung des Prüflings dar, z.B. Äußerung des Verdachts eines Täuschungsversuchs vor der mündlichen Prüfung.[809] Aus dem Gebot der Chancengleichheit folgt indes nicht, dass bei einer gebotenen Neukorrektur einer Prüfungsarbeit durch neue Prüfer die überholten Korrekturbemerkungen der ausgeschiedenen Prüfer aus der Prüfungsarbeit zu entfernen sind.[810]

482 b) Ausfluss des Grundsatzes der Chancengleichheit i.V.m. dem Rechtsstaatsprinzip (Art. 20 Abs. 3 GG) ist des Weiteren das **Gebot der Sachlichkeit**. Der Prüfer muss die Prüfungsleistung objektiv beurteilen. In die Leistungsbeurteilung dürfen zwar persönliche Überzeugungen, Einsichten und Wertvorstellungen des Prüfers einfließen, das ändert aber nichts daran, dass der Prüfer zur Sachlichkeit verpflichtet ist.

Hierzu gehört, dass der Prüfer die Prüfungsleistung mit innerer Distanz und frei von Emotionen zur Kenntnis nimmt.[811] Auch kann man vom Prüfer erwarten, dass er sich bemüht, die Darlegungen des Prüflings richtig zu verstehen. Das schließt nicht aus, auf schlechte schriftliche Leistungen mit harten Randbemerkungen zu reagieren (wie „Unsinn", „Phrasen" o.Ä.). Eine Verletzung der Chancengleichheit liegt jedoch vor, wenn ein Prüfer auf Fehlleistungen mit einer von Sarkasmus und Unsachlichkeit geprägten Kritik reagiert,[812] z.B. „Sie werden hier auf dem Zahnfleisch wieder rausgehen."[813]

483 c) Auch der Grundsatz der **Verhältnismäßigkeit** konkretisiert die Chancengleichheit. Die Prüfungsanforderungen dürfen nicht ungeeignet, unnötig oder unangemessen sein.[814]

Die Grenzen werden überschritten, wenn Prüfungsanforderungen gestellt werden, die mit den Anforderungen des erstrebten Berufs nichts mehr zu tun haben.[815] Bei juristischen Arbeiten ist es nicht erforderlich, eindeutige Fragen und Nebensächlichkeiten im Gutachtenstil abzuhandeln.[816]

484 6. Weiterhin müssen die **allgemein anerkannten Bewertungsmaßstäbe** beachtet werden.

a) Die verwaltungsgerichtliche Rspr. ging früher allerdings davon aus, dass es kein allgemeiner Bewertungsmaßstab sei, „richtige" Prüfungsleistungen auch als richtig zu bewerten und „falsche" als falsch. Denn die Frage, was richtig und falsch sei, gehöre gerade zum Beurteilungsspielraum des Prüfers. Ein Beurteilungsfehler lag nach dieser Auffassung erst vor, wenn die Bewertung unter keinem erdenklichen wissenschaftlichen oder pädagogischen Gesichtspunkt gerechtfertigt war und sich daher als **willkürlich** erwies.[817]

485 b) Das BVerfG hat diese sog. Willkürrechtsprechung der Verwaltungsgerichte für berufsqualifizierende Prüfungen verworfen und verlangt von den Fachgerichten eine **Vertretbarkeitskontrolle**.

---

809 OVG NRW NVwZ 1988, 455.

810 BVerwG NJW 2003, 1063 ff.

811 VG Köln NWVBl. 2009, 75, 76 (Lachen des Prüfers während der Prüfung); Staufer/Steinebach Jura 2010, 454, 459.

812 BVerwGE 70, 143, 151; BVerwG DVBl. 1993, 49, 50; Zimmerling/Brehm NVwZ 2009, 358, 362.

813 OVG NRW NVwZ 1988, 458.

814 BVerfG NJW 1991, 2005@; HessVGH LKRZ 2010, 471, 473 ff.

815 BVerwG DVBl. 1987, 1223: Unzulässigkeit von Fragen über den afrikanischen Staat Mali in der Zweiten Juristischen Staatsprüfung; vgl. auch OVG Saarlouis NVwZ 2001, 942, 943 f.; Beaucamp/Seifert NVwZ 2008, 261, 264.

816 OVG NRW NWVBl. 2010, 238.

817 Vgl. zuletzt BVerwG NVwZ 1991, 271; NVwZ 1990, 65.

„Auszugehen ist von dem Zweck, dem eine Prüfung als Berufszugangsschranke dient und den sie nach Art. 12 Abs. 1 GG nur im Rahmen der Verhältnismäßigkeit verfolgen darf. … Daraus folgt, dass zutreffende Antworten und brauchbare Lösungen im Prinzip nicht als falsch bewertet werden und zum Nichtbestehen führen dürfen. … gebührt zwar dem Prüfer ein Bewertungsspielraum, andererseits muss aber auch dem Prüfling ein angemessener Antwortspielraum zugestanden werden. Eine vertretbare und mit gewichtigen Argumenten folgerichtig begründete Lösung darf nicht als falsch gewertet werden. Dies ist ein allgemeiner Bewertungsgrundsatz, der bei berufsbezogenen Prüfungen aus Art. 12 Abs. 1 GG folgt."[818]

Daher ist es Sache der Gerichte – notfalls mit Hilfe von Sachverständigen – die **fachwissenschaftliche Vertretbarkeit** zu überprüfen.[819]

Anders als bei Verfahrensfehlern obliegt dem Prüfling bei Bewertungsfehlern auch keine Rügepflicht (weswegen die Unterscheidung wichtig ist). Materielle Fehler können bis zum Schluss der letzten mündlichen Verhandlung vor Gericht geltend gemacht werden.[820]

486 Für die Vertretbarkeit reicht es aus, dass sich der Prüfling für seinen **Antwortspielraum** ggf. auf die wissenschaftliche Meinung in nur einem anerkannten Lehrbuch berufen kann. Voraussetzung ist allerdings, dass der Prüfling die Auffassung problemorientiert entwickelt und begründet hat. Es genügt somit nicht, wenn das vom Prüfling ermittelte Ergebnis lediglich mehr oder weniger zufällig mit dem übereinstimmt, was vereinzelt in der Literatur vertreten wird.[821]

III. Diese Grundsätze sind im vorliegenden Fall anzuwenden:

487 1. Ein Verstoß gegen **Verfahrensvorschriften** könnte sich daraus ergeben, dass die BGB-Klausur des A von einem Strafrechtsprofessor als Erstkorrektor beurteilt worden ist. Weder dem JAG noch dem allgemeinen Prüfungsrecht lässt sich jedoch ein Grundsatz entnehmen, dass als Erstkorrektor nur ein Prüfer bestimmt werden darf, der in dem jeweiligen Rechtsgebiet über praktische Erfahrung verfügt.[822] Hinzu kommt, dass die Klausur auch noch von anderen Prüfern beurteilt wird, wobei jeder Prüfer eine eigenständige Bewertung abzugeben hat und alle Bewertungen gleiches Gewicht haben. Insoweit liegt daher kein Verfahrensfehler vor.

488 2. Ein Verfahrensverstoß könnte darin liegen, dass das **Protokoll** nicht auffindbar, möglicherweise gar nicht angefertigt worden ist.

Inhaltlich ist bzgl. der Protokollierung ausreichend, aber auch erforderlich, dass hinreichende verfahrensmäßige Vorkehrungen getroffen werden, um das Prüfungsgeschehen auch nachträglich noch aufklären zu können. Von Verfassungs wegen ist ein Wortprotokoll jedoch nicht erforderlich, weil die Grundrechte des Prüflings aus Art. 12 Abs. 1 und Art. 19 Abs. 4 GG keine Wiedergabe der einzelnen Fragen und Antworten in der mündlichen Prüfung verlangen.[823]

818 BVerfG NJW 1991, 2005, 2008@; NJW 1991, 2008, 2011; NVwZ 1992, 657, 658; ebenso BVerwG NVwZ 2004, 1375, 1377; NVwZ 1998, 738; BayVBl. 1994, 443; zur neueren Rspr. auch Zimmerling/Brehm NVwZ 2009, 358, 364.

819 BVerfG NJW 2010, 1062, 1063; NJW 1991, 2005, 2008@; NJW 1991, 2008, 2011; NVwZ 1992, 657, 658; BVerwG NVwZ 2000, 921; OVG Saarlouis NVwZ 2001, 942, 943; zusammenfassend Beaucamp/Seifert NVwZ 2008, 261, 264 f.

820 BVerwG NVwZ 2006, 478, 479; HessVGH LKRZ 2010, 471, 472 f.; Birnbaum NVwZ 2006, 286, 295; zur Darlegung von Bewertungsfehlern vgl. BVerwG NVwZ 2000, 915, 918.

821 Vgl. OVG Saalouis NVwZ 2001, 942, 943; Brehm/Zimmerling NVwZ 2000, 875, 879.

822 VGH Kassel ZBR 1996, 116: zulässige Korrektur einer Arbeitsrechtsklausur durch einen Verwaltungsrichter als Erstkorrektor.

823 Vgl. BVerfG NVwZ 1997, 263; BVerwG NVwZ 2006, 478, 478 f.; BVerwG NVwZ 1995, 494; VGH Kassel DVBl. 1995, 1364; OVG NRW DVBl. 1992, 1049; Zimmerling/Brehm NVwZ 1997, 451, 453.

Der Fehler ist jedoch nach § 46 VwVfG, der auch im Prüfungsverfahren anwendbar ist (§ 2 Abs. 3 Nr. 2 VwVfG), unbeachtlich, da er die Entscheidung in der Sache offensichtlich nicht beeinflusst hat.[824]

Dem Umstand, dass durch das Fehlen des Protokolls die Beweissituation für den Prüfling verschlechtert werden kann, ist in der Weise Rechnung zu tragen, dass ihm Beweiserleichterung zugebilligt wird.[825]

489 3. Da die mündliche Prüfung des A im Öffentlichen Recht nur wenige Minuten gedauert hat, könnte ein Verstoß gegen den Grundsatz der **Chancengleichheit** vorliegen. Dieser fordert, dass die Prüflinge in zeitlicher und sachlicher Hinsicht so weit wie möglich gleiche Chancen haben, ihre Fähigkeiten und ihr Wissen unter Beweis zu stellen. Ein Anspruch auf eine bestimmte Zeitdauer der Prüfung besteht jedoch nicht. Entscheidend ist, dass sich der Prüfer in der Prüfzeit einen Überblick über den Leistungsstand des Prüflings verschaffen kann. Unterschiede in der auf den einzelnen Prüfling entfallenden Prüfzeit stellen erst dann eine Verletzung der Chancengleichheit dar, wenn sie zu einer deutlichen Schieflage des Prüfungsgesprächs führen, in der insgesamt von der Vergleichbarkeit der Prüfungsbedingungen nicht mehr die Rede sein kann.[826]

Hier ist A im BGB und Strafrecht ausreichend gefragt worden. Die ersten Fragen im Öffentlichen Recht haben gezeigt, dass er auf dem Gebiet der Ermessenslehre keine Kenntnisse hatte. Auch durfte der Prüfer bei der Problematik des Beurteilungsspielraums davon ausgehen, A könne hierzu ohnehin nichts beisteuern, zumal A die Gelegenheit hatte, sich in die Diskussion einzuschalten. In der auf wenige Minuten beschränkten Befragung des A liegt daher kein Verstoß gegen die Chancengleichheit.

490 4. Soweit A geltend macht, aus seinen das Ermessen betreffenden Antworten dürfe nicht auf Unkenntnis im Öffentlichen Recht insgesamt geschlossen werden, handelt es sich um eine **prüfungsspezifische Wertung**, bei der der Prüfer einen **Bewertungsspielraum** hat.[827]

Der vom Prüfer gezogene Schluss verletzt weder allgemeine Bewertungsmaßstäbe noch beruht er auf sachfremden Erwägungen oder verletzt die Chancengleichheit. In Betracht kommt allenfalls, dass er unter keinem erdenklichen Gesichtspunkt gerechtfertigt ist. Das wäre beispielsweise anzunehmen, wenn aus der Unkenntnis einzelner Gerichtsentscheidungen oder bestimmter Literaturstellen auf Unkenntnis im Öffentlichen Recht insgesamt geschlossen wird. Die im Gesetz geregelte Lehre vom Ermessen und den Ermessensfehlern (§ 40 VwVfG, § 114 VwGO) ist aber für das allgemeine Verwaltungsrecht von so zentraler Bedeutung, dass der Prüfer nicht sachwidrig handelt, wenn er daraus auf nur unzulängliche Kenntnisse im Öffentlichen Recht schließt.

---

824 Vgl. Birnbaum NVwZ 2006, 286, 295; Wortmann NWVBl. 1992, 304, 309 m.w.N.

825 Niehues NJW 1991, 3001, 3003; Birnbaum NVwZ 2006, 286, 295 Fn. 162.

826 OVG NRW NVwZ 1992, 694, 695; Streinz/Hammerl JuS 1993, 663, 665 m.w.N.

827 Vgl. BVerwG NVwZ 2004, 1375, 1377.

Während das BVerwG die Willkürkontrolle früher darauf beschränkte, ob sich die Fehlerhaftigkeit einer wissenschaftlich-fachlichen Annahme des Prüfers dem Richter als gänzlich unhaltbar aufdrängt, hat das BVerfG klargestellt, dass eine „willkürliche" Fehleinschätzung bereits dann anzunehmen ist, wenn sie Fachkundigen (Sachverständigen) als unhaltbar erscheinen muss.[828]

Beispiel: Ein Blockversagen auf der Grundlage der Aufsichtsarbeiten ist nur dann gerechtfertigt, wenn diese eine hinreichend Bandbreite an Themen beinhalten, sodass aus dem Versagen allgemein auf unzureichende Kenntnisse geschlossen werden kann.[829]

Ein zur Rechtswidrigkeit führender Fehler der Prüfungsentscheidung lässt sich somit nicht feststellen. Die Prüfungsentscheidung ist rechtmäßig.

Ein Bewertungsfehler ist nur beachtlich, wenn er **möglicherweise Einfluss auf das Prüfungsergebnis** gehabt hat **(potentielle Kausalität)**.[830] Ist die Ursächlichkeit des Fehlers nicht auszuschließen, so ist die Klage begründet, das Gericht darf die Leistungsbewertung aber nicht selbst vornehmen,[831] sondern kann den Prüfungsbescheid nur aufheben und die Behörde zur Neubewertung der Prüfungsleistung unter Beachtung der Rechtsauffassung des Gerichts verpflichten (§ 113 Abs. 5 S. 2 VwGO). **491**

Bei der Neubewertung darf das Bewertungssystem, d.h. die prüfungsspezifischen Bewertungskriterien (wie Einschätzung des Schwierigkeitsgrads, Bewertung der Qualität der Darstellung, Gewichtung der Fehler und Einschätzung der durchschnittlichen Anforderungen) nicht geändert werden. Aufgrund dessen darf die **Prüfungsnote** auch **nicht verschlechtert** werden.[832] Der Grundsatz der Chancengleichheit hindert jedoch nicht, bei der Neubewertung neue, bislang übersehene Fehler zu berücksichtigen.[833] **492**

Die Neubewertung darf durch **denselben Prüfer** erfolgen, der die beanstandete frühere Bewertung vorgenommen hat. Hierdurch lässt sich am besten gewährleisten, dass dieselben Maßstäbe, Vorstellungen und Erfahrungen zugrunde gelegt werden wie bei der Erstbewertung. Etwas anderes soll nur dann gelten, wenn tatsächliche Anhaltspunkte für die Voreingenommenheit des Prüfers bestehen.[834]

Je nach der Art des Fehlers sind Fälle denkbar, in denen die **Prüfung wiederholt** werden muss (z.B. wenn eine Prüfungsleistung verfahrensfehlerhaft erbracht wurde oder weil z.B. nach längerer Zeit keine verlässliche Grundlage für eine Neubewertung einer mündlichen Prüfung mehr besteht).[835] **493**

Der Prüfling braucht hierbei grds. nur den (abtrennbaren) Prüfungsteil zu wiederholen, dem der rechtserhebliche Mangel anhaftet.[836] Aus dem Grundsatz der Chancengleichheit folgt, dass für die Wiederholung soweit wie möglich vergleichbare Prüfungsbedingungen und Bewertungskriterien gelten.[837]

---

828 BVerfG NJW 1991, 2005, 2008[@]; NJW 1991, 2008, 2011; Rozek NVwZ 1992, 343, 347.

829 BVerwG NVwZ 2004, 1375, 1376; VGH Mannheim NVwZ 2001, 940, 941.

830 Beaucamp/Seifert NVwZ 2008, 261, 265 m.w.N.

831 OVG NRW NWVBl. 2009, 222, 224; HessVGH LKRZ 2010, 471, 473.

832 BVerwG NVwZ 1993, 686, 688; NJW 2000, 1055, 1056.

833 BVerwG NJW 2000, 1055, 1056; Brehm/Zimmerling NVwZ 2000, 875, 877; Niehues NVwZ 2001, 872, 876.

834 BVerwG NVwZ 2000, 921, 923; DVBl. 1996, 1373, 1374; DVBl. 1993, 503, 506; OVG NRW NWVBl. 1999, 52; einschränkend OVG Saarlouis NVwZ 2001, 942, 944; a.A. VGH Mannheim NVwZ 1991, 1205, 1206; Kopp DVBl. 1991, 989, 990.

835 BVerwG NVwZ 1997, 502.

836 BVerfG NJW 1991, 2005, 2008[@]; BVerwG NVwZ 2002, 1375; NVwZ 2000, 921, 922; OVG NRW NWVBl. 2008, 111, 112; Zimmerling/Brehm NVwZ 2009, 358, 365.

837 BVerfGE 84, 34, 52; BVerwG NVwZ 2002, 1375; NJW 2003, 1063.

RECHTMASSIGKEIT DES VA

Ermächtigungsgrundlage

erforderlich nach dem Grundsatz vom Vorbehalt des Gesetzes
- bzgl. Inhalt (belastende Maßnahmen oder wesentliche Fragen)
- bzgl. Handlungsform (VA-Befugnis) str.
  h. M.: gewohnheitsrechtlich bei Über-/Unterordnungsverhältnis
  a. A.: wegen Titel- und Vollstreckungsfunktion besondere gesetzl. Ermächtigung erforderlich

I. Formelle Rechtmäßigkeit

1. Zuständigkeit (sachlich, instanziell, örtlich)

2. Verfahren, §§ 9 ff. VwVfG
- Untersuchungsgrundsatz, § 24 VwVfG
- Ausschluss wegen Befangenheit, §§ 20, 21 VwVfG
- insbes. **Anhörung** gem. § 28 VwVfG
  - a) **erforderlich** bei belastendem VA,
    str. bei Ablehnung einer Begünstigung
  - b) **entbehrlich**
    aa) Voraussetzungen des § 28 Abs. 2 VwVfG
    bb) Rechtsfolge: Ermessen
    cc) str., ob bes. Begründung erforderlich (analog § 39 VwVfG)

3. Form
- grds. formfrei (§ 37 Abs. 2 VwVfG); Ausnahme: Spezialvorschriften (z.B. § 8 Abs. 2 BeamtStG)
- Begründung (§ 39 VwVfG): wesentliche tatsächliche und rechtliche Gründe

Rechtsfolgen formeller Fehler

- grds. **rechtswidrig**, nur ausnahmsweise nichtig
  (vgl. § 44 Abs. 2 Nr. 1–3, Abs. 3 VwVfG)

- **Heilung**, § 45 VwVfG
  - keine Nichtigkeit
  - nach h. M. sowohl durch Ausgangs- als auch durch **Widerspruchsbehörde**
  - auch noch im verwaltungsgerichtlichen Verfahren (§ 45 Abs. 2 VwVfG)
  - bei fehlender Begründung nur **Nachholen** der Begründung (§ 45 Abs. 1 Nr. 2 VwVfG),
    Nachschieben von Gründen im Prozess ist dagegen materielles Problem
    (nach h. M. zulässig, sofern keine Wesensänderung; auch Ermessenserwägungen)

  → **Rechtsfolge:** VA wird rechtmäßig

- **Unbeachtlichkeit**, § 46 VwVfG
  - keine Nichtigkeit
  - Verstoß gegen Verfahren, Form, **örtliche** Zuständigkeit
  - Fehler unbeachtlich, wenn offensichtlich ist, dass der Verstoß die Entscheidung in
    der Sache nicht beeinflusst hat **(Kausalität)**.

  → **Rechtsfolge:** VA bleibt rechtswidrig, aber kein Aufhebungsanspruch

II. Materielle Rechtmäßigkeit

1. Voraussetzungen der Ermächtigungsgrundlage

a) grds. volle gerichtliche Nachprüfung

b) Ausnahme: **Beurteilungsspielraum**

gerichtlich nur beschränkt überprüfbarer Entscheidungsspielraum im Bereich der Voraussetzungen einer Rechtsnorm (Ermessen nur auf der Rechtsfolgenseite!)

aa) Anwendungsbereich

Prüfungsentscheidungen; beamtenrechtliche Beurteilungen; Prognoseentscheidungen; Risikobewertungen; wertende Entscheidungen weisungsfreier, pluralistisch besetzter Gremien

bb) prozessuale **Überprüfbarkeit** –> **Beurteilungsfehler**

– nachvollziehbare Begründung
– Verfahrensvorschriften beachtet
– zutreffender, vollständiger Sachverhalt zugrunde gelegt
– keine sachfremden Erwägungen
– Willkürverbot, Chancengleichheit
– Beachtung allgemein gültiger Bewertungsgrundsätze

2. Allgemeine Rechtmäßigkeitsvoraussetzungen

a) **Bestimmtheit** (§ 37 Abs. 1 VwVfG)

– bzgl. Behörde, Adressat, Inhalt
– Grad der Bestimmtheit richtet sich nach Art und Zweck des VA
– bzgl. Inhalt: (vollstreckbare) Bezeichnung des herbeizuführenden Erfolges

b) **Möglichkeit**

■ **tatsächliche** Unmöglichkeit
  – objektiv: nichtig gem. § 44 Abs. 2 Nr. 4 VwVfG
  – subjektiv: ggf. rechtswidrig
■ **rechtliche** Unmöglichkeit
  – Sonderfall: § 44 Abs. 2 Nr. 5 VwVfG, sonst nur rechtswidrig
  – Ausnahme: keine Rechtswidrigkeit, soweit Hindernis durch Duldungsverfügung an Dritten ausgeräumt werden kann (Fehlen hindert nur Vollstreckbarkeit)

c) **Verhältnismäßigkeit**

aa) Geeignetheit

erstrebter legitimer Zweck wird durch Maßnahme zumindest gefördert

bb) Erforderlichkeit

geringstmögliche Belastung,
kein anderes gleich wirksames, aber weniger einschneidendes Mittel

cc) Angemessenheit

Nachteil nicht erkennbar außer Verhältnis zum erstrebten Erfolg –> **Abwägung**

3. Rechtsfolge

a) gebundene Entscheidung –> Verwaltung muss handeln

b) Ermessensentscheidung (kann, darf, ist befugt o. ä.)

–> Einschränkung der gerichtlichen Prüfungskompetenz auf der Rechtsfolgenseite

§ 114 VwGO: **Ermessensfehler**

– **Ermessensüberschreitung**/-unterschreitung
  Überschreitung der Grenzen des Ermessens durch Wahl einer unzulässigen Rechtsfolge (Ermessensgrenzen z. B. aus Grundrechten, Verhältnismäßigkeitsprinzip) bzw. Nichtgebrauch des Ermessens

– **Ermessensfehlgebrauch**
  sachfremde Erwägungen, Tatsachenfehler, strukturelle Begründungsmängel, Verstoß gegen Art. 3 Abs. 1 GG

VI. Erklärungen der Verwaltung als Rechtmäßigkeitsvoraussetzung

Nicht nur gesetzliche Regelungen können die Rechtmäßigkeit des Verwaltungsaktes beeinflussen, die Behörde kann sich auch **durch eigene Erklärungen** hinsichtlich späterer Entscheidungen **binden**. So kann die Behörde z.B. die verbindliche **Zusage** abgeben, eine bestimmte Verwaltungsmaßnahme später vorzunehmen oder zu unterlassen. Ist die Zusage wirksam, hat der Betroffene gegen die Behörde einen **Anspruch** auf das zugesagte Verhalten.

1. Zusicherung

494 Bezieht sich die Zusage auf den späteren Erlass oder Nichterlass eines bestimmten Verwaltungsakts, so spricht man von einer **Zusicherung** (§ 38 VwVfG). Sie hat vor allem Bedeutung, wenn der Bürger ein Interesse an einer frühzeitigen verbindlichen Erklärung der Behörde hat.

Beispiele: Dem Bauherrn wird die Befreiung von den Festsetzungen des Bebauungsplans zugesichert, damit dieser unnötige Planungskosten vermeiden kann. – Die zuständige Behörde verpflichtet sich, keine nachträglichen Anordnungen nach § 17 BImSchG zu treffen, wenn der Anlagenbetreiber freiwillig bestimmte Umweltschutzmaßnahmen trifft.

Fall 24: Hin und her

Nachdem sich B Anfang 2008 einen schnellen Sportwagen zugelegt hat, fällt es ihm schwer, Geschwindigkeitsbegrenzungen einzuhalten. Er hat daher in den letzten Jahren eine Vielzahl von Bußgeldbescheiden „gesammelt". Anfang 2010 geht bei der zuständigen Fahrerlaubnisbehörde eine Mitteilung des Kraftfahrt-Bundesamtes ein, wonach das „Konto" des B nunmehr 18 Punkte aufweist. Im daraufhin eingeleiteten Verfahren zur Entziehung der Fahrerlaubnis erreicht B unter Hinweis auf seine berufliche Tätigkeit als Kraftfahrer, dass die Behörde ihm mit Schreiben vom 25.06.2010 mitteilt, dass er zwar aufgrund der Vielzahl von Verstößen ungeeignet zum Führen von Kraftfahrzeugen sei. Man wolle ihm jedoch eine letzte Chance geben, sich zu bewähren. Nur bei erneuten Verstößen würde man die Fahrerlaubnis entziehen. Zunächst sei die Angelegenheit aber erledigt. Als die Aufsichtsbehörde hiervon erfährt, weist sie die Fahrerlaubnisbehörde an, die Fahrerlaubnis sofort zu entziehen. B erhält daraufhin nach Anhörung am 22.12.2010 einen Bescheid der zuständigen Behörde, dass ihm die Fahrerlaubnis entzogen werde, da nach nochmaliger Prüfung die Gefährdung des Straßenverkehrs nicht länger hinnehmbar sei. Das Schreiben vom 25.06.2010 sei damit gegenstandslos. Gegen diesen Bescheid hat B (nach erfolglosem Widerspruch) Klage erhoben, mit der er geltend macht, er habe nach dem Schreiben vom 25.06.2010 keine Verkehrsverstöße mehr begangen. Wird die zulässige Klage Erfolg haben?

Die zulässige Anfechtungsklage ist **begründet**, wenn der Bescheid rechtswidrig ist und B dadurch in seinen Rechten verletzt wird (§ 113 Abs. 1 S. 1 VwGO).

Rechtsgrundlage für die Entziehung der Fahrerlaubnis ist § 3 Abs. 1 StVG.

I.   Hinsichtlich der **formellen Rechtmäßigkeit** bestehen keine Bedenken.

II. In **materieller** Hinsicht ist nach § 3 Abs. 1 StVG die Fahrerlaubnis zu entziehen, wenn sich der Inhaber als **ungeeignet** zum Führen von Kraftfahrzeugen erweist. Als Sonderfall bestimmt § 4 Abs. 3 S. 1 Nr. 3 StVG, dass der Betroffene als ungeeignet zum Führen von Kraftfahrzeugen gilt, wenn sich nach dem sog. Punktsystem 18 oder mehr Punkte ergeben.

III. Der **Rechtsfolge** nach „hat" die Behörde die Fahrerlaubnis zu entziehen, der Behörde steht also kein Ermessen zu.

IV. Die Rechtswidrigkeit könnte sich jedoch aus dem **Verstoß gegen die Zusage** vom 25.06. ergeben. Wird nämlich eine Zusicherung auf Nichterlass eines VA nicht eingehalten, so ist der zusicherungswidrig erlassene VA rechtswidrig.[838]   **495**

> Hat die Behörde eine Zusicherung auf Erlass eines VA abgegeben und erlässt sie den VA gleichwohl nicht, so hat der Betroffene die Möglichkeit der Verpflichtungsklage.[839]

1. Dann müsste das Schreiben vom 25.06. begrifflich eine **Zusicherung** i.S.d. § 38 VwVfG darstellen, d.h. es muss eine verbindliche Erklärung der Behörde vorliegen, einen bestimmten VA später zu erlassen oder nicht zu erlassen.

   a) Zunächst muss eine **verbindliche Erklärung** der Behörde vorliegen. Hierbei   **496**
   ist die Zusicherung zum einen abzugrenzen von der bloßen Auskunft. Die **Auskunft** stellt als bloße Mitteilung keinen Rechtsakt dar. Anders als die Zusage begründet sie keinen Erfüllungsanspruch, sondern allenfalls Schadensersatzansprüche, wenn die Auskunft unrichtig sein sollte.

   > **Beispiel:** B will im unbeplanten Innenbereich ein Mehrfamilienhaus errichten. Vor Planungsbeginn erkundigt er sich bei der Baubehörde, ob eine 5-geschossige Bauweise zulässig sei. Als dies von dem zuständigen Sachbearbeiter S formlos bejaht wird, beauftragt B einen Architekten mit der Planung. Bei Einreichung des Bauantrags stellt sich heraus, dass sich S geirrt hat und lediglich 4 Geschosse gebaut werden dürfen.

   > Da es sich bei der Mitteilung des S nur um eine unverbindliche Auskunft handelte, hat B keinen Anspruch auf Erteilung der beantragten Baugenehmigung. Er kann jedoch aus Amtshaftung nach Art. 34 GG, § 839 BGB Ersatz seines Schadens, z.B. Mehraufwendungen für eine Umplanung, verlangen.

   Zum anderen ist eine Abgrenzung zur **Teilregelung** erforderlich, die anders   **497**
   als die Zusicherung einen VA nicht nur in Aussicht stellt, sondern bereits einen endgültigen, wenn auch inhaltlich beschränkten VA darstellt.[840]

   > Teilregelungen sind vor allem der baurechtliche **Vorbescheid** (nach LBauO) und als Sonderfall die sog. Bebauungsgenehmigung, die die planungsrechtliche Zulässigkeit des Bauvorhabens als vorweggenommener Teil der Baugenehmigung vorab feststellt. Der Vorbescheid regelt den betroffenen rechtlichen Teilbereich bereits verbindlich.[841]

   > Vom Vorbescheid ist die **Teilgenehmigung** abzugrenzen. Während der Vorbescheid einzelne „rechtliche" Teile der endgültigen Genehmigung regelt (einzelne Genehmigungsvoraussetzungen, z.B. die Bebaubarkeit des Grundstücks), beschränkt sich die Teilgenehmigung auf „tatsächliche" Teile des Vorhabens (vgl. z.B. § 8 BImSchG).

   > Zur Abgrenzung zum **vorläufigen VA** vgl. oben Rdnr. 195 ff.

---

838 Stelkens/Bonk/Sachs VwVfG § 38 Rdnr. 122.
839 Stelkens/Bonk/Sachs VwVfG § 38 Rdnr. 122; Limpens JA 2001, 58, 62; Hebeler/Schäfer Jura 2010, 881, 884.
840 Zu den Formen der Teilregelung Hebeler/Schäfer Jura 2010, 881, 884 f.
841 Hebeler/Schäfer Jura 2010, 881, 885.

498   Eine Zusicherung ist in Abgrenzung zur **unverbindlichen Erklärung** anzunehmen, wenn gegenüber dem Adressaten unzweifelhaft der Wille zum Ausdruck kommt, einen bestimmten VA später zu erlassen oder nicht zu erlassen.[842] Dabei ist der Erklärungsinhalt analog § 133 BGB durch **Auslegung** zu ermitteln. Maßgeblich ist daher nicht der innere, sondern der erklärte Wille, wie ihn der Empfänger bei objektiver Würdigung aller maßgeblichen Begleitumstände und des Zwecks der Erklärung verstehen konnte.[843]

Aus der Sicht des B konnte das Schreiben vom 25.06. nur im Sinne einer **verbindlichen Regelung** verstanden werden. Nachdem die Behörde zunächst ein Verfahren zur Entziehung der Fahrerlaubnis eingeleitet hatte, konnte die Äußerung „die Angelegenheit sei zunächst erledigt" nur bedeuten, dass die Behörde jedenfalls bei gleichbleibender Sach- und Rechtslage nicht tätig werden wollte. Aufgrund dieses objektiv erkennbaren Bindungswillens liegt somit begrifflich eine **Zusicherung** vor.

499   Besondere Probleme stellen sich derzeit vor dem Hintergrund des **Abbaus von Subventionen**. Ein Vertrauen in den Fortbestand einer Förderung ist grds. nicht schutzwürdig. Selbst eine langjährige Gewährung einer Subvention begründet kein schutzwürdiges Vertrauen auf eine Weitergewährung.[844] Allerdings kann in einer zunächst befristeten Bewilligung gleichzeitig die (konkludente) Zusicherung einer Anschlussförderung gesehen werden. Dies hat die Rspr. z.B. angenommen, wenn die Wirtschaftlichkeit eines Vorhabens auch nach Ablauf einer langandauernden Gewährung (15 Jahre) von einer Subventionsgewährung abhängig ist. Der Subventionsempfänger könne dann die zunächst befristete Leistungsgewährung als Zusage einer Anschlussförderung verstehen.[845] Diese Entscheidung hat in der Literatur[846] deutliche Kritik erfahren. Eine Zusicherung liege nur vor, wenn die Verwaltung einen bestimmten VA verbindlich zusage und dadurch ein „rechtlich relevantes" Vertrauen begründe. Ein solches berechtigtes Vertrauen könne aber gerade dann nicht angenommen werden, wenn die Behörde eine Leistungsbewilligung zeitlich befriste.[847]

500   b) Die Erklärung muss sich im Rahmen des § 38 VwVfG auf den Erlass oder Nichterlass eines bereits hinreichend **bestimmten VA** beziehen. Im vorliegenden Fall betraf die Erklärung der Behörde das Unterbleiben der Entziehung der Fahrerlaubnis als VA i.S.d. § 35 VwVfG.

Zusicherungsfähig sind alle Verwaltungsakte, also auch Allgemeinverfügungen, wie z.B. Verkehrszeichen.[848]

2. Die Zusicherung muss **wirksam** sein.

501   a) Gemäß § 38 Abs. 1 S. 1 VwVfG muss die Zusicherung von der **zuständigen Behörde** und in **schriftlicher Form** erteilt werden.

---

842 Hebler/Schäfer Jura 2010, 881, 882.

843 BVerwG NVwZ-RR 2003, 997; BGH NVwZ-RR 1996, 66; VGH Mannheim DVBl. 2000, 820, 821; Erichsen Jura 1991, 109, 110; Neumann NVwZ 2000, 1244, 1248; Kloepfer/Lenski NVwZ 2006, 501, 502 m.w.N.

844 BVerwG NVwZ 2006, 1184, 1188@; DVBl. 1998, 142, 144@; VGH Mannheim NJW 2004, 624; NVwZ 2001, 1428; NVwZ 1991, 1199; Erichsen/Klüsche Jura 2000, 540, 546; Schwarz JZ 2004, 79, 81 m.w.N.; näher oben Rdnr. 144.

845 OVG Berlin DVBl. 2003, 1333, 1334; anders OVG Berlin JZ 2005, 672, 673 im entspr. Hauptsacheverfahren, bestätigt durch BVerwG NVwZ 2006, 1184, 1186@.

846 Pietzker DVBl. 2003, 1339, 1339; Schwarz JZ 2004, 79, 83 f.

847 Schwarz JZ 2004, 79, 83 m.w.N.; in diesem Sinne auch BVerwG NVwZ 2006, 1184, 1187.@

848 BVerwG DVBl. 1995, 746, 747@; Knack/Henneke VwVfG § 38 Rdnr. 10.

Bei der **Zuständigkeit** kommt es nur auf die Zuständigkeit der Behörde als solche an. Handelt innerhalb der zuständigen Behörde ein unzuständiger Sachbearbeiter, so hat dies keinen Einfluss auf die Wirksamkeit der Zusicherung im Außenverhältnis.[849] Für die **Schriftform** gilt § 37 Abs. 3 VwVfG (analog), wobei stets die (einfache) Schriftform ausreicht, auch wenn der in Aussicht gestellte VA besonderen Formvorschriften unterliegt (z.B. Aushändigung einer Urkunde nach § 8 Abs. 2 BeamtStG).[850]

*Zuständigkeit und Schriftform sind bei der Zusicherung nicht nur Rechtmäßigkeits-, sondern **zwingende Wirksamkeitsvoraussetzungen**. Anders als beim VA führen Verstöße gegen diese beiden Voraussetzungen nicht nur zur Rechtswidrigkeit, sondern zur Unwirksamkeit der Zusicherung.[851]*

b) Im Übrigen sind nach § 38 Abs. 2 VwVfG die Regeln über die **Wirksamkeit** von **VAen entsprechend** anzuwenden.   **502**

Nach wie vor ist äußerst streitig, ob die Zusicherung selbst einen VA darstellt. Die h.M. bejaht dies unter Hinweis darauf, dass durch die Zusicherung verbindlich ein Anspruch begründet wird.[852] Nach a.A. enthält die Zusicherung keine eigenständige Regelung, sondern bereitet diese nur vor.[853] Für die wichtigsten verfahrensrechtlichen Regeln (§§ 44, 45, 48, 49 VwVfG) ist diese Streitfrage jedoch irrelevant, da § 38 Abs. 2 VwVfG jedenfalls eine „entsprechende" Anwendung der VA-Regeln anordnet.[854] Deshalb lässt die Rspr. die Rechtsnatur der Zusicherung zumeist offen.

Ungeklärt sind dagegen die prozessualen Konsequenzen. Sieht man mit der h.M. die Zusicherung als VA an, ist eine Klage auf Erteilung der Zusicherung als **Verpflichtungsklage** statthaft,[855] nach der Gegenansicht handelt es sich um eine Leistungsklage.[856]

aa) Aus § 38 Abs. 2 VwVfG i.V.m. § 44 VwVfG ergibt sich, dass die bloße Rechtswidrigkeit der Zusicherung, wie beim VA, nicht automatisch zur Unwirksamkeit führt. Unwirksam ist die Zusicherung vielmehr nur, wenn sie nach § 44 VwVfG **nichtig** ist.   **503**

Auch eine rechtswidrige Zusicherung begründet daher einen Anspruch des begünstigten Bürgers auf Erlass bzw. Nichterlass des zugesicherten VA. Die Erfüllungshandlung (z.B. Erlass des VA) ist dann rechtmäßig, selbst wenn sie an sich gesetzeswidrig ist.[857]

Beispiel: Die zuständige Behörde hat dem B schriftlich den Erlass einer Baugenehmigung zugesichert, obwohl das Bauvorhaben gegen nachbarschützende Bauvorschriften verstößt. Erteilt die Behörde später die Genehmigung, so ist diese (trotz des Rechtsverstoßes) als rechtmäßig anzusehen, da sie auf einer wirksamen Zusicherung beruht; eine Anfechtungsklage des Nachbarn N nur gegen die Baugenehmigung wäre daher unbegründet. Um zum Erfolg zu gelangen, muss N daher sowohl die Baugenehmigung als auch die Zusicherung anfechten.[858]

Für eine Nichtigkeit bestehen im vorliegenden Fall keinerlei Anhaltspunkte.

---

849 Knack/Henneke VwVfG § 38 Rdnr. 12; Kingler/Krebs 2010, 1059, 1060.

850 Kingler/Krebs JA 2010, 1059, 1061.

851 BVerwG DVBl. 1995, 746, 747; OVG Lüneburg NVwZ 2005, 470 (E-Mail ohne digitale Signatur wahrt die Schriftform nicht); Kopp/Ramsauer VwVfG § 38 Rdnr. 21; Kloepfer/Lenski NVwZ 2006, 501, 502; Hebeler/Schäfer Jura 2010, 881, 882.

852 BVerwG NVwZ 1986, 1011; NJW 1988, 662, 663; Pünder JA 2004, 467, 468; Knack/Henneke § 38 Rdnr. 21; Stelkens/Bonk/Sachs VwVfG § 38 Rdnr. 33; Hebeler/Schäfer Jura 2010, 881, 881 f.; Kingler/Krebs JA 2010, 1059, 1059 f.

853 Jakobs Jura 1985, 234, 235; Erfmeyer DVBl. 1999, 1625, 1630; Berg JZ 2005, 1039, 1044.

854 Vgl. Hebler/Schäfer Jura 2010, 881, 882.

855 BVerwG NVwZ 1986, 1011; OVG NRW NWVBl. 1992, 283, 284.

856 Erichsen Jura 1991, 109, 112 m.w.N.

857 Vgl. VGH Mannheim NVwZ 1991, 79, 80; Ennuschat JuS 1998, 905, 909; a.A. Erfmeyer DVBl. 1999, 1625, 1629.

858 Vgl. AS-Skript VwGO (2009), Rdnr. 197 f.; a.A. Ennuschat JuS 1998, 905, 910.

504

bb) **Unwirksam** kann die Zusicherung nach § 38 Abs. 2 VwVfG i.V.m. §§ 48, 49 VwVfG **werden**, wenn sie nachträglich aufgehoben wird. Die Behörde hat deutlich gemacht, dass das Schreiben vom 25.06. nunmehr „gegenstandslos" sei und die Zusicherung damit zumindest konkludent aufgehoben.

Eine konkludente Aufhebung (z.B. durch Erlass einer der Zusicherung widersprechenden Regelung) setzt voraus, dass die Behörde sich der entgegenstehenden Zusicherung bewusst war und die nach §§ 48, 49 VwVfG erforderliche Ermessensbetätigung in der Begründung zum Ausdruck kommt.[859]

505

Dann müsste die **Aufhebung der Zusicherung** aber ihrerseits **rechtmäßig** sein. In Betracht kommt allenfalls eine Rücknahme gemäß § 38 Abs. 2 i.V.m. § 48 VwVfG, wenn die Zusicherung selbst rechtswidrig war. **Rechtswidrig** ist die Zusicherung, wenn sie fehlerhaft ist. Hierfür gelten grds. dieselben Voraussetzungen wie bei einem VA:

■ **Ermächtigungsgrundlage**

§ 38 VwVfG stellt selbst keine Ermächtigungsgrundlage dar. Ermächtigungsgrundlage für die Zusicherung ist vielmehr die Ermächtigungsgrundlage des VA, dessen Erlass bzw. Nichterlass zugesichert wird. Einer besonderen Ermächtigungsgrundlage gerade für die Zusicherung bedarf es nicht.[860]

■ **Zuständigkeit** der für den zugesicherten VA zuständigen Behörde

■ **Schriftform** (§ 38 Abs. 1 S. 1 VwVfG)

Die Zuständigkeit und die Schriftform spielen bei der Rechtmäßigkeit der Zusicherung keine eigenständige Rolle mehr, da sie bereits bei deren Wirksamkeit geprüft wurden (s.o.).

■ **Verfahren**: insbes. Beachtung gesetzlich vorgeschriebener Mitwirkungserfordernisse (§ 38 Abs. 1 S. 2 VwVfG)

Anhörung der Beteiligten (§ 28 VwVfG), Mitwirkung einer anderen Behörde (z.B. beim Einvernehmen nach § 36 BauGB), wobei allerdings nach §§ 38 Abs. 2, 45 Abs. 1 VwVfG die Möglichkeit der Heilung besteht.

■ **Materiell:**

  ▪ **Zulässigkeit der Zusicherung**

  Die Zusicherung kann spezialgesetzlich vorgesehen sein oder ausdrücklich für unzulässig erklärt werden (z.B. § 2 Abs. 2 BBesG).

  ▪ **Rechtmäßigkeit des zugesicherten VA**

  d.h. es müssen sämtliche Rechtmäßigkeitserfordernisse für den Erlass bzw. das Unterlassen des VA erfüllt sein: Ist der zugesicherte VA rechtswidrig, so ist es auch die Zusicherung („Gebot der doppelten Rechtmäßigkeit").[861]

  ▪ Steht der zugesicherte VA im **Ermessen** der Behörde, bedarf bereits die Zusicherung einer fehlerfreien Ermessensausübung.

---

859 VGH Mannheim NVwZ 1991, 79, 80; Erichsen Jura 1991, 109, 111 m.w.N.
860 Kopp/Ramsauer VwVfG § 38 Rdnr. 22; Kingler/Krebs JuS 2010, 1059, 1061.
861 Vgl. Pünder JA 2004, 467, 470; Kingler/Krebs JuS 2010, 1059, 1062.

Die Zusicherung wäre z.B. ermessensfehlerhaft, wenn sie aus sachfremden Gründen erfolgen oder verweigert würde. Im gesetzlich nicht geregelten Bereich steht die Zusicherung im Ermessen der Behörde. Dem steht jedoch nach h.M. kein Anspruch des Bürgers auf Zusicherung gegenüber.[862]

(1) Hier war die Zusicherung **rechtswidrig**, weil das Unterlassen der Entziehung der Fahrerlaubnis gegen § 4 Abs. 3 S. 1 Nr. 3 StVG verstößt. Bei Erreichen von 18 Punkten hat die Behörde die Fahrerlaubnis zwingend zu entziehen. Das zugesicherte Verhalten und damit die Zusicherung selbst waren rechtswidrig.

(2) Da sich die Zusicherung nicht auf eine Geld- oder Sachleistung bezog, gilt für die Rücknahme über § 38 Abs. 2 VwVfG nicht § 48 Abs. 2, sondern § 48 Abs. 1 u. 3 VwVfG. Danach stand die Rücknahme der Zusicherung grds. im **Ermessen**. Dieses Ermessen hat die Behörde hier unter Hinweis auf die bestehende Verkehrsgefährdung sachgerecht ausgeübt. Ein etwaiger Vertrauensschutz kann nur einen Ersatzanspruch nach § 48 Abs. 3 VwVfG begründen.[863]

Die Zusicherung ist damit durch die Rücknahme gem. §§ 38 Abs. 2, 48 VwVfG **unwirksam geworden** und steht der Entziehung der Fahrerlaubnis nicht mehr entgegen. Der Bescheid vom 22.12.2010 ist deshalb rechtmäßig und die Klage des B unbegründet.

| **Zusicherung, § 38 VwVfG** |
| Zusage, bestimmten VA zu erlassen bzw. zu unterlassen |

Wirksamkeit	**Rechtmäßigkeit**

- Zuständigkeit der Behörde
- Schriftform (§ 38 Abs. 1 S. 1 VwVfG)
- keine Nichtigkeitsgründe (§§ 38, 44 VwVfG)

- Zuständigkeit
- Schriftform
- Anhörung Dritter/Mitwirkung
- materiell
  - Zulässigkeit der Zusicherung
  - Rechtmäßigkeit des zugesicherten VA
  - bei Ermessen: fehlerfreie Ermessensausübung

| **Rechtsfolge** |

- wirksame Zusicherung hat **Bindungswirkung** (= Anspruch auf Einhaltung der Zusicherung)
- Wegfall der Bindungswirkung
  - Aufhebung der Zusicherung (§§ 38 Abs. 2, 48, 49 VwVfG) ⬅
  - Wegfall der Geschäftsgrundlage (§ 38 Abs. 3 VwVfG)

---

862 BVerwG NVwZ 1986, 1011; Knack/Henneke VwVfG § 38 Rdnr. 23; a.A. Stelkens NVwZ 1987, 471; Kopp/Ramsauer VwVfG § 38 Rdnr. 24: Anspruch auf ermessensfehlerfreie Entscheidung bei berechtigtem Interesse.

863 Streitig, vgl. AS-Skript Verwaltungsrecht AT 2 (2010), Rdnr. 156 ff.

506 Die Bindungswirkung der Zusicherung kann des Weiteren unter den Voraussetzungen des § 38 Abs. 3 VwVfG entfallen **(Wegfall der Geschäftsgrundlage)**. Erforderlich ist eine nachträgliche Änderung der Sach- oder Rechtslage derart, dass die Behörde bei Kenntnis der nachträglich eingetretenen Änderung die Zusicherung nicht gegeben hätte oder aus rechtlichen Gründen nicht hätte geben dürfen.[864]

Beispiel: Die Zusicherung, ein Verkehrszeichen aufzustellen, wird nach § 38 Abs. 3 VwVfG unwirksam, wenn sich die Verkehrsverhältnisse grundlegend ändern.[865] Umstritten ist, ob die Zusicherung, einen bestimmten Subventionsbescheid zu erlassen, bei einer erheblichen Verschlechterung der Haushaltslage nach § 38 Abs. 3 VwVfG unwirksam werden kann oder nur der Aufhebung nach § 38 Abs. 2 i.V.m. § 48 Abs. 2 VwVfG unterliegt.[866]

2. Die allgemeine Zusage

507 Gesetzlich nicht geregelt ist die nicht **VA-bezogene Zusage** (z.B. gerichtet auf schlichtes Verwaltungshandeln oder auf Abschluss eines ör Vertrages).[867] § 38 VwVfG ist auf sie grds. nicht anwendbar.[868] Die Verbindlichkeit einer solchen Zusage beurteilt sich daher nach den **ungeschriebenen Grundsätzen** des allgemeinen Verwaltungsrechts. Danach ist eine Zusage verbindlich, d.h. sie begründet für den Begünstigten einen Anspruch auf die zugesagte Leistung, wenn sie von einem dazu befugten Beamten der zuständigen Behörde mit dem erkennbaren Willen, die Behörde zu binden, abgegeben wurde und nicht gegen ein gesetzliches Verbot verstößt.[869] Umstritten ist vor allem, ob solche Zusagen der Schriftform unterliegen.[870]

VII. Nebenbestimmungen zum VA

1. Begriffliche Abgrenzung der Nebenbestimmungen

Fall 25: Der nachtblinde Autofahrer

Mit Rücksicht auf das Ergebnis des Sehtests hat A eine Fahrerlaubnis der Klasse B erhalten, die den Vermerk enthält: „Der Inhaber darf ein Kraftfahrzeug nur bei Tageslicht führen." Eines Nachts wurde eine Polizeistreife auf A aufmerksam, als dieser mit seinem Auto an einer Stelle, an der die Straße über eine stillgelegte Bahnlinie führte, auf dem Bahnkörper weitergefahren war, schließlich angehalten und sich laut über den schlechten Zustand der Straße beklagt hatte. Die Polizei nahm den Vorgang auf und übersandte ihn der Staatsanwaltschaft. Der zuständige Staatsanwalt (StA) überlegt, ob er den Vorgang selbst zu bearbeiten hat oder ob er ihn an die Bußgeldstelle der Kreisverwaltung abgeben kann.

---

864 Vgl. BVerwG NVwZ 2004, 1125, 1126; Hebeler/Schäfer Jura 2010, 881, 883; Kingler/Krebs JuS 2010, 1059, 1063.

865 BVerwG DVBl. 1995, 746, 747[@]; dazu Neumann NVwZ 2000, 1244, 1247.

866 Vgl. Kloepfer/Lenski NVwZ 2006, 501, 504 m.w.N.

867 Dazu VGH Mannheim DVBl. 2000, 820; Hebeler/Schäfer Jura 2010, 881, 883 f.

868 Knack/Henneke § 38 Rdnr. 35; Erfmeyer DVBl. 1999, 1625, 1631; Diederichsen JuS 2006, 60, 62; vgl. aber BVerwG DVBl. 1995, 746, 748[@]: § 38 VwVfG gilt analog, wenn der Realakt in Zusammenhang mit dem Erlass eines VA steht; dazu Neumann NVwZ 2000, 1244, 1248.

869 VGH Mannheim VBlBW 1990, 140.

870 Vgl. Stelkens/Bonk/Sachs VwVfG § 38 Rdnr. 44 ff.; Knack/Henneke § 38 Rdnr. 35; Hebler/Schäfer Jura 2010, 881, 883.

§ 23 FeV (FahrerlaubnisVO) lautet:

(1) Die Fahrerlaubnis der Klassen A, A1, B, BE … wird unbefristet erteilt. …

(2) Ist der Bewerber nur bedingt zum Führen von Kraftfahrzeugen geeignet, kann die Fahrerlaubnisbehörde die Fahrerlaubnis soweit wie notwendig beschränken oder unter den erforderlichen Auflagen erteilen. Die Beschränkung kann sich insbesondere auf eine bestimmte Fahrzeugart oder ein bestimmtes Fahrzeug mit besonderen Einrichtungen erstrecken.

Der StA muss den Fall nach § 152 StPO selbst bearbeiten, wenn eine Straftat vorliegt. Ist dagegen eine bloße **Ordnungswidrigkeit** gegeben, so kann er die Sache nach § 43 OWiG an die Bußgeldstelle der Verwaltungsbehörde (§§ 35 ff. OWiG) abgeben.

Als Straftat kommt ein Verstoß gegen § 21 Abs. 1 Nr. 1 StVG in Betracht. Dann müsste A ein Fahrzeug **ohne Fahrerlaubnis** geführt haben. An sich hat A eine Fahrerlaubnis. Diese könnte sich aber wegen des im Führerschein enthaltenen Vermerks nicht auf das Fahren zur Nachtzeit erstrecken. Der Vermerk schränkt das dem A im Verkehr erlaubte Verhalten ein. Ob diese Einschränkung bewirkt, dass A für das Fahren zur Nachtzeit überhaupt keine Fahrerlaubnis hat, hängt von der **Rechtsnatur** dieses Vermerks ab.

I. Enthält ein VA eine Einschränkung, so kann deren Rechtscharakter unterschiedlich zu beurteilen sein.

   1. Es kann der Inhalt der Regelung beschränkt werden (**Inhaltsbestimmung** bzw. Inhaltsbeschränkung des VA).   **508**

      Beispiele: Bei der Baugenehmigung gehört zum Inhalt die genaue Bezeichnung der zu bebauenden Grundstücksfläche, die Angabe der Abstände zu den Grundstücksgrenzen, die Gesamthöhe des Bauwerks, die Zahl und Höhe der Geschosse, die Dachform etc. – Bei einer immissionsschutzrechtlichen Genehmigung kann die „Auflage", schwefelarmes Heizöl zu verwenden, eine Inhaltsbestimmung darstellen.[871]

      Hat der Bürger einen VA beantragt und wird ihm ein VA mit einem anderen Inhalt gewährt (aliud), so handelt es sich i.d.R. um die Ablehnung der beantragten Vergünstigung verbunden mit dem Angebot einer anderen Regelung (sog. **modifizierte Genehmigung**).

      Beispiel: B beantragt eine Baugenehmigung für ein Einfamilienhaus mit einem Satteldach, „genehmigt" wird jedoch nur ein Bauvorhaben mit einem Flachdach. Die erstrebte Baugenehmigung ist dem B nicht erteilt worden, die erteilte Genehmigung ist mangels Antrags rechtswidrig.

   2. Es kann eine **Nebenbestimmung** vorliegen. Die begrifflichen Voraussetzungen für die einzelnen Arten finden sich in § 36 Abs. 2 VwVfG.   **509**

      Diese Begriffsbestimmungen gelten allgemein auch im Bereich von Spezialgesetzen. Bezüglich der Rechtmäßigkeit stellen die Spezialgesetze allerdings teilweise besondere Voraussetzungen auf. Die Aufzählung in § 36 Abs. 2 VwVfG ist nach h.M. nicht abschließend.[872]

     ■ **Befristung** (§ 36 Abs. 2 Nr. 1 VwVfG) und **Bedingung** (§ 36 Abs. 2 Nr. 2 VwVfG) betreffen den zeitlichen Geltungsbereich eines VA. Während die Befristung an ein gewisses künftiges Ereignis anknüpft, hängt die Wirksamkeit des VA bei der Bedingung von einem ungewissen Ereignis ab.[873]   **510**

---

871 BVerwG NVwZ 1984, 371, 372; zur Abgrenzung Fluck DVBl. 1992, 862 ff.

872 BVerwG RÜ 2010, 188, 190; Kopp/Ramsauer VwVfG § 36 Rdnr. 13.

873 Vgl. BVerwGE 60, 269, 275; Erichsen Jura 1990, 214, 215; Hufen/Bickenbach JuS 2004, 867, 868.

Je nach den Rechtswirkungen unterscheidet man auflösende Bedingungen und Befristungen (bei denen die Rechtswirkungen später enden) und aufschiebende Bedingungen (Befristungen), bei denen der VA erst mit Eintritt des Ereignisses wirksam wird.

511
- Der **Widerrufsvorbehalt** (§ 36 Abs. 2 Nr. 3 VwVfG) ermöglicht es der Behörde, durch eine zukünftige Erklärung die weitere Wirksamkeit des VA, d.h. dessen Rechtsfolge zu beenden (vgl. § 49 Abs. 2 Nr. 1 VwVfG).[874]

Befristung, Bedingung und Widerrufsvorbehalt werden auch als sog. unselbstständige Nebenbestimmungen bezeichnet. Sie sind selbst keine Verwaltungsakte, sondern nur Teile des HauptVA.

512
- Durch eine **Auflage** (§ 36 Abs. 2 Nr. 4 VwVfG) wird dem Begünstigten ein Tun, Dulden oder Unterlassen vorgeschrieben.

Als Gebot oder Verbot wird die Auflage überwiegend als **selbstständiger VA** angesehen.[875] Als VA ist die Auflage selbstständig vollstreckbar. Sie ist aber gleichwohl „Nebenbestimmung", da ihr Regelungsgehalt vom Bestand des HauptVA abhängt.

Beispiel: Baugenehmigung „mit der Maßgabe, dass der Bauherr einen von der öffentlichen Straße zum Baugrundstück führenden Weg ausbaut". Begünstigender VA ist die Baugenehmigung. Die „Maßgabe" ist als Gebot zum Ausbau des Weges auszulegen. Dieses Gebot richtet sich an den Bauherrn als den Begünstigten aus der Baugenehmigung. Das Gebot, den Weg auszubauen, ist mit der Baugenehmigung verbunden und hängt von ihr ab. Das folgt zunächst daraus, dass der Ausbau des Weges der Erschließung des Baugrundstücks dient. Außerdem ergibt sich aus dem Zusammenhang, dass der Weg nicht ausgebaut zu werden braucht, wenn die Baugenehmigung nichtig ist, widerrufen wird oder von ihr kein Gebrauch gemacht wird.

513
- Schließlich gibt es noch den **Auflagenvorbehalt** gemäß § 36 Abs. 2 Nr. 5 VwVfG, der die Voraussetzungen festlegt, unter denen die Behörde noch im Nachhinein durch Erlass, Änderung oder Ergänzung einer Auflage auf den Bestand des VA Einfluss nehmen kann.

514
3. Weder eine Inhaltsbestimmung noch eine Nebenbestimmung liegt vor, wenn von der behördlichen Erklärung keine Rechtsfolge abhängt, sondern mit dieser lediglich ein **Hinweis** auf die Rechtslage erfolgen soll.

So wäre es beispielsweise keine Befristung, wenn die Behörde bei einer höchstpersönlichen Erlaubnis (z.B. Fahrerlaubnis) darauf hinweist, dass diese mit dem Tod des Inhabers erlischt.

515
II. Maßgebend für die **Abgrenzung** zwischen bloßem Hinweis, Inhaltsbestimmung und Nebenbestimmung sowie zwischen den Nebenbestimmungen untereinander ist nicht die – möglicherweise fehlerhafte – Bezeichnung durch die Behörde, sondern entscheidend ist allein der materielle Gehalt der Regelung, wie er durch **Auslegung** aus objektiver Empfängersicht zu verstehen ist (§ 133 BGB analog).[876] Dabei kann allerdings die Bezeichnung als Indiz herangezogen werden.[877]

---

874 Hufen/Bickenbach JuS 2004, 867, 869.

875 Maurer § 12 Rdnr. 9; Stelkens NVwZ 1985, 469, 470; Axer Jura 2001, 748, 749; Hufen/Bickenbach JuS 2004, 867, 869; a.A. Erichsen Jura 1990, 214, 217: wegen der Akzessorietät kein eigenständiger VA, sondern nur Teil einer Gesamtregelung.

876 BVerwG DVBl. 1983, 851, 852; Kopp/Ramsauer VwVfG § 36 Rdnr. 14; Erichsen Jura 1990, 214, 215; Brenner JuS 1996, 281, 282; einschränkend Stelkens/Bonk/Sachs VwVfG § 36 Rdnr. 68.

877 BGH DVBl. 2001, 809.

1. In Abgrenzung zur Inhaltsbestimmung liegt eine **Nebenbestimmung** i.d.R. dann **516** vor, wenn bestimmte typische, normalerweise mit dem VA verbundene Rechtsfolgen ausgeschlossen oder modifiziert werden.[878]

2. Die Nebenbestimmungen **untereinander** sind nach ihrem materiellen Gehalt ab- **517** zugrenzen. Dabei kommt es für die Abgrenzung von **Bedingung** und Befristung einerseits von der **Auflage** andererseits wesentlich darauf an, ob die Regelung **unmittelbar Einfluss auf die Wirksamkeit des VA** haben soll (dann Bedingung bzw. Befristung) oder ob die Wirksamkeit des VA von einer weiteren behördlichen Entscheidung abhängen soll (dann Auflage).[879]

Solange eine aufschiebende Bedingung oder Befristung nicht eingetreten ist, ist der VA noch nicht wirksam. Tritt eine auflösende Bedingung oder Befristung ein, so verliert der VA ebenso seine Wirksamkeit, wie wenn der VA aufgehoben wird (§ 43 Abs. 2 VwVfG). Im Unterschied dazu berührt die Auflage die Wirksamkeit des VA nicht unmittelbar. Der VA bleibt vielmehr unabhängig von der Erfüllung der Auflage oder deren Bestand wirksam. Allerdings kann die Behörde die Auflage zwangsweise durchsetzen oder den VA nach § 49 Abs. 2 Nr. 2 VwVfG widerrufen.

Merksatz: „Die Bedingung suspendiert, zwingt aber nicht; die Auflage zwingt, suspendiert aber nicht."[880]

Da die **Auflage** einerseits die Wirksamkeit des VA selbst nicht berührt, anderer- **518** seits als Handlungsgebot oder Handlungsverbot vollstreckt werden kann, ist sie im Zweifel sowohl für den Adressaten als auch für die Behörde **günstiger**.[881] Letztlich kann man auch darauf abstellen, dass die Behörde im Zweifel eine **rechtmäßige Nebenbestimmung** beifügen will[882] und Bedingungen eher gegen den Grundsatz der Verhältnismäßigkeit verstoßen.[883]

III. Bei Anwendung dieser Grundsätze ergibt sich im vorliegenden Fall:

1. Es könnte eine **Inhaltsbestimmung** vorliegen. Dann würde die Fahrerlaubnis **519** ihrem Inhalt nach nicht das Fahren zur Nachtzeit umfassen; A wäre dann ohne Fahrerlaubnis gefahren.

Von dem gesetzlich festgelegten Inhalt einer Erlaubnis kann die Behörde grds. nur abweichen, soweit dazu eine Ermächtigung besteht. Den Inhalt einer Fahrerlaubnis regeln § 2 StVG und § 6 FeV (FahrerlaubnisVO). Danach wird die Fahrerlaubnis in Klassen eingeteilt. Eine Klasse „nur bei Tageslicht" gibt es hierbei nicht. Sonstige inhaltliche Beschränkungen sind nach § 23 Abs. 2 S. 2 FeV insbes. für bestimmte Fahrzeugarten oder bestimmte Fahrzeuge vorgesehen. Da nicht davon ausgegangen werden kann, die Behörde habe offensichtlich rechtswidrig handeln wollen, ist eine Inhaltsbestimmung daher nicht anzunehmen.

2. Ein bloßer **Hinweis** auf die Rechtslage scheidet ebenfalls aus, weil die Fahrerlaub- **520** nis normalerweise zu Nachtfahrten berechtigt und die Behörde eine **verbindliche Regelung** erstrebte.

878 Kopp/Ramsauer VwVfG § 36 Rdnr. 7; Fluck DVBl. 1992, 862, 865 m.w.N.
879 BGH DVBl. 2001, 809; Brenner JuS 1996, 281, 282; Axer Jura 2001, 748, 749; Pabel/Bloch NWVBl. 2006, 312, 313.
880 Pabel/Bloch NWVBl. 2006, 312, 313; Klement JuS 2010, 1088, 1091.
881 Erichsen Jura 1990, 214, 215; Brenner JuS 1996, 281, 285; Axer Jura 2001, 748, 749; Pabel/Bloch NWVBl. 2006, 312, 313.
882 Maurer § 12 Rdnr. 17; Fluck DVBl. 1992, 862, 864 m.w.N.
883 Klement JuS 2010, 1088, 1091.

521 3. Es kommt daher nur eine **Nebenbestimmung** nach § 36 VwVfG in Betracht.

a) Widerrufsvorbehalt und Auflagenvorbehalt scheiden schon begrifflich aus, ebenso eine Bedingung, da der Eintritt der Dunkelheit ein gewisses Ereignis ist.

b) In Betracht kommen deshalb nur Befristung und Auflage.

aa) Nimmt man eine **Befristung** an, so endet die Fahrerlaubnis automatisch jeweils mit Einbruch der Dunkelheit und erlangt ihre Wirksamkeit am nächsten Morgen wieder. Dies würde aber praktisch einer Inhaltsbestimmung gleichkommen und wäre nach dem oben Gesagten unzulässig. Im Übrigen werden Fahrerlaubnisse nach § 23 Abs. 1 FeV grds. unbefristet erteilt.

bb) Will die Behörde die **Wirksamkeit** des VA von der Nebenbestimmung abhängig machen (in Form einer Bedingung oder Befristung), so muss sie dies außerdem **eindeutig** zum Ausdruck bringen, da die sich sonst ergebende Rechtsunsicherheit für den Bürger unzumutbar wäre. Der Bürger darf sich grds. darauf verlassen, dass der ihm erteilte VA unbedingt gilt, es sei denn, es ergibt sich aus der Nebenbestimmung zweifelsfrei etwas anderes.[884]

Außerdem entspricht es wohl kaum dem Willen der Behörde, den A stets mit Einbruch der Dunkelheit unmittelbar der Sanktion einer Straftat auszusetzen. Schließlich spricht für eine **Auflage**, dass die hier einschlägige Vorschrift des § 23 Abs. 2 FeV ausdrücklich „Auflagen" vorsieht. Auch die Begriffsvoraussetzungen der Auflage sind erfüllt: Dem A wird im Zusammenhang mit der Fahrerlaubnis verboten, nachts zu fahren. Es liegt also eine Auflage vor.[885]

Da die Nichtbefolgung der Auflage die Wirksamkeit des VA unberührt lässt, verfügte A auch nachts über eine Fahrerlaubnis. Eine Straftat nach § 21 StVG liegt nicht vor. Vielmehr hat A eine Ordnungswidrigkeit nach § 24 StVG, §§ 23 Abs. 2 S. 1, 75 Nr. 9 FeV begangen. Der Staatsanwalt wird den Vorgang an die Bußgeldstelle abgeben.

─────────────────────────

---

884 Erichsen Jura 1990, 214, 215.

885 Vgl. BGHSt 28, 72, 75; 32, 80; OLG Karlsruhe VRS 39, 286; VG Frankfurt NJW 1987, 796; Hentschel FeV § 23 Rdnr. 9 m.w.N.

2. Abwehr und Rechtmäßigkeit von Nebenbestimmungen

Fall 26: Parabolantenne gegen Fernsehschatten

Die V-AG will auf einem Eckgrundstück ein Hochhaus errichten und dabei zwei Geschosse mehr bauen, als nach dem Bebauungsplan zulässig sind. Das Bauamt der Stadt S begrüßt das Vorhaben grundsätzlich, weil dadurch eine zusätzliche städtebauliche Dominante entstehen würde. Die Abweichung vom Bebauungsplan sei städtebaulich vertretbar. Bedenken bestehen aber, weil auf dem Nachbargrundstück der N erst kürzlich ein Mehrfamilienhaus gebaut hat und sich dabei streng an den Bebauungsplan gehalten hat. Außerdem ist zu befürchten, dass das Hochhaus den Fernsehempfang im Hause des N stören wird. Unter Würdigung der nachbarlichen Interessen erteilt das Bauamt der V-AG die Baugenehmigung, jedoch mit der „Einschränkung", dass auf dem Hochhaus eine Parabolantenne anzubringen ist, an die auch das Haus des N angeschlossen werden soll. Die V-AG ist mit dieser Regelung nicht einverstanden und möchte dagegen verwaltungsgerichtlich vorgehen. Mit Erfolg?

A. **Zulässigkeit** einer verwaltungsgerichtlichen Klage

    I. Der **Verwaltungsrechtsweg** ist gemäß § 40 Abs. 1 S. 1 VwGO eröffnet, da es sich um eine Streitigkeit auf dem Gebiet des öffentlichen Baurechts handelt.

    II. Da V die Aufhebung der Beschränkung der ihm erteilten Baugenehmigung begehrt, kommt als **Klageart** gemäß § 42 Abs. 1, 1. Fall VwGO eine **Anfechtungsklage** in Betracht. Da nach § 113 Abs. 1 S. 1 VwGO („soweit") eine Teilaufhebung möglich ist, ist es grds. auch zulässig, die **Anfechtungsklage** auf einen Teil eines VA zu beschränken.[886] Ein auf Teilaufhebung gerichtetes Klagebegehren ist aber nur dann zulässig, wenn der Gesamt-VA (logisch) **teilbar** ist.   **522**

Umstritten ist, ob diese Frage schon im Rahmen der Zulässigkeit oder erst im Rahmen der Begründetheit zu entscheiden ist.[887] Für die Behandlung als Zulässigkeitsproblem spricht, dass es um die Bestimmung des Streitgegenstandes geht.[888] Das sagt aber noch nichts über den Umfang der Prüfung in der Zulässigkeit (s.u.).

Prozessual geht es hierbei um die Frage, ob der Kläger den ihn belastenden Zusatz isoliert mit der **Anfechtungsklage** angreifen kann oder ob er **Verpflichtungsklage** auf einen uneingeschränkten VA erheben muss.   **523**

Beispiel: Die nach dem Gesetz im Ermessen stehende Zweckentfremdungsgenehmigung zur Umwandlung von Wohnraum wird dem K mit der Auflage erteilt, eine Ablösesumme zur Förderung von Wohnraum an anderer Stelle zu zahlen. – Kann K eine (Teil-) Anfechtungsklage gegen die Auflage erheben, so bleibt davon die Genehmigung im Übrigen unberührt. Muss K dagegen Verpflichtungsklage erheben, so kann die Behörde, falls sie (nur) zur Neubescheidung verpflichtet wird, u.U. ermessensfehlerfrei auch zu dem Ergebnis gelangen, dass die Genehmigung nunmehr insgesamt versagt wird.[889]

---

886 Vgl. nur Kopp/Schenke VwGO § 113 Rdnr. 15.

887 Vgl. Schenke JuS 1983, 182, 186 m.w.N.

888 OVG NRW DVBl. 1991, 1366, 1367.

889 Vgl. Pietzcker NVwZ 1995, 15, 17.

524 1. Zum Teil wird darauf abgestellt, dass es dem Betroffenen stets um einen **anderen** begünstigenden **VA**, also um eine Erweiterung seiner Rechtsposition gehe. Dieses Begehren könne nur durch eine **Verpflichtungsklage** auf nebenbestimmungsfreie Begünstigung durchgesetzt werden.[890]

525 2. Andere differenzieren nach der **Art der Nebenbestimmung:** Befristung, Bedingung und Widerrufsvorbehalt sind danach „integrierte (unselbstständige) Bestandteile" des VA, die nicht isoliert angefochten werden können. Auflagen und Auflagenvorbehalt enthalten dagegen eigenständige Regelungen (Ge- oder Verbote) und sind nach h.M. selbst VAe, die keinen unmittelbaren Einfluss auf den HauptVA haben. Deshalb seien sie als vom HauptVA trennbare Teile zu qualifizieren und daher isoliert anfechtbar.[891]

526 3. Im Schrifttum wird verbreitet auf die **Art des HauptVA** abgestellt. Handele es sich um eine **gebundene Entscheidung**, so lasse sich über dessen rechtmäßigen Bestand isoliert entscheiden mit der Folge, dass auch eine Nebenbestimmung isoliert aufhebbar sei. Dagegen sollen nach dieser Auffassung bei **Ermessensentscheidungen** der VA und seine Nebenbestimmungen nicht teilbar sein, da andernfalls der Ermessensspielraum der Behörde unzulässig verkürzt werde, wenn ihr ein „ungewollter" Restakt aufgedrängt werde.[892]

527 4. Die heute überwiegend vertretene Auffassung geht davon aus, dass gegen **jede Nebenbestimmung** eine isolierte **Teilanfechtungsklage** erhoben werden kann, wenn sie vom HauptVA im **logischen Sinne** teilbar ist. Nur wenn eine isolierte Aufhebung „von vornherein und offensichtlich" ausscheidet, sei die Anfechtungsklage ausnahmsweise unzulässig.[893]

Für diese Ansicht spricht, dass § 113 Abs. 1 S. 1 VwGO die Teilaufhebung und damit die Teilanfechtung von VAen grds. zulässt. Wenn aber z.B. bei der Anfechtung eines Teils eines insgesamt belastenden VA die Frage der Teilbarkeit kein Zulässigkeitsproblem, sondern eine Frage der Begründetheit ist, ist nicht nachvollziehbar, warum dies gerade bei Nebenbestimmungen anders sein soll. Auch eine Differenzierung nach der Art des HauptVA ist nicht gerechtfertigt. § 113 VwGO („soweit") schränkt die Teilaufhebung von Ermessensakten nicht ein. Im Übrigen wird auch bei einem gebundenen VA bei isolierter Aufhebung der Nebenbestimmung etwas auseinandergerissen, was nach dem Willen der Behörde zusammengehört. Außerdem kann mit der Überprüfung der materiellen Teilbarkeit im Rahmen der Begründetheit (s.u. Rdnr. 540 ff.) der Ermessensvorrang der Behörde beim Erlass des VA sichergestellt werden.[894]

---

890 Fehn DÖV 1988, 202, 207; Stadie DVBl. 1991, 613, 614 m.w.N.

891 VGH Mannheim NVwZ-RR 1997, 677, 678; Schoch/Pietzcker VwGO § 42 Abs. 1 Rdnr. 137; Pietzcker NVwZ 1995, 15, 20; Schmidt NVwZ 1996, 1188, 1189; Störmer NWVBl. 1996, 169, 174; Axer Jura 2001, 748, 752; Klement JuS 2010, 1088, 1093 und auch die frühere Rspr. des BVerwG, z.B. BVerwGE 29, 261, 265; 36, 145, 153.

892 Kopp/Schenke VwGO § 42 Rdnr. 24; Schenke JuS 1983, 182, 186; Brenner JuS 1996, 281, 286; im Ergebnis ähnlich die frühere Rspr., wenn bei Ermessensakten zwischen VA und Auflage ein untrennbarer Zusammenhang besteht (BVerwGE 55, 135, 137; 56, 254, 256; anders BVerwGE 65, 139, 140).

893 BVerwG NVwZ 2001, 429; DVBl. 1997, 165; NVwZ-RR 1996, 20@; OVG LSA NVwZ-RR 2009, 239, 240; OVG Berlin NVwZ 2001, 1059, 1060; Hufen § 14 Rdnr. 46; Sproll NJW 2002, 3221, 3222; Pabel/Bloch NWVBl. 2006, 312, 314; Ruffert in Erichsen/Ehlers § 23 Rdnr. 18.

894 Pabel/Bloch NWVBl. 2006, 312, 315 m.w.N.

Beachte: Unproblematisch ist der Rechtsschutz bei **nachträglich** erlassenen Nebenbestimmungen. Diese enthalten eine selbstständige belastende Regelung und sind damit stets VAe, die isoliert angefochten werden können.[895]

Damit ist in der Regel gegen belastende Nebenbestimmungen die Anfechtungsklage statthaft.

Ob die Anfechtungsklage allerdings auch zur isolierten Aufhebung der Nebenbestimmung führt, ist eine Frage der **Begründetheit** und hängt u.a. davon ab, ob der begünstigende VA ohne die Nebenbestimmung sinnvoller- und rechtmäßigerweise bestehen bleiben kann (materielle Teilbarkeit).[896] Die **Zulässigkeit** der isolierten Anfechtungsklage bezieht sich allein auf die Frage der **prozessualen** Teilbarkeit, d.h. ob der VA im logischen Sinne teilbar ist. Die Frage der **materiellen** Teilbarkeit betrifft dagegen die **Begründetheit** der Klage.[897] **528**

a) Zu verneinen ist die logische Teilbarkeit bei **Inhaltsbestimmungen**. Diese sind anders als Nebenbestimmungen schon per definitionem zwingend als Bestandteile und damit als untrennbare Teile eines begünstigenden VA anzusehen, mit der Folge, dass eine isolierte Anfechtung von vornherein ausscheidet. Es liegt ein schon logisch unteilbarer Gegenstand vor, sodass eine **Anfechtungsklage** bereits unstatthaft und damit unzulässig ist.[898] **529**

Beispiel: Bei Inhaltsbestimmungen einer Baugenehmigung (Höhe der Geschosse, Dachform u.Ä.) ist dem Bauherrn das Vorhaben nicht schlechthin erlaubt, sondern nur, wenn er sich an die konkret erteilte Genehmigung hält. Maßnahmen über den Genehmigungsinhalt hinaus sind formell illegal. Will der Bauherr also einen anderen Genehmigungsinhalt, so muss er **Verpflichtungsklage** auf uneingeschränkte Genehmigung erheben.

b) Den Inhaltsbestimmungen steht nach der Rspr. die sog. **modifizierende Auflage** gleich. Eine solche liegt vor, wenn durch die „Auflage" der Inhalt des HauptVA unmittelbar bestimmt wird.[899] **530**

Beispiel: Dem A wird eine Baugenehmigung für ein Transportbetonwerk erteilt mit der „Auflage": „Die Anlagen sind so zu errichten, dass der von ihnen ausgehende Lärmpegel 0,5 m vor dem geöffneten Fenster des am nächsten gelegenen Wohnhauses, gemessen am Tage 65 db (A), nachts 50 db (A), nicht überschreitet."[900]

Die modifizierende Auflage verändert den Inhalt des VA und ist damit **integraler Bestandteil** der Haupt-Regelung. Sie ist von der Genehmigung im Übrigen logisch nicht trennbar. Daher scheidet eine Teilanfechtung aus, sodass nur eine Verpflichtungsklage auf eine „modifizierungsfreie" Genehmigung in Betracht kommt.[901]

---

895 ThürOVG ThürVBl. 1997, 39; Axer Jura 2001, 748, 749.

896 BVerwG NVwZ 2001, 429; DVBl. 1993, 152; DVBl. 1989, 517; Burgi/Wienbracke NWVBl. 2002, 283, 288.

897 BVerwG NVwZ 2001, 429; NVwZ-RR 1996, 20[@]; DVBl. 1989, 517; OVG Berlin NVwZ 2001, 1059, 1060; Brüning NVwZ 2002, 1081; Sproll NJW 2002, 3221, 3222; Pabel/Bloch NWVBl. 2006, 312, 314.

898 BVerwGE 69, 37, 39; 90, 42, 48; VGH Mannheim VBlBW 1994, 23, 24; Pietzner/Ronellenfitsch § 9 III Rdnr. 12; Störmer DVBl. 1996, 81, 86; a.A. Kopp/Schenke VwGO § 42 Rdnr. 23.

899 Maurer § 12 Rdnr. 16; Kopp/Ramsauer VwVfG § 36 Rdnr. 35; Pabel/Bloch NWVBl. 2006, 312, 313; Klement JuS 2010, 1088, 1089.

900 Vgl. BVerwG DÖV 1974, 380.

901 BVerwGE 69, 37, 39; BVerwG NVwZ 1984, 371, 372[@]; DÖV 1982, 501, 502; VGH Mannheim NVwZ-RR 1999, 431; Sproll NJW 2002, 3221, 3223; Hufen/Bickenbach JuS 2004, 867, 871; Pietzner/Ronellenfitsch § 9 III Rdnr. 23; a.A. Kopp/Schenke VwGO § 42 Rdnr. 23.

Angesichts dieser jedenfalls im Ergebnis gleichen Behandlung von Inhaltsbestimmungen und modifizierender Auflage wird in der Literatur überwiegend die eigenständige dogmatische Berechtigung der modifizierenden Auflage infrage gestellt. Es handele sich überhaupt nicht um eine Auflage sondern um einen Unterfall der Inhaltsbestimmung.[902]

Weiteres Beispiel: Die aufschiebende Bedingung zu einer Baugenehmigung will verhindern, dass von der Genehmigung isoliert Gebrauch gemacht wird. Die Bedingung ist integraler Bestandteil der Genehmigung und kann daher nicht isoliert angefochten werden.[903]

531   c) Gegen eine **Inhaltsbestimmung** spricht hier die Erwägung, dass das Bauvorhaben dadurch selbst nicht unmittelbar modifiziert wird. Vielmehr handelt es sich um eine **Nebenbestimmung**, deren Regelung von der Baugenehmigung als HauptVA ohne Weiteres teilbar ist. Damit ist eine isolierte Anfechtungsklage statthaft.

Allerdings kann der Kläger wahlweise auch auf die Verpflichtungsklage zurückgreifen, wenn diese weitergehenden Rechtsschutz vermittelt.[904]

III. V kann geltend machen, in seinem Eigentumsrecht aus Art. 14 GG (Baufreiheit) verletzt zu sein und ist somit gemäß § 42 Abs. 2 VwGO klagebefugt. Nach erfolglosem Vorverfahren (vorbehaltlich landesrechtlicher Ausnahmen, § 68 Abs. 1 S. 2 VwGO) ist die Klage innerhalb der Klagefrist (§ 74 Abs. 1 VwGO) zulässig.

B. Begründetheit der Klage

Die Anfechtungsklage ist begründet, soweit die Nebenbestimmung rechtswidrig in das Eigentumsrecht der V-AG eingreift (§ 113 Abs. 1 S. 1 VwGO).

I. Da die Rechtmäßigkeitsvoraussetzungen einer Regelung von ihrer **Rechtsnatur** abhängen, kommt es zunächst darauf an, welche Art von Regelung begrifflich vorliegt. In Betracht kommt eine Bedingung oder eine Auflage.

532   1. Eine **Bedingung** scheidet aus, weil über die Zulässigkeit des Bauvorhabens abschließend entschieden werden sollte, während die Anbringung der Antenne und der Anschluss des N erst nach Fertigstellung des Gebäudes realisiert werden können.

Eine aufschiebende Bedingung würde bedeuten, dass die V-AG zunächst ohne Genehmigung und damit rechtswidrig bauen würde. Eine auflösende Bedingung würde zu dem ebenso wenig interessengerechten Ergebnis führen, dass bei Nichterrichtung der Antenne das Bauvorhaben nachträglich automatisch illegal würde.

2. Also verbleibt nur die Möglichkeit einer **Auflage**, durch die der V-AG geboten wird, eine Parabolantenne anzubringen und N den Anschluss zu gestatten.

II. Rechtmäßigkeit der Auflage

533   1. In erster Linie bestimmt sich die Rechtmäßigkeit von Nebenbestimmungen nach **Spezialvorschriften**. Es sind also die für den HauptVA maßgeblichen Re-

---

902   Maurer § 12 Rdnr. 16; Kopp/Ramsauer VwVfG § 36 Rdnr. 35; Axer Jura 2001, 748, 750 m.w.N.; Brüning NVwZ 2002, 1081, 1082; Pabel/Bloch NWVBl. 2006, 312, 313.

903   OVG Berlin NVwZ 2001, 1059, 1060; Hufen/Bickenbach JuS 2004, 867, 871 mit Nachw. auf die Gegenansicht; vgl. auch Klement JuS 2010, 1088, 1093.

904   BVerwG BayVBl. 2001, 474.

gelungen daraufhin zu überprüfen, ob sie Vorschriften über die Zulässigkeit von Nebenbestimmungen enthalten.

Das Spezialgesetz kann die Voraussetzungen für die Nebenbestimmungen ausdrücklich regeln (z.B. § 69 a Abs. 2 GewO, § 5 Abs. 1 GaststG, § 8 Abs. 2 Satz 2 FStrG, § 12 BImSchG).[905]

Wird lediglich bestimmt, dass ein VA unter Auflagen und Bedingungen oder befristet ergehen „kann", so ist dies nur dann als spezielle Ermächtigungsgrundlage anzusehen, wenn die Vorschrift dahin auszulegen ist, dass sie zum Erlass von Nebenbestimmungen nach Ermessen ermächtigt, was nur möglich ist, wenn der HauptVA selbst im Ermessen steht. Ansonsten, insbes. bei gebundenen VAen (z.B. Baugenehmigung) reicht die pauschale Zulassung von Nebenbestimmungen als Rechtsgrundlage nicht aus, sondern ist lediglich als Hinweis darauf zu verstehen, dass verfahrensmäßig Nebenbestimmungen möglich sind. Die Rechtmäßigkeit einer Nebenbestimmung bestimmt sich in diesen Fällen dann nach § 36 VwVfG.

Im vorliegenden Fall handelt es sich um eine Befreiung von den Festsetzungen des Bebauungsplanes gemäß § 31 Abs. 2 BauGB. Diese Vorschrift enthält keine Vorschriften über Nebenbestimmungen.

2. Es ist daher auf die allgemeine Regelung des **§ 36 VwVfG** abzustellen. Danach kommt es für die Rechtmäßigkeit einer Nebenbestimmung entscheidend auf den **Rechtscharakter** des **HauptVA** an.

a) Handelt es sich um einen **gebundenen VA**, so ist nach § 36 Abs. 1 VwVfG **534** eine Nebenbestimmung nur zulässig, wenn sie durch eine Rechtsvorschrift zugelassen ist[906] oder wenn sie sicherstellen soll, dass die gesetzlichen Voraussetzungen des VA erfüllt werden. Letzteres ist der Fall, wenn durch die Nebenbestimmung an sich bestehende Versagungsgründe ausgeräumt werden sollen.

Beispiel: Ist bei einem Baugrundstück die Erschließung noch nicht gesichert und könnte die Baugenehmigung deshalb versagt werden, so ist eine Erteilung unter der (aufschiebenden) Bedingung möglich, dass z.B. eine hauseigene Kleinkläranlage errichtet wird.

Im vorliegenden Fall geht es um den Erlass einer Baugenehmigung. Dabei handelt es sich grds. um einen gebundenen VA. Nebenbestimmungen sind daher nur zulässig, soweit Versagungsgründe ausgeräumt werden sollen oder eine besondere Ermächtigungsgrundlage für die Nebenbestimmung eingreift.

Beispiel sind die Vorschriften in der LBauO, wonach der Bauherr Stellplätze für Kraftfahrzeuge zu schaffen hat.

Für das Bauvorhaben der V-AG reicht jedoch eine einfache Baugenehmigung nicht aus, weil das Vorhaben von den Festsetzungen des Bebauungsplanes abweicht. Erforderlich ist eine Befreiung nach § 31 Abs. 2 BauGB. Diese „kann" erteilt werden, steht also im Ermessen der Baubehörde.

b) Steht der HauptVA im **Ermessen**, so steht nach § 36 Abs. 2 VwVfG auch die **535** Beifügung einer Nebenbestimmung im pflichtgemäßen Ermessen der Behörde. Da die Behörde den VA ganz ablehnen könnte, muss sie ihn erst

---

905 Zu den spezialgesetzlichen Ermächtigungsgrundlagen vgl. Hufen/Bickenbach JuS 2004, 966, 966.

906 Vgl. Klement JuS 2010, 1088, 1089 f.

recht unter Beifügung von Nebenbestimmungen, d.h. unter Einschränkungen erteilen können.

Beachte: *Für Ermessensakte gilt neben § 36 Abs. 2 auch § 36 Abs. 1 VwVfG (vgl. „unbeschadet").*[907]

Für die hier in Rede stehende Befreiung kommt es nach § 31 Abs. 2 BauGB unter anderem darauf an, dass die Abweichung vom Bebauungsplan auch unter Würdigung **nachbarlicher Interessen** mit den öffentlichen Belangen vereinbar ist. Mit Rücksicht darauf ist es sachgemäß, die Befreiung davon abhängig zu machen, dass Störungen des Fernsehempfangs bei N unterbleiben.[908]

536

c) Nach § 36 Abs. 3 VwVfG darf eine Nebenbestimmung dem **Zweck** des VA nicht zuwiderlaufen. Die Nebenbestimmung muss also sachbezogen und sachgerecht sein.[909] Da die Auflage den Bau weder verhindert noch nennenswert erschwert, greift diese Einschränkung hier nicht ein. Die Auflage dient vielmehr dem Zweck des § 31 Abs. 2 BauGB, die nachbarlichen Interessen zu berücksichtigen.

§ 36 Abs. 3 VwVfG schließt auch unzulässige Koppelungsgeschäfte aus. So darf z.B. eine Baugenehmigung nicht von der Auflage abhängig gemacht werden, dass der Bauherr auf künftige gesetzmäßige Baumaßnahmen verzichtet.[910]

Somit durfte der V-AG der für die Baugenehmigung nach § 31 Abs. 2 BauGB erforderliche Dispens unter der Auflage erteilt werden, eine Parabolantenne anzubringen und den N anzuschließen. Die Anfechtungsklage der V-AG ist daher unbegründet.

---

907 OVG NRW NVwZ 1999, 556, 557.

908 Vgl. auch OLG Hamm NJW 1996, 2167 zum Schadensersatz bei Beeinträchtigung des Fernsehempfangs durch Hochhausbau.

909 BVerwGE 36, 145, 147; BayVGH DVBl. 1999, 475; VGH Mannheim DÖV 1992, 537; Knack/Henneke § 36 Rdnr. 29; Brenner JuS 1996, 281, 282; Pabel/Block NWVBl. 2006, 312, 315.

910 Knack/Henneke VwVfG § 36 Rdnr. 30.

3. Materielle Teilbarkeit von Nebenbestimmung und HauptVA

Ist die angefochtene Nebenbestimmung rechtswidrig, heißt das nach der Rspr. nicht automatisch, dass die Anfechtungsklage auch stets zur isolierten Aufhebung der Nebenbestimmung führt, also begründet ist. Sind HauptVA und Nebenbestimmung zwar logisch, aber nicht **materiellrechtlich** teilbar, so ist die Anfechtungsklage zwar statthaft, aber unbegründet.[911]

a) Die Rspr. **verneint** die materielle Teilbarkeit dann, wenn der RestVA ohne Änderung **537** seines Inhalts nicht sinnvoller- und rechtmäßigerweise bestehen bleiben kann; mit anderen Worten: Wäre der **RestVA** (ohne Nebenbestimmung) **rechtswidrig**, so sind HauptVA und Nebenbestimmung materiell nicht teilbar. Die Anfechtungsklage ist dann trotz Rechtswidrigkeit der Nebenbestimmung unbegründet.[912] Diese Ansicht wird vor allem mit der Rechtsbindung der Gerichte gem. Art. 20 Abs. 3 GG begründet. Diese erschöpfe sich nicht darin, dass das Gericht einen rechtswidrigen VA oder dessen rechtswidrige Bestandteile aufheben müsse, sondern verbiete auch, einen rechtswidrigen Gesamtzustand herbeizuführen.[913] Ein solcher Fall liegt insbes. vor, wenn durch die Nebenbestimmung Versagungsgründe ausgeräumt werden, weil andernfalls ein rechtswidriger Genehmigungsbescheid verbliebe.

Beispiel: Erteilung einer Baugenehmigung mit der Auflage, aus Brandschutzgründen eine auf dem Nachbargrundstück verlaufende Gaspipeline zu ummanteln. Würde die Auflage aufgehoben, verbliebe eine (rechtswidrige) Baugenehmigung ohne den gesetzlich vorgeschriebenen Brandschutz.[914] Der Kläger kann in diesen Fällen nur mit einer **Verpflichtungsklage** Erfolg haben, wenn er einen Anspruch auf uneingeschränkte bzw. auf eine andere Begünstigung hat.[915]

Dagegen wird zutreffend eingewandt, dass die Rechtmäßigkeit des HauptVA nicht zum **538** Streitgegenstand der Anfechtungsklage gegen die Nebenbestimmung gehöre. Werde der HauptVA durch die Aufhebung der Nebenbestimmung rechtswidrig, so sei es Sache der Behörde, den HauptVA entweder nach § 48 VwVfG zurückzunehmen oder durch eine neue Nebenbestimmung insgesamt rechtmäßig zu machen.[916] Die Klage gegen die rechtswidrige Nebenbestimmung ist danach stets begründet (wenn der Kläger dadurch in seinen Rechten verletzt wird, § 113 Abs. 1 S. 1 VwGO). Es ist dann Sache der Behörde, durch Erlass einer neuen (rechtmäßigen) Nebenbestimmung bzw. durch Rücknahme des (rechtswidrigen) RestVA nach § 48 VwVfG zu reagieren.

b) In der Lit. wird die materielle Teilbarkeit außerdem bei **Ermessensakten** verneint, **539** wenn der Behörde durch Aufhebung der Nebenbestimmung ein „ungewollter" Restakt aufgedrängt werde.[917]

---

911 BVerwG NVwZ 2001, 429; NVwZ-RR 1996, 20[@]; DVBl. 1989, 517; OVG Berlin NVwZ 2001, 1059, 1060; Erichsen Jura 1990, 214, 217; Kopp/Schenke VwGO § 42 Rdnr. 24 m.w.N.

912 BVerwG DVBl. 1993, 152; DVBl. 1989, 517; NVwZ 1984, 366; Funk BayVBl. 1986, 105, 106; kritisch Stelkens NVwZ 1985, 469, 471; abweichend OVG Berlin NVwZ 1997, 1005; VGH Mannheim NVwZ 1995, 1220; Dolderer JuS 1998, 934, 938: Frage der Zulässigkeit.

913 Vgl. Hufen/Bickenbach JuS 2004, 966, 967.

914 BVerwG NVwZ 1984, 366.

915 Vgl. Kopp/Schenke VwGO § 42 Rdnr. 25.

916 Eyermann/Happ VwGO § 42 Rdnr. 48; Hufen § 25 Rdnr. 27; Remmert VerwArch 1997, 112, 135; Störmer DVBl. 1996, 81, 88; Schoch/Pietzcker VwGO § 42 Abs. 1 Rdnr. 134; Hufen/Bickenbach JuS 2004, 966, 967 f.

917 Schenke JZ 1996, 998, 1006; Pabel/Block NWVBl. 2006, 312, 316.

540 **aa)** Gegen einen generellen Ausschluss der isolierten Aufhebbarkeit von Nebenbestimmungen bei Ermessensakten spricht jedoch, dass sich die Behörde, wenn sie eine Auflage wählt, gerade für die **Teilbarkeit** von Nebenbestimmung und VA entschieden hat. Dann muss sie auch das Risiko einer Teilaufhebung tragen. Die Behörde ist auch nicht schutzlos, da sie nach Aufhebung der (rechtswidrigen) Nebenbestimmung mit dem Erlass einer nunmehr rechtmäßigen Nebenbestimmung reagieren kann. Auch bei Ermessensakten ist daher grds. von der materiellen Teilbarkeit auszugehen.[918]

541 **bb)** Ergibt sich nach Aufhebung der Auflage ein VA, den die Behörde so nicht erlassen hätte, so kann die Behörde **nachträglich** eine neue Auflage erlassen, soweit dies im Gesetz vorgesehen ist (z.B. § 12 Abs. 2 AufenthG) oder die Behörde es sich im VA vorbehalten hat (§ 36 Abs. 2 Nr. 5 VwVfG). Nach der Rspr. besteht darüber hinaus die Möglichkeit, den RestVA nach § 49 Abs. 2 Nr. 2 VwVfG zu widerrufen, da die Aufhebung der Auflage ihrer Nichtbefolgung gleichstehe.[919]

Beispiel: Die Behörde hat dem L eine in ihrem Ermessen stehende Subvention unter der Auflage gewährt, die Betriebsräume zu renovieren. Auf die Anfechtungsklage des L wird die Auflage aufgehoben, weil sie den Förderrichtlinien widerspricht. – Nach Auffassung des BVerwG kann die Behörde den Bewilligungsbescheid nach § 49 Abs. 2 Nr. 2, Abs. 3 Nr. 2 VwVfG widerrufen.

542 Diese Gleichstellung ist jedoch verfehlt, weil der Widerruf nach § 49 Abs. 2 Nr. 2 bzw. Abs. 3 Nr. 2 VwVfG die Sanktionierung eines rechtswidrigen Verhaltens des Begünstigten verfolgt. Daran fehlt es aber bei erfolgreicher Anfechtung der Auflage.[920] Vielmehr kann die Behörde den VA unter den Voraussetzungen des § 48 VwVfG zurücknehmen, da die **einheitliche Ermessensentscheidung** durch die Aufhebung der Auflage nachträglich unvollständig und damit **rechtswidrig geworden** ist.[921] Dies spricht dann allerdings generell gegen die Beschränkung der materiellen Teilbarkeit im Rahmen der Begründetheit, und zwar auch in den Fällen, in denen die Aufhebung der Nebenbestimmung zu einem rechtswidrigen RestVA führen würde (s.o). § 113 Abs. 1 S. 1 VwGO enthält eine solche Einschränkung nicht. Auch ist die Behörde nicht schutzwürdig. Denn wird durch die Aufhebung der Nebenbestimmung der RestVA rechtswidrig, kann die Behörde ihn entweder durch Beifügung einer neuen Nebenbestimmung rechtmäßig machen oder – falls dies nicht möglich oder nicht zulässig ist – den HauptVA nach § 48 VwVfG zurücknehmen.[922]

---

918 Hufen § 25 Rdnr. 27; Hufen/Bickenbach JuS 2004, 966, 967; Ruffert in Erichsen/Ehlers § 23 Rdnr. 20.

919 BVerwG DÖV 1982, 501; Pietzner/Ronellenfitsch § 9 III Rdnr. 13; Stelkens NVwZ 1985, 469, 471; Fehling JA 1995, 945, 947; Eyermann/Happ VwGO § 42 Rdnr. 48.

920 Schenke JuS 1983, 182, 185; Kopp/Schenke VwGO § 42 Rdnr. 24; Schoch/Pietzcker VwGO § 42 Abs. 1 Rdnr. 134; Pietzcker NVwZ 1995, 15, 19; Axer Jura 2001, 748, 753 m.w.N.

921 Schoch/Pietzcker VwGO § 42 Abs. 1 Rdnr. 134.

922 Schoch/Pietzcker VwGO § 42 Abs. 1 Rdnr. 134; Axer Jura 2001, 748, 753 m.w.N.

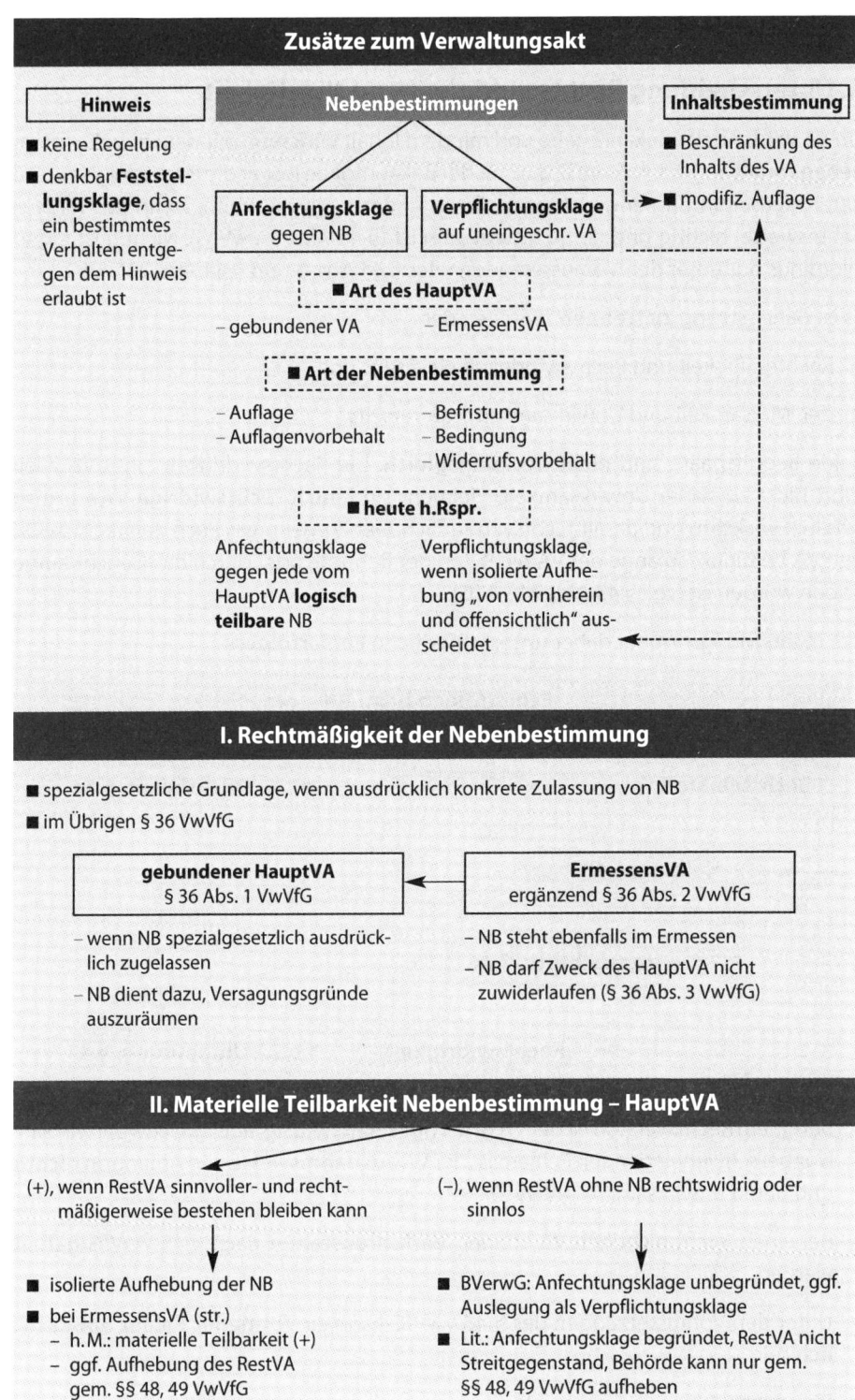

Zusätze zum Verwaltungsakt

Hinweis

■ keine Regelung

■ denkbar **Feststellungsklage**, dass ein bestimmtes Verhalten entgegen dem Hinweis erlaubt ist

Nebenbestimmungen

Anfechtungsklage gegen NB

Verpflichtungsklage auf uneingeschr. VA

■ Art des HauptVA

– gebundener VA – ErmessensVA

■ Art der Nebenbestimmung

– Auflage – Befristung
– Auflagenvorbehalt – Bedingung
  – Widerrufsvorbehalt

■ heute h.Rspr.

Anfechtungsklage gegen jede vom HauptVA **logisch teilbare** NB

Verpflichtungsklage, wenn isolierte Aufhebung „von vornherein und offensichtlich" ausscheidet

Inhaltsbestimmung

■ Beschränkung des Inhalts des VA

■ modifiz. Auflage

I. Rechtmäßigkeit der Nebenbestimmung

■ spezialgesetzliche Grundlage, wenn ausdrücklich konkrete Zulassung von NB

■ im Übrigen § 36 VwVfG

gebundener HauptVA
§ 36 Abs. 1 VwVfG

– wenn NB spezialgesetzlich ausdrücklich zugelassen

– NB dient dazu, Versagungsgründe auszuräumen

ErmessensVA
ergänzend § 36 Abs. 2 VwVfG

– NB steht ebenfalls im Ermessen

– NB darf Zweck des HauptVA nicht zuwiderlaufen (§ 36 Abs. 3 VwVfG)

II. Materielle Teilbarkeit Nebenbestimmung – HauptVA

(+), wenn RestVA sinnvoller- und rechtmäßigerweise bestehen bleiben kann

■ isolierte Aufhebung der NB
■ bei ErmessensVA (str.)
  – h.M.: materielle Teilbarkeit (+)
  – ggf. Aufhebung des RestVA gem. §§ 48, 49 VwVfG

(–), wenn RestVA ohne NB rechtswidrig oder sinnlos

■ BVerwG: Anfechtungsklage unbegründet, ggf. Auslegung als Verpflichtungsklage
■ Lit.: Anfechtungsklage begründet, RestVA nicht Streitgegenstand, Behörde kann nur gem. §§ 48, 49 VwVfG aufheben

6. Abschnitt: Wirksamkeit des VA

A. Unterscheidung Rechtswidrigkeit und Nichtigkeit

543 Ein VA wird mit der Bekanntgabe und mit dem Inhalt **wirksam**, mit dem er bekannt gegeben wird (§ 43 Abs. 1 VwVfG), d.h. mit der Bekanntgabe löst er die Rechtsfolge aus, auf deren Herbeiführung er gerichtet ist. Etwas anderes gilt nur dann, wenn der VA (ausnahmsweise) nichtig und damit **unwirksam** ist (§ 43 Abs. 3 VwVfG). Nichtig ist ein VA allerdings nur unter den Voraussetzungen des § 44 Abs. 1 und § 44 Abs. 2 VwVfG.

Es ist daher **streng zu trennen** zwischen der

■ Rechtmäßigkeit und Rechtswidrigkeit einerseits und

■ der Wirksamkeit und Unwirksamkeit andererseits.

Beide Begriffspaare sind **nicht deckungsgleich**. Die Rechtswidrigkeit eines VA allein führt nicht zu seiner Unwirksamkeit. Vielmehr sind **auch rechtswidrige VAe grundsätzlich wirksam** und damit rechtsverbindlich. Der Bürger muss auch den rechtswidrigen VA befolgen, solange der VA nicht von der Behörde oder durch das Gericht aufgehoben worden ist (vgl. § 43 Abs. 2 VwVfG).

544 Der rechtswidrige VA hat daher **unterschiedliche Fehlerfolgen:**

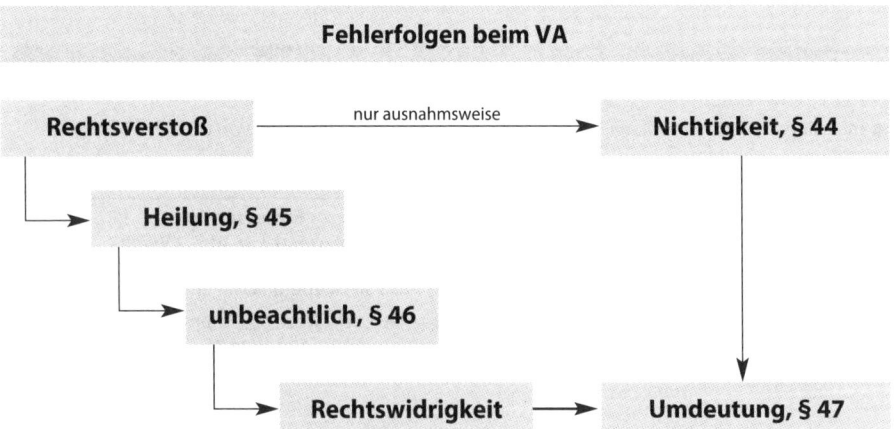

■ Bei einem Rechtsverstoß ist der VA **grds. nur rechtswidrig**, aber gleichwohl wirksam. Nur bei schwerwiegenden Fehlern ist der VA **ausnahmsweise** von Anfang an **nichtig** und damit unwirksam (§ 44 VwVfG).

■ Bei einem nicht nichtigen VA können **Verfahrensfehler** nach § 45 VwVfG **geheilt** werden.

■ Unter den Voraussetzungen des § 46 VwVfG kann ein **formeller Fehler unbeachtlich** sein.

■ Ein rechtswidriger VA kann u.U. in einen anderen rechtmäßigen VA **umgedeutet** werden (§ 47 VwVfG).

B. Nichtigkeitsgründe

Fall 27: Gaststättenlärm

G ist Inhaber der Gaststätte „Schwarzer Kater" in der Stadt S. Nach häufigen Beschwerden der Nachbarn und aufgrund von Meldungen der Polizei richtete das Gewerbeamt der Stadt nach Anhörung des G an diesen folgenden „Auflagenbescheid":

1. Sie haben auf Ihre Gäste einzuwirken, dass diese beim Verlassen des Lokals nach 22.00 Uhr keinen übermäßigen und vermeidbaren Lärm verursachen, insbesondere nicht übermäßig laut sprechen, Fahrzeugmotoren unnötig lange laufen lassen und Autotüren übermäßig laut zuschlagen.

2. Ferner haben Sie Vorsorge zu treffen, dass auf der Verkehrsfläche unmittelbar vor Ihrem Lokal (Gehweg und Fahrbahn) von Ihren Gästen keine Fahrzeuge verbotswidrig abgestellt werden, die den Verkehr behindern.

3. Nach Aufforderung durch einen zuständigen Beamten der Polizei oder des Ordnungsamts haben Sie Ihre Gäste durch einen Mikrofonaufruf darauf hinzuweisen, dass verbotswidrig abgestellte Fahrzeuge zu entfernen sind.

Rechtsbehelfe wurden von G trotz ordnungsgemäßer Rechtsbehelfsbelehrung nicht erhoben. Sechs Wochen später wurde nach erneuten Beschwerden eine Kontrolle durchgeführt. Dabei ergab sich, dass gegen 23.00 Uhr eine Gruppe jüngerer Gäste nach Verlassen des Lokals ihre Motorräder mehrfach zum Spaß aufdrehten. Auf der Fahrbahn standen während des ganzen Abends Pkw in der Halteverbotszone. Der Gehweg vor dem Lokal war vollständig mit Fahrrädern und Motorrädern zugestellt. Eine Aufforderung des kontrollierenden Beamten zur Mikrofondurchsage lehnte G mit der Begründung ab, eine solche Durchsage habe sich schon mehrfach als völlig ungeeignet erwiesen; er mache sich damit nur lächerlich. Daraufhin wurde G wegen dreifachen Verstoßes gegen den Auflagenbescheid mit einem Bußgeld von 300 € belegt. Hiergegen hat G Einspruch erhoben. Wie wird das Amtsgericht entscheiden?

Das gem. § 68 OWiG zuständige Amtsgericht hat zu prüfen, ob G eine **Ordnungswidrigkeit** nach § 28 Abs. 1 Nr. 2 GaststG begangen hat.

I. **Voraussetzung** ist, dass G „einer Auflage oder Anordnung nach § 5 GaststG nicht, nicht vollständig oder nicht rechtzeitig" nachgekommen ist. **545**

1. Vorliegend handelt es sich um **Auflagen** nach § 5 Abs. 1 Nr. 3 GaststG zum Schutz der Nachbarn und der Allgemeinheit vor schädlichen Umwelteinwirkungen bzw. vor erheblichen Nachteilen, Gefahren oder Belästigungen.

2. Eine Ordnungswidrigkeit i.S.d. § 28 GaststG kann ein Verstoß gegen die Anordnungen aber nur darstellen, wenn diese **wirksam** sind. Da der „Auflagenbescheid" als öffentlich-rechtliche Maßnahme einer Verwaltungsbehörde gegenüber einem einzelnen Bürger mehrere Gebote anordnet, handelt es sich um einen **VA** i.S.d. § 35 S. 1 VwVfG. Die Wirksamkeit des Auflagenbescheides bestimmt sich daher nach den Regeln über die Wirksamkeit und Unwirksamkeit eines VA.

3. Das bedeutet, dass der Auflagenbescheid nicht schon bei bloßer Rechtswidrigkeit, sondern **nur im Falle der Nichtigkeit unwirksam** ist (§ 43 Abs. 3 VwVfG). Da das GaststG zur Nichtigkeit keine Spezialregelung enthält, ist die allgemeine Vorschrift des § 44 VwVfG anwendbar.

Spezialgesetzliche Nichtigkeitsgründe finden sich z.B. in § 18 BBG und § 11 BeamtStG.

Grundschema: Prüfungsfolge Nichtigkeit

■ **zwingende Nichtigkeit** gem. § 44 Abs. 2 VwVfG (Positivkatalog)

■ **Ausschlussgründe** gem. § 44 Abs. 3 VwVfG (Negativkatalog)

■ **Generalklausel** des § 44 Abs. 1 VwVfG (Evidenzregel)

---

546 a) Die in § 44 Abs. 2 VwVfG genannten Fehler sind **absolute Nichtigkeitsgründe**. Liegt einer dieser Gründe vor, so ist der VA stets unwirksam.

Beispiel: G ist eine Erlaubnis für der Betrieb einer sog. Peep-Show erteilt worden. Diese verstößt gegen die „guten Sitten" und ist deshalb rechtswidrig (§ 33 a Abs. 2 Nr. 2 GewO) und zugleich nichtig (§ 44 Abs. 2 Nr. 6 VwVfG). Da die Erlaubnis wirkungslos ist, braucht sie von der Behörde nicht gesondert zurückgenommen zu werden. Vielmehr kann die Behörde die Fortsetzung des Betriebes unmittelbar nach § 15 Abs. 2 GewO untersagen, weil die Peep-Show ohne die nach § 33 a GewO erforderliche (wirksame) Erlaubnis betrieben wird.[923]

547 b) Die in § 44 Abs. 3 VwVfG aufgeführten Fehler begründen dagegen **allein** nicht die Nichtigkeit eines VA.

Beispiel: Der VA wird von einer örtlich unzuständigen Behörde erlassen. Nur im Fall des § 3 Abs. 1 Nr. 1 VwVfG (Zuständigkeit kraft belegener Sache, z.B. bei einer Baugenehmigung) ist der VA wegen des Zuständigkeitsfehlers nichtig (§ 44 Abs. 2 Nr. 3 VwVfG). Im Übrigen reicht ein Fehler in der örtlichen Zuständigkeit allein nicht aus, die Nichtigkeit zu begründen (§ 44 Abs. 3 Nr. 1 VwVfG). Kommen jedoch zusätzliche Gesichtspunkte hinzu (vgl. „nicht schon deshalb"), kann Nichtigkeit nach § 44 Abs. 1 VwVfG vorliegen.

548 c) Bei allen anderen Fehlern, die nicht in § 44 Abs. 2 oder Abs. 3 VwVfG ausdrücklich erwähnt sind, gilt die **Generalklausel** des § 44 Abs. 1 VwVfG. **Der VA ist nichtig, soweit er an einem besonders schwerwiegenden Fehler leidet und dies offensichtlich ist.**

So § 44 Abs. 1 VwVfG des Bundes und der meisten Länder, während einige Landes-VwVfGe noch darauf abstellen, dass der Fehler „offenkundig" ist. Inhaltliche Unterschiede sind damit nicht verbunden.

549 II. Nichtigkeit der **Anordnung zu 1.** (Verhinderung von Lärm)

1. Von den in **§ 44 Abs. 2 VwVfG** geregelten Fällen kommt hier die Nichtigkeit wegen tatsächlicher Unmöglichkeit (Nr. 4) in Betracht.

Beispiele: Herbeiführung eines technisch unmöglichen Erfolgs; Bau einer durch Planfeststellung vorgeschriebenen Talbrücke, wenn sich im betroffenen Bereich gar kein Tal befindet; Regelungen, die sich auf ein bestimmtes, nicht mehr vorhandenes Substrat beziehen, z.B. Abbruch eines bereits beseitigten Bauwerks.

Hier geht es nicht um die Verhinderung jedweden Lärms, sondern nur um die Verhinderung von Extremwerten (vgl. „übermäßig"). Dass niemand in der Lage wäre, solche Auswüchse zu verhindern, lässt sich nicht sagen. Die – wegen ihres Ausnahmecharakters eng auszulegende – Vorschrift des § 44 Abs. 2 Nr. 4 VwVfG greift somit nicht ein.

2. Einer der in **§ 44 Abs. 3 VwVfG** aufgeführten Fälle liegt ebenfalls nicht vor.

---

923 Vgl. BVerwGE 64, 274; BVerwG GewArch 1998, 419; NJW 1996, 1423; NVwZ 1990, 668; a.A. OVG Hamburg NVwZ 1985, 841; ausführlich Discher JuS 1991, 642 ff.; Kempen NVwZ 2000, 1115, 1119.

3. Somit könnte sich die Nichtigkeit nur aus der Grundregel des **§ 44 Abs. 1 VwVfG**   550
   ergeben. Die Voraussetzungen dieser Generalklausel sind:

   ▪ Vorliegen eines **Fehlers**, d.h. Rechtswidrigkeit des VA

   ▪ **besonders schwerwiegend**

   ▪ **Offensichtlichkeit** des Fehlers

   a) Das in der **Anordnung zu 1.** ausgesprochene Gebot ist **fehlerhaft**, wenn es
      rechtswidrig ist.

      aa) Bedenken bestehen hinsichtlich der **Bestimmtheit** (§ 37 Abs. 1 VwVfG), da
          dem G aufgegeben wird, „übermäßigen und vermeidbaren" Lärm zu ver-
          hindern. Jedoch lässt sich der herbeizuführende Erfolg nicht genauer an-
          geben, insbes. nicht durch einen bestimmten Lärmwert in Dezibel, weil
          sich die Geräusche nur schwer messen lassen (so z.B. beim Sprechen oder
          Rufen von Menschen) und es im Übrigen auch nicht um die Lautstärke,
          sondern um die Vermeidbarkeit geht. Da das Mittel (Einwirken auf die Gäs-
          te) hinreichend konkret ist, wird man die Anordnung zu 1. noch als be-
          stimmt genug ansehen können.

      bb) Die Einhaltung des Gebotes könnte dem G jedoch **rechtlich unmöglich**
          sein. Den Lärm verhindern kann G letztlich nur durch ein an seine Gäste ge-
          richtetes Verbot. Dies ist dem G aber rechtlich nicht möglich, da er außer-
          halb seines Lokals keinen rechtlichen Einfluss auf andere Personen hat,
          auch wenn sie seine Gäste waren. Die Anordnung zu 1. ist daher wegen
          rechtlicher Unmöglichkeit **rechtswidrig**.

   b) Anders als die tatsächliche Unmöglichkeit (vgl. § 44 Abs. 2 Nr. 4 VwVfG) führt   551
      die rechtliche Unmöglichkeit nicht automatisch zur Nichtigkeit, sondern nach
      § 44 Abs. 1 VwVfG nur, wenn ein **besonders schwerwiegender Fehler** fest-
      stellbar ist. Ein solcher liegt vor, wenn der VA gegen tragende Verfassungsprin-
      zipien verstößt oder den der Rechtsordnung immanenten Wertvorstellungen
      so sehr widerspricht, dass es unerträglich wäre, wenn der VA die mit ihm be-
      zweckten Rechtswirkungen hätte.[924]

      Beispiele: Besonders schwerwiegend ist das Fehlen der Verbandskompetenz (statt des Lan-
      des erteilt die Gemeinde eine Genehmigung zum Betrieb einer Spielbank), die absolute
      sachliche Unzuständigkeit,[925] der Verstoß gegen Formvorschriften sowie die fehlende in-
      haltliche Bestimmtheit des VA.[926] Ein Verstoß gegen EU-Recht führt dagegen nicht automa-
      tisch zur Nichtigkeit.[927]

      Im vorliegenden Fall besteht die Gefahr, dass G bei dem Versuch, das Gebot zu
      erfüllen, Auseinandersetzungen mit den Gästen provoziert. Bedenkt man wei-
      ter, dass G für die Störungen nur sehr entfernt verantwortlich ist und dass er
      bei Wirksamkeit der Auflage in die Gefahr kommt, durch Zwangsgeld oder

---

924   BVerwG DVBl. 1992, 568, 569; Kopp/Ramsauer VwVfG § 44 Rdnr. 8; Beaucamp JA 2007, 704, 706 m.w.N.

925   Beaucamp JA 2007, 704, 706: Aufstellung eines Verkehrszeichens durch das Finanzamt.

926   Vgl. OVG NRW NVwZ 1986, 580, 581; Kopp/Ramsauer VwVfG § 44 Rdnr. 26.

927   BVerwG NVwZ 2000, 1039[@].

Bußgeld zu einem ungeeigneten Verhalten gezwungen zu werden, so lässt sich hier ein besonders schwerwiegender Fehler bejahen.

552 c) Schließlich muss der Fehler **offensichtlich** sein. Dafür ist zu verlangen, dass der Fehler für einen mit den Gesamtumständen vertrauten, verständigen Beobachter ohne Weiteres ersichtlich ist, d.h. sich geradezu aufdrängt (dem VA muss der Fehler „auf der Stirn" geschrieben stehen).[928] Zu bejahen ist dies z.B., wenn die Fehlerhaftigkeit sich ohne juristische und sonstige Fachkenntnisse feststellen lässt. Dagegen liegt i.d.R. keine Offensichtlichkeit vor, wenn zur Feststellung der Rechtswidrigkeit des VA genauere Prüfungen erforderlich sind.[929]

Im vorliegenden Fall ist ohne Weiteres ersichtlich, dass ein Gastwirt nicht verpflichtet werden kann, dafür Sorge zu tragen, dass Menschen auf öffentlicher Straße keinen Lärm machen. Von ihm kann nicht verlangt werden, was zu erreichen selbst der Polizei mit ihren Mitteln kaum möglich ist. Der Fehler ist somit auch offensichtlich.

Folglich ist die Anordnung zu 1. gem. § 44 Abs. 1 VwVfG nichtig. Mangels wirksamer Auflage hat G insoweit den Tatbestand des § 28 Abs. 1 Nr. 2 GaststG nicht verwirklicht.

Weitere Beispiele für Nichtigkeit nach § 44 Abs. 1 VwVfG: Nichtig ist ein VA, der nur den Anschein einer eigenen Regelung enthält, in Wirklichkeit aber nichts aussagt (Erteilung eines Vorbescheides „für den Fall, dass sich das Bauvorhaben einfügt, § 34 BauGB")[930]; Nichtigkeit bei widersprüchlicher Regelung[931]; evidente Zuständigkeitsfehler (Aufstellen eines Verkehrsschildes durch die Forstverwaltung)[932] oder fehlendes Bezugsobjekt (ein bereits abgerissenes Gebäude wird unter Denkmalschutz gestellt).[933]

Umstritten ist, ob beim sog. **mitwirkungsbedürftigen VA** das Fehlen der Mitwirkung zur Nichtigkeit führt. Ein mitwirkungsbedürftiger VA liegt vor, wenn bei seinem Erlass die Mitwirkung des Betroffenen erforderlich ist, z.B. in Form eines Antrages (Beamtenernennung, Einbürgerung, Fahrerlaubnis, Baugenehmigung etc.). Teilweise wird die Auffassung vertreten, dass jedenfalls in den Bereichen, in denen der Antrag eine wesentliche Sachfunktion habe, das Fehlen des Antrages derart schwerwiegend sei, dass Nichtigkeit anzunehmen ist. Dagegen spricht jedoch die Regelung in § 45 Abs. 1 Nr. 1 VwVfG, der ausdrücklich die Heilung eines antragsgebundenen VA vorsieht. In der Regel ist daher der ohne Antrag erlassene VA nicht nichtig.[934] Nichtigkeit kann jedoch bei Hinzutreten besonderer Umstände vorliegen, z.B. bei Statusakten, bei denen der Antrag unabdingbare Verfahrenshandlung ist, weil er auch zu Belastungen des Bürgers führt (insb. bei der Ernennung bzw. Entlassung eines Beamten sowie bei der Einbürgerung).

III. Nichtigkeit der **Anordnung zu 2.** (Verhinderung von Parkverstößen)

553 1. Man könnte auch insoweit wiederum an eine Nichtigkeit gemäß § 44 Abs. 2 Nr. 4 VwVfG wegen objektiver Unmöglichkeit denken. Dieser spezielle Nichtigkeitsgrund kann jedoch sachgerecht nur geprüft werden, wenn das vom Adressaten

---

928 OVG NRW NWVBl. 2004, 389, 390.
929 BVerwG NJW 1985, 2658; Kopp/Ramsauer VwVfG § 44 Rdnr. 12 u. 13.
930 OVG NRW NWVBl. 1990, 15.
931 OVG NRW NVwZ 1989, 379.
932 BayObLG NVwZ 1984, 399.
933 Kopp/Ramsauer VwVfG § 44 Rdnr. 27.
934 BayVGH BayVBl. 1992, 21; Pünder in: Erichsen/Ehlers § 14 Rdnr. 17.

verlangte Verhalten **hinreichend bestimmt** ist (§ 37 Abs. 1 VwVfG). Durch den Begriff „Vorsorge treffen" wird nicht deutlich, ob G wirklich den Erfolg herbeiführen soll, dass auf der Verkehrsfläche vor dem Lokal keine Fahrzeuge abgestellt werden. Vor allem kommen hier ganz verschiedene Mittel in Betracht: Anbringen von Hinweisschildern, Schaffung eines eigenen Parkplatzes, Aufstellen von Hindernissen, Einwirken auf die verbotswidrig parkenden Verkehrsteilnehmer, Herbeirufen der Polizei u.a. Diese Mittel sind bezüglich Aufwand, Zulässigkeit und Erfolgsaussichten so verschieden, dass die Behörde nicht offen lassen darf, was sie von G erwartet.[935]

554
2. Wegen dieser Unbestimmtheit könnte die Anordnung zu 2. nach § 44 Abs. 1 VwVfG **nichtig** sein.

a) Mangels Bestimmtheit ist dieser Teil des Bescheides **fehlerhaft**.

b) Der Fehler müsste **besonders schwerwiegend** sein. Das Erfordernis hinreichender Bestimmtheit ergibt sich bereits aus dem Rechtsstaatsprinzip. Ist der VA mangels Bestimmtheit unverständlich, so gerät der Betroffene in die Gefahr, sich anzustrengen und gleichwohl die Regelung des VA zu verfehlen. Deshalb steht die Anordnung zu 2. im Widerspruch zu wesentlichen Wertvorstellungen des Rechtsstaatsprinzips, sodass ein besonders schwerer Fehler vorliegt.

c) Da dies auch **offensichtlich** ist, ist auch die Anordnung zu 2. nach § 44 Abs. 1 VwVfG nichtig und damit unwirksam.

> Der schwerwiegende Fehler eines VA, der in seiner Unbestimmtheit liegt, ist immer offensichtlich, weil bei der Frage, was denn durch den VA geregelt sein soll, das Ergebnis lauten muss, dass dies mangels Bestimmtheit nicht feststellbar ist.[936]

Auch insoweit liegt daher keine Ordnungswidrigkeit nach § 28 Abs. 1 Nr. 2 GaststG vor.

IV. Nichtigkeit der **Anordnung zu 3.** (Mikrofondurchsage)

555
1. Als Nichtigkeitsgrund kommt nur **§ 44 Abs. 1 VwVfG** in Betracht. Zwar ist das von der Auflage gebotene Mittel möglicherweise ungeeignet. Daraus würde sich aber nur die Rechtswidrigkeit ergeben, keine besonders schwerwiegende Fehlerhaftigkeit. Auch wäre diese nicht offensichtlich. Somit ist die Anordnung zu 3. für sich gesehen nicht nichtig, sondern wirksam.

556
2. Dass die Anordnung zu 3. möglicherweise **rechtswidrig** ist, ist für die sich daraus ergebenden Rechtsfolgen grds. unerheblich. Folgen der Rechtswidrigkeit sind **Anfechtbarkeit** und **Aufhebung** im Rechtsbehelfsverfahren oder Rücknahme durch die Ausgangsbehörde. Das hier anhängige Bußgeldverfahren ist kein Rechtsbehelfsverfahren gegen die Auflage. Auch um deren Rücknahme geht es hier nicht, da diese nur durch das Gewerbeamt der Stadt ausgesprochen werden könnte (§ 48 VwVfG). Für die am Bußgeldverfahren (bzw. am Strafverfahren) beteiligten Behörden und Gerichte ist eine schlichte Rechtswidrigkeit des VA grds. ohne Bedeutung. Sie haben von dem Tatbestand, dass eine wirksame Auflage

---

935 Vgl. auch Beaucamp JA 2007, 704, 706.
936 Vgl. OVG NRW NVwZ 1986, 580, 581; Kopp/Ramsauer VwVfG § 44 Rdnr. 26.

i.S.d. §§ 5, 28 GaststG vorliegt, auszugehen. Diese **Tatbestandswirkung** bedeutet, dass jede hoheitlich entscheidende Stelle (Behörde oder Gericht) von dem Tatbestand auszugehen hat, dass eine andere Behörde eine Regelung getroffen oder nicht getroffen hat, und dadurch gebunden wird. Dabei kommt es grds. allein auf die **Wirksamkeit** des VA an, nicht auf die Rechtmäßigkeit; auch der rechtswidrige, aber nicht nichtige VA entfaltet Tatbestandswirkung.

Beispiele: Der den Führerschein kontrollierende Polizeibeamte muss vom Vorliegen der Fahrerlaubnis ausgehen, solange diese nicht entzogen worden ist (§ 3 Abs. 1 StVG), auch wenn er persönlich den Fahrer für ungeeignet zum Führen von Kraftfahrzeugen hält. Das Abschleppen eines Pkw wegen Verstoßes gegen ein Halteverbot ist rechtmäßig, auch wenn die Aufstellung des Verkehrszeichens gegen § 45 StVO verstößt.[937]

a) Deswegen geht die Rspr. grds. davon aus, dass für den Strafrichter nur die Vollziehbarkeit des VA maßgebend ist. Die Frage der Rechtmäßigkeit müsse er nur bei **Nichtigkeit** prüfen. Solange der VA nicht durch die Behörde oder das VG aufgehoben wird, muss auch der rechtswidrige VA beachtet werden.[938]

So hängt z.B. die Pflicht, sich von einer aufgelösten Versammlung zu entfernen (§§ 18 Abs. 1, 13 Abs. 2 VersG) nicht von der Rechtmäßigkeit der Auflösungsverfügung ab. Widersetzen sich Versammlungsteilnehmer der polizeilichen Anordnung, ist der Einsatz von Zwangsmitteln grundsätzlich zulässig (§ 80 Abs. 2 S. 1 Nr. 2 VwGO).[939]

557 b) Nach Auffassung des BVerfG kann es jedoch aus Gründen des **Grundrechtsschutzes** erforderlich sein, die Rechtmäßigkeit einer Sanktion (Sekundärebene) von der Rechtmäßigkeit des GrundVA (Primärebene) abhängig zu machen.

Beispiele: Steht ein Kostenbescheid und die zugrunde liegende Polizeimaßnahme in unmittelbarem Zusammenhang mit der Auflösung einer durch Art. 8 GG geschützten Versammlung, ist der Kostenbescheid nur rechtmäßig, wenn die Auflösung der Versammlung ihrerseits rechtmäßig gewesen ist.[940] Ebenso setzt die Ordnungswidrigkeit nach § 29 Abs. 1 Nr. 2 VersG wegen der Bedeutung des Art. 8 GG nicht nur die Wirksamkeit, sondern die Rechtmäßigkeit der zugrunde liegenden Versammlungsauflösung voraus. Eine Ordnungswidrigkeit nach § 111 OWiG liegt wegen Art. 2 Abs. 1 GG nur vor, wenn die Aufforderung zur Angabe der Personalien rechtmäßig war.[941] Ein europarechtswidriger GrundVA rechtfertigt wegen des Anwendungsvorrangs des Unionsrechts keine strafrechtliche Sanktion, auch wenn der VA bestandskräftig ist.[942]

Nach Auffassung des BVerfG gilt dies allerdings nicht generell, sondern nur bei nachhaltiger Grundrechtsbetroffenheit. Nur dann sei davon auszugehen, dass die Strafbarkeit an die Rechtmäßigkeit des zugrunde liegenden VA anknüpfe. Im Übrigen reicht auch auf der **Sekundärebene** das Vorliegen eines wirksamen, wenn auch rechtswidrigen VA aus.

Deshalb hängt z.B. die Rechtmäßigkeit einer Vollstreckungsmaßnahme nach h.M. nicht von der Rechtmäßigkeit der Grundverfügung ab.[943]

---

937 OVG Koblenz NVwZ-RR 1990, 40; OLG Düsseldorf NWVBl. 1999, 316; OVG Hamburg NordÖR 2002, 469; allgemein zur Verbindlichkeit von rechtswidrig aufgestellten Verkehrszeichen BayVGH NJOZ 2010, 2145, 2147.

938 BGHSt 23, 86; BGH NStZ 1990, 123.

939 BVerfG NJW 1993, 581, 582; RÜ 2010, 667, 669.

940 BVerfG RÜ 2010, 667, 669; vgl. dazu Sachs JuS 2011, 187 f.; Durner JA 2011, 157 f.; Muckel JA 2011, 239 f.

941 BVerfG DVBl. 1995, 791, 793.

942 EuGH EuZW 1999, 405.

943 Streitig, vgl. BVerfG NVwZ 1999, 290, 292@; Muckel JA 2011, 239, 240; ausführlich AS-Skript Verwaltungsrecht AT 2 (2010), Rdnr. 246 f.

3. Die Nichtigkeit der Anordnung zu 3. könnte sich jedoch mit Rücksicht auf die **558** Nichtigkeit der Anordnungen zu 1. und 2. aus § 44 Abs. 4 VwVfG ergeben. Danach hat die **Teilnichtigkeit** eines VA dessen Gesamtnichtigkeit zur Folge, wenn der nichtige Teil so wesentlich ist, dass der VA ohne diesen nicht erlassen worden wäre. Anders als bei § 139 BGB ist **Normalfall** also die Aufrechterhaltung des Rest-VA, die Gesamtnichtigkeit lediglich der Ausnahmefall. Ob der nichtige Teil wesentlich war, bestimmt sich nicht nach dem subjektiven Willen der Behörde, sondern entscheidend ist, wie eine gesetzestreue Behörde (objektiv) hätte handeln müssen.[944]

a) Voraussetzung ist, dass ein **Teil eines einheitlichen VA** nichtig ist. Hier spricht mehr dafür, jeden „Teil" des Bescheides als eigenständige Regelung und damit als VA im Rechtssinne anzusehen. Dann sind nicht Teile eines VA nichtig, sondern es sind zwei VAe nichtig und ein dritter ist wirksam. § 44 Abs. 4 VwVfG greift dann nicht ein.

b) Wegen der äußeren Einheit und des inneren Zusammenhangs könnte man zumindest die Anordnungen zu 2. und 3. als Teile eines **einheitlichen VA** ansehen. Die Anordnung zu 2. ist jedoch kein so wesentlicher Teil, dass ohne ihn die Anordnung zu 3. nicht erlassen worden wäre. Vielmehr hat die Verpflichtung zur Durchsage gerade dann Bedeutung, wenn G nicht zum Einschreiten gegen das verbotswidrige Abstellen der Fahrzeuge verpflichtet ist. Aus § 44 Abs. 4 VwVfG ergibt sich damit ebenfalls keine Nichtigkeit.

Die Anordnung zu 3. ist damit wirksam (wenn auch möglicherweise rechtswidrig). Das Amtsgericht wird insoweit wegen Verstoßes gegen die Anordnung zu 3. nach §§ 5, 28 Abs. 1 Nr. 2 GaststG ein Bußgeld verhängen.

Nichtigkeit

§ 44 Abs. 2 VwVfG

Positivkatalog:
enthält **zwingende** Nichtigkeitsgründe

–> VA ist stets **unwirksam**

§ 44 Abs. 3 VwVfG

Negativkatalog:
Gründe, die allein nicht zur Nichtigkeit führen

–> VA ist zwar rw, aber **wirksam**

§ 44 Abs. 1 VwVfG

Evidenzregel:
VA nur **nichtig,** wenn Fehler

- besonders schwerwiegend
- und offensichtlich

–> im Übrigen VA rechtswidrig, aber **i.d.R. wirksam**

---

944 Kopp/Ramsauer VwVfG § 44 Rdnr. 61.

C. Umdeutung eines fehlerhaften VA

559 Nach § 47 VwVfG kann ein **fehlerhafter VA** in einen anderen (rechtmäßigen) VA umgedeutet werden, mit der Folge, dass dann (nur) die Rechtsfolgen dieses anderen VA gelten. Im Unterschied zu § 140 BGB ist für § 47 VwVfG **keine Nichtigkeit** erforderlich. § 47 VwVfG ist sowohl bei rechtswidrigen als auch bei nichtigen VAen anwendbar.[945]

Die Befugnis zur Umdeutung steht nach h.M. nicht nur der Behörde zu, sondern auch dem Gericht, wenn es zu dem Ergebnis gelangt, dass der angefochtene VA rechtswidrig ist.[946] Es werde kein neuer VA erlassen, sondern nur der VA mit seinem neuen Inhalt festgestellt. Daher handelt sich nicht um einen der Verwaltung vorbehaltenen Entscheidungsakt, sondern um einen reinen **Erkenntnisakt**. Nach der Gegenansicht darf nur die Behörde die Umdeutung vornehmen, da die Umdeutung den Erlass eines neuen VA darstelle.[947]

560 Nach § 47 Abs. 1 VwVfG muss der VA, in den umgedeutet werden soll („der andere VA"), auf das **gleiche Ziel gerichtet** sein und er muss formell und materiell rechtmäßig erlassen werden können (**Rechtmäßigkeit des neuen VA**). Eine Umdeutung ist nach § 47 Abs. 2 VwVfG **ausgeschlossen**, wenn der neue VA der erkennbaren Absicht der erlassenden Behörde widerspräche, seine Rechtsfolgen für den Betroffenen ungünstiger wären als die des ursprünglichen VA (Schlechterstellungsverbot) oder die Rücknahme des VA ausgeschlossen ist.

Beachte: Eine gebundene Entscheidung darf nicht in eine Ermessensentscheidung umgedeutet werden (§ 47 Abs. 3 VwVfG). Denn ein Ermessensakt kann nur dann rechtmäßig sein, wenn die Behörde bei Erlass des VA ihr Ermessen überhaupt ausgeübt hat.

Beispiel: Die Behörde hat dem G die Gaststättenerlaubnis nach § 15 Abs. 2 GaststG entzogen, weil sie der Auffassung war, dass G unzuverlässig i.S.d. § 4 Abs. 1 Nr. 1 GaststG ist. Das Gericht teilt diese Einschätzung nicht, stellt aber fest, dass G wiederholt gegen Auflagen nach § 5 Abs. 1 GaststG verstoßen hat. Insoweit wäre ein Widerruf gem. § 15 Abs. 3 Nr. 2 GaststG nach Ermessen möglich. Eine Umdeutung des Widerrufs nach § 15 Abs. 2 GaststG in einen Widerruf nach § 15 Abs. 3 GaststG ist indes durch § 47 Abs. 3 VwVfG ausgeschlossen.

---

945 Kopp/Ramsauer VwVfG § 47 Rdnr. 12; Leopold Jura 2006, 895, 896; a.A. Knack/Meyer VwVfG § 47 Rdnr. 8: keine Umdeutung bei Nichtigkeit.

946 BVerwG DVBl. 2000, 575; DVBl. 1992, 618, 619; OVG Greifswald NVwZ 1996, 488, 489; Laubinger VerwArch 1987, 345, 351; Leopold Jura 2006, 895, 897; Kopp/Ramsauer VwVfG § 47 Rdnr. 8 ff. m.w.N.

947 Knack/Meyer VwVfG § 47 Rdnr. 29 u. 30; Windthorst/Lüdemann NVwZ 1994, 244, 245.

Stichwortverzeichnis

Die Zahlen verweisen auf die Randnummern.

Skripten zum Öffentlichen Recht

- **Staatsorganisationsrecht**
  291 Seiten, 19 Fälle

  2010 19,90 €
  ISBN: 978-3-86752-102-4

- **Grundrechte**
  362 Seiten, 12 Fälle

  2011 19,90 €
  ISBN: 978-3-86752-139-0,

- **Europarecht**
  218 Seiten, 16 Fälle

  2011 19,90 €
  ISBN: 978-3-86752-207-6

- **Verwaltungsrecht AT 1**
  224 Seiten, 27 Fälle

  2011 19,90 €
  ISBN: 978-3-86752-203-8

- **Verwaltungsrecht AT 2**
  264 Seiten, 20 Fälle

  2010 19,90 €
  ISBN: 978-3-86752-153-6

- **VwGO**

  in Überarbeitung
  ISBN: 978-3-86752-202-1

- **Polizeirecht, Sicherheits- und Ordnungsrecht**
  272 Seiten, 10 Fälle

  2009 19,90 €
  ISBN: 978-3-86752-091-1

- **Besonderes Ordnungsrecht (VerwR BT 1)**

  in Überarbeitung
  ISBN: 978-3-86752-175-8

- **Öffentliches Baurecht (VerwR BT 2)**
  204 Seiten, 12 Fälle

  2009 19,90 €
  ISBN: 978-3-86752-077-5

- **Umweltrecht**
  212 Seiten, 18 Fälle

  2009 19,90 €
  ISBN: 978-3-86752-092-8

- **Polizei- und Ordnungsrecht NRW**
  262 Seiten, 11 Fälle

  2011 19,90 €
  ISBN: 978-3-86752-176-5

- **Kommunalrecht NRW**
  215 Seiten, 23 Fälle

  2011 19,90 €
  ISBN: 978-3-86752-201-4

- **Bayerisches Kommunalrecht**
  229 Seiten, 21 Fälle

  2011 19,90 €
  ISBN: 978-3-86752-183-3

Stand: Mai 2011

Bestellen Sie bei Ihrem Buchhändler oder unter www.alpmann-schmidt.de

Alpmann Schmidt Juristische Lehrgänge Verlagsgesellschaft mbH & Co. KG
Annette-Allee 35 • 48149 Münster • Tel.: 0251-98109-0
as.info@alpmann-schmidt.de

ALPMANN SCHMIDT

Unser Skriptenangebot 06/2011

BasisSkripten | €
BGB AT	**2011**	**9,80**
Schuldrecht AT ca. Mitte Juli	in Vorbereitung	
Kaufrecht ca. Mitte Juli	in Vorbereitung	
Gesetzliche Schuldverhältnisse	**2011**	**9,80**
Sachenrecht	**2011**	**9,80**
Strafrecht AT	**2011**	**9,80**
Strafrecht BT	**2011**	**9,80**
Grundrechte	in Vorbereitung	
StaatsorganisationsR	in Vorbereitung	
Verwaltungsrecht	**2011**	**9,80**

Grundlagen Fälle / FallSkripten | €
BGB AT	2010	9,80
Schuldrecht AT	2010	9,80
Schuldrecht BT 1 Kaufrecht	**2011**	**9,80**
Schuldrecht BT 3 GoA, BereicherungsR	**2011**	**9,80**
Schuldrecht BT 4 Unerl. Hdl./Allg. SchadensR	2010	9,80
Sachenrecht 1	2007	9,80
Sachenrecht 2	2010	9,80
Familienrecht	2010	9,80
Erbrecht	2010	9,80
Strafrecht AT ca. Mitte Juli	in Überarbeitung	
Strafrecht BT 1 Nichtvermögensdelikte	2009	9,80
Strafrecht BT 2 Vermögensdelikte	2009	9,80
Strafverfahrensrecht	2007	9,80
Grundrechte/Staatsorganisationsrecht	**2011**	**9,80**
Europarecht	**2011**	**9,80**
Allg. VerwR/VerwProzR	2010	9,80
Handelsrecht	2010	9,80
Gesellschaftsrecht	2010	9,80
Arbeitsrecht	2010	9,80

Zivilrecht | €
BGB AT 1	**2011**	**16,90**
BGB AT 2	**2011**	**16,90**
Schuldrecht AT 1	2010	19,90
Schuldrecht AT 2	2010	19,90
Schuldrecht BT 1 KaufR/WerkR	**2011**	**19,90**
Schuldrecht BT 2 Bes. Vertragsarten (MietR)	in Überarbeitung	
Schuldrecht BT 3 Auftrag, GoA, Bereicherungsrecht	2010	16,90
Schuldrecht BT 4 Unerl. Hdlg./Allg. SchadenR	2010	19,90
Sachenrecht 1 Allg. Lehren/Bewegl. Sachen	**2011**	**19,90**
Sachenrecht 2 GrundstücksR	2010	16,90
Familienrecht	**2011**	**19,90**
Erbrecht	**2011**	**19,90**

Strafrecht | €
Strafrecht AT 1	**2010**	**19,90**
Strafrecht AT 2	**2010**	**19,90**
Strafrecht BT 1 ca. Mitte Juli Straftaten gegen Eigentum u. Vermögen	in Überarbeitung	
Strafrecht BT 2 NVD	**2010**	**19,90**

Öffentliches Recht | €
Staatsorganisationsrecht	2010	19,90
Grundrechte	**2011**	**19,90**
Europarecht	**2011**	**19,90**
Verwaltungsrecht AT 1	**2011**	**19,90**
Verwaltungsrecht AT 2 (mit StaatshaftungsR)	2010	19,90
VwGO ca. Mitte Juli	in Überarbeitung	
Polizeirecht/Sicherheits- und Ordnungsrecht	2009	19,90
Besonderes Ordnungsrecht (VerwR BT 1)	in Überarbeitung	
Öffentliches Baurecht (VerwR BT 2)	2009	19,90
Umweltrecht	2009	19,90
Polizei- und Ordnungsrecht NRW	**2011**	**19,90**
Kommunalrecht NRW	**2011**	**19,90**
Bayerisches Kommunalrecht	**2011**	**19,90**

Allgemeines | €
Leichter Lernen	2007	9,80
Methodik der Fallbearbeitung	2009	16,90
LL.M.-Programme weltweit	2008	9,80

Definitionen | €
Zivilrecht	**2011**	**10,90**
Strafrecht	**2011**	**9,90**
Öffentliches Recht	**2011**	**9,90**

Aufbauschemata | €
Zivilrecht	**2011**	**16,90**
Strafrecht	**2011**	**14,90**
Öffentliches Recht	in Überarbeitung	

Besondere Rechtsgebiete | €
Handelsrecht	**2011**	**16,90**
Gesellschaftsrecht	in Überarbeitung	
Arbeitsrecht	**2011**	**22,90**
Kollektives Arbeitsrecht ca. Anfang Juli	in Überarbeitung	
Internationales Privatrecht	**2011**	**22,90**
ZPO	2010	23,50
StPO	2010	19,90
Kriminologie, Jugendstrafrecht, Strafvollzug	2008	20,50
Sozialrecht 1	2008	22,90
Sozialrecht 2	2008	22,90
Mediation, Schlichtung, Verhandlungsmanagement	2005	22,90
Rechtsgeschichte	**2011**	**22,90**
Rechtsphilosophie und Rechtstheorie	2010	19,90

Fremdsprachenkompetenz | €
Introduction to English Civil Law 1	2007	20,20
English Civil Law 2	in Überarbeitung	
Introduction to the US-American Legal System 1	2005	22,90
US-American Legal System 2	2005	22,90
Introduction au droit français t. 1	2006	15,90
Introduction au droit français t. 2	**2011**	**12,90**

Assessorexamen | €
Vollstreckungsrecht 1	2010	19,90
Vollstreckungsrecht 2	2008	21,90
Beamtenrecht	2009	12,90
Insolvenzrecht	**2011**	**19,90**
Die zivilrechtliche Anwaltsklausur im Assessorexamen	2007	24,90
Die zivilgerichtliche Assessorklausur	**2011**	**24,90**
Die strafrechtliche Assessorklausur 1	2009	19,90
Die strafrechtliche Assessorklausur 2	2008	15,90
Die öffentlich-rechtliche Assessorklausur 1	2009	19,90
Die öffentlich-rechtliche Assessorklausur 2	2009	19,90

Steuerrecht | €
Allgemeines Steuerrecht	**2011**	**24,90**
Umsatzsteuerrecht ca. Ende Juni	in Überarbeitung	
Einkommensteuerrecht	**2011**	**24,90**
Bilanzsteuerrecht	**2011**	**24,90**

Fachlexika | €
Langenscheidt Alpmann Engl./D – D/Engl.	2009	29,90
Langenscheidt Alpm. mit CD Engl./D – D/Engl.	2009	44,90

Alpmann Brockhaus –
jetzt neu bei C.H. Beck!

Das Studienlexikon Recht

erschien in 1. und 2. Auflage im Brockhaus Verlag und wird ab der 3. Auflage bei C.H. Beck veröffentlicht. Das umfassende Nachschlagewerk für die juristische Ausbildung und die berufliche Praxis enthält:

- eine ausgewogene, praxisnahe Darstellung des gesamten Prüfungsstoffs für das **1. und 2. Juristische Examen**
- prägnante Erläuterungen juristischer Begriffe in rund 11.000 Stichwortartikeln
- übersichtliche Gliederungen längerer Artikel
- Darstellungen der Zusammenhänge durch interne Verweisungen
- Leitfälle, Fallbeispiele und kommentierte Fundstellen
- über 180 grafisch aufgearbeitete Übersichten, Tabellen und Rechenbeispiele
- zahlreiche Hinweise auf die Standardwerke der Fachliteratur

Auf Wunsch ist das komplette Werk auch auf CD-ROM erhältlich.

Die Neuauflage

berücksichtigt die Entwicklungen in Gesetzgebung und Rechtsprechung seit der letzten Auflage. Die für Studenten und Rechtsreferendare ausbildungsrelevanten Themen sind noch stärker akzentuiert und orientieren sich am Prüfungsstoff in den juristischen Staatsprüfungen.

C.H.BECK

Ab sofort bieten

 **ALPMANN SCHMIDT**
Juristische Lehrgänge   und

in Kooperation an:

Digitales Frage-Antwort-Lernsystem mit Gedächtnistrainer

Die Vorteile von **BrainYoo** auf einen Blick:

- Lernsoftware mit 6 Fächern basierend auf dem Lernkarteisystem von Sebastian Leitner

- Regelmäßiges Wiederholen aller Fragen und Antworten dank automatisierter und individueller Wiedervorlage (Vergessenskurve nach Ebbinghaus)

- Überprüfung des Lernerfolgs dank detaillierter Lernstatistiken

- Lerninhalte können individuell bearbeitet werden

- Multimediadateien können hinzugefügt werden

- Lernen mit der „Mnemotechnik", d.h. „Eselsbrücken" können eingefügt werden

- Verschiedene Abfragemodi je nach individuellem Bedürfnis: Langzeitgedächtnismodus oder Prüfungsmodus

- Sekundenschnelles Auffinden der Lerninhalte durch Suchfilter

Und das sagen andere über die Lernsoftware **BrainYoo**:

Prof. Dr. Hanno Kube, LL.M., Universität Mainz: *„Durch die automatisierte Wiedervorlage von Fragen und Problemen konzentriert sich der/die Studierende zielführend auf Bereiche, die noch der Verfestigung bedürfen."*

Dr. Christian Hoppe, Neuropsychologe, Universitätsklinikum Bonn: *„Entscheidend für sinnvolles und befriedigendes Lernen in Studium und Beruf sind inhaltliches Verständnis und systematische Wiederholung. Das Lernprogramm zwingt Sie, Lerninhalte knapp und präzise zusammenzufassen und organisiert die regelmäßige Wiederholung auf effiziente Weise. Empfehlenswert!"*

Drei digitale Jura-Karteikartensätze für die Lernsoftware **BrainYoo** sind bereits erhältlich:

- Zivilrecht: BGB AT   (ISBN: 978-3-86752-211-3)
- Strafrecht: Strafrecht AT   (ISBN: 978-3-86752-212-0)
- Öffentl. Recht: VerwaltungsR AT   (ISBN: 978-3-86752-213-7)

Weitere in Vorbereitung!

Weitere Informationen unter
www.karteikartensoftware.com/alpmann-schmidt
www.brainyoo.de